BLUE BOOK

山西税收与经济发展蓝皮书

2020

主编：刘培平　杨茂林

山西出版传媒集团
山西经济出版社

目　录

综 合 篇

专 题 篇

运 行 篇

实 证 篇

附　录

特　稿

国家治理现代化背景下
优化税收营商环境的山西思考

国家税务总局山西省税务局党委书记、局长
刘培平

党的十九届四中全会指出，"国家治理体系和治理能力现代化是关系党和国家事业兴旺发达、国家长治久安、人民幸福安康的重大问题"。这是对我国坚持和完善中国特色社会主义制度、推进国家治理体系和治理能力现代化重大意义的深刻阐释，具有开创性、里程碑意义。优化税收营商环境是国家治理体系和治理能力现代化的一部分，是税收现代化治理的突破口。2019年，国家发改委在2018年对全国22个不同类型城市开展试评价的基础上，选择山西率先开展全省域营商环境评价工作试点。2019年，山西省在全国率先开展全省域营商环境第三方评估，对 11 个设区市、部分县营商环境进行评价。与此同时，根据国务院第五次大督查反馈结果，山西省 7 项重要营商环境评价指标中 6 项指标大幅进位，其中，用电报装位列全国第一、工程建设项目报建第四、用水报装第八，取得了较大突破。但是，与全国经济发达地区相比、与市场主体和人民群众的期盼相比，山西省营商环境仍然存在差距，税收营商环境也不例外。面对新形势和新任务，我们应立足山西转型发展的大局，瞄准高质量推进山西治理能力现代化的目标，持续优化税收营商环境。

一、现代化治理背景下的税收营商环境

（一）营商环境和税收营商环境

营商环境，是指伴随企业活动整个过程（包括从开办、营运到结束的各环节）的各种周围境况和条件的总和。营商环境涉及政务、市场、法治、社会等多个方面，是区域吸引投资、发展经济、改善就业的重要竞争指标，也是一个国家软实力和影响力的重要体现。近年来，党中央、国务院高度重视优化营商环境，不断推出"放管服"改革举措，持续激发市场活力和社会创造力，我国营商环境持续改善。习近平总书记明确提出"要营造稳

定公平透明的营商环境，降低市场运行成本，提高运行效率，提升国际竞争力"。李克强总理也强调"营商环境就是生产力"。世界银行发展报告显示，良好的营商环境会使投资率增长 0.3%。中国近年来一直致力于营商环境的优化，2019 年 10 月 24 日世界银行发布的《2020 年全球营商环境报告》显示，中国大陆已连续两年跻身全球营商环境改善幅度最大经济体前十名，在 190 个经济体中，中国大陆 2018 年度全球营商便利度排名第 31 位，比 2017 年度提升了 15 位。正值新中国成立 70 周年之际，中国大陆在优化营商环境排名中取得优异成绩，更显意义非凡。"中国开放的大门只会越开越大，营商环境只会越来越好"，这将让中国经济更有后劲，应对外部环境复杂变化更加从容。

税收营商环境是营商环境的重要组成部分，主要是指影响企业税收遵从、合理纳税的各种环境因素。具体包括：税收政策环境、税收征管环境、税收服务环境和税收法治环境。其中，税收政策环境是由税收法律法规等税收政策所构成的制度环境；税收征管环境指税收管理体系和管理能力，包括税务部门机构设置、征管资源配置、征管技术手段及征管效率等；税收服务环境指税务部门向纳税人提供法定服务的能力，包括纳税服务的效率与质量等；税收法治环境指对征税主体与纳税主体的税收行为进行约束，实现依法征税和依法纳税的社会秩序状态。目前，世界银行发布的税收营商环境指标体系，针对的对象主要是中小型企业、私营企业，重点评价纳税的便利性、效率和成本等，包括纳税次数、纳税时间、总税率和社会缴纳费率、税后流程指标和税收执法规范水平。从世界银行的评测指标来看，我国企业纳税 2018 年平均所需时间从上年度报告的 142 小时缩短为 138 小时，总税收和缴费率由 64.0%降低为 59.2%，企业税负明显减轻。

（二）现代化治理背景下优化山西税收营商环境的重要性

促进地方经济发展是税收治理的重要目标。山西是能源大省，是全国重要的煤炭主产区和五大综合能源基地之一，且以传统能源为主。山西经济发展的出路重在转型，但自然环境、地理位置等缺陷导致山西硬环境不佳，一定程度上制约了山西经济转型发展。经济转型要求山西在淘汰落后产能、高耗能、高污染、低附加值产业的同时，大力发展技术先进、附加值高的现代制造业、现代服务业等相关产业，但目前山西的自然和地理环境对这些转型必需项目缺乏刚性吸引力，需要优质的软环境来弥补。软环境主要包括一国或地区的体制机制、思想观念、文化氛围、政策法规及政府行政能力水平和态度等。税收营商环境是软环境的重要组成，税收营商环境主要体现地区的税收政策稳定性和优惠程度、税收征收管理水平、税务机关为纳税人服务的态度等，以及由此给企业生产经营造成的影响。优化税收营商环境可以很大程度上弥补山西硬环境的缺陷，加速经济转型发展。税收营商环境对企业生产经营有着直接而重要的影响，如果山西能够为技术先进和创新驱动力强的现代制造业、现代服务业等新兴产业提供稳定而优惠的税收政策、高效而优质的征管服务、规范而有序的税收法治环境，促使企业纳税效率提高和纳税成本降低，则可以大大推动这些非资源型企业的进入和快速成长，加快山西经济转型发展。2019 年，中央通过了《关于在山西开展能源革命综合改革试点的意见》，山西作为全国首个能源革命综合改革试点，将承担起为全国的能源革命综合改革探路的历史使命。这是党中央交给山西的又一项重大使命任务，体现了党中央对山西工作的充分信任和殷切期望。作为山西税务部门，既感到无比光荣，又感到责任重大。优化税收营商环境是山西税务部门充分发挥税收职能作用、助力山西经济高质量发展的关键所在，是进一步深化征管体制改革的重要任务，是降低纳税人负担、激发市场主体活力的重要抓手，对于提升税收治理能力，提高山西营商环境竞争力、推进转型发展战略、实现山西经济高质量发展具有重要意义。

二、优化税收营商环境的山西实践

面对国务院深入推进"放管服"改革和山西省深化"放管服效"改革的要求，山西税务部门主动创新理念，争当优化营商环境的排头兵，融入转型发展的主战场，构造惠民优商的税收政策环境，打造为民务实的税收征管环境，塑造便民快捷的税收服务环境，营造亲民公正的税收法治环境，形成了良好的税收营商环境。

（一）在税收政策环境方面，紧抓国家支持山西深化改革促进资源型经济转型发展的重大机遇，积极为惠民优商提供政策保障

明确政策依据，营造公开透明公正的环境，不断激发服务市场主体活力，助力企业转型升级。将房产税计税余值的扣除标准统一确定为30%，每年为企业减轻负担约1.5亿元；将从事鼓励类产业的企业土地出让转让环节契税税率由4%调整为3%；取消从事鼓励类产业的企业耕地占用税征收加成，完善符合条件的科技型

企业印花税核定征收办法，切实减轻纳税人税收负担；积极对标中关村国家自主创新示范区，认真落实创业投资企业抵扣应纳税所得额、高新技术企业所得税优惠税率、研发费用企业所得税加计扣除、提供技术转让及相关服务免征增值税、研发机构采购国产设备全额退还增值税等优惠政策，助推科技创新成果转化，激励中小企业加大研发投入，支持科技创新，培育经济转型新动能；明确煤炭生产企业井下固定资产可以按规定享受加速折旧优惠政策，加快了煤炭企业为转型升级购置生产设备而占用资金的周转速度，支持煤炭企业"轻装上阵"。

（二）在税收征管环境方面，坚持彻底有序放，规范有效管，积极为减轻纳税人负担加强现代税收管理

立足优化营商环境目标，积极打造优化山西税收营商环境制度体系。2017年至今，山西税务部门连续出台了《全省税务系统优化营商环境服务转型发展实施意见》《国家税务总局山西省税务局进一步优化税收营商环境行动方案（2018—2020年）》相关优化税收营商环境的重要文件，2018年又发布了《山西优化税收营商环境发展报告》蓝皮书。全省各地税务机关简化办理手续、减少办理时间，进一步减轻了企业负担。将资源税灾

害性减免审批权限下放后，纳税人仅需 10 个工作日即可办结，比之前提速 20 天。改进税收优惠备案方式，由纳税人向税务机关报送备案资料，改为网上勾选确认、纸质资料纳税人留存备查的方式，2019 年 1—6 月，全省纳税人减少备案 4.3 万户次。针对山西低收入个体工商户普遍存在的盈利能力差、税收负担重的问题，对月销售额不超 3 万元的个体工商户个人所得税征收率可核定为 0%，低收入个体工商户免征增值税的同时免征个人所得税，全省 20 多万户个体工商户受惠，每月减免个人所得税约 1400 万元，进一步激发了个体工商户的经营活力。

（三）在税收服务环境方面，持续开展便民办税春风行动，最大限度地满足纳税人需求，积极提供优质高效便民快捷服务

突破传统思维，打破条条框框，切实解决办税痛点、堵点、难点，持续优化税收营商环境。将原来由省级税务机关承办的房产税困难性减免等核准类事项，下放至县级办理，改进行政审批，让纳税人"最多跑一次"。取消税源管理部门核准环节，简化纳税人迁移注销流程，以太原市为例，按照原有固定流程，市场主体在原经营地税务机关办理注销预计需 20 天，新措施将原经营地注

销改为即时办结，为每个迁移注销管户减少20天的办理时间；全面整合现有网上服务平台，构建全省统一的电子税务局，实现了统一平台、统一渠道、统一登录、统一界面、统一应用等"五统一"目标；在各政务大厅市场主体登记窗口做好办税事项宣传，让新办企业在办理登记的同时了解涉税事项办理。首次办理涉税事项的新设立登记纳税人，税务机关所需信息实行外部交换平台获取，不再要求补录；提供税费种认定等12项"套餐式"服务，一次性办结多个涉税业务，大幅度压缩限时办结事项；发布"最多跑一次"清单，将山西"最多跑一次"扩充至六大类124项，增加了"许可类"类别和19项山西"最多跑一次"业务事项，在资料完整且符合法定受理条件的前提下，最多只需到税务机关跑一次；推行税收业务"省内通办"，编写《金税三期优化版省内通办业务简明操作手册》，涵盖七大类99项通办业务，在办税服务厅设置"省内通办"岗，实现纳税人省内就近办税；推行跨省经营企业涉税事项四类15项业务"全国通办"，有效降低纳税人办税成本；开发手机端服务平台，为纳税人提供申报缴税、发票领购、信息一体化查询、办税定位导航、人工智能问答等办税服务功能；推行新办纳税人"零门槛"办税，提供"套餐式"服务，一次性办结多个涉税事项；对全省范围内跨区域流动的企业，提供省内快速迁移登记；简化注销流程，推行网上办理，实行 10 个工作日内限时办结。充分发挥大企业管理优势，建立大企业专业服务团队，开展税收风险分析，为企业风险防控定制"个性化"服务手册，开展"直通车"服务，帮助企业提升税法遵从能力，降低税收风险。

（四）在税收法治环境方面，坚持法治思维，规范税收执法权力运行，以执法规范维护纳税人合法权益

规范税收权力运行，营造公开公平公正的执法环境，切实维护和保障纳税人合法权益。严格按照法律、法规和规章规定，对税收执法权力和行政职权责任进行全面梳理，制定税收权力清单及权力运行流程图、行政职权责任清单及廉政风险防控图，有效规范了税收执法权力运行，为纳税人营造公开透明的办税环境走在了全国前列。在全省税务系统明确税务行政处罚裁量权的执行基准，对六类税务行政处罚裁量权进行分类和细化，覆盖了目前税务机关的全部行政处罚。与金融、保险、海关等单位建立了税收执法协作机制；与发改、经信、财政等部门建立了涉税信息归集交换机制；实现了税务稽查"双随机、一公开"全覆盖，坚决杜绝"想查谁就查谁、谁想查谁就查"问题的发生；推进内部控制"制度＋科技"进程，建立执法责任监督机制，在全国第一批上线运行内部控制监督平台，给税收执法套上了"紧箍咒"，杜绝了执法主体的不作为和乱作为现象，避免了对市场主体投资环境的随意干扰，有效提升了税收营商环境的质量。

三、优化税收营商环境面临的问题

（一）优化服务观念需要进一步加强

从实践中看，一些税务机关和税务人员还没有牢固树立征纳双方法律地位平等的理念，不同程度存在官本位思想，为纳税人服务的主动性不强。个别税务干部面对纳税人心理上有优越感，居高临下，习惯于把纳税人摆到对立面，常以管人者自居，衙门习气和作风时有表露，说话办事让纳税人难以接受，淡忘了宗旨，没有将服务当作是执法的有机组成部分，导致服务态度有好有坏，服务水平参差不齐。更有甚者，服务错位越位，把纳税人本应享受的优惠政策当作个人"恩惠施舍"，把国家赋予的权力当成个人敛财的手段。部门职责尚未完全理顺，服务与管理职责不清，纳税服务全员参与、协作配合、齐抓共管的工作机制没有完全落实。

（二）纳税集约化程度需要进一步提高

国家税务总局从 2017 年 7 月开始就在北京、上海、广州、深圳、江苏五省（市）税务部门开展优化营商环境试点工作。从试点单位的情况来看，五省（市）均以不同程度、不同方式提升纳税集约化水平。比如，北京市税务局联合市住建委、市规划自然资源委员会等部门，通过跨部门"一窗办理"方式，实现不动产交易签约、缴税、过户领证全流程"最多跑一次"；上海市税务局与中国人民银行上海分行通力合作，实现网上税务局三方协议申请、签订和验证一键式自助办理；江苏省税务局通过与公安、工商、国土、民政等部门加强数据信息共享，实现"凡是能够通过政府信息共享获取的证照、批准文书等信息，纳税人提供材料名称、文号、编码等信息供查询验证即可，不再提交材料原件或复印件"等。目前，我省日常工作多以召开联席会议、发文函件、表格数据传递等方式进行，且有时数据口径不一，工商、人行、人社、公安等跨部门协作力度不够，跨地域、跨层级信息共享机制未能完全建立，难以满足优化税收营商环境需求。

（三）办税便利化水平需要进一步提升

2019 年 4 月，总局对河北、吉林、安徽、广西、海南等五省（区）税务系统减税降费工作调研监督情况显示，五省（区）普遍存在电子税务局功能不完善、系统不稳定、不便捷问题，征期卡顿现象严重。参加问卷调查的1601名纳税人中，有493人认为电子税务局"一般"或"不好用"，占30.8%；446名税务干部中，有109人认为"电子税务局等办税系统稳定性较差、效率较低"，占24.4%。目前，一些省份采用总局优化版的电子税务局系统，一些省份采用自己研发的电子税务局系统，各有优缺。以山西省晋中市某税务局办税服务厅为例，3月份征期必须来厅办理业务的占58%（其中，电子税务局未开放相关功能导致来厅占全部业务的26%），非必须来厅办理的占42%（其中，功能有待完善或信息传递问题导致来厅办理的占50.4%，纳税人不愿使用等原因占41.5%）。此外，办税流程环节多，纳税申报不够便捷，一些税种申报要求提交的资料仍然繁多，在纳税申报期限上，除了企业所得税是按季预缴、纳税年度结束后申报汇缴外，多数税种要求按月（次或季）申报，纳税次数有些偏多。

（四）纳税人办税成本需要进一步降低

根据世界银行《2019年营商环境报告》数据显示，我国总税率和社会缴纳费率与新西兰、新加坡、丹麦等排名前十位的经济体相比，企业缴纳税费的负担仍然较重（见表1）。

表1　中国与世界银行《2019年营商环境报告》排名前十位
经济体总税率和社会缴纳费率对比分析

排名	经济体	总税率和社会缴纳费率
1	新西兰	34.6%
2	新加坡	20.6%
3	丹麦	23.8%
4	中国香港	22.9%
5	韩国	33.1%
6	格鲁吉亚	9.9%
7	挪威	37%
8	美国	43.8%
9	英国	30%
10	马其顿共和国	13%
46	中国	64.9%

综合排名前十的经济体，总税率和社会缴纳费率平均为26.87%，我国相差38个百分点，即使与排名靠后的美国相比仍相差21.1%，表明我国企业负担仍然较重。

（五）税务机关办税效能需要进一步升级

横向以世界银行《营商环境报告》发布的中国近五年纳税时间和纳税次数对比分析（见图1、图2）。

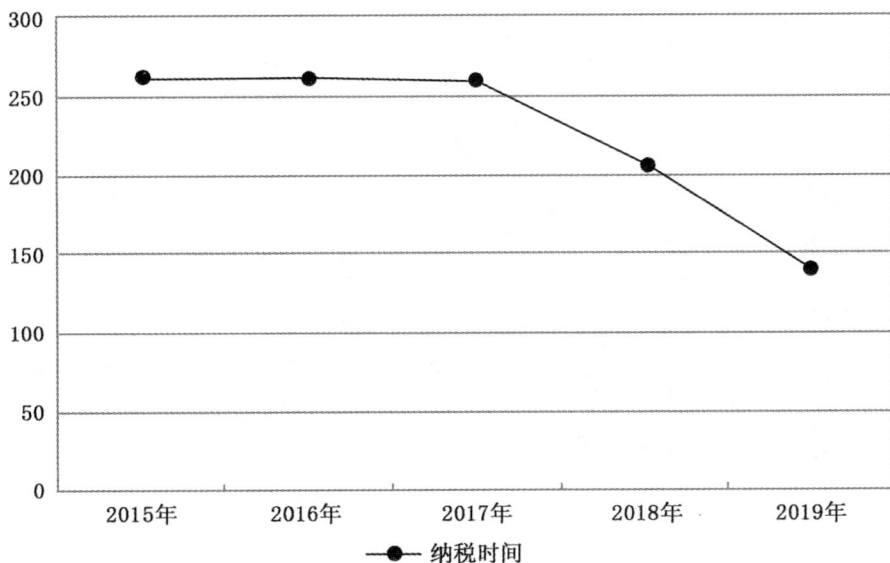

图1 2015—2019年中国纳税时间对比

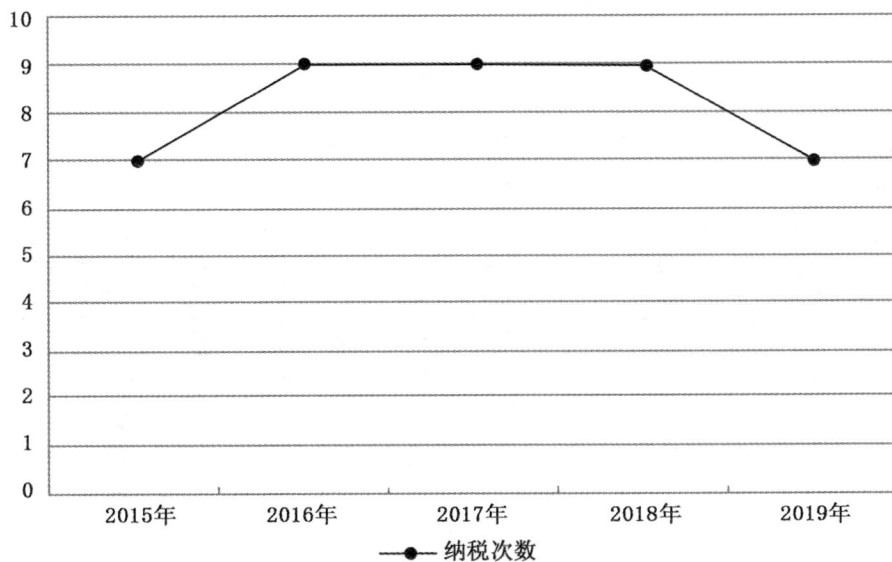

图2 2015—2019年中国纳税次数对比

纵向以世界银行《2019年营商环境报告》，纳税次数和纳税时间对比分析（见图3、图4）。

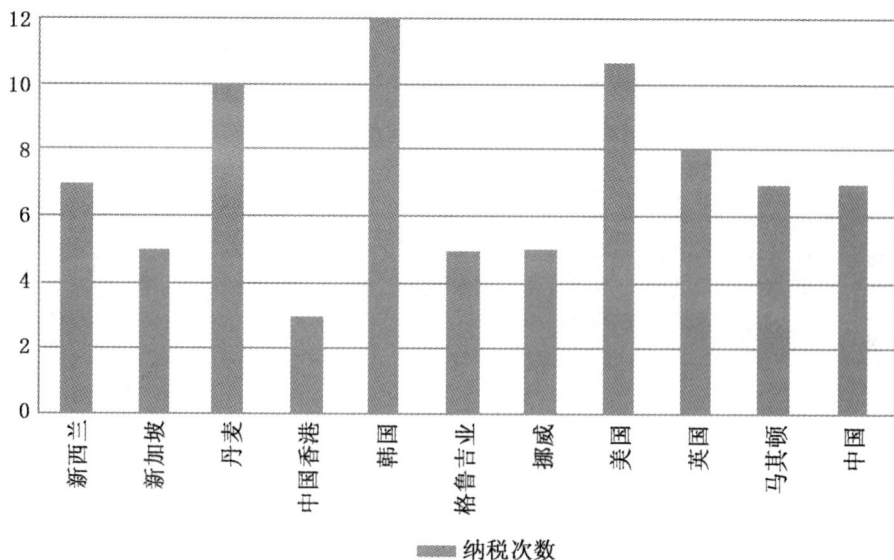

图 3 中国与世界银行《2019 年营商环境报告》排名前十位经济体纳税次数对比分析

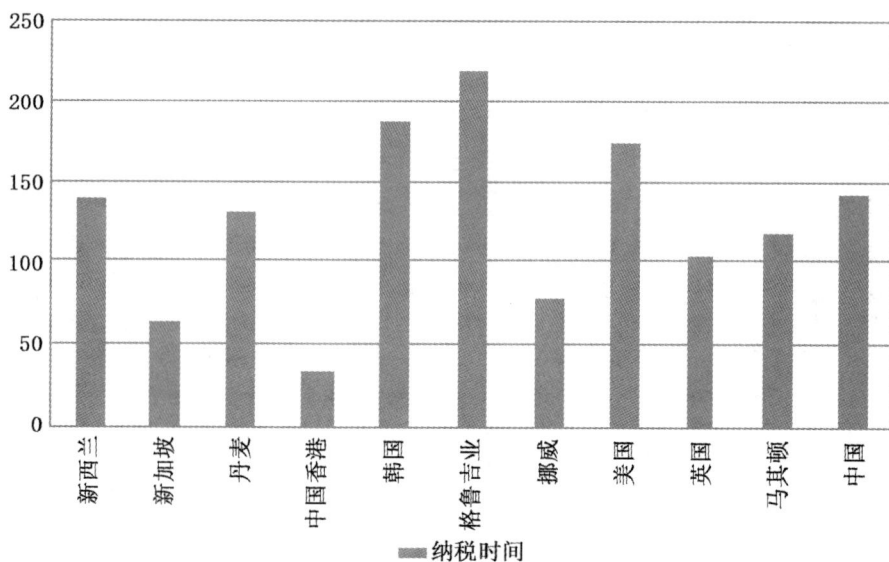

图 4 中国与世界银行《2019 年营商环境报告》排名前十位经济体纳税时间对比分析

近五年来,我国纳税时间由 2015 年的 261 小时到 2019 年的 142 小时,全球排名 53 位,同比降低 31.4%,

呈逐年下降趋势。2017 年后下降最为明显，得益于网上申报在北京、上海的广泛使用，对单独申报的税种仅需按一年 1 次计算。随着各项办税便利化举措的不断推出，2018 年纳税时间有望缩短至 120 小时以内，但纳税时间仍是中国香港的 4.12 倍，新加坡的 2.22 倍，挪威的 1.8 倍。近五年来，纳税次数变化也不够明显，始终在 7—9 次徘徊，与 2019 年排名前十位经济体中纳税次数最少中国香港每年 3 次相比依旧有一定差距。减税降费政策实施后，仍有纳税人反映在办理发票开具、注销税务登记、税控盘清卡、发票申领、发票增量等事项时，"多头跑、来回跑"情况依然存在。

（六）税收营商环境指标评价需要进一步改进

世界银行税收营商环境评价指标主要包括纳税次数、纳税时间、总税率和社会缴费率、税后流程四项指标，得分权重均为 25%。从税务实践看，这些指标的选取和评价存在一定问题：首先，指标的选取不够完善。世界银行营商环境评价体系纳税指标评价四项指标都属于微观指标，对国家组织形式、经济发展阶段、法制化程度以及区域特征差异等宏观因素未纳入评价体系，降低了指标体系全面真实反映客观实际的功能。其次，指标的权重不太准确。纳税评价四项指标得分权重均为 25%，采取简单平均赋权，对四项指标的重要程度缺乏深度论证，尚不能全面充分地反映一国特别是中国这样的发展中国家的税务营商环境真实情况。再次，指标责任主体不够明确。税收营商环境优化是一个系统工程，是国家治理体系和治理能力现代化的一部分，应该涵盖税收立法、司法和执法三个层面，既有税务机关治理主体的责任，也有纳税人主体的个体责任，还需要全社会协同共治。世界银行税收营商环境评价标准责任主体主要是税务部门，有过于单一的倾向。

四、现代化治理背景下的优化税收营商环境的思路与对策

（一）创新税收管理服务理念，加强优化税收营商环境的理论指引

新时代赋予税收工作新使命，税收现代化治理也应创新理念，才能营造更好的营商环境。要顺应现代法治社会发展的趋势，真正关心和重视纳税人在税收管理工作中的地位和作用，树立"以纳税人为中心"的价值理念，研究创新税收管理制度和方法，提高纳税人满意度和遵从度。要体现高质量发展理念，注重法治体系与制度保障，注重征管和服务效能提升，注重服务供给的联动集成，注重智慧服务方式的应用。既强调世界银行营商环境排名中纳税时间指标的重要性，又强调实际工作中高质量纳税服务的重要性，努力实现效率和质量的有机统一。要树立联动集成的管理理念，注重管理与服务统筹改进，服务方式与资源配置统筹优化，内部变革和外部参与统筹协调。既坚持纳税服务本身要素的集成，又坚持纳税服务与税收征管、税制之间的联动集成；既坚持将纳税服务融入国家治理，又坚持通过改善税收营商环境来提升国家营商环境。

（二）努力探索税收共治新模式，营造良好的税收营商环境氛围

深入落实《山西省税收保障办法》，营造税收共治新格局。进一步加强与政府各相关部门的信息交换和数据共享，探索建立第三方涉税信息采集、部门协作综合治税、税企共治常态化机制，构建以涉税信息共享、税收执法协作两大支柱为主体的税收保障体系。建立与其他政府部门、社会服务部门之间的"信息桥梁"。将各单位的电子政务系统接入云平台，通过云平台内部信息驱动引擎，实现不同电子政务系统间的信息整合、交换、共享和政务工作协同，提高税务机关服务水平。税务部门应与海关、工商、质检、环保、银行等部门合作，加快

构建"大征信"格局，最大限度地实施信息资源共享，为优质企业提供快捷方便的服务，对破坏营商环境的失信企业实施联合惩戒。扩大纳税信用信息采集范围，在纳税人缴纳税款的相关数据及税务机关管理数据的基础上，通过工商、海关、司法、银行、行业组织等部门机构获取相关信用信息，充分运用信息化手段来提升纳税服务水平。

（三）不断深化"放管服效"改革，推动税收营商环境健康有序发展

深入贯彻落实《国家税务总局关于进一步深化税务系统"放管服"改革，优化税收环境的若干意见》，积极跟进山西省深化"放管服效"改革步伐，主动对接山西省资源型经济转型发展战略，建立"接地气"落实机制，进一步优化税收营商环境。主动服务国家打好"三大攻坚战"的重大发展战略，围绕防范化解重大风险特别是金融风险，落实好金融机构对农户和小微企业金融服务的税收优惠政策；围绕打好污染防治攻坚战，进一步落实好水资源税和环保税政策要求；围绕打赢脱贫攻坚战，研究实施支持精准脱贫的税收优惠政策；围绕全省开发区改革创新发展、国资国企改革、科技创新、中小微企业创业创新、"小升规"企业成长、企业上市等重大改革创新项目，出台一批"点对点""一对一"的扶持政策，持续减税降负，助力企业轻装前行，打造"政策最优惠、流程最简化、服务最到位"的企业成长环境，促进我省走出一条创新发展、高质量发展的转型升级新路。出台引进高层次人才方面的税收优惠政策，为促进山西经济转型发展引才增智贡献税务力量。以"走出去"企业需求为导向，切实帮助企业提升境外涉税风险防范能力，努力服务"一带一路"倡议。

（四）着力提升纳税服务质效，实现优化税收营商环境联动集成

进一步优化退税流程、退税时间、纠错和审计等税后服务事项，不断提升办税人员对办税事项的熟悉程度，解决办税资源相对不足与商事主体不断增长的矛盾，逐步降低纳税人的时间成本。要采取多种措施提高纳税人的办税能力，提高办税效率。要加强对纳税人的辅导，定期对纳税人提出的涉税问题进行汇总，针对普遍关注的问题，组织集中辅导。要及时向纳税人问需，通过电话和走访的形式，掌握企业的办税疑难和涉税需求，及时予以解决。要对纳税人实施"精细"服务，针对企业的行业、规模、人员素质等不同，分类建立纳税人涉税档案，实施跟踪式指导。要运用风险预警机制，对纳税

人及时提醒，对可能存在涉税风险的企业进行约谈提醒和"一对一"服务，提高企业规避风险的能力。加快电子税务局和云平台建设，编制办税事项"全程网上办"清单，用好手机办税、微信缴税等手段，让纳税人线下少跑路、网上多点击。逐步降低增值税税率、社会保障费费率至国际平均水平。规范税收执法，共同促进税收法治，建设公开透明的营商环境。对相同的权力和责任事项，要统一名称、类型、依据、履责方式和追责情形，并向社会公布，实行"透明化"管理。规范行政处罚和定税标准。加强税收执法的统筹部署，实现对企业"无风险不打扰"，为企业家干事创业营造良好环境。

（五）充分依托现代化信息技术手段，拓展优化税收营商环境的平台建设

当前，我们已经步入了一个大数据时代，12366 热线、网站、微信、微博、业务系统等平台会生成海量数据，对纳税人需求数据的精准分析和应用，将为税务部门优化纳税服务起到至关重要的作用。大数据技术的深度应用，也将为提升税务营商环境带来革命性飞跃。所谓"智慧税务"，就是以大数据、互联网、云计算等科技手段为依托，将科技智能应用于税收业务中，使其具备电子化、自助化、移动化、科技化的一

种税收业务体系。通过收集纳税人访问门户网站的痕迹、办理涉税事项的记录以及通过热线电话咨询问题的类型等，统一标准规范分类，实现全面采集纳税人需求和涉税信息。按提出纳税人的规模、行业、成长期间等，对纳税人需求进行分级应对管理，可以划分为告知性需求、便利性需求和政策性需求，进行分类应对管理。深度挖掘数据，运用大数据原理对纳税人涉税痕迹进行合理分类汇总，提炼出一定时期的重点需求和变化趋势，及时分析响应，建立有效的需求分析模型，作为税务部门改进纳税服务的依据，形成"需求采集—需求分析—需求响应—持续改进"良性循环机制。依托云技术建立"税务云"新型纳税服务平台，整合跨区域、跨部门、跨层级的行政资源，随时随地为公民提供规模化可移植或个性化的服务，并对政府管理和服务职能进行精简、优化、整合。纳税服务平台应建立基于"云服务"的智能化系统，整合税务信息资源，便于纳税人自由地调阅政策法规、办税指南以及自身的纳税情况等信息。打破时间、空间、物理终端的限制，使纳税人随时随地享受个性化的服务。纳税人能够通过"云平台"与税务机关实时沟通，税务工作人员也能及时地了解到纳税人最关心的问题，降低因多平台数据采集而造成纳税人需求数据丢失或失真的风险。

（六）持续创优指标体系设计，为优化税收营商环境提供公正评价

在税收营商环境指标设计和筛选方面，构建税收营商环境测度指标体系应遵循科学性、系统优化、通用可比、实用性、层次性和可测度的基本原则，建议在现行世界银行评价指标体系基础上，适当增加与税收营商环境相关性较高的税收法治、执法规范、信息化建设等因素，从更多维度构建一系列一级和二级指标。在税收营商环境综合指数的测度方面，建议采取问卷调查和统计分析相结合的研究方法，客观指标数据采集采取比对核实方法，先由各地税务局据实填报，然后采取自下而上层级分别与省级税务局和国家税务总局统计数据对碰，对有出入的数据核实比对后最终确定，调查问卷通过信度和效度分析后进行无量纲化处理，最后通过指标权重综合测算税收营商环境综合指数。在评价指标赋权方面，建议考虑特定政策环境对客观指标的影响，要充分考虑减税降费因素，可以适当增加税负类指标权重，这样得出的结论更具现实意义。

改革篇

坚持党的领导
深化国税地税征管体制改革

● 党中央、国务院作出国税地税征管体制改革重大决策部署以来，国家税务总局山西省税务局坚持党的领导，省委、省政府及市县两级党委、政府鼎力支持、助推改革

● 按照《国税地税征管体制改革方案》，全省税务系统齐心合力打赢打好新税务机构挂牌、制定落实"三定"规定、社保费和非税收入征管职责划转"三大主攻战"

● 强化党建夯实根基，牢记使命统筹推进，在确保税务机构改革和税收日常工作"两不误、两促进"的同时，为全省转型发展提供坚强财力保障

2018 年，按照中央关于国税地税征管体制改革的总体部署，在国家税务总局和省委、省政府的正确领导下，国家税务总局山西省税务局服从大局讲政治、一切行动听指挥，不讲条件、不打折扣、不搞变通，实而又实、细而又细推动各项改革任务顺利推进，并确保全省各级税务机关思想不乱、工作不断、队伍不散、干劲不减，有力有序有效推动各项改革任务圆满完成。

一、领导重视、高位推动，为改革提供强有力保障

党中央、国务院做出重大决策部署以来，国家税务总局和省委、省政府始终高度重视，对全省税务系统部署好、推进好、落实好改革工作给予

了亲切关怀和悉心指导，为全省国税地税征管体制改革平稳有序推进提供了坚强后盾支撑。

省委、省政府高位推动、全力支持。省委、省政府主要领导和分管领导多次听取专题汇报，多次做出重要批示。省委书记骆惠宁于2018年6月11日主持召开省委常委会，同意成立国税地税联合党委，8月13日，又研究批准改设为中共国家税务总局山西省税务局委员会；8月15日，骆惠宁书记会见国家税务总局局长王军，对我省税务机构改革提出新要求。8月9日，骆惠宁书记在省局呈送的《关于税务机构改革进展情况的报告》上做出批示：此时要加强税收征管联合分析，认真落实支持经济发展的税收政策，同时也要防止恶意逃税、欠税，把支持改革落在行动上。9月24日，在省局呈送的《开展万名税务干部入企暨领导干部驻厅服务》专报上做出批示：转宣传部，可安排深度报道。

楼阳生省长三次召开专题会议，研究部署全省国税地税征管体制改革工作，并要求我省税务机构改革要走在全国前列。省委常委、常务副省长林武亲自担任国税地税征管体制改革专项组组长，在全国率先组织召开了全省税务机构改革座谈会，亲自参加国家税务总局山西省税务局新机构挂牌仪式，并随着改革的推进，及时主持召开了全省社保费和非税收入征管职责划转工作协调推进会和动员部署会。

国家税务总局周密部署、科学指挥。国家税务总局以《国税地税征管体制改革方案》为总纲，科学制定实施方案，建立了"1+10+36+6+N+1"的组织推进工作机制体系；排出了包括"七个阶段""八项任务""三场主攻战"、700余项具体任务的改革时间表、路线图、任务书，有章有法推动改革落地落实。国家税务总局局长王军亲自主持召开一系列改革重要会议，部署、调研和督导重要工作，推动改革不断向纵深推进。2018年8月14—15日，王军局长亲临山西调研指导税务机构改革工作，组织召开全省税务机构改革干部座谈会，参加省局党委"秉公心、强基础、促改革"专题民主生活会，并深入太原市迎泽区税务局办税服务厅实地调研，对我省税务机构改革前一阶段取得的成绩充分肯定，要求全省税务系统要再接再厉，始终做到把更好的状态、更大的劲头彰显在改革的下一个阶段、下一场战役，确保改革一步比一步走得稳当，一战比一战打得漂亮；同时，指示省局党委把广大税务干部的精气神引导到一心一意促改革、谋发展上来，保障各项改革任务落实到位，推动各项税收工作顺利完成。

税务总局联络（督导）组全程跟进、悉心指导。2018 年 6 月 5 日，税务总局第四联络（督导）组一行进驻省局，其后多次向省委、省政府汇报改革进展情况。进驻期间的 5 个月，第四联络（督导）组常务副组长蔡自力同志、蒙玉英同志，副组长岂凤春同志带领联络（督导）组全体同志以身作则、率先垂范，精心指导、严格把关，不辞劳苦、深入基层，全程指导我省税务系统各项改革工作，起到了良好的指导协调、监督护航作用。

市县两级党委、政府鼎力支持、助推改革。2018 年 6 月 15 日，省局挂牌当天，就召开党委会，对市县两级税务机构改革工作进行全面部署。6 月 16 日，省局派出 11 个联络（督导）组分赴各市局开展联络督导，与当地市委、市政府沟通联络，协调市级国税地税征管体制改革重点事项、成立改革专项组、成立联合党委、新机构班子人选以及挂牌等相关事宜。在各级党委、政府的大力支持下，7 月 3 日前，全省 12 个市级局均召开了国税地税征管体制改革座谈会；7 月 18 日前，全省 118 个县（市、区）政府全部组织召开了国税地税征管体制改革座谈会；9 月 17 日，全省 12 个市级局联合党委全部完成改设党委；9 月 27 日，118 个县区局联合党委全部完成改设党委；9 月 30 日，11 个市属开发区局联合党委全部完成改设党委，为市县两级新税务机构改革顺利推进奠定了坚实基础。同时，各级财政、人社、编办等部门在机构改革、社保费征管职责划转等工作中给予有力支持，在全省上下形成了群策群力抓改革、凝心聚力促改革的强大合力。

二、对标对表、有序推进，打好打胜改革"三大主攻战"

《国税地税征管体制改革方案》明确改革的主要任务包括新税务机构挂牌、制定落实"三定"规定、社保费和非税收入征管职责划转"三大主攻战"。全省税务系统牢固树立"四个意识"，增强"四个自信"，做到"两个维护"，不断促进"事合人合力合心合"，听从指挥、服从命令，同心协力、攻坚克难，不断取得每一场主攻战的胜利。

（一）率先打好第一场主攻战，整齐划一完成新机构"挂牌"

在上级领导的关怀支持下，全省税务系统分步逐级完成了新机构挂牌工作。2018年6月15日，省税务局顺利挂牌，省委常委、常务副省长林武与国家税务总局副局长于春生共同出席挂牌仪式并致辞。7月5日，全省11个市和转型综改示范区税务新机构统一挂牌，省局党委书记胡军和局长潘贤掌分别在转型综改示范区局和太原市局参加挂牌仪式并致辞；省政府副秘书长、山西转型综改示范区管委会主任张金旺，太原市市长耿彦波分别出席综改示范区局和太原市局挂牌仪式；税务总局联络（督导）组负责人分别参加阳泉市、长治市新税务机构挂牌仪式；其余各市市长或常务副市长分别在当地出席挂牌仪式。7月20日，全省118个县区级新税务机构顺利挂牌，各县（市、区）委书记、县（市、区）长或分管副县（市、区）长出席挂牌仪式并讲话。

（二）跟进打好第二场主攻战，积极稳妥落实好"三定"规定

面对机构改革带来的人事变动，各级税务机关党委坚持把做好思想政治工作牢牢抓在手上，贯穿始终。通过深入谈心谈话、调研走访、召开座谈会等形式，正面引导、积极疏导，善待基层、关心干部，深入一线、靠前指挥，引领各级党员领导干部以及全体税务干部秉公心、行大道、勇担当，以无悔奉献的精神境界，正确认识和对待"进退留转"，积极调整状态投入改革洪流。

省局党委按照税务总局指导意见，坚持"瘦身与健身相结合"，紧密结合工作实际，科学制定省局"三定"方案。2018年6月30日，税务总局正式批复《国家税务总局山西省税务局职能配置、机构设置和人员编制暂行规定》。省局党委坚持任职年限、岗位经历、资历年龄、能力素质统筹考虑的原则，研究干部任命。2018年7月31日，宣布了177名副处级以上干部任命名单，并举行宪法宣誓仪式，各市局263名副处级以上干部在各地分会场参加宣誓仪式；8月3日，省局宣布副处级以下干部人员名单；8月15日，省局第一税务分局、第二税务分局同时挂牌，标志着省局"三定"规定全面落实到位。

在此基础上，省局指导 12 个市级税务局科学编制市局"三定"规定实施方案，并于 8 月 31 日批复了各市局"三定"规定。各市局党委在深入开展谈心谈话，综合考虑德才表现、工作实绩、任职资历等因素的基础上，于 9 月 21 日宣布了市局内设机构、派出机构和事业单位负责人的任命，9 月 25 日研究确定并宣布了一般干部人员安排，标志着市局"三定"规定全面落实到位。

县区税务局是机构改革涉及人员最多、内设机构最多、影响范围最广的环节。2018 年 10 月 15 日，国家税务总局局长王军向全国税务系统各市局、县局、乡镇分局（所）主要负责同志致信，号召大家再接再厉、务求全胜，圆满完成税务机构落实"三定"的收官之战。10 月 16 日，省局召开党委会专题研究全省税务系统县乡局（所）"三定"落实工作，学习贯彻王军局长公开信和座谈会指示精神，提出具体落实意见。随后，省局领导班子成员分赴各市局督导机构改革专题民主生活会以及县乡局（所）落实"三定"规定等改革事项，倾听群众呼声，宣传改革政策，确保全省税务系统县级"三定"圆满如期落实到位。10 月 25 日，全省 129 个县区局统一宣布新机构负责人及工作人员定岗安排。10 月 30 日，全省税务系统 129 个县级税务局的 903 个派出机构完成挂牌，刻制启用新机构印章和业务印章 2775 枚，向社会发布公告 300 余份。至此，全省税务系统"三定"规定全面落实到位，人员全面整合到位，标志着改革第二场主攻战圆满收官。

（三）坚决打好第三场主攻战，奋力夺取社保费和非税收入征管职责划转全面胜利

社保费和非税收入征管职责划转是税务机构改革"三大主攻战"的收官之战，事关全省 3000 多万缴费人的切身利益，事关社会民生福祉，影响广泛、责任重大。省局超前谋划、精准实施，及时成立领导机构和工作专班，及早开展前期各项工作。2018 年 8 月 17 日，提请省政府召开专题协调推进会议，建立起部门协作、动员部署、经费保障、制度支持、联合办公、联合培训等 6 项联动协调机制。8 月 20 日，国务院五部委联合视频会议召开之后，省局第一时间向省政府汇报会议主要精神，并迅速贯彻落实相关要求。同时，在充分征求省发改委、省财政厅、省人社厅、省财监办和人民银行等部门意见建议的基础上，结合全省实际，认真研究起草社保费和非税收入征管职责划转《实施意见》和《交接方案》，并于9月14日上午提请省政府省长办公会议专题审议通过。9月14日下午，省委常委、常务副省长林武主持召开了全省社保费和非税收入征管职责划转工作动员部署电视电话会议并做讲话，对全省划转工作进行周密安排和精心部署，动员各级各部门务必统一思想、密切配合，高起点谋划、高标准推进、高质量落实，形成各级政府主导、多部门协作的强有力工作机制。省局结合上级要求，提出"规范征缴管理，提高征缴效率，降低征缴成本，优化缴费服务，实现社会保险资金安全、可持续增长和非税收入平稳增长"的工作思路，制定细化具体工作方案，分组分类分解，梳理了101项工作任务清单，抓好关键节点，盯紧重点任务，挂图作战，对标对表，按时保质推进各项工作。

截至2018年12月31日，全省税务系统共设置社保缴费窗口1464个，所属13个单位中，10个单位已在各市区、县级政务大厅或社保经办大厅设置社保征缴窗口。同时，根据"便民、高效""成熟一批、划转一批"的原则，选定风景名胜区（云冈石窟）门票收入、市政公共资源有偿使用收入和行政单位、参公管理事业单位国有资产出租、出借收入三个项目，做好对接交接工作，推进互联互通，联合制发划转项目通知，明确非税收入项目划转时限，统筹配置征管服务资源，设置专业化服务窗口。

三、加强党建、统筹推进，确保税务机构改革和税收日常工作"两不误、两促进"

全省税务系统各级党委严格按照税务总局"四个确保"要求和省委、省政府有关工作部署，凝心聚力、统筹谋划，有力有序有效推进改革任务和日常工作"两不误、两促进"。

（一）强化党建夯实根基，全面加强党的领导

坚持和加强党的全面领导是党的十九大提出的重要任务，也是税务机构改革的重要内容。省局始终把加强党的全面领导贯穿于国税地税征管体

制改革的各方面和全过程，在成立联合党委后第一时间集体学习毛泽东同志的《党委会的工作方法》，在改设党委后第一时间研究制定《国家税务总局山西省税务局党委工作规则（试行）》，专题研究党建工作 8 次，及时制定下发《全省税务系统机构改革期间全面从严治党工作要点》，持续完善全省税务系统党支部工作指南，大力推行"1+20+1"支部工作法。2018 年 6 月 15 日，经山西省直机关工委批准，省局率先成立省局机关临时党委，确保改革过渡期间省局机关党的组织不散、党建工作力度不减，充分发挥了基层党组织的战斗堡垒作用和广大党员的先锋模范作用，为机构改革稳步推进提供了坚强保证。省局联合党委改设党委后，全面加强了新机构党组织和群团组织建设，多次召开党委会专题研究讨论审议相关工作方案，精心筹备相关工作。8 月 31 日，省局召开党员代表大会和群团组织会议，选举产生了省局第一届机关党委和机关纪委、省局直属机关工会委员会、妇女委员会以及第一届机关团委，建立完善了机关党委、机关纪委组织体系，建立健全了省局机关群团组织，为更好发挥党委全面领导职能和群团组织桥梁纽带作用提供了坚强组织保障。

（二）牢记使命抓收入，为全省转型发展提供坚强财力保障

全省税务系统始终按照省委、省政府财税工作要求和税务总局"四个坚决"要求，认真贯彻落实省委、省政府领导重要批示精神，牢记"为国聚财、为民收税"神圣使命，紧紧把组织收入工作抓在手上，坚持依法征税和可持续发展，税收收入进度和增幅均创近年来最好水平，为全省转型发展提供了坚强财力保障。2018 年，全省税务系统各项收入完成 2997.03 亿元，同比增长 15.37%，增收 399.33 亿元。其中，税收收入完成 2888.64 亿元，同比增长 16.69%，增收 413.06 亿元；税务部门组织非税收入 108.39 亿元，同比下降 11.25%，减收 13.74 亿元。

（三）持之以恒优环境，倾力打造"六最"营商环境

营商环境就是生产力。省局在扎实推进税务机构改革的同时，坚持将简政减税降负作为提升改革质量、体现改革成效、释放改革红利的重要抓手，明确提出"优环境、促转型"工作思路，全面承接、迅速落实国家出

台的各项税收优惠政策和"放管服"措施，紧密结合全省在"两转"基础上转型升级、换挡提速的新形势，在做好规定动作的同时，创新开展符合山西实际、具有税务特色的自选动作，持续优化税收营商环境。一方面，减税降负优环境。在全面落实小型微利企业所得税优惠、固定资产一次性税前扣除、科技企业孵化器等税收优惠政策的同时，积极落实税务总局优化税收营商环境10条措施和省局28条措施。全年全省税务系统共减免各类税收573.14亿元，其中，落实各项税收优惠政策减税483亿元，同比增长15.71%；深化税制改革减税90.14亿元，超额完成全年减税目标。全年办理留抵退税23.55亿元、出口退税49.09亿元。推出支持民营经济发展4个方面30条措施，全年落实各项税收优惠政策为民营企业减免税收215.89亿元，占到全部减免税收的44.49%，有力支持了全省经济高质量转型发展。另一方面，震慑违法正风气。全面部署扫黑除恶专项斗争，认真落实省委、省政府专项部署和税务总局打击虚开骗税违法犯罪两年专项行动工作部署，全面开展规范影视行业税收秩序专项工作与煤炭生产企业税收专项整治，精准打击涉税违法行为，坚决维护正常经济税收秩序，促进经济健康发展。

（四）精准施策促转型，深入开展万名税务干部入企服务活动

2018年8月31日，省局组织召开全省税务系统万名税务干部入企暨领导干部驻厅服务工作动员会议，针对全省转型发展的重点工作和重点领域，组织万名税务干部深入1.2万余户企业开展一对一、点对点的帮扶活动，向企业提供税收政策咨询、涉税疑难解决、税收建议归集等多种服务，积极响应企业个性化需求，推动出台高端人才引进、企业减费降负、缩短办税时间等企业关注的涉税政策。9月29日，针对活动进展情况和发现问题，省局又召开全省税务系统进一步落实简政减税降负暨万名税务干部入企服务推进会议，以问题为导向，研究改进措施，致力解决问题，全力支持企业转型升级和发展壮大。通过税务干部入企和领导干部驻厅服务，深入开展纳税辅导，深化政策宣传落实，共收集企业问题2493个，已按要求全部解决；帮助企业享受减免税额2233万元，确保税收优惠政策应享尽享。

　　2018 年，国家税务总局山西省税务局在国家税务总局和省委、省政府的坚强领导下，一鼓作气、乘胜而进，奋力夺取整个改革完胜，全力打造国税地税征管体制改革的"山西样板"，同时确保税务改革和税收业务齐头并进，全面展现"新税务、新担当、新作为、新形象"，为打造我省"六最"营商环境、推动全省经济高质量转型发展做出新的更大贡献。

　　　　　　　审稿人：刘世伟
　　　　　　　执笔人：邓建军　徐　靖

落实减税降费
促进山西经济转型发展

● 普惠性减税和结构性减税并举
● 减税降费切实减轻企业负担,达到涵养税源、"放水养鱼"的政策效果
● 减税降费是党中央着眼经济发展开出的一剂"良方",是促进经济转型升级和培育新动能的重要政策支撑,对山西经济转型发展有至关重要的作用

实施减税降费是党中央、国务院深化供给侧结构性改革、实现经济高质量发展的重大决策。在我国经济下行压力加大的条件下,减税降费的落地生根有力增强了市场信心,对促进经济平稳运行发挥了重要作用。在山西经济高质量转型发展的关键期,扎实推进减税降费,将显著增强经济发展动能,助力产业改造升级,提升自主创新能力,加速制造业崛起,推动绿色发展和促进消费提质升级。

一、减税降费政策持续发力,税务部门精准助力

(一)"样式多""菜量足",减税降费政策"大餐"陆续上桌

2019 年,我国实施更大规模减税降费,陆续推出系列优惠政策,为纳税人呈上了由"一道主菜、三道大菜、多道配菜和地方特色菜"组成的"政策盛筵"。

1. "一道主菜"——深化增值税改革

自 2019 年 4 月 1 日起，将制造业等行业 16% 的税率下调至 13%，交通运输和建筑等行业 10% 的税率下调至 9%；出台加计抵减、期末留抵退税等配套措施，确保所有行业税负只减不增。

2. "三道大菜"——个人所得税改革、小微企业普惠性政策和社保费降率

一是个人所得税改革。将个人所得税扣除费用标准提高至 5000 元/月；增加个人所得税六大专项附加扣除。二是小微企业普惠性政策。提高增值税小规模纳税人免税标准至月销售额 10 万元；对小型微利企业年应纳税所得额不超过 300 万元的部分实行减计优惠；对增值税小规模纳税人减征"六税两费"。三是社保费降率政策。降低城镇职工基本养老保险单位缴费比例，继续阶段性降低失业和工伤保险费率政策等。（我省企业社保费仍由人社部门征收，本文不做分析。）

3. "多道配菜"——在改善民生、鼓励创业、促进环保等方面出台相关减税政策

销售罕见病药品可选择按 3% 征收率缴纳增值税；重点群体自主创业或企业招用重点群体人员，均可在限额内抵减增值税等税款；从事污染防治的第三方企业，减按 15% 税率征收企业所得税等。

4. "地方特色菜"——省内企业城镇土地使用税减按 75% 征收。

（二）出实招、见实效，税务部门助力减税降费"红包"精准"落袋"

2019 年，山西税务系统把确保减税降费政策落地生根作为税收工作主题，积极主动采取措施，将大规模、广覆盖、普惠性减税降费政策不折不扣落实落细。

1. 及早谋划，置顶推动，下好"先手棋"

山西省委、省政府高度重视，深化落实减税降费工作。省政府成立山西省实施减税降费工作协调小组，以省委领导、政府牵头、部门联动、社会参与的协同共治格局，推动全省减税降费工作扎实开展。在国家政策框架内，率先研究出台我省顶格落实政策，并自加压力，出台全省企业城镇土地使用税减按 75% 征收的优惠政策，进一步扩大了减税政策的覆盖面，

成为山西减税"先手棋"。

2.建立机制,对标推进,筑牢"基础桩"

山西税务系统作为减税降费主力军,不断完善工作机制,形成上下联动、各部门协同的工作局面。国家税务总局山西省税务局成立减税降费领导小组,下设减税办作为"指挥协调中心",结合山西经济发展重点领域,成立了16个工作组和工作专班;建立"散点联动""扎口管理""一主两翼"三项机制,实现减税降费工作任务"一揽子统筹",工作部署要求和责任落实"一竿子到底"。以纳税人为服务主体,通过不断优化办税服务厅和电子税务局的服务环境,切实提升纳税人满意度和获得感。

3.式式相连,招招制胜,打好"组合拳"

山西税务系统推出宣传辅导精准全覆盖、"法人知税、算出红利"、建立"铁账本"等落实落细的具体措施。实行领导分片包户责任制,送政策、送服务,问需求、算红利,辅导纳税人了解政策,尽享优惠。全省14.6万户一般纳税人全部建立"铁账本",让纳税人获得的减税降费收益账清楚明白,有效提振企业投资发展信心。针对社保降费工作,把握"联合、优化、做实"的工作要点,逐条逐项解决问题,分门别类打通堵点,确保社保费和非税收入接得住、接得稳、征得好。

二、优惠政策平稳运行,减税降费成效显著

2019年1—8月(指税款所属期),全省减税总规模达到574.55亿元,同比增长35.85%。新增减税251.16亿元(税务总局口径),占全省税收收入的9.73%(见图1),其中,2019年新出台政策减税156.13亿元,翘尾政策减税94.05亿元,延续性政策减税0.98亿元。另外,我省城镇土地使用税减按75%征收政策,减税8.47亿元。

(一)减税结构特点明显

从税种分布看,增值税减免规模占据"半壁江山"。2019年1—8月,全省新增减税中,增值税累计减税155.08亿元,占比61.75%,个人所得

税、企业所得税分别以减税 52.26 亿元和 21.30 亿元列第二、三位，三大税种合计减税 228.64 亿元，占比 91.03%（见图 2）。

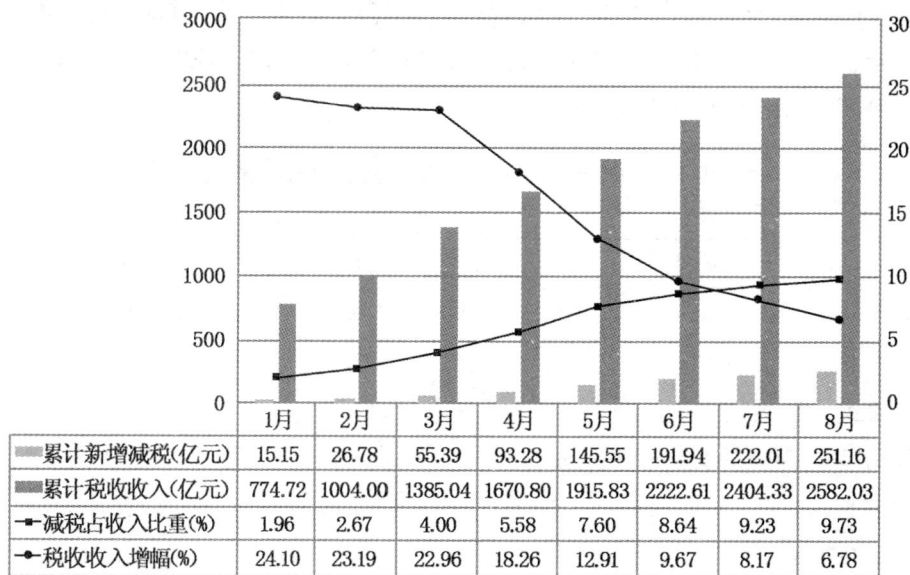

	1月	2月	3月	4月	5月	6月	7月	8月
累计新增减税(亿元)	15.15	26.78	55.39	93.28	145.55	191.94	222.01	251.16
累计税收收入(亿元)	774.72	1004.00	1385.04	1670.80	1915.83	2222.61	2404.33	2582.03
减税占收入比重(%)	1.96	2.67	4.00	5.58	7.60	8.64	9.23	9.73
税收收入增幅(%)	24.10	23.19	22.96	18.26	12.91	9.67	8.17	6.78

图 1　2019 年 1—8 月新增减税和同期税收收入情况

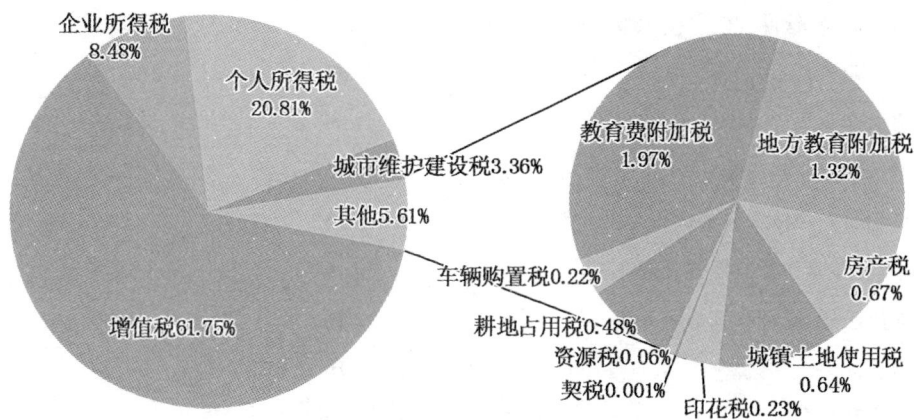

图 2　2019 年 1—8 月分税种新增减税情况

从级次分布看，中央级和地方级各占一半。1—8 月份新增减税中，中央级 122.23 亿元，地方级 128.93 亿元，占比分别为 48.67% 和 51.33%，基本上各占一半。

从行业分布看，呈现较高集中度。2019 年 1—8 月，采矿业盈利最为显著，新增减税 77.37 亿元，占新增减税总额的 30.81%；制造业次之，新增减税51.05 亿元，占比 20.33%；批发和零售业居第三位，新增减税 46.83 亿元，占比 18.65%。上述 3 个行业减免税额占全部新增减税额的约 3/4，体现了较高的行业集中度（见表 1）。

表 1　2019 年 1—8 月山西省分行业新增减税情况

单位：亿元

行业	减免金额	比重(%)
农、林、牧、渔业	0.70	0.28
采矿业	77.37	30.81
制造业	51.05	20.33
电力、热力、燃气及水生产和供应业	18.07	7.19
建筑业	14.16	5.64
批发和零售业	46.83	18.65
交通运输、仓储和邮政业	6.60	2.63
住宿和餐饮业	0.79	0.31
信息运输、软件和信息技术服务业	2.28	0.91
金融业	6.37	2.54
房地产业	4.69	1.87
租赁和商业服务业	5.53	2.20
科学研究和技术服务业	3.75	1.49
水利、环境和公共设施管理业	0.96	0.38
居民服务、修理和其他服务业	2.16	0.86
教育	3.15	1.25
卫生和社会工作	3.34	1.33
文化、体育和娱乐业	0.76	0.30
公共管理、社会保障和社会组织	2.28	0.91
其他	0.32	0.13
合　计	251.16	100.00

从企业登记注册类型分布看，内资企业居主导地位。2019 年 1—8 月，内资企业新增减税额 224.25 亿元，占新增减税总额的 89.29%。其中，民营企业成为减免主力军，民营企业新增减税额 149.66 亿元，占比 59.59%，是绝对受益主体（见表 2）。

表 2　2019 年 1—8 月分企业登记注册类型新增减税情况

单位：亿元

登记注册类型	减免金额	占比（%）
合　计	251.16	100.00
其中：民营企业	149.66	59.59
一、内资企业	224.25	89.29
（一）国有企业	17.76	7.07
（二）集体企业	1.22	0.49
（三）股份合作企业	0.11	0.04
（四）联营企业	0.01	0.00
（五）有限责任公司	137.54	54.76
（六）股份有限公司	25.94	10.33
（七）私营企业	41.42	16.49
（八）其他内资企业	0.24	0.10
二、港澳台商投资企业	2.43	0.97
三、外商投资企业和外国企业	5.50	2.19
四、个体经营	8.32	3.31
五、非企业单位	10.40	4.14
六、其他	0.24	0.10

从地域分布看，太原占居首位。从 1—8 月新增减税情况看，太原新增减税规模居全省首位，减税 54.42 亿元，占全省新增减税额的 21.67%。从减税与税收的关系看，综改区减税规模占同期税收收入的比重最高，达到 14.96%，高于全省平均水平（9.73%）5.23 个百分点（见表 3）。

表3 2019 年 1—8 月分地区新增减税情况

单位：亿元

	减免金额	税收收入额	占比（%）
山西省	251.16	2582.03	9.73
太原	54.42	502.01	10.84
大同	21.31	227.03	9.39
阳泉	7.94	81.35	9.76
长治	22.67	275.29	8.23
晋城	18.05	194.41	9.28
朔州	12.56	153.47	8.18
忻州	12.37	134.98	9.16
晋中	25.16	236.25	10.65
吕梁	28.60	349.65	8.18
临汾	20.16	221.40	9.11
运城	17.29	135.15	12.79
综改区	10.63	71.04	14.96

（二）减税政策亮点突出

减税政策的普惠性特点主要体现在：一是降低增值税税率涉及纳税人面广，配套出台加计抵减、允许不动产一次性抵扣等措施确保税率不变，纳税人的税负只减不增。二是小型微利企业所得税优惠政策覆盖绝大多数企业主体，受益面广，政策普惠性强。2019 年 1—8 月，小型微利企业扩围政策实际享受户数 5.35 万户，其中因放宽标准而被纳入此次减税范围的小型微利企业共 5708 户。三是小规模纳税人免税标准提高，受益面大幅拓宽，户均减免显著增加。1—8 月，增值税小规模纳税人免税标准由 3 万元提至 10 万元后，享受增值税减税纳税人新增 7.97 万户，户数比扩围前增长 15.67%。

减税政策的结构性特点主要体现在：一是制造业成为深化增值税改革的最大受益者。2019 年 4—8 月，全省制造业减免 29.47 亿元，占全部减免额的 22.74%。二是民营经济主体成为小微企业普惠性政策的绝对受益者。1—8 月，小微企业普惠性减税政策为民营企业及个体户带来减税 18.07 亿元，占普惠性政策全部减税额的 88.8%。三是非企业的个体工商户成为提高小规模纳税人增值税免税标准的直接受益者。1—8 月，月销售额 3 万—10 万元的个体户减免增值税 4.26 亿元，占比 52.04%。四是中年人群成为享受个税专项附加扣除的主要受益者。1—8 月，30 岁—55 岁年龄区间人群享受专项扣除人数占比 75.14%。

三、减税降费政策全面落地，为山西经济转型发展保驾护航

长期以来，一煤独大、高度依赖资源的发展模式，是山西经济增长乏力的重要原因之一。多元化的产业发展需求，迫切要求山西破除深层次体制性障碍和结构性矛盾，走出一条转型升级、创新驱动的发展新路。减税降费是党中央着眼经济发展开出的一剂"良方"，是促进经济转型升级和培育新兴动能的重要政策支撑，对山西经济转型发展有至关重要的作用。

（一）减轻企业负担，增强经济发展动力

减税降费通过减轻企业负担，达到了涵养税源、"放水养鱼"的政策效果。一是企业资金流动性进一步增强。2019 年 1—8 月，全省非金融企业存款余额达到 9514.2 亿元，比年初增长 479.2 亿元。政策的落地，大大缓解了企业资金及银行贷款压力，资金流动性得到明显提升。二是企业经营状况进一步改善。1—7 月，全省工业企业亏损数量同比下降 0.1%，营业收入同比大幅增长 8%，财务费用同比下降 7.6%，每百元营业收入中的费用同比下降 0.47 元，企业整体经营状况得到显著改善。三是市场主体活力进一步激发。1—8 月，全省民间固定投资增长 4.6%，较上年同期提高 23 个百分点；新增市场主体 18.38 万户，同比增长

28.38%。市场主体是经济增长的"发动机"，市场主体活力的增强将有效增强我省经济发展动力。

（二）鼓励资产购进，助力产业改造升级

深入推进供给侧结构性改革，让产业焕发新生活力，加强设备升级是关键。减税降费相关政策规定，新购进单位价值不超过 500 万元的设备、器具，允许在计算应纳税所得额时一次性扣除。截至 2019 年 8 月，全省共 43 户纳税人因该政策享受税收优惠 1.23 亿元，有效减缓了企业因购进固定资产占用资金的影响，增强了企业固定资产投资的信心。1—8 月，全省固定资产投资累计达到 4120.6 亿元，同比增长 6.5%。其中，我省传统支柱性产业的表现颇为亮眼，如石油加工业、炼焦及核燃料工业的固定资产投资同比增长达 186.9%，黑色金属冶炼和压延加工业及金属制造业固定资产投资同比增长也都在 40%左右。1—8 月，全省工业技改投资增长 13.3%，占全省工业投资比重 36.2%，同比上升 5.2 个百分点。企业加大设备改造升级力度，为提高产品质量、工艺和装备水平提供了重要保障，有效增强了我省企业竞争力。

（三）支持技术研发，提高自主创新能力

实现经济转型和高质量发展，关键靠创新。税务部门大力落实鼓励创新政策，引导企业加大研发投入，提高自主创新能力，为经济转型提供技术支撑。一是鼓励企业加大研发力度。2019 年 1—8 月，"提高研发费用加计扣除比例至 75%"的税收优惠政策，共惠及全省3118 户，合计减税 12 亿元；3 户企业委托境外研发享受加计扣除减免 124.47 万元；39 户企业适用"延长高新技术企业和科技型中小企业亏损结转年限"政策，享受减免7235.13 万元。1—7 月，我省规模以上工业企业研发费用达 74.8 亿元，同比增长 66.6%，减税降费支持研发的政策效应逐步显现。二是支持孵化科技创新企业。减税降费相关政策对国家级、省级科技企业孵化器、大学科技园和国家备案众创空间给予了免征增值税、房产税、城镇土地使用税的税收优惠。1—8

月，该政策减免房产税 274.74 万元，增值税 24.2 万元。在税收优惠的加持下，我省企业孵化器等创新载体得以不断壮大。目前，我省已备案企业孵化器 75 家，其中，国家级 13 家，省级 62 家；众创空间 265 家，其中，国家级 34 家，省级 231 家[①]。

（四）多重优惠叠加，推动山西制造加速崛起

制造业是山西推动供给侧结构性改革，实现经济转型升级的关键和重点。国家推出深化增值税改革等多项优惠，为山西制造加速崛起起到了巨大推动作用。一是大幅降低行业税率，坚决实现"三个确保"。李克强总理提出，"实施好更大规模减税，确保制造业税负明显降低，确保建筑业、交通运输业等行业有所降低，确保其他行业税负只减不增"。在深化增值税改革中，制造业税率由 16% 降至 13%，切实减轻了企业的税收负担。截至2019 年 8 月，全省 2.76 万户制造企业因降低增值税税率而减税 26.55 亿元，行业增值税税负比改革之前下降 26.94%。二是加强技术创新，支持山西制造走向山西"智造"。税费负担的减轻，使得企业能够在技术创新领域投入更多研发资金。一季度，全省制造业技改投资增长 16.9%，增速较上年同期提高 2 个百分点。研发力度的加强，促使新兴制造业快速成长，发展势头持续向好。上半年，全省制造业增加值增长 7.5%，其中，汽车制造业和新能源装备制造业分别大幅增长 29% 和 18.9%，全省高技术产业（制造业）增长 6.0%，较上年同期加快 1.5 个百分点。全省制造业的良好发展态势，离不开大规模减税降费政策红利的不断释放。三是出台针对性政策，支持先进制造业领先发展。为进一步推动先进制造业发展，国家出台相关政策，允许先进制造业纳税人实行增量留抵退税。2019 年 10 月 14 日，山西中条山集团陶瓷科技有限公司在我省率先享受该政策优惠，完成退税4722 万元，成为全省首家受益企业。

（五）倡导清洁生产，加快实现绿色发展

实现绿色发展，必须在污染治理的基础上，大力倡导清洁生产。减

[①]数据来源于科技部火炬高技术产业开发中心网站和山西省科技厅。

税降费政策通过反向倒逼和正向激励，引导企业更加注重绿色发展。2019 年 1—8 月，全省能源工业规模以上工业增加值增长 5.6%，其中，非煤工业增长7.0%，超过煤炭工业 1.1 个百分点，发展态势向好，充分彰显了我省绿色发展成果。一是环保税开征倒逼企业加大环保投入。我国在 2018 年 1 月 1 日对环境保护税正式立法，从法律层面对企业排污行为进行征税，倒逼企业进行节能减排技术改造，走绿色发展"新路"。自环保税立法以来，我省共征收环保税 22.27 亿元。二是减征所得税支持污染防治企业发展壮大。支持符合条件的从事污染防治的第三方企业，减按 15% 的税率征收企业所得税。1—8 月，我省 1 户纳税人减免税收 15.69 万元。三是税收减免促使清洁能源发展活力倍增。税收优惠政策给煤层气、新能源发电等清洁能源产业带来 1.45 亿元的税收减免。1—8 月，我省煤层气采掘业和新能源发电产业的规模以上工业增加值增长速度均超过 20%，发展势头显著上升。清洁能源的大量生产，将减少市场对煤炭的依赖，改善我省能源消费结构，助力绿色发展。

（六）大力推进个税改革，助力消费提档升级

实施个人所得税改革，通过提高减除费用标准、优化税率级距、设立专项附加扣除等方式，增加居民可支配收入，刺激消费增长。一是增加居民可支配收入。调整个税减税费用和税率后，2019 年 1—8 月，共计 482.97 万人减免个人所得税 47.35 亿元；专项附加扣除政策实施，也为全省 92.02 万人减免个人所得税 4.91 亿元。个税改革，降低了个人的"税担子"，"丰满"了个人的"钱袋子"。上半年，城镇居民可支配收入 1.57 万元，同比增加7%；8 月末，全省住户存款 22058.6 亿元，同比增长 11.47%。二是缩小收入差距。本次个税改革实施后，月收入额 5000 元以下的低收入人群免征个人所得税，中等收入人群适用税率更低。2019 年前三季度，按 3% 税率缴纳的个税占全部个税收入的比重为 23.42%，高于上年同期 17.84 个百分点；按 25% 税率缴纳的个税占比 6.96%，比上年同期大幅下降 29.2 个百分点，中低收入人群享受到了明显的减税红利。三是个税改革推动消费升级。个税改革通过增加居民可支配收入，缩小收入差距，增强了个人消费

能力，推动我省消费提档升级。1—8月，全省社会消费品零售总额5081.1亿元，增长8.7%，其中，高端智能类消费增长强劲，如智能家电和音响器材增长33.6%，智能手机增长29.9%，新能源汽车增长1.7倍，减税降费对消费的刺激作用逐渐显现。

审稿人：王江霞
执笔人：袁瑜晞　韩桂枝　贺贝贝

深化增值税改革
助力山西经济高质量发展

● 深化增值税改革既彰显了政府实质性减税降费的决心,又将从宏观及微观层面推动经济迈向高质量发展

● 深化增值税改革成效显著,制造业税收优化体现明显,纳税人有了获得感的"质感"体验

● 深化增值税改革政策在激励与引导产业机构优化、供需侧改革方面仍有进一步改进的余地

2019年3月5日,李克强总理在《政府工作报告》中提出要实施更大规模的减税,这是继"营改增"之后增值税税制改革又一重大优化调整,具有多重效应。不仅能够降低市场主体税负,激发企业活力和创造力,而且有助于解决制约经济社会发展的深层次矛盾,对于建设现代经济体系、提升国家治理能力将产生重要影响,为促进高质量发展增加推动力。

一、高质量发展与深化增值税改革

十九大报告指出,新时代我国社会主要矛盾已经转变为人民日益增长的美好生活需要和不平衡不充分的发展之间的矛盾。推动经济高质量发展,是适应我国社会主要矛盾变化、破解不平衡不充分发展的重要着力点。税收的特殊性决定了其在国家治理中的重要作用,优化税制将促进科技创新

和经济发展方式转变，加大减税降费力度将推动实体经济提质增效。

增值税作为我国的第一大税种，税制的改革将主要是增值税的优化和调整。我国从 2016 年"营改增"后，2018 年又出台一系列改革举措。2018 年，我省累计完成税收收入 2888.64 亿元，减免各类税收 573.14 亿元，同比增长 15.71%；全年通过深化税制改革减税 90.14 亿元，留抵退税累计退税 23.55 亿元，出口退税 49.09 亿元。

2019 年，我国继续深化增值税改革。此次深化增值税改革既彰显了政府实质性减税降费的决心，又将从宏观及微观层面推动经济迈向高质量发展。从产业优化方面看，通过降税率、扩"抵扣"、退"留抵"等政策能够进一步助推优化产业链、供应链，有助于解决企业发展困境，避免因税率水平偏高而导致资本外流或产业竞争力下降，助力企业通过技术创新和规模效应走向全球价值链中高端，实现"中国制造"向"中国智造"的转换。从供需方面看，增值税税率下调导致终端商品价格下降，有利于扩大消费需求，推动消费升级，加快生产结构优化调整，实现动力转换变革。从稳增长、保就业方面看，有利于推进生产性服务业与制造业高质量发展相协同，加计抵减政策确保消费性服务业税负只减不增，有利于在消费性服务业深挖就业潜力。

总之，此次深化增值税改革将制造业作为政策发力点，并与新旧动能转换、高质量发展和实现制造强国等目标和战略紧密结合，是减轻企业负担、激发市场活力，进而增强经济韧性、推动经济高质量发展的重大举措。

二、深化增值税改革成效明显

深化增值税改革以来，税务部门多举措、全方位确保政策落实到位，通过各种有"温度"的税收服务，让纳税人的获得感有了明显的"质感"提升，改革成效明显。

（一）税收收入有降有升，深化增值税改革效果进一步放大

1. 各税收入同比下降或增幅回落，私营企业税收收入增幅明显

2019 年 1—8 月，全省税收收入完成 2404.33 亿元，同比增长 8.17%，

较一季度增速回落 15.02 个百分点。分税种看，国内增值税完成 1109.01 亿元，同比增长 5.51%，较一季度回落 17.11 个百分点，主要是降低增值税税率、提高小规模纳税人起征点等深化增值税改革效果进一步放大的影响。增值税、企业所得税、资源税依然是税收增长的最主要保证，三大主要税种合计完成 1958.75 亿元，占全部税收的比重达 81.47%（见图 1）。

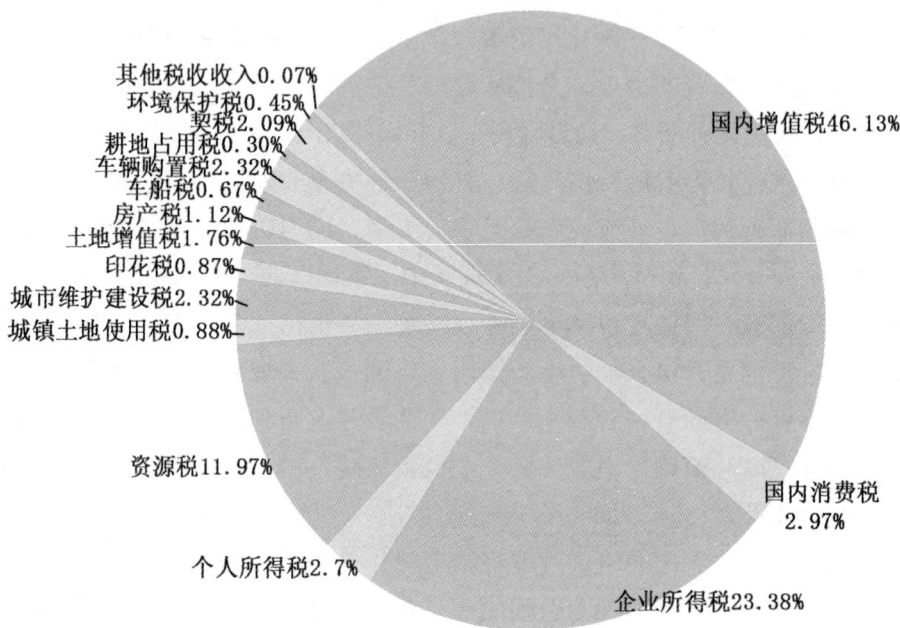

其他税收收入0.07%
环境保护税0.45%
契税2.09%
耕地占用税0.30%
车辆购置税2.32%
车船税0.67%
房产税1.12%
土地增值税1.76%
印花税0.87%
城市维护建设税2.32%
城镇土地使用税0.88%

国内增值税46.13%

资源税11.97%

国内消费税2.97%

个人所得税2.7%

企业所得税23.38%

图 1　2019 年 1—8 月税收收入各税种收入占比

分经济类型看，2019 年 1—8 月，全部税收收入中占比最大的是股份公司，累计完成税收收入 1767.68 亿元，占比达 73.52%；私营企业累计完成税收 278.85 亿元，占比 11.60%，同比增长 99.8 亿元。从一季度开始私营企业同比增幅一直处于较高位置，一季度月份同期比为 100.89%，尽管 4 月份开始推行深化增值税改革系列优惠政策，企业税负降低，但私营企业税收收入占比不降反升，高于一季度占比 0.04 个百分点，在所有经济类型中增幅最高。说明深化增值税改革政策促进了股份制企业、私营企业的发展和效益的提升，在调整产业结构等方面发挥了明显的社会和经济效应（见表 1）。

表 1　　税收收入分经济类型完成情况表

单位：亿元

	1—3月累计收入			1—8月累计收入		
	收入额	占1—3月收入(%)	比同期(±%)	收入额	占1—8月收入(%)	比同期(±%)
税收收入合计	1004	—	23.19	2404.33	—	8.17
其中：国有控股	180.89	18.02	−20.53	386.36	16.07	−28.90
1.国有企业	67.82	6.75	35.69	175.33	7.29	28.97
2.集体企业	5.43	0.54	15.25	10.52	0.44	−18.83
3.股份公司	738.54	73.56	20.11	1767.68	73.52	3.29
4.私营企业	116.09	11.56	100.89	278.85	11.60	55.74
5.涉外企业	41.76	4.16	28.39	89.64	3.73	5.23
6.个体经营	30.08	3.00	−38.62	77.70	3.23	−8.54
7.其他企业	8.15	0.81	−12.52	19.98	0.83	−16.48

2. 各行业税收有升有降，制造业税收优化体现明显

分行业看，2019 年 1—8 月，全部税收收入中占比最大的仍是第二产业，高达 63.95%，比一季度回落 2.16 个百分点。其中，煤炭行业完成税收收入 944.18 亿元，同比增长 8.34%，但相比第一季度税收收入增速明显放缓。

制造业完成税收 364.79 亿元，同比增长 10.08%，占全部收入的 15.17%，占比回落 2.46 个百分点，相比第一季度同期增长比减少 22.96 个百分点。尽管制造业税收占比仍较低，但作为资源大省，制造业税收贡献率高于电力生产，制造业税收贡献率近几年迅速跃升至第二位，足见将制造业作为深化增值税改革政策发力点的效果之明显（见表2）。

3. 减税降费力度加大，民营企业享受减税规模明显

2019 年 1—8 月，全省累计减免各类税费 547.95 亿元，同比增长 37.5%，新增减税 251.16 亿元，其中，深化增值税改革中的增值税降率及配套措施新增减税 129.67 亿元（增值税累计减税 118.09 亿元，同比减税增长 74.56%，累计享受减税户数为 14.89 万户，占一般纳税人申报户数的 96.55%），小微企业普惠性政策新增减税 20.35 亿元。

表 2　税收收入分行业完成情况表

单位：亿元

	1—3 月累计收入			1—8 月累计收入		
	收入额	占 1—3 月收入（%）	比同期（±%）	收入额	占 1—8 月收入（%）	比同期（±%）
第二产业	663.76	66.11	26.89	1537.63	63.95	8.8
其中:1.采矿业	393.10	39.15	25.29	975.87	40.59	8.59
其中:煤炭开采及洗选业	380.15	37.86	24.85	944.18	39.27	8.34
金属矿采选业	7.10	0.71	35.14	17.45	0.73	22.55
非金属矿采选业	1.03	0.10	100.53	2.74	0.11	79.76
2.制造业	177.03	17.63	33.04	364.79	15.17	10.08
其中:炼焦	36.72	3.66	68.82	75.48	3.14	34.5
冶金	34.39	3.43	15.35	75.67	3.15	−9.58
化工	10.37	1.03	7.73	21.1	0.88	−8.18
通用设备制造业	8.36	0.83	—	25.45	1.05	—
专用设备制造业	5.48	0.54	—	15.86	0.66	—
4.建筑业	59.95	5.97	19.27	116.23	4.83	12.09
第三产业	339.41	33.81	16.57	864.49	35.96	7.01
1.交通运输业、仓储和邮政业	29.78	2.97	42.90	96.03	3.99	31.4
2.批发零售业	110.12	10.97	19.38	249.63	10.38	9.8
3.住宿餐饮业	1.82	0.18	−9.84	4.64	0.19	−6.49
4、金融业	61.50	6.13	24.83	155.87	6.48	3.78
5、房地产业	73.30	7.30	24.17	205.92	8.56	8.36
6、服务业	24.81	2.47	−12.81	56.54	2.35	−16.16

　　分行业来看，上半年减税降费主要集中在采矿业、制造业、批发和零售业、建筑业，累计新增减税共计 193.32 亿元，占全部减免规模的 76.97%，行业集中度较高。其中，制造业减税降费力度较大，累计新增减税 51.05 亿元，占比 20.32%，高于批发和零售业 4.2 亿元，超建筑业 36.89 亿元（见表3）。

表3　2019 年 1—8 月主要行业累计新增减税情况表

单位：亿元

行业门类	累计新增减税	累计占比（%）
采矿业	77.37	30.81
制造业	51.05	20.32
批发和零售业	46.83	18.65
建筑业	14.16	5.64
电力、热力、燃气及水生产和供应业	18.07	7.19
租赁和商务服务业	5.53	2.20
交通运输、仓储和邮政业	6.60	2.63
居民服务、修理和其他服务业	2.16	0.86
科学研究和技术服务业	3.75	1.49
房地产业	4.69	1.87
金融业	6.37	2.54
信息传输、软件和信息技术服务业	2.28	0.91
住宿和餐饮业	0.79	0.31

分经济类型看，国有企业累计新增减税 17.76 亿元，占全部新增减税的 7.07%；外资企业累计新增减税 1.49 亿元，占比 0.59%；民营企业累计新增减税 149.66 亿元，占比 59.58%。其中，私营有限责任公司累计新增减税 37.99 亿元，占比 35.39%。大规模减税降费推动了民营企业的不断壮大，让更多的制造业、民营企业有了获得感的"质感"体验（见表4）。

表4　不同企业注册类型累计新增减税情况表

企业类型	累计新增减税	占比（%）
国有企业	17.76	7.07
外资企业	1.49	0.59
民营企业	149.66	59.58
其他企业	82.29	32.76

（二）规模以上工业增量平稳，深化增值税改革引导作用体现明显

2019年，工业经济形势有升有降，总体平稳，1—8月，规模以上工业增加值同比增长6.4%，比全国规模以上工业增加值增速（5.6%）高0.8个百分点。积极的财政政策正在加力提效，深化增值税改革的效果正在持续放大（见图2、表5）。

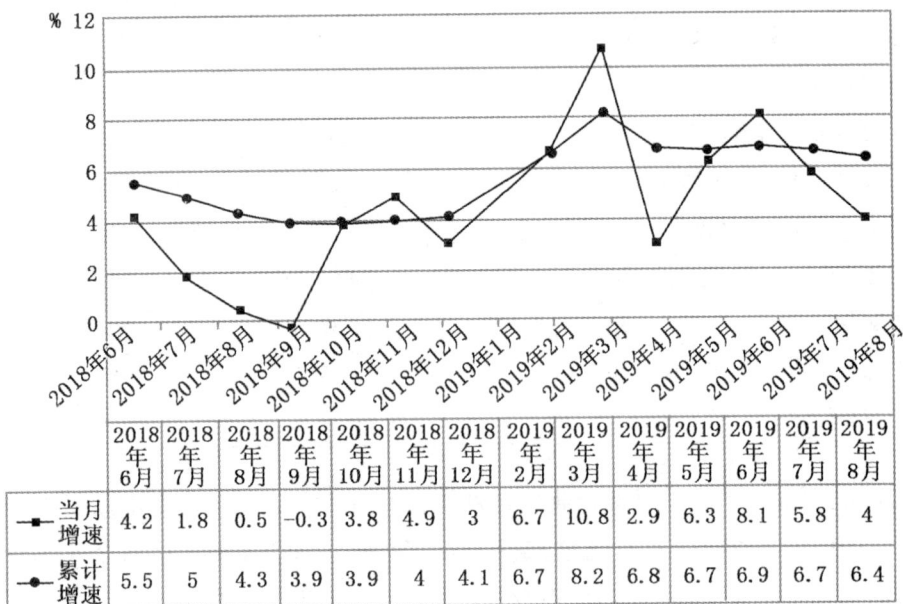

	2018年6月	2018年7月	2018年8月	2018年9月	2018年10月	2018年11月	2018年12月	2019年2月	2019年3月	2019年4月	2019年5月	2019年6月	2019年7月	2019年8月
当月增速	4.2	1.8	0.5	-0.3	3.8	4.9	3	6.7	10.8	2.9	6.3	8.1	5.8	4
累计增速	5.5	5	4.3	3.9	3.9	4	4.1	6.7	8.2	6.8	6.7	6.9	6.7	6.4

图2　2019年1—8月全省规模以上工业增加值增速

数据来源：山西省统计局。

1. 深化增值税改革增强了市场主体活力，供给结构优化取得积极进展

2019年1—8月，煤炭工业增加值增长6%，税收完成944.18亿元，占全部税收收入的39.27%，同比增长8.34%，增长速度较一季度有所降低。而非金属矿采选业税收较上年同期增长79.76%，煤层气采掘业8月份工业增加值增长12.6%，税收收入累计5.9亿元，月均增速为一季度的28.68%；热力燃气工业增加值增长14%，税收收入累计完成80.75亿元，月均增速为一季度的27.96%。在深化增值税改革对供给侧结构性的引导作用下，我省多年来税收倚重的四大传统行业煤、焦、冶、电中，

表5　2019年8月全省规模以上工业主要产品增速

产品名称	8月份增速(%)	1—8月累计增速(%)
原煤	7.8	8.8
焦炭	−3.2	4.9
煤层气	9.7	14.8
水泥	4.7	24.2
钢材	10.3	12.7
粗钢	2.2	11.4
生铁	−1.0	7.8
氧化铝	−4.1	5.3
原铝	−24.9	−19.1
化学药品	−19.8	−8.5
发电	0.9	5.4
光伏电池	84.3	33.0
新能源汽车	46.7	80.6

数据来源：山西省统计局。

除炼焦、煤炭略增外，其余均同比下降，而煤层气、热力燃气等新型能源增速均高于一季度，标志着我省能源供给结构转型正在向产业延伸、更新和多元化方向发展。

2. 深化增值税改革拓展了制造业空间，加快推动技术创新升级

2019年1—8月，制造业税收收入完成比一季度同期增长比减少22.96个百分点。从工业增加值来看，消费品工业增长12%，装备制造业增长8.5%，其他工业增长31.6%，分别比整体工业增长值高出5.6个、2.1个和25.2个百分点。通信设备制造业、专用设备制造业8月份税收完成占比分别比一季度增加0.22个和0.12个百分点，月均税收增速分别达40.84%、37.84%，增长势头良好。可以看出，深化增值税改革对制造业优惠幅度明显加大，与减税幅度吻合。食品制造业、医药制造业、汽车制造业、新能

源汽车、仪表仪器制造业都保持在比较高的增长速度上，预示着我省经济转型发展在高端制造业等方面已奠定了良好的基础支撑，动能转换正为推动我省经济高质量发展注入新活力。

3. 深化增值税改革促进了需求侧消费的升级，打破了新旧动能转换壁垒

2019 年 1—8 月，第三产业税收累计完成税收收入 864.49 亿元，占税收收入的35.96%，比一季度收入比增加了 2.15 个百分点。房地产业税收累计完成 205.92 亿元，比一季度税收比增加了 1.26 个百分点。建筑业完成税收116.23 亿元，同比增长 12.08%。水泥和钢材工业增加值增速分别为24.2%和12.7%。交通运输业、仓储和邮政业完成税收收入 96.03 亿元，同比增长31.4%，增幅较大。交通运输业、建筑业等行业工业增加值增速远大于税收增速，税负明显下降。税率的下调扩大了消费需求，促进了需求侧消费的升级，打破了新旧动能转换壁垒，动力转换变革正在实现。

三、深化增值税改革系列政策存在的问题及对策建议

（一）政策实施中存在的一些问题

此次深化增值税改革效果非常明显，但实际操作中仍存在一些问题。

1. 对制造业技术创新的激励力度仍有不足之处

制造业是国民经济基础产业，直接体现了一个国家的生产力水平，更是实体经济的重要载体。发展先进制造业是产业转型的首要任务。但从优惠政策的享受情况来看，对制造业技术创新的激励力度仍不足。

（1）税率降低存在的弊端。增值税是价外税，应纳增值税为当期销项税额与进项税额之差，无论税率高还是低，企业实际支付的税额最终由消费者负担。在增值税税率下调而售价不变的情况下，零售企业、批发企业、制造业等环节就会通过博弈最终达到一个动态平衡来共享税率降低的红利，减税红利可能会全部或部分留在话语权更大的环节。因此，降低税率的红利对于处于产业链不同环节的不同企业来说感受不同，特别是对于中小微企业来说由于自身实力不强，议价权较弱，享受到的优惠可能不及预期明显。

（2）增值税留抵退税政策问题。留抵税额是纳税人已缴纳但未抵扣完的进项税额。2018 年试行对部分行业留抵退税，我省累计退税 23.55 亿元。2019 年 39 号公告、84 号公告继续推行留抵退税政策，但需符合一定的条件才能退税，这些条件的限制使得优惠范围变窄。建议在全面核实的基础上，结合财政承受能力，考虑进一步扩大留抵退税的政策优惠面，让企业资金尽快回笼，鼓励企业加大资产投资、加快转型升级。对转登记小规模纳税人的存量留抵税额也可考虑一次性退还或分类分批解决。

2. 对生活服务业、现代服务业优惠力度仍有不足之处

2019 年 1—8 月，住宿餐饮业累计完成税收 4.6 亿元，占全省税收收入比仅为 0.19%，比上年同期下降 6.49%，虽与一季度同比稍有好转，但近年经济处于下行阶段，作为产业链的最前端，住宿餐饮业受到的冲击首当其冲，普遍存在降级经营、经营困难的现象。此次深化增值税改革对四大服务业 6%一档税率保持不变，而通过加计抵减等配套措施来确保行业税负只减不增。但该项政策有几个不足之处：一是享受范围过小，四项收入大于50%的纳税人方可享受，将相当一部分纳税人排除在外；二是操作较为烦琐，要求四项服务与其他应税项目分开核算销售额，但实际有的纳税人划不清时间范围、销售应税产品等问题。同时要求税务机关对该项条件每年核实一次，不仅增加了纳税人的遵从成本，而且加大了税收执法风险。可对加计抵减政策进行再优化，真正打通政策执行的"最后一公里"。

3. 对民营企业的引导力度仍有不足之处

我省出台《关于支持民营经济发展的若干意见》加大了对民营企业的支持力度，但民营企业大多处于产业链的低端，属于劳动密集型企业，呈现出"少、小、单一、弱、低、慢"等特点。融资难、人才短缺是民营企业面临的最大难题。税收政策可在融资方面加大引导力度，增加贷款服务的增值税进项抵扣、纳税信用登记贷款等来解决企业融资问题，同时可加大对企业投资研发设备、环保设备、技术升级等的优惠力度，引导企业转型升级，走向绿色发展。人才引进方面除在企业所得税、个人所得税方面实行部分或全部税前扣除、递延纳税、降低个税税率等优惠政策外，在增值税方面可考虑税款减免等优惠条件，用更优的税收政策引导民营企业在结构优化、动力变革中走向"中国智造"。

（二）助力高质量发展需改进建议

国务院在《关于支持山西省进一步深化改革促进资源型经济转型发展的意见》中明确指出，山西要建设安全、绿色、集约、高效的清洁能源供应体系和现代产业体系。基于激励创新、协调发展、绿色发展的理念，我们要将税收政策作为促进动能转换和战略新兴产业发展的加速器，助推我省经济实现协调、绿色的高质量发展。

1. 深化"放管服"改革，持续优化税收营商环境

税收营商环境是营商环境的重要组成部分，良好的税收营商环境对提升微观经济主体活动、增强纳税主体获得感具有重要意义。进一步扩大税收优惠宣传面；改进网上电子税务局的功能，尽可能将个税扣缴客户端、电子申报平台、社保缴费系统等进行整合，实现便捷的全程网络办税，让纳税人在享受到免税红利的同时，享受到办税的便利；提高税收管理的服务质量，让纳税人感受到税收环境的优质服务、感受到减税降费带来的"质感"体验，多角度、多方位来有效提升我省税收营商环境。

2. 继续降低增值税税率，取消小规模纳税人，完善增值税抵扣链条制度

通过近几年不断深化增值税改革，不断降低增值税税率，不断提高小规模纳税人的起征点，目前全省不达起征点的小规模纳税人有 85.22 万户，占所有小规模纳税人的 80.99%。但起征点的提高从一定程度为虚开发票提供了环境，有些企业为了享受不达起征点的优惠，存在硬将企业拆分为两个或多个小微企业的情况。

税制改革需继续降低增值税税率，取消小规模纳税人，将所有购销业务纳入发票管理范畴，完善增值税抵扣链条制度，建立公平合理的税收制度。

3. 统筹各税种的优惠力度，植入"绿色税制"理念，持续优化、落实好税收优惠政策

在当前中美贸易摩擦、国际贸易竞争激烈的大环境下，各国均将税收优惠制度作为激发、引导企业创新发展的最主要政策手段。可考虑将税收优惠制度覆盖企业自主研发、产学研合作激励、技术转移、人才激励等各个环节和领域，形成相对完善的支持创新创业的税收政策体系。

同时，尽可能在各税种中植入"绿色税制"的理念，除环境保护税、水资源税要扩大征收范围、适当提高征收税率，实行以水定城、以水定产差别化税率外，还应进一步完善增值税、企业所得税、资源税等税种中关于环境保护、资源节约、节能降耗、资源综合利用等税收优惠政策，从总体上构建和完善"绿色税制"，引导制造业转型升级、迈向高端制造。

四、结束语

总之，我们要切实在创新、协调、绿色、开放、共享五大新发展理念的指导下，以守初心、担使命的实际行动继续推动税制改革，助力我省经济高质量发展。

> 审稿人：成永新
> 执笔人：吉振云　郭瑞红　苏中南

山西省个人所得税改革
实施情况及其效应分析

- ●个人所得税改革的主要内容和实施步骤
- ●山西省个人所得税改革实施情况
- ●山西省个人所得税改革效应分析

2018年8月31日,第十三届全国人大常委会第五次会议审议通过《关于修改〈中华人民共和国个人所得税法〉的决定》,自2019年1月1日起施行;同日,中华人民共和国第九号主席令予以公布。2018年9月3日,国家税务总局召开全国个人所得税改革动员部署推进会,正式启动个人所得税改革。

一、改革的主要内容和实施步骤

此次个人所得税改革,是党中央、国务院在中国特色社会主义进入新时代的大背景下,紧扣我国社会主要矛盾,坚持稳中求进总基调,按照高质量发展要求,统筹推进"五位一体"总体布局和协调推进"四个全面"战略布局,让改革成果更多更公平惠及全体人民群众所做出的一项重大决策。相对于前几次改革,这次改革的力度前所未有,实施的难度前所未有,社会的关注度前所未有,对我国的财税体制、经济发展、社会进步都将会产生广泛而深远的影响,在我国个人所得税发展史上具有里程碑式的重要意义。

改革的主要内容有六个方面：一是将工资薪金、劳务报酬、稿酬和特许权使用费4项所得纳入综合征税范围，建立综合与分类相结合的个人所得税制；二是将基本减除费用标准从原来每人每月3500元提高至5000元（每人每年6万元）；三是设立子女教育、继续教育、大病医疗、住房贷款利息或者住房租金、赡养老人等6项专项附加扣除；四是调整优化税率结构；五是增加反避税条款；六是建立健全配套征管制度。

改革的实施步骤分为两步：第一步，从2018年10月1日至年底实施过渡期政策，先行对工资薪金所得执行5000元/月费用减除标准，并适用新的综合所得税率；对个体工商户的生产经营所得、企事业单位的承包承租经营所得，先行适用新的经营所得税率。第二步，从2019年1月1日起全面实施综合与分类相结合的个人所得税制。

二、山西省个人所得税改革实施情况

自个人所得税改革开始以来，山西省各级税务机关切实提升政治站位，不断强化责任担当，从发展全局和战略高度，统一思想、精心部署、从严要求，认真按照国家税务总局规定的时间节点，积极采取有效措施，扎实做好各项工作，确保改革在全省平稳顺利实施。

（一）统筹利用多种途径，广泛开展新税法及其配套政策宣传

省税务局于2018年9月25日在《山西日报》刊登《致全省纳税人和扣缴义务人的一封信》，正式拉开全省新个人所得税法宣传的序幕。随后，全省各级税务机关结合工作实际，创新工作手段，对新税法及其相关配套政策开展了全方位、立体化、多层次的宣传。一是在电视、广播、报纸、门户网站等新闻媒体以及微信、QQ群等即时聊天工具开辟宣传专栏、播放动漫宣传片，对新税法的主要内容和社会关注度高的热点问题进行详细解读。二是安排税务干部在网络直播平台、电台专栏节目进行在线访谈，现场解答纳税人和扣缴义务人关于新税法的各种问题。三是充实12366热线和办税服务厅的咨询服务力量，为前来咨询的纳税人提供及时准确的新税法咨询服务。四是结合全省万名税干入企和领导干部驻厅服务活动，组织

业务骨干深入大型企业、行政机关和事业单位等重点扣缴义务人，有针对性地进行面对面的政策宣传辅导。通过这些措施，努力使全省广大纳税人和扣缴义务人能够及时了解新税法及其配套政策的主要内容。

（二）提前做好相关准备，实现新税法培训全覆盖

省税务局高度重视新税法培训工作，针对全省扣缴义务人数量多、培训时间紧的实际情况，及早确立"提前谋划、分级培训、重点辅导"的原则，积极做好培训相关准备工作。一是全省各级税务机关提前摸清辖区内扣缴义务人的数量和政策需求，及时确定培训方案，合理安排培训场次，尽早联系培训场地。二是省税务局先行对各市局推荐的120余名师资人员进行培训，各市局利用这些师资培训所属各县区局师资人员，再由省、市、县三级税务机关同时对辖区内的扣缴单位进行培训。三是建立重点扣缴单位责任人制度，为全省行政事业单位、大型企业等重点扣缴单位确定责任人，提供点对点精准服务和重点辅导，随时解决这些单位在落实新税法过程中遇到的各类问题。

由于准备工作充分、应对措施得当，全省新税法培训工作进行得有条不紊。按照税务总局统一部署，2018年10月开始对扣缴单位进行预培训，重点介绍税法修订后个人所得税在政策和征管方面的主要变化，全省共培训637场。12月18日，实施条例和专项附加扣除办法出台后，当日即对全系统税务人员特别是12366座席人员以及办税服务厅人员进行视频培训，培训面达100%；截至12月21日，对1月6日前发放工资的扣缴义务人培训面达到100%；截至12月24日，对36130户扣缴单位的培训面达到100%。圆满完成了税务总局的培训要求，确保新税法在2019年1月1日起顺利施行。

（三）积极推广自然人税收管理系统，为新税法施行提供信息化保障

自然人税收管理系统作为个人所得税的申报平台，是新税法顺利施行的信息化保障。全省各级税务机关认真按照税务总局工作部署，积极做好自然人税收管理系统推广各项工作。一是升级推广自然人税收管理系统扣缴客户端，对全省扣缴义务人进行系统操作培训，共培训1100多场、12

万余人次。目前，全省共有扣缴义务人 47.21 万户，其中使用客户端申报户数为 45.68 万户，占所有扣缴义务人的 96.76%。二是推广自然人税收管理系统手机 App 端和网页 WEB 端，积极向纳税人宣传手机 App 端和网页 WEB 端在办理个人所得税事项特别是在提交专项附加扣除信息时的便捷性，开办培训专场辅导纳税人具体操作事宜，全省注册用户数已突破 30 余万人。三是完成自然人税收管理系统上线相关工作，组建项目初始化工作小组，提交初始化代码、参数、工作流等数据表 28 项，顺利通过了总局项目组的评审。四是开展自然人税收管理系统用户测试及压力测试，对 174 项业务进行了全流程测试，测试期间共发现系统问题 37 项，及时向总局进行反馈，并协助总局解决了相关问题。

（四）持续推进数据清理，确保自然人税收管理系统数据质量

新税法建立了综合与分类相结合的个人所得税制，纳税人应当实名办税，这就要求自然人税收管理系统中的纳税人数据必须完整准确。按照税务总局统一部署，省税务局和各市税务局组建数据清理专项工作团队，自 2018 年 9 月起分三个批次持续推进自然人数据清理工作。一是对自然人历史数据进行清理，自 9 月起共验证自然人存量身份证信息 31 万余条；二是对自然人申报数据进行清理，自 10 月起将自然人税收管理系统第一阶段上线后的 7 大类 16 小类共 523.74 万条问题数据中需要清理的数据予以分项、分类、分细目归类，逐项清理，截至 12 月 31 日已全部清理完毕；三是对自然人基础数据进行治理，自 11 月起从厘清自然人基础信息数据底数入手，筛选出"身份验证不通过但存在扣缴申报"数据约 41 万条，"居民身份证验证通过的雇员（申报工资薪金），手机号码为空"数据约 180 万条，"待取消三证"数据 1335 条，集中进行清理。

（五）主动协调相关部门，认真开展专项附加扣除信息核验试点

设立 6 项专项附加扣除政策是此次新税法修订的一大亮点，而如何确保纳税人提交的信息真实准确就成为新税法能否顺利施行的关键。为了给全面开展专项附加扣除信息核验提供经验，根据税务总局统一部署，山西省在太原市迎泽区、大同市云冈区、吕梁市柳林县 3 个试点地区开展了个

人所得税专项附加扣除信息核验试点。试点期间，省税务局积极协调省发改委，推动加快与省教育厅、省公安厅、省民政厅、省人社厅、省自然资源厅、省卫健委、省住建厅、人民银行等部门探索建立全省"数据共享平台"信息共享机制。在相关部门的大力支持和配合下，截至8月16日，已完成了两轮疑点纳税人的沟通辅导工作，累计辅导纳税人488人次，完成全部核验反馈录入500条，有228名疑点纳税人通过个税App对疑点信息做了修改。通过此次试点，税务部门与相关部门建立了信息共享机制，积累了工作经验，为下一步全面开展专项附加扣除信息核验奠定了坚实基础。

三、山西省个人所得税改革效应分析

这次个人所得税改革，体现了"降税负、求公平、促就业"的改革导向。改革的各项措施聚焦民生领域，紧扣百姓诉求，让广大人民群众都能够不同程度地享受到了减税红利，对提振个人消费、缩小收入差距、促进经济高质量发展都将产生积极影响。

（一）改革第一步政策效应分析

自2018年10月1日至2018年底实施改革第一步过渡期政策。从山西省的个人所得税申报缴纳情况看，过渡期政策实施平稳，扣缴申报有税款的扣缴单位由之前的5.35万户减少到3.55万户，减少1.80万户，下降33.64%；申报的工资、薪金所得税款由7.39亿元减少到4.79亿元，减少2.60亿元，下降35.18%；有税款的工资、薪金所得纳税人由235万人减少到130万人，减少105万人，下降44.68%。改革的减税效应已经初步显现。

（二）改革第二步政策效应分析

自2019年1月1日起全面实施新税法。综合山西省2019年前9个月的各项数据分析，改革的政策效应呈现出以下特点。

从个人所得税征收入库情况看，山西省个人所得税累计征收入库70.46

亿元，同比减收 42.3 亿元，下降 37.52%；其中，工资薪金所得个人所得税征收入库 40.29 亿元，同比减收 40.21 亿元，下降 49.95%。同时，工资薪金所得个人所得税收入占个人所得税总收入的比重由上年同期的 71.39% 下降至 57.18%。收入降幅及工资薪金所得收入比重降幅明显。

从享受专项附加扣除政策的项目数量看，山西省共有 92.02 万人享受了专项附加扣除政策，其中享受 1 项扣除政策的 46.61 万人，享受 2 项扣除政策的 40.13 万人，享受 3 项扣除政策的 9.56 万人，享受 4 项扣除政策的 3680 人。从专项附加扣除政策分项目的享受情况看，山西省共有 157.66 万人次享受专项附加扣除政策，其中，享受赡养老人支出扣除政策的 65.59 万人，享受子女教育支出扣除的 63.26 万人，享受房贷利息或者房屋租金支出扣除的 24.61 万人，享受继续教育支出扣除的 4.2 万人。

审稿人：樊世明

执笔人：姜　伟

认真落实财产行为税政策
助力山西经济高质量发展

● 财产行为税税收优惠政策政策效应明显
● 财产行为税收入在税收收入和地方一般预算收入的占比稳步提高
● 财产行为税推进治理能力现代化具有重要意义

一、紧紧围绕税收工作主题，认真落实财产行为税优惠政策

（一）及时出台财产行为税减税降费政策

2019 年初，国家税务总局出台小规模纳税人地方税费普惠性优惠政策后，根据国家授权，山西省迅速行动，加紧研究测算，及时提出贯彻落实意见，1 月 23 日，制定了"规定动作+自选动作"的财产行为税（简称财行税）税费减免政策。

1. 用好用足国家优惠政策

对增值税小规模纳税人按照国家授权范围内的最大幅度即 50% 的标准减征"六税二费"，全省 80% 的纳税人可以享受到政策优惠。

2. 加大减税力度

在中央减税降费的基础上，将全省城镇土地使用税税额标准按现行标准的 75% 调整，重新明确了全省各市、县城镇土地使用税的应税范围及新

的税额标准，城镇土地使用税税负平均降低 25%，全省占用土地生产经营的纳税人全部受惠，促进了实体经济发展。

3. 率先发布新闻

1 月 24 日，省政府举行新闻发布会对我省出台小微企业普惠性政策减免等减税降费政策进行解读并回答记者提问。中央电视台新闻联播 1 月 24 日、2 月 15 日先后两次对我省财产行为税减税降费政策实施情况进行了专题报道。

（二）抓好财产行为税普惠性优惠政策落实落细

1. 及时安排部署

2019 年 1 月底，省局专门制定了《关于认真贯彻落实税务总局动员培训会议精神抓紧组织实施财产行为税减税降费政策措施的通知》，从组织领导、政策宣传、申报辅导、业务培训、征管衔接、分析评估等方面进行全面部署。

2. 组织开展培训

编印下发了《财产行为税减税降费业务培训参考资料》，统一政策口径，组织各地对基层管理员、办税厅人员全部进行集中轮训，熟悉减税降费政策业务。

3. 强化政策宣传

通过省内各大新闻媒体、山西税务网站、税务公众号等途径对"六税二费"优惠政策进行了持续报道和宣传解读，让广大纳税人知晓优惠政策内容。

4. 促进政策落实

通过风险筛查，对应享未享的数据全面梳理排查，狠抓整改落实。7月，组织开展了全系统减税降费专项检查。省局与省人行等相关部门联合制定下发文件，改进退税流程，缩短办理时间。规范风险推送管理机制，按照"三个坚决"，即"税务部门能做的事坚决不打扰纳税人缴费人、省局能独立完成的工作坚决不牵扯基层部门、电子税务局能办的事项坚决不推送办税服务厅"的原则，由省局先行分析，从政策上把好第一道关口，明确基层整改的"内容、标准、路径、时限"，减轻基层和纳税人负担。

5. 改进征管系统

6月，我局在网报系统开发了减税政策提醒功能，对纳税人调整默认选项进行政策提醒。7月，在完善数据的基础上，改进电子税务局网报功能，对符合条件的小规模纳税人实施系统自动锁定，确保享受税收优惠政策，全省应享未享的数量大幅减少。

6. 准确核算减税成效

全面落实好总局要求的日常审核为主、定期会审为辅的工作机制，每3天对预产出数据进行一次数据审核。同时针对我省部分地区行政区划调整的实际，综合考虑区划、税额等各调整因素，研究提出符合我省实际、更为精确的土地使用税优惠政策减征核算方法。截至10月底,我省共有545820户增值税小规模纳税人申请享受到了"6+2"地方税费减免优惠，累计减免税费67900.65万元。调低城镇土地使用税税额标准惠及62290户纳税人，减征税款89290.10万元，多项政策叠加享受，切实减轻了实体经济的负担，增强了纳税人的获得感（见图1）。

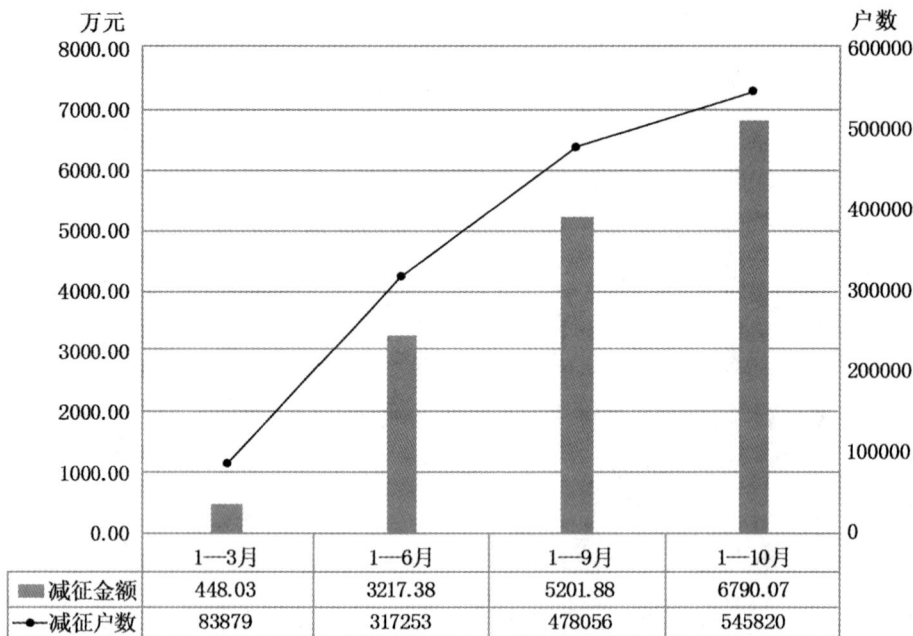

	1—3月	1—6月	1—9月	1—10月
减征金额	448.03	3217.38	5201.88	6790.07
减征户数	83879	317253	478056	545820

图1 增值税小规模纳税人减征地方税收入情况

（三）全力落实财产行为税专项优惠政策

第一，省局与省扶贫办协作，将全省易地扶贫搬迁的所有项目列入名单，实施名单制管理，并下发到各市、县局，对项目已经实施并符合减税条件的，全部予以契税等优惠政策减免。

第二，省局与省发改委、省工信厅、省能源局协作，专门制定下发了《关于贯彻落实去产能调结构税收优惠政策的通知》，对近年来全省煤炭、钢铁行业去产能调结构停产停业企业进行梳理摸底，对涉及的企业采用名单制管理，及时跟踪政策落地情况，确保应享尽享。截至目前，已经先后对 2 批中央企业 25 户、4 批省级企业 137 户及时给予政策优惠，减免房产税 2783 万元，土地使用税 4957 万元。同时，我们认真听取企业的呼声建议，对部分停产的企业，按照停产面积、停产产值等合理方式划分比例，相应予以减征，得到了企业的好评。

第三，省局于 5 月、9 月先后组织了两期全省税务系统财产行为税专题业务培训，重点对减税降费政策进行深入辅导，统一全省执行口径，并通过税务"金税三期"征管系统，发挥大数据功能，对总局 2019 年以来发布的科技企业孵化器、公交站场、农贸市场、供热企业、农村饮水工程等政策进行排查，督促各项税收优惠政策落实到位。

第四，省局在税法授权范围内，经省政府同意，制定出台地方性优惠政策。如：将从事鼓励类产业的企业土地出让、转让环节契税税率由 4% 调整为 3%；将房产计税余值的扣除标准由现行的 20%、30% 统一为 30%。积极减轻企业的税收负担，增强企业的获得感。

二、紧紧围绕税收工作主业，促进财产行为税收入稳定增长

在落实好减税降费主题的同时，我们深入挖掘地方税种的增收潜力，充分发挥国地税征管体制改革后的优势，积极争取地方政府对财产行为税的重视，运用大数据征管资源优势，借助财行税税种之间的关联性，并外延其他税种，开展税种联动管理，堵塞税收漏洞获得明显成效。

(一) 抓好土地增值税管理工作

第一，针对国地税机构合并、人员调整、管户重新划分的实际情况，梳理全省各地土地增值税管理状况，组织了清算项目税源摸底，制订清算计划，作为年终绩效考核的重要内容。加大业务培训力度，组织了全系统土地增值税重点业务培训，召开了两次立法专题调研，将各项土地增值税政策汇编成册，方便各地学习掌握。

第二，严把预征关口，对重点地区预征率及预征管理工作进行专题调研，加强预征管理，提高预征收入。严格清算管理，在全省推行土地增值税管理软件，通过管理系统预警分析，对项目中存在的成本、收入风险进行量化评估，快速识别项目风险点，减少审核难点，提高精确度。启动与增值税的联动，推动土地增值税管理水平再上新台阶，土地增值税收入实现了稳步增长，发挥了土地增值税调节房地产行业、抑制房地产炒作的重要作用。

第三，严格规范管理，省局修订印发了《关于做好企业改制重组有关土地增值税政策落实工作的通知》，按照"放管服"要求重新修订了土地增值税规程，对土地增值税纳税申报期限等时限进行延长，同时取消有关审核、核准事项，进一步服务和方便纳税人（见图2）。

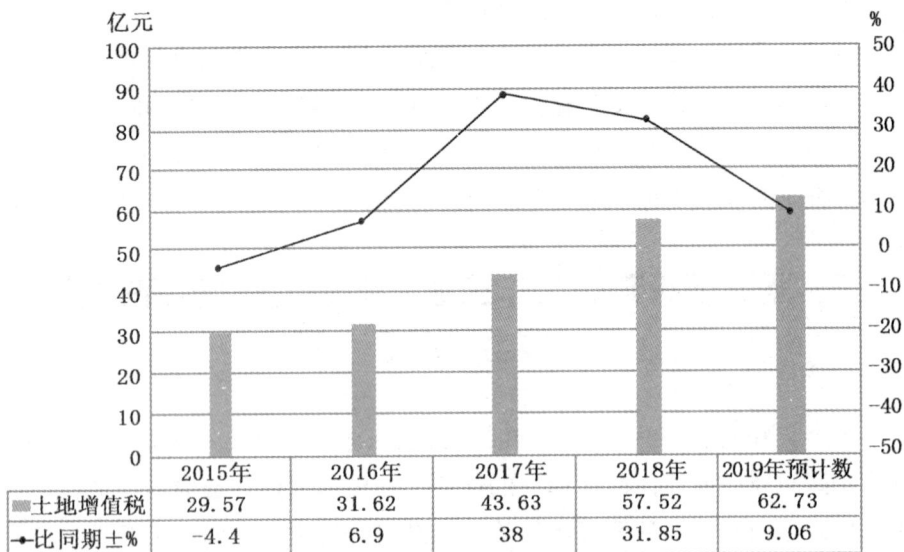

	2015年	2016年	2017年	2018年	2019年预计数
土地增值税	29.57	31.62	43.63	57.52	62.73
比同期±%	-4.4	6.9	38	31.85	9.06

图2　2015—2019年山西省土地增值税收入

（二）抓好契税管理工作

契税调节住房消费，遏制房地产投机，是房地产交易市场的"晴雨表"。2019 年以来，省局紧紧抓住近年来山西房地产开发投资增加、土地购置面积扩大、房地产市场相对活跃的有利时机，及时获取土地出让、城中村改造、"二青会"场馆建设等信息，加强税收信息分析比对，提醒纳税人按期申报缴纳契税。严格"先税后证"，推进部门协作，狠抓契税项目管理，及时将山西土地市场的活跃度体现到税收增长上来，保持了契税连续增长的势头。1—9 月，契税增幅排全国第一，比上年同期增长 68.62%，快于全省税收增幅 60.45 个百分点（见图 3）。

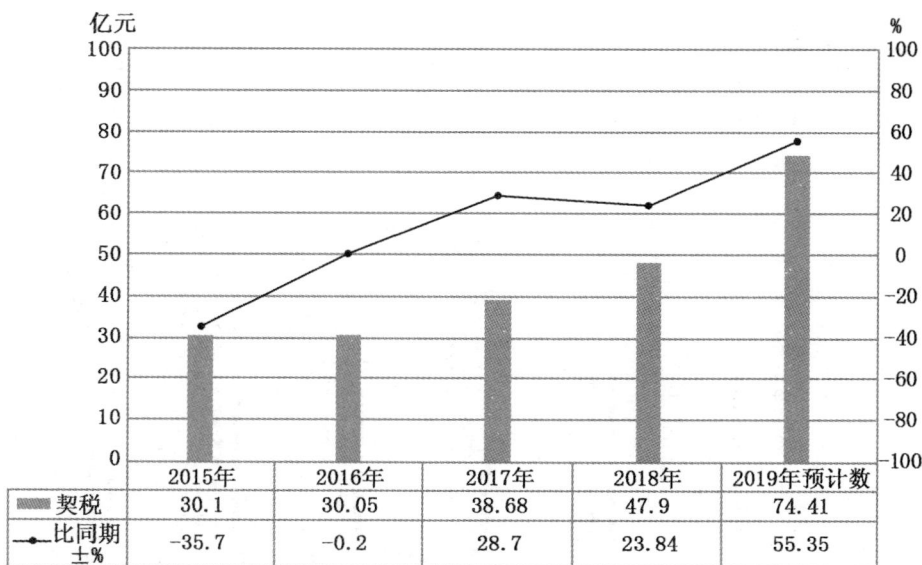

	2015年	2016年	2017年	2018年	2019年预计数
契税	30.1	30.05	38.68	47.9	74.41
比同期±%	-35.7	-0.2	28.7	23.84	55.35

图 3　2015—2019 年山西省契税收入

（三）抓好财产行为税各税种联动管理

第一，开展契税和印花税联动管理，从税务"金税三期"征管系统中筛查相关数据，对纳税人申报契税的计税依据与申报产权转移书据印花税计税依据进行比对，重点将企业申报契税的计税依据大于其申报产权转移印花税计税依据，或自然人申报非住房契税的计税依据大于其申报产权转移印花税计税依据的作为疑点，全省共筛查比对疑点数据 172 条。

第二，开展城镇土地使用税与耕地占用税联动，将纳税人耕地占用税纳税申报表中批准占地时间满一年后，城镇土地使用税当年纳税额仍小于或等于上年度纳税额的作为疑点，共筛查比对疑点数据 271 条。

第三，开展契税与城镇土地使用税联动，将纳税人上年度缴纳土地契税纳税记录且当期无耕地占用税纳税记录，本年度内土地使用税入库税额小于或等于上一年度入库税额的作为疑点，共筛查比对疑点数据 2 条。

第四，开展房产税与土地使用税联动，排除政策性因素外，对"有房无地"的纳税人进行核实处理。通过各税种交叉比对，联动管理，促进了财产行为税收入的增长，弥补减税降费对地方税收入的影响（见图 4）。

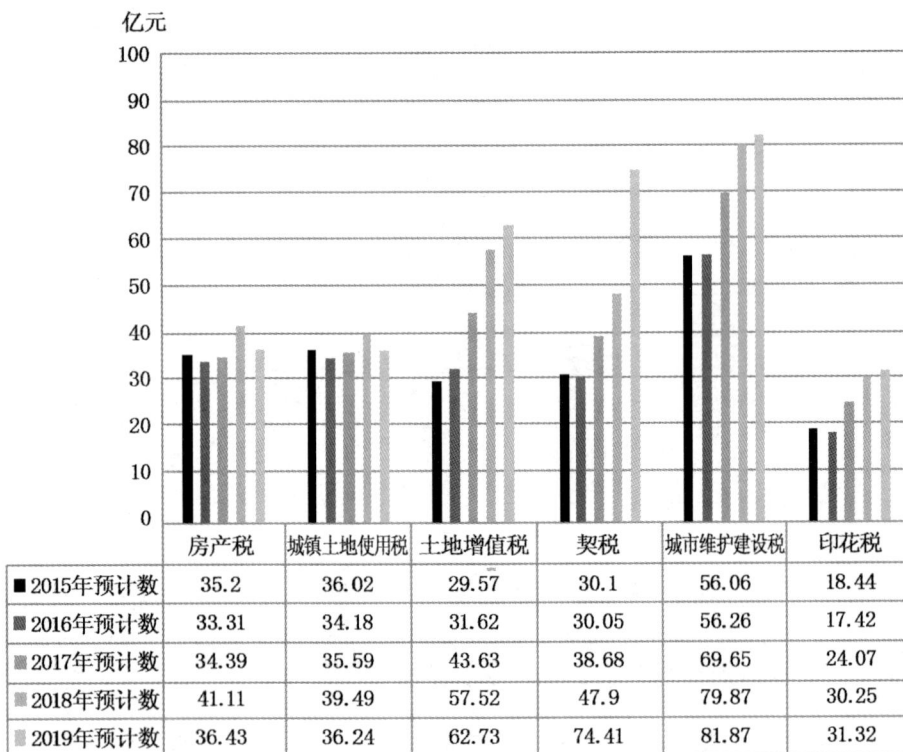

	房产税	城镇土地使用税	土地增值税	契税	城市维护建设税	印花税
■ 2015年预计数	35.2	36.02	29.57	30.1	56.06	18.44
■ 2016年预计数	33.31	34.18	31.62	30.05	56.26	17.42
▨ 2017年预计数	34.39	35.59	43.63	38.68	69.65	24.07
▨ 2018年预计数	41.11	39.49	57.52	47.9	79.87	30.25
▨ 2019年预计数	36.43	36.24	62.73	74.41	81.87	31.32

图 4　财产行为税近 5 年收入情况

三、紧紧围绕优化营商环境任务，在财行税管理中持续推进"放管服"

（一）推进房地产办税便利化，按照税务总局和省政府的要求，我省积极开展与不动产登记等部门的信息共享与业务协作工作，不断推进"互联网+政务服务"

2019 年，我局与省有关部门联合下发了《山西省全面实施不动产登记"一窗受理、并行办理"工作方案》，积极推进信息共享联办机制，目前，我省已将税收征管系统与不动产登记系统进行省级联网对接，实现不动产交易"一个窗口受理、两个系统联办、信息实时共享"，其中，太原、晋中、阳泉、晋城、忻州、综改区等 6 个单位和阳曲县、孝义市已成功上线运行,其他市、县根据当地不动产信息系统建设情况正在积极推进中。

（二）加强部门信息共享

我局通过全省政务平台，与有关部门密切协作，将自然人婚姻、子女信息、省户籍人员等涉税信息进行部门间共享，减少纳税人报送纸质资料，进一步提高了征管效率和服务水平，增加了办税便利。

（三）改进优惠政策享受方式

为贯彻落实党中央、国务院关于优化税务执法方式、深化"放管服"改革、改善营商环境的决策部署，按照总局《关于城镇土地使用税等"六税一费"优惠事项资料留存备查的公告》要求，对城镇土地使用税、房产税、耕地占用税、车船税、印花税、城市维护建设税、教育费附加享受优惠方式由备案改为留存备查，便捷纳税人快速享受税收优惠政策和涉税服务，进一步优化税收服务，促进全省营商环境走入全国第一方阵。

今后，省局将继续落实好"六税二费"普惠性政策以及易地扶贫搬迁、农产品批发市场、城市公交站场、供热企业、去产能、商品储备等各项税收优惠政策，简化办税程序，确保符合条件的每一户纳税人应享尽享，切实提高纳税人的获得感。同时，进一步加强财产行为税征收管理，夯实税源管理基础，做好收入监控分析，促进稳定增长，为促进我省经济高质量发展做出更大的贡献。

审稿人：郭　刚
执笔人：程　浩　刘晓萍　赵　波

绿色税制助力山西转型发展

● 深入推进水资源税和环境保护税改革，绿色效应日益显现
● 认真贯彻落实烟叶税和耕地占用税法，新政实施平稳顺利
● 扎实做好资源税立法及实施准备工作，积极助力转型发展

国税地税征管体制改革以来，国家税务总局山西省税务局认真贯彻落实党中央、国务院深化税制改革精神和税务总局、省委、省政府安排部署，持续深入推进资源环境税制改革工作，环境保护税改革和水资源税改革试点成效显著，《中华人民共和国烟叶税法》（以下简称《烟叶税法》）和《中华人民共和国耕地占用税法》（以下简称《耕地占用税法》）实施平稳顺利，资源税法进入落地实施准备阶段，绿色税制改革取得了坚实成效，助力转型绿色发展效应日益显现。

一、深入推进水资源税和环境保护税改革，绿色效应日益显现

作为党中央、国务院深化财税体制改革的重要决策部署，水资源税和环境保护税改革得到了省委、省政府的高度重视和大力支持。全省税务与财政、水利、生态环境等部门密切协作，狠抓落实，持续深入推进两项改革，税费转换平稳顺利，改革取得积极成效。费改税后，在税收

刚性和纳税遵从显著提升的同时，其正向引导和反向倒逼的机制有效提高了企业保护"绿水青山"的意识和转型绿色发展的积极性，社会和经济效益日渐显现。

（一）加强税收征管，营造公平环境

省局高度重视改革工作，积极协同水利、生态环境部门制定系列配套制度文件，严密安排部署，全程跟进督导，对标对表确保落实；市、县两级税务部门坚决落实部署要求，严格执行税收政策，全面加强税收征管，实施税源精细化台账管理，及时发现处理各类征管问题，并认真组织开展催报催缴和数据比对工作，完整严密的征收管理体系基本形成，征管质效稳步提升，税收环境更加公平。2018 年，全省共入库水资源税 28.46 亿元，比上年同期水资源费增长 7.17%，收入规模位居全国 9 个改革试点省份首位；入库环境保护税 11.29 亿元，比上年同期排污费收入增长 55.94%，收入规模位居全国第四。2019 年 1—9 月，共入库水资源税 28.59 亿元，环境保护税 10.98 亿元，收入持续稳定增长。为进一步规范税收秩序，全省税务部门持续加强后续管理，树立正确导向，密切关注新闻媒体、政法及生态环境等部门发布的涉税环境违法案件，及时跟进、依法处理，有效堵塞了税收漏洞，促进了纳税遵从。2018 年，共跟进处理涉税环境违法案件 69 起，追缴税款及滞纳金 400 万元；2019 年 1—9 月，共跟进处理涉税环境违法案件 98 起，追缴税款及滞纳金 270 万元；2018 年 4 月 17 日，央视财经频道曝光山西三维集团违规倾倒工业废渣、排放工业废水事件后，省局迅速安排临汾市局对该企业首个征期环境保护税申报缴纳情况进行数据分析，并对该企业非法倾倒工业废渣、排放工业废水涉税事项进行严格核查，共追缴税款 110.93 万元。

（二）优化纳税服务，引导绿色发展

为确保纳税人懂政策、会计算、会申报，省局专门编发了辅导申报视频，各级税务部门通过门户网站、微信公众号、网络微课堂、专题讲座等形式全方位、多角度开展宣传辅导；主管税务机关实行"包户服务"制度，点对点、面对面为纳税人提供政策辅导服务，打通税企服务"最后一公

里"；在办税服务厅设立环保税"绿色通道"、专门窗口、政策咨询专岗、业务骨干、生态环境部门专业人员现场辅导，并积极引导帮助纳税人自主网上办税，网上申报率达到了93.57%，有效提升了纳税人的获得感，促进了税收营商环境的进一步优化。同时，各级税务部门通过新闻媒体、办税场所、入企服务等多种渠道，积极广泛宣传税收政策、改革进展和具体成效，有力地宣传和推进了改革工作，有效引导更多企业加大环保资金投入、改进生产方式、节水节能减排，使绿色发展深入人心，营造了良好的社会氛围。2018年，全省各级税务部门共培训辅导环保税纳税人14000余人次，开展宣传800余次。

（三）强化协作配合，发挥共治合力

各级税务部门在地方政府的领导下，与财政、水利、生态环境等部门紧密协作配合，共同推进税源调查、制度建设、信息共享、复核管理等工作，税收共治体系更加健全完善。与水利部门共同加强疏干排水水资源税征收管理，并积极向税务总局反馈疏干排水按"损毁水量"计征的意见建议。与生态环境部门加强信息共享，建成并通过环保税信息共享平台传递在线监测等数据8.68万条，税务登记、申报、征收、减免数据38.5万条。加强对申报数据资料异常纳税人的数据复核工作，2018年共通过生态环境部门复核纳税调整248户次，补征税款及滞纳金1200万元；2019年1—9月共复核纳税调整162户次，补征税款及滞纳金645万元，协作共治成效日渐显现。

（四）推动转型升级，绿色效应彰显

在税收政策的引导和倒逼作用下，一批企业主动改进工艺、科学生产，走转型绿色发展之路。山西漳山发电有限公司投资1.2亿元用于先进环保治理项目，各项主要污染物排放大幅减少，二氧化硫排放量同比下降63.94%，烟尘排放量同比下降76.09%，2018年环保税较上年排污费减少85.98万元。通过税收的约束和激励作用，促进了污染源集中处理，提高了治污效率，污染物排放量进一步减少，生态环境进一步改善。2018年，全省836户环保税纳税人共享受税收减免优惠3.01亿元，其中，70所集中处

理生活污水的城乡污水处理厂符合国家和地方排放标准，享受环保税免征优惠1938万元。根据我省生态环境部门公布数据，2018年全省环境空气质量呈现全面加快改善的态势，与上年相比，环境空气质量综合指数平均下降10.8%，六项主要污染物平均浓度均同比下降，其中二氧化硫降幅最大，下降41.1%。在促进节能减排、资源节约利用的同时，节税减负的效应同步显现。太原市所辖企业主动关闭自备井22眼，改由城镇供水集团供水，减少自备井采水量日均达6.2万立方米，有效减少了地下水开采量。山西兆光发电有限责任公司通过对生产系统的升级改造，在生产环节全部使用工业水，每年可节约深井水54.75万吨，节省水资源税109.5万元。山西鲁晋王曲发电有限责任公司采取建立循环利用水设施、提高中水利用等措施，地表水利用量从2017年的800万立方米下降到2018年的480万立方米，地表水减少用量320万立方米，节约用量达40%。2018年、2019年，分管生态环境工作的贺天才副省长先后两次对水资源税和环境保护税改革工作做出表扬性批示。

二、认真贯彻落实《中华人民共和国烟叶税法》和《中华人民共和国耕地占用税法》，新政实施平稳顺利

2018年以来，资源环境税制改革步伐进一步加快，继《中华人民共和国环境保护税法》施行后，《中华人民共和国烟叶税法》（以下简称《烟叶税法》）和《中华人民共和国耕地占用税法》（以下简称《耕地占用税法》）分别于2018年7月1日和2019年9月1日开始正式施行。全省税务部门全力以赴抓好贯彻落实，认真组织开展制度配套、宣传辅导、业务培训、调研分析、部门协作等工作，确保了新税法平稳落地实施。

（一）积极贯彻落实，《烟叶税法》平稳顺利实施

根据财政部和税务总局安排部署，省局及时印发了《关于贯彻落实〈烟叶税法〉做好烟叶税征收管理工作的通知》，制定了具体贯彻落实意见，对涉及烟叶税征管的长治、临汾、运城三个市局加强业务指导，对税法贯彻落实情况重点跟进督导，并对税法实施成效进行了认真总结分析。市、

县税务部门加大培训宣传力度，组织税务人员深入企业进行政策宣传，详细解读《烟叶税法》"三个不变""两个变化"、申报表调整、申报缴纳期限等内容，辅导纳税人正确填写《烟叶税纳税申报表》；对税务人员进行新税法及网报系统的培训，准确把握烟叶税政策和征收管理规定，确保系统稳定运行和网上申报纳税工作正常开展。加强与烟叶收购管理部门的协调配合，建立健全工作协作和信息共享机制，翔实掌握烟叶种植和收购计划、实际收购数量和收购价格等基础数据，进一步夯实了征管基础，确保了《烟叶税法》在我省平稳顺利实施。

（二）统筹协调推进，耕地占用税法顺利落地实施

《耕地占用税法》出台后，省局主动作为，加强协调，统筹推进，全力做好宣传辅导、业务培训、部门配合等实施准备工作。第一，明确税法授权事项，确定我省适用税额。省局会同省财政厅、省自然资源厅、省农业农村厅、省水利厅等相关部门，就税法授权地方人民政府确定的三项事项协同配合、研究论证、反复测算，《山西省耕地占用税适用税额的决定》于 2019 年 7 月 31 日顺利通过，并于 9 月 1 日起与税法同步施行。第二，多渠道开展宣传辅导，为税法实施营造氛围。各级税务机关以税法宣传月、万名税务干部入企进村活动、"不忘初心、牢记使命"主题教育活动为契机，将税法宣传海报、宣传册等送到最基层，送到纳税人手中；制作了"收藏！9 月 1 日起耕地占用税这么缴"图解耕地占用税，及多期问答式政策与征管问题解读，通过官方网站、微信、微博向社会大众广泛宣传；通过《山西日报》及山西综合广播《今日说税》栏目，宣传我省耕地占用税税额及税法实施后新的变化，并现场连线纳税人答疑解惑，扩大宣传面和认知度；在山西卫视黄金时段循环滚动播出《耕地占用税法》9 月 1 日起施行的信息，为《耕地占用税法》的顺利施行营造了良好的舆论环境。第三，认真组织开展业务培训，确保申报征收顺利开展。针对税法新的政策变化，7 月，组织开展了省、市、县三级业务干部参加的"一竿子插到底"业务培训，8 月，对全省 12366 纳税服务坐席人员进行新税法的政策培训，9 月，针对耕地占用税新申报表的变化，再次组织开展了省、市、县三级视频培训。第四，按照总局要求深入开展调研，掌握第一手征管资料。在对耕地占用税征管情况进行详细摸底的基础上，认真梳理《耕地占用税法》实施后征管中亟待解决的难点、重点、堵点问题，为制定我省实施细则做好充分准备。

（三）加强部门协作，推动建立完善配套制度办法

省局主动加强与自然资源、农村农业、水利等部门的沟通协调，积极推动建立省、市、县三级税务和自然资源部门联动工作机制，推动税收共治，提高征管质效；建立完善协同配合和信息共享长效工作机制，对相关部门提供的农用地转用信息、城市和村庄集镇按批次建设用地转而未供信息、经批准临时占地信息、改变原占地用途信息、未批先占农用地查处信息、土地损毁信息、土壤污染信息、土地复垦信息、草场使用和渔业养殖权证发放信息等，与税务申报征收信息加强比对复核，进一步强化源泉控管，有效堵塞税收征管漏洞。

三、扎实做好资源税立法及实施准备工作，积极助力转型发展

2019 年 8 月 26 日，《中华人民共和国资源税法》（以下简称《资源税法》）正式出台，自 2020 年 9 月 1 日起施行。《资源税法》是贯彻习近平生态文明思想、遵从税收法定原则、完善地方税体系的重要内容，是绿色税制建设的重要组成部分，对进一步发挥税收促进合理科学、节约集约开发利用资源和推动绿色发展具有重要意义。资源税是资源环境税五税中最后一个完成立法的税种，标志着绿色税制改革进入全新阶段。

（一）主动担当作为，圆满完成资源税立法调研任务

作为全国最主要的资源大省，省局在资源税立法过程中主动担当作为，按照财政部、税务总局安排部署，在做好基础数据调查统计的基础上，与大型矿山企业和财政、水利、自然资源等部门召开联合座谈会，充分听取企业意见和建议，对洗选煤折算率、煤炭充填开采税收优惠政策、共伴生矿征免规定、黏土砂石资源税征管现状进行充分调研，结合

我省实际情况，形成调研报告上报，并提出合理的立法建议，为上级决策提供有效支撑。其中关于原矿和选矿分别适用税率等建议，在刚刚出台的《资源税法》中得到体现。

（二）加强征管创新，牵头开展零散税收管理模式研究

针对资源税代扣代缴取消后，规模小、不定期开采、难于控管的零散税源，如何创新征管方式加强源泉控管、提升征管质效这一课题，根据税务总局安排部署，省局组织省、市部分业务骨干认真开展调研，并邀请宁夏、云南省局赴太原召开专题座谈会反复研讨，共同修改形成专题报告，提出了加强源泉管控、科学核定税额、运用数据治税、部门协作管税、实行委托代征等具体意见建议，以及资源税零散税源管理部门协作的成功典型案例，为《资源税法》实施后创新和加强零散税源征管提供了有效参考。

（三）做好实施准备，有效助力我省经济转型发展

《资源税法》颁布后，省局高度重视，迅速启动实施准备工作，研究制定授权省级确定事项、宣传辅导、"金税三期"系统调整等工作预案，协调相关部门和局内相关处室认真组织落实。重点是与财政等部门密切配合，对《资源税法》中授权省人大确定的本省具体适用税率、计征方式和部分减免税政策充分做好调研，并结合我省实际提出合理化建议，确保《资源税法》平稳顺利实施，为我省经济转型发展提供有效助力。目前已对全省范围内正常生产经营的资源税纳税人展开资源税调研工作，主要内容为2017 年至 2019 年三季度期间企业（矿山）资源产品销售情况及资源税负担情况，对象包括煤、煤成（层）气、地热、铁、锰、铜、铅、锌、铝土矿、金、银、石灰岩、石墨、芒硝、耐火黏土、其他黏土、沸石、石膏、大理岩、花岗岩、白云岩、砂石、矿泉水以及《资源税税目税率表》中列举的其他税目种类，调研工作将于 2019 年 12 月底前完成。

审稿人：姜亚望

执笔人：王　艳　左艳军

落实社保费征管职责划转
构建高效规范的征缴体制

●全省机关事业单位社会保险费、城乡居民基本养老保险费和基本医疗保险费征管职责划转按期完成

●《山西省社会保险费降率实施方案》出台

●实施社会保险费降率政策，探索构建高效规范的社会保险费征缴体制

2019 年 1 月 1 日起，社会保险费（以下简称"社保费"）正式划转税务部门统一征收。按照国家税务总局和山西省委、省政府的统一部署，山西省税务局于 2019 年 1 月 1 日按期完成 29549 户机关事业单位社保费和 1187 万户城乡居民基本养老保险费征管职责划转，于 4 月 1 日实现了 2581 万户城乡居民基本医疗保险费的划转。划转后，山西省税务局联合省人社厅和省医保局，加紧社保费信息共享平台系统建设，畅通数据通道，提升数据质量，制定征缴流程，优化缴费服务，截至 2019 年 9 月底，全省社保费及职业年金收入完成 217.4 亿元，比上年同期增加 7.24%（见表 1）。

表 1　全省税务机关社会保险费各险种征收明细表

单位：亿元

社会保险费各险种	税务机关征收额
城乡居民基本养老保险费	22.6
机关事业单位基本养老保险费	115.3
职工基本医疗保险费	45.9
城乡居民基本医疗保险费	2.7
失业保险费	1.3
工伤保险费	1.0
生育保险费	2.1
其他社会保险费	4.7
职业年金	21.8
合　计	217.4

注：数据统计期间为 2019 年前三季度；城乡居民基本医疗保险费集中征缴期为 9 月至 12 月。

一、落实社保费征管职责划转的主要措施

（一）聚焦顶层设计，推动深度融合

省局将社保费征管职责划转作为全省税务系统重大改革任务和系统重点工作，积极主动向省委、省政府汇报税务总局工作部署，全力争取省委、省政府支持指导，坚持把国税地税征管体制改革融入全省地方机构改革的大盘子统筹布局、协调推进，倾心构建各级政府主导、税务部门力推、相关部门协作的社保费征管职责划转工作格局。在国税地税征管体制改革第三场"主攻战"启动伊始，先期提请省政府召开协作推进专题会议，协调发改委、财政、人社、财监办、人行等部门，形成部门协作、动员部署、经费保障、制度支持、集中办公、联合培训 6 项协调联动机制，深入推进社保费征管职责划转与全省机构改革深度融合。向

省政府专题汇报关于社保费征管职责划转工作情况,研究并审议通过《实施意见》和《交接工作方案》;提请省政府召开全省社保费征管职责划转动员部署会议;省税务局和省人社厅联合举行社保费划转缴费政策及第一批基础数据交接仪式。

(二)成立领导机构,筑牢组织保障

省局建立社保费征管职责划转工作领导机构,成立分管领导任主任,社会保险费处、非税收入处、征管和科技发展处等11个处室为成员单位的划转工作办公室,多次召开联席会议,研究讨论人员分工、职责细化、数据分析、宣传报道等具体事项,加强对全系统的组织领导,积极稳妥推进划转工作。省局党委将社保费征管职责划转作为"一把手"工程,多次召开省局党委专题会、局长办公会以及专题汇报会,引导广大税务干部充分认识社保费征管职责划转的重大意义,把思想统一到省委、省政府和税务总局的工作部署上来,切实将党中央、国务院的决策部署和省委、省政府的工作要求作为统揽各项工作的总纲,动员各级税务部门发扬税务"铁军"精神,强化使命担当,坚决打赢社保费征管职责划转攻坚战。

(三)提前部署发力,实现良好开局

在中央明确改革部署后,省局第一时间成立筹备工作组,提前介入、统筹开展基础工作,充分发挥国税地税合并1+1>2的优势效应。提交省政府审议通过划转工作方案和实施意见,提出规范征缴管理、提高征缴效率、降低征缴成本、优化缴费服务、实现社会保险资金安全和可持续增长的划转工作指导思想。制定细化具体工作方案,分组分类分解,梳理101项工作任务清单,抓好关键节点,盯紧重点任务,挂图作战,对标对表,保障划转工作按时保质落实到位。

(四)深化协作机制,凝聚改革合力

财政、税务、人社、医保、人行等部门共同发力,畅通部门沟通机制,拓宽协调合作渠道,制发联系簿,设立联络员,多次联合召开社保费征管

职责划转工作协调会议，研究讨论社保费交由税务机关征收后的征缴流程、业务分类、退付流程、对账机制、信息化支撑等内容，促进无缝衔接同步联动，进一步增强沟通的及时性、针对性、有效性。建立以任务推送、信息通报、情况反馈为主要功能的跟踪反馈机制。依托联络组平台，第一时间向划转工作办公室各成员单位推送社保费征管职责划转工作任务，按照重点任务和时序，督责任落地、督时序进度、督工作质量，协调各部门按照时间节点和质量要求，完成划转任务。依托工作专班的周例会、周通报和情况专报平台，掌握工作进展，收集问题困难，研究解决办法，通报工作推进情况，安排重点任务，梳理工作成效，及时回应关切，跟踪问题处理。

（五）开展调查分析，夯实工作基础

深入外省调研，组织团队赴黑龙江、浙江、河南等地进行实地调研，学习借鉴先进理念经验；深入基层走访，召开社保费缴费人座谈会，精耕细作深挖，摸清征管资源，把准工作方向；市、县两级税务机关同步深入社保费征收大厅、村委会、社区调研，在征管一线摸实情、查问题、想对策，筑牢划转工作基础。同时，深入开展社保费费源摸底调查，做好费源分析，建立费源清册；主动与同级社保部门沟通协调，准确掌握征缴政策、征管模式、信息支撑主体情况和工作特色，从省级层面摸清情况、超前对接。开展差异化分析，围绕社保费各险种的参保范围、缴费基数、缴费费率、征缴流程、委托代征代办业务、权益记录、补缴费款、特殊业务等方面进行差异化分析，掌握各市县（区）不同缴费对象各险种类型的本地化政策，为征管系统本地化改造和制度建设顶层设计奠定坚实基础。此外，省局领导带队多轮次深入基层税务机关和企业督导调研社保费征管职责划转工作情况，要求各级税务机关要高度重视划转工作，要充分理解社保费划转的重大意义和重大使命，主动加强与地方政府和相关部门的沟通协调，确保划转工作严格按时间节点有力有序推进落实。

（六）多轮清洗匹配，筑牢数据基础

为确保数据质量，省局分步骤开展了多轮次数据提取、清洗和投放。共分三次对社保费基础参保信息进行提取和清洗，第一次提取数据后，通过系统匹配、人工匹配等方式生成"已匹配"和"未匹配"清册，对"已匹配"清册，由税务部门通知缴费人进行信息确认及关联，对"未匹配"清册，由人社部门通知缴费人信息确认和税务登记；第二次提取数据后，经过清洗，分别投放预生产环境和生产环境，用于全业务全流程测试，同时分析定位了数据投放存在的问题，为最后一次数据投放做好准备；第三次提取数据，正式投放系统生产环境。同时，省局对2016年至2018年的历史征缴明细数据进行了提取，投放到金三社保征管信息系统迁移库，分险种进行了费源和费基分析，为降低费率、参保扩面等工作奠定数据基础。

（七）准备资源环境，完成平台建设

在充分评估论证的基础上，明确社保费信息化项目，准备信息共享平台和金三社保费征管信息系统生产环境和预生产环境所需硬件资源，完成数据共享平台税务端建设；完成金三社保费征管信息系统的数据采集和初始化配置，开展本地特色软件改造，进行社保费征管信息系统和数据共享平台的联调测试，实现了社保费参保和缴费明细信息的传递。在省局现有的电子税务局、税务自助办税终端等缴税渠道上，增加社保费缴费功能，开展项目评审与软件开发；与商业银行、农信社、银联等第三方单位就实体代办、线上缴费、批量扣款、衍生服务等事项进行沟通，积极推进社保费多元化缴费渠道建设。

（八）强化学习培训，提升业务素质

组织编写社保费基础知识和政策业务读本学习资料，对社保费征缴基本制度进行整理归纳，并下发各基层单位；开展实地蹲点学习，组织业务骨干深入社保部门征收一线，分批、分期、分事项对社保费征收业务开展蹲点式学习，实际参与业务操作，全面了解征管流程；面向12366服务热

线座席人员开展专项培训，切实提高座席人员业务能力，确保为缴费人提供专业优质的咨询服务；在协同财政、人社、医保等部门开展划转业务联合培训的基础上，全省税务系统对内通过视频培训、以会代训、集中培训、专题研讨、计算机实操练习等各种形式，累计开展社保费业务培训464场次19498人次，解读现行社保费征缴业务政策、征缴流程、收入收缴资金管理、财政补贴规定和方式、征管职责划转工作流程等重点内容，帮助广大税干快速提升社保费业务素质和政策水平，着力打造业务过硬、本领高强的社保费征管队伍。

（九）坚持多向宣传，关注社会舆情

坚持多渠道宣传，通过集中座谈、微信推送、媒体报道等渠道进一步提高缴费人对社保费征缴内容的知晓度，不断加大对缴费人的宣传辅导力度，围绕社会普遍关注的热点难点问题开展深入答疑释惑，大力宣传正能量，为顺利划转营造良好氛围。关注社会各界和税务干部对社保费划转的舆情动向，建立快速协调处理机制，及时澄清失实的负面舆情，协调有关部门从源头上控制虚假信息传播，及时处置负面舆情，营造包容、和谐、有序、透明的改革舆论环境。

二、推进社保降费政策落地，探索构建高效规范的征缴体制

2019年5月1日起，降低社保费率、完善社保制度、稳步推进社保费征收体制改革全面启动。山西省政府出台了《山西省社会保险费降率实施方案》。主要内容可以概括为"一降""一延""一统""一升""两调整"，总体呈现四个特点。

"一降"：全省企业和机关事业单位基本养老保险单位缴费比例由原规定20%降至16%。

"一延"：延长阶段性降低失业保险和工伤保险费率的执行时间。其中，继续执行失业保险总费率1%，延长阶段性降低费率的期限至2020年4月30日；在保持工伤保险八类行业费率总体稳定的基础上，朔州市各类用人

单位的现行费率保持不变，继续执行费率下调 20% 的规定；吕梁和晋城市两个统筹地区，各类用人单位的现行费率，由执行下调 50% 的规定改为下调 20%；太原和临汾市两个统筹地区，各类用人单位的现行费率保持不变，执行费率下调 50% 的规定。降低费率的期限执行至 2020 年 4 月 30 日。下调费率期间，统筹地区工伤保险基金累计结余可支付月数降到 12 个月及以下的，费率停止下调。

"一统"：2020 年 1 月 1 日起实现企业职工基本养老保险基金省级统收统支。

"一升"：2019 年基金中央调剂比例提高至 3.5%，确保企业离退休人员基本养老金按时足额发放。

"两调整"：调整就业人员平均工资计算口径及个体工商户、灵活就业人员缴费基数政策。其中，以省统计局公告的上年全省城镇非私营单位就业人员平均工资和城镇私营单位就业人员平均工资，加权计算的全口径城镇单位就业人员平均工资，核定社保个人缴费基数上下限；个体工商户和灵活就业人员参加企业职工基本养老保险，可以在本省全口径城镇单位就业人员平均工资的 60% 至 300% 之间选择适当的缴费基数。

主要呈现四个特点：一是将全省企业和机关事业单位基本养老保险单位缴费比例从原规定 20% 一步到位降至 16%；二是阶段性降低工伤保险政策，不同统筹地区费率下调比例有降有升；三是 2020 年 1 月 1 日起提前实现全省企业职工基本养老保险省级统筹；四是调整就业人员平均工资计算口径及个体工商户、灵活就业人员缴费基数政策的执行时间确定为从 2019 年 1 月 1 日起追溯（见表 2）。

实施社保费降率政策以来，山西省税务局稳步推进，总结经验，积极探索构建高效规范的社保费征缴体制。截至 2019 年 9 月底，全省共有 21929 户机关事业单位缴费人享受社保费降费优惠，政策减费额共计 7.65 亿元。

表2　山西省社会保险费降率要点

一降	一延				一统	一升	两调整	
	延长阶段性降低失业保险和工伤保险费率的执行时间						调整就业人员平均工资计算口径及个体工商户、灵活就业人员缴费基数政策	
	一般规定	朔州	吕梁晋城	太原临汾			具体规定	
全省企业和机关事业单位基本养老保险单位缴费比例由原规定20%降至16%	继续执行失业保险总费率1%，延长阶段性降低费率的期限至2020年4月30日；下调费率期间，统筹地区工伤保险基金累计结余可支付月数降到12个月及以下的，费率停止下调。	各类用人单位的现行费率保持不变，继续执行费率下调20%	各类用人单位的现行费率，50%改为下调20%	各类用人单位的现行费率保持不变，执行费率下调50%	2020年1月1日起实现企业职工基本养老保险基金省级统收统支	2019年基金中央调剂比例提高至3.5%	以省统计局公告的上年全省城镇非私营单位就业人员平均工资和城镇私营单位就业人员平均工资，加权计算的全口径城镇单位就业人员平均工资，核定社保个人缴费基数上下限	个体工商户和灵活就业人员参加企业职工基本养老保险，可以在本省全口径城镇单位就业人员工资的60%至300%之间选择适当的缴费基数

（一）建立健全组织，集聚落实合力，构建科学高效的组织保障体系

把社保费降率工作纳入全省减税降费的"大盘子"统筹考虑，全省各级税务机关均在减税降费领导组办公室下设立社保费工作组，建立"一竿子插到底"的工作机制，及时制定社保费降率工作方案，列明51项降费任务清单，实现降费与减税工作一起部署、一起落实。同时，省局党委提请省政府建立了减税降费工作协调小组，统筹推进减税降费工作。省局领导带队先后十多次赴省人社、财政、医保等部门就联合发文、联合宣传、联合督导、联合推进共享平台建设、联合推动收入预算调整、联合优化缴费流程等事项进行全面对接，共同推进各项工作同步落实，确保政策落实到

位、平台建设到位、系统改造到位、宣传辅导到位、服务联动到位，保障全省社保费降率政策落实落地。各级税务机关积极向当地党委政府及相关部门汇报沟通落实降低社保费降率的做法、成效以及问题、困难和意见建议，争取理解和支持；主动加强与人社、财政、医保等相关部门的协作配合，协商解决社保费降率工作中的重点问题，协同做好各项工作，营造良好的工作氛围。

（二）优化缴费渠道，提升服务能力，构建优质便捷的缴费服务体系

联合省人社、医保等部门相继印发《明确机关事业单位征管职责划转后相关事项的通知》《进一步明确城乡居民社会保险费征缴有关事项的公告》等一系列文件，制定出台了全省机关事业单位社会保险费、城乡居民基本医疗保险等征缴业务流程，对社保费征缴流程加以优化。及时梳理机关事业单位社保费征收环节存在的征缴不顺畅、业务衔接未细化、部门协作不到位、信息传递不及时等堵点痛点问题，逐个部门协调，逐个环节优化，逐个事项落实，最终由每户办理社保费缴纳跑3—4次优化为1次办结，每次15分钟压缩至2分钟，体现了税务部门征收社保费后的规范有序和优质服务，有力提升了缴费人满意度，增强了缴费人获得感。对城乡居民社保费缴纳，开通了中行、农行、工行、建行等多家商业银行的税银系统，实现了微信、柜面、手机银行、网上银行和移动终端等社保费缴费方式。尤其是通过微信缴费属于全国首例，实现了无注册、无认证、不限卡，足不出户可完成全流程缴费，逐步构建优质便捷的社保缴费服务体系。

（三）完善信息系统，打通数据通道，构建稳固顺畅的信息化体系

为确保社保费降率工作落到实处，降费分户核算扎实准确，按照社保费费率下调比例，按时完成税务机关征收系统参数配置的同步调整；省税务局、省人社厅、省医保局沟通协商，共同完成了社保费业务系统、信息共享平台总局标准版核定模块系统对接和职工参保明细信息传递的联调测试工作，全省138个统筹区域已全部实现了共享平台数据完全交互，税务部门社保费主要征缴业务可全部采用线上流转方式完成；

对机关事业单位基本养老保险业务系统进行升级改造和数据迁移，并及时发布通告，告知缴费人；与涉及职业年金归集户的银行共同开发了职业年金系统的自动对账功能，确保了征缴数据对账的及时准确；开发完成职业年金电子票据开具系统，实现了票据打印网上办理功能，提升了缴费便捷度；畅通系统运维问题解决渠道，通过微信、电话和金三运维平台，及时回复处理基层税务机关社保费业务系统方面的问题，保障系统正常有效运行。

审稿人：施静宁
执笔人：沈海峰

主动作为　强化责任落实
山西税务非税收入征管职责
划转改革平稳推进

● 非税收入征管职责划转对于构建高效统一的税费征管体系具有重要作用

● "规范征缴管理，提高征缴效率，降低征缴成本，优化缴费服务"工作思路成效显著

● 合理确定非税收入征管职责范围，划转非税收入各项工作扎实推进

2018 年 6 月，中共中央办公厅、国务院办公厅出台的《国税地税征管体制改革方案》（中办发〔2018〕34 号）明确提出："按照便民、高效的原则，合理确定非税收入征管职责划转到税务部门的范围，对依法保留、适宜划转的非税收入项目成熟一批划转一批，逐步推进。"2018 年 7 月，国务院办公厅印发了《关于做好社会保险费和非税收入征管职责划转工作的指导意见》，非税收入征管职责划转工作拉开序幕。山西税务在国家税务总局的正确指引下，在省委、省政府的大力支持下，以"规范征缴管理，提高征缴效率，降低征缴成本，优化缴费服务"为工作思路，主动作为，密切配合，积极与相关部门沟通协商，共同推进划转、对接和各项准备工作；统筹谋划，多措并举，紧盯关键时点，强化责任落实，确保首批划转项目圆满承接，划转改革工作平稳有序顺利推进。

一、非税收入征管职责划转改革推进情况

（一）财政部专员办负责征收非税收入项目征管职责划转情况

根据国务院指导意见规定，2018 年 12 月 7 日，财政部印发《关于将国家重大水利工程建设基金等政府非税收入项目划转税务部门征收的通知》（财税〔2018〕147 号），明确从 2019 年 1 月 1 日起，将财政部专员办负责征收的国家重大水利工程建设基金、农网还贷资金、可再生能源发展基金、中央水库移民扶持基金（含大中型水库移民后期扶持基金、三峡水库库区基金、跨省际大中型水库库区基金）、三峡电站水资源费、核电站乏燃料处理处置基金、免税商品特许经营费、油价调控风险准备金、核事故应急准备专项收入，以及国家留成油收入、石油特别收益金等非税收入，划转至税务部门征收。

2018 年 12 月 20 日，国家税务总局印发《关于切实做好财政部驻地方财政监察专员办事处划转政府非税收入征收管理工作的通知》（税总发〔2018〕190 号），从按期做好划转交接、切实规范征收管理、持续提升服务质效、着力强化组织保障等四个方面提出具体工作要求，并对划转非税收入分省分项情况进行明确。涉及我省先行划转的财政部专员办非税收入项目有 4 项，分别是农网还贷资金、大中型水库移民后期扶持基金、可再生能源发展基金和跨省际大中型水库库区基金。

（二）省级非税收入项目征管职责划转情况

2018 年 9 月 30 日，省政府函商国家税务总局明确我省适宜划转的非税收入项目 3 项，分别是风景名胜区（云冈石窟）门票收入、市政公共资源有偿使用收入和行政单位、参公管理事业单位国有资产出租、出借收入。

2018 年 12 月 3 日，省财政厅、省税务局联合下发《关于风景名胜区（云冈石窟）门票收入征管职责划转有关工作的通知》（晋税函〔2018〕142 号）、《关于市政公共资源有偿使用收入征管职责划转有关工作的通知》（晋税函〔2018〕143 号）、《关于行政单位、参公管理事业单位国有

资产出租、出借收入征管职责划转有关工作的通知》（晋税函〔2018〕144号），明确从 2019 年 1 月 1 日起，将风景名胜区（云冈石窟）门票收入、市政公共资源有偿使用收入和行政单位、参公管理事业单位国有资产出租、出借收入，划转至税务部门征收。

（三）首批划转非税收入项目征收情况

2019 年首月征期，4 个财政部专员办划转项目和 3 个省级划转项目，在全省 11 个市通过 5 种缴费方式全部实现征收入库。金税三期系统非税收入征收功能和电子税务局网上申报功能平稳运行，征缴流程顺畅，多种缴纳入库渠道畅通，标志着我省税务部门非税收入征管职责划转工作圆满承接。2019 年 1—6 月，首批划转非税收入项目承接平稳、征收顺畅，累计入库 305445 万元。分项目看，一是 4 个财政部专员办划转项目均呈现平稳增长态势。其中，农网还贷基金完成 144363 万元，同比增长 11.86%，增收 15304 万元；大中型水库移民后期扶持基金完成 18709 万元，同比增长 3.9%，增收 702 万元；可再生能源发展基金完成 130288 万元，同比增长 8.76%，增收 10498 万元；跨省际大中型水库库区基金完成 1305 万元，同比增长30.9%，增收 308 万元。二是 3 个省级划转项目收入均按月稳步增长。其中，风景名胜区（云冈石窟）门票收入完成 4274 万元，行政单位、参公管理事业单位国有资产出租、出借收入完成 3348 万元，市政公共资源有偿使用收入完成 3158 万元。

从缴费户数看，共有 489 户申报缴纳，包括单位缴费人 298 户，占 60.94%；自然人 191 人，占 39.06%。4 个财政部专员办划转项目涉及 3 个单位缴费人，分别是国网山西省电力公司、山西国际电力集团有限公司和黄河万家寨水利枢纽有限公司。3 个省级划转项目中，风景名胜区（云冈石窟）门票收入涉及 1 个单位缴费人，为云冈石窟研究院；市政公共资源有偿使用收入涉及 79 个单位缴费人、191 个自然人；行政单位、参公管理事业单位国有资产出租、出借收入涉及 215 个单位缴费人。

从缴费方式看，通过金税三期核心征管系统申报 479 户，通过电子税务局申报 10 户，共缴费 990 笔，其中，手工转账 61 笔，税款正划 1笔，税库联网缴款 233 笔，银行端现金缴纳 8 笔，POS 机划款 713 笔。

多样化的缴费方式均运行正常，为缴费人提供了丰富多样、高效便捷的缴费方式。

二、非税收入征管职责划转改革工作做法及相关经验

（一）主动作为，财政部专员办划转项目对接顺畅、开局良好

1. 强化调研学习

抓好政策学习，及早学习财政部山西专员办征收的非税收入项目政策文件，提前打好理论功底；抓好调研走访，通过"请进来、走出去"，邀请代征单位专题讲解和进入企业实地学习，提前掌握征缴流程；抓好费源摸底，汇总梳理项目清单、缴费企业清单以及费源分布情况，掌握历年收入规模，提前了解费源情况。

2. 注重沟通协调

在划转项目确定前，提前与财政部山西专员办沟通，探讨面临的困难问题，共商解决的办法措施，初步建立了有效、顺畅、合作的联系机制。积极推动协作，及时向财政部山西专员办送政策、讲动态，共同参加五部委局联合召开的动员部署视频会议、省政府动员部署会议和国税地税征管体制改革工作协调推进专题会议，建立健全了在政府主导下的统筹推进机制以及常态化部门协作机制。在划转项目确定后，与财政部山西专员办按照要求，密切配合、有机衔接，共同议定划转项目及具体细节。

3. 加强工作对接

开好联席会议，明确划转工作总体目标、紧盯关键时点、把握重点任务，有序推进划转工作，充分做好交接前各项准备工作。建好交接台账，坚持求真求实的原则，做到了全程痕迹化管理，确保数据准确，依据无误。做好交接工作，双方于 2018 年 10 月 15 日、12 月 10 日、12 月 29 日分三次完成征缴政策、执收单位信息、收缴入库情况、征缴流程等征收数据交接。

（二）密切配合，省级划转项目如期确定精准对接

1. 以费源调查为抓手，摸清底数，厘清项目

采取多种形式开展非税收入政策项目学习调研，研究分析非税收入项目100多个，梳理政策文件150多份，对我省非税收入基本概况有了相对完整的了解，对各类项目特点进行了重点分析，对省立的12项行政事业性收费项目进行了征管职责划转利弊分析，形成费源摸底调研分析研究报告。

2. 以沟通协作为关键，凝聚合力，确定范围

主动与财政部门加强沟通、加强协调、加强合作，通过联合调研、集中办公、联席会议等多种形式，建立起常态化协作机制。根据"便民、高效""成熟一批划转一批"的原则，与财政部门研究确定从国有资源（资产）有偿使用收入类项目中，按照征收对象明确、费源相对稳定、收入规模较大、便利征收和提供服务的原则，审慎确定3个划转项目。

3. 以划转落实为目标，积极作为，有序实施

配合开好省政府协调推进会、省长办公会、全省动员会和省局党委专题工作会，召开全系统划转工作座谈会、业务培训会等；代省政府起草出台《关于做好社会保险费和非税收入征管职责划转工作的实施意见》和《关于社会保险费和非税收入征管职责划转交接工作方案》，制定下发《国家税务总局、山西省税务局社会保险费和非税收入征管职责划转工作方案》和《非税收入征管职责划转工作任务清单》，指导各级政府主导下的第一批非税收入征管职责划转工作。

（三）统筹谋划，划转准备工作井然有序、扎实推进

1. 抽调业务骨干组建工作团队

从全系统抽调政治素质高、业务能力强、专业知识好的干部组成工作团队，集中时间、集中力量开展划转项目业务政策汇集梳理、征管流程规范确定、信息系统研发测试等攻坚工作，为顺利承接划转项目征管奠定基础。

2. 多方沟通协商出台互联互通方案

积极与省发改委和省财政厅等部门沟通，以政府数据共享交换平台为

中心，建立非税收入互联互通机制，制定出台了《山西省非税收入征管信息系统互联互通工作方案》，明确了共享数据内容、共享频次、共享交换流程、共享数据标准等。

3. 创新完成申报征收系统研发

完成核心征管非税收入相关功能的本地化集成改造和系统内业务参数初始化配置，确保各项非税收入征缴流程顺畅、便捷高效；结合省级划转项目费制特点，创新开发电子税务局"合同信息采集"特色功能模块，依托电子税务局，缴费人、主管部门和税务机关搭建起信息共享互通的平台。

4. 结合工作实际，提出划转承接要求

制定出台了《关于做好我省第一批划转非税收入项目征管工作的通知》，明晰缴费主体，明确主管税务机关，提出严格政策执行、规范征收管理、注重宣传咨询、提升服务质效、密切部门配合、严格责任落实等工作要求。

5. 合理配置窗口，提供专业征缴服务

根据非税收入项目特点和征管实际，各市、县局在办税服务厅综合办税服务窗口中，设置专业化服务窗口，办理非税收入相关业务，全省可办理非税收入的服务厅数量 199 个，窗口 1392 个，其中专业缴费窗口83 个。

6. 搞好宣传咨询，营造良好征收氛围

组织编印政策汇编、业务手册下发系统税务人员，并将政策业务维护到 12366 知识库，将政策问答充实到 12366 问题库；编印面向缴费人的宣传册，利用办税服务厅和多媒体现代化服务设施做好宣传咨询工作；各级征收机关主动为缴费人开展业务辅导，发放政策文件、宣传资料，指导申报缴纳业务操作，为征管职责顺利划转和承接，营造了良好的社会氛围。

7. 抓好培训学习，提升征管服务水平

组织参加总局非税收入业务培训，三次举办全系统非税收入业务培训，在全系统党建培训班上为各市、县局党委书记讲解非税收入业务知识，各级税务机关结合划转工作，积极开展培训。全系统共举办培训 225 场，参训人员超过 1 万人次。

8. 建立联动机制，步调一致共同推进

组建全省非税收入征管职责划转工作微信工作群，省局编发工作周报，实行信息报送制度和问题反馈制度，畅通了上下沟通渠道，建立起了非税收入改革推进联动工作机制，形成了全省上下联动、步调一致、共同推进改革任务的工作格局。

9. 加强风险防控，做好开征应急准备

各级税务机关，由局领导班子成员、业务骨干在办税服务窗口现场担任导税、预审、应急处理人员，解决申报开票过程中的业务问题，针对可能出现的突发事件，及时应对，妥善处置，化解苗头性风险。

（四）多措并举，首批划转项目承接平稳、征收顺畅

1. 成立互助应急分队及时化解难点

首月征期，抽调经验丰富、业务熟练的同志成立征管、服务和信息化三个互助应急分队，指导和帮助各市非税收入管理部门及时解决难点、堵点、痛点，起到了"及时雨""小灵通"的作用。

2. 建立首季日报制度实时掌握动态

一季度实施日报表制度，通过各项目每日合计数据动态比对、征收单位分项目每日数据动态比对、分项目收入数据地区间横向比对、分月费源摸底数据和历史数据纵向比对等"四比对"方法，分析收入完成情况、增减变化、影响因素和变动趋势，及时发现和解决问题。

3. 收集核实费源数据实现科学管理

2019 年 1 月，对首批划转项目 2018 年度费源数据进行收集核实，优先选择税务部门已掌握费源数据，随后结合缴费辅导，与企业进行数据核实确认后，交收规部门导入税收会统报表管理系统，用于对比分析，实现科学化数据管理。

4. 协同实施督导辅导激发工作干劲

与省财政厅共同关注首批划转项目首月征期收入动态，共同组成督导辅导组，针对部分市进行专题督导辅导，召开与当地税务、财政等相关部门的座谈会，讲解政策、提出工作要求，查找问题、提出解决方案，达成共识、明确工作方向，激发工作干劲。

5. 积极开展专项调研解决突出问题

2019 年 3 月，开展专项调研，从费源摸底建档、政策执行落实、征管工作开展、部门协作配合、申报征收功能运行、规范征管和优化服务等方面，调研辅导结合，座谈宣传同步，采取查看资料、组织座谈、听取汇报、实地了解、走访询问等形式，走访了 8 个市局、12 个县区局、21 个办税服务厅，召开座谈会 12 场，62 个相关部门和企业、近 400 名税务干部参加了座谈。

6. 配合开展汇算清缴积累工作经验

2018 年底征管职责交接时，即将汇算清缴纳入征管职责划转"大盘子"统筹考虑。首月征期结束后，按照专员办数据需求，采集比对、完善核实征收数据后及时传递。主动向专员办请教，认真学习解读汇算清缴政策，为 2019 年税务部门开展汇算清缴工作打好基础。

7. 定期开展情况通报推进规范管理

建立了季度收入通报制度，通报分项目累计入库、同比增长情况，分析收入情况和运行趋势，总结工作措施和具体方法，梳理征管工作存在的困难和问题，提出下一步工作要求和建议等，有力推动了全系统非税收入征管工作规范管理。

8. 密切监控收入动态实施精准辅导

2019 年 5 月起，从金税三期系统提取数据，从申报缴纳户数、缴费人性质、缴款方式、开票情况、当期收入、累计收入等数据着手，分单位实施每半月收入动态监控，及时发现收入增减变化情况，研判影响因素和变动趋势，及时发现问题，实施精准辅导，增强管理工作的主动性。

三、非税收入征管职责划转改革效应思考

非税收入征管职责划转作为国税地税征管体制改革的一项重要内容，对于构建优化高效统一的税费征管体系具有重要作用，是优化国家机构职能、改善营商环境、提升国家治理水平、推动高质量发展的关键举措，对

于提高非税收入征管效率，保障非税收入安全性具有重大意义。

（一）有利于保障非税收入的安全性

非税收入和税收收入都是国家财政收入的重要组成部分，及时、足额的非税收入征收是国家财力的重要保障。根据 2016 年 3 月财政部颁布的《政府非税收入管理办法》（财税〔2016〕33 号）规定，非税收入是政府财政收入的重要组成部分，应当纳入财政预算管理；非税收入收缴实行国库集中收缴制度，非税收入应当全部上缴国库，任何部门、单位和个人不得截留、占用、挪用、坐支或者拖欠。非税收入征管职责划转到税务部门，实现了"税务收、财政管、部门支、审计查"的多部门共管模式，即：由税务部门征收非税收入，并纳入财政预算管理，再由相关部门或单位将这笔收入支付给用款单位或个人，整个非税收入的"收、支、管"全过程都要接受审计的监督。多部门共管有利于推进财政预算改革，不断深化收支两条线管理，从源头上预防和治理腐败，保障非税收入的安全性。

（二）有利于精准管理收入底数

非税收入包括行政事业性收费收入、政府性基金收入、国有资源（资产）有偿使用收入、国有资本收益、彩票公益金、特许经营收入、罚没收入等十二大类，每大类项目下又有许多细目，非税收入体现出种类繁多、涉及面广、零星分散的特点。因此出现了在财政预算科目里多个细目混用一个科目、执收部门无法界定而缴入其他科目的情况，导致部分非税收入项目底数不清。市政公共资源有偿使用收入政策出台晚，是国家新设立项目，我省非税收入征管职责划转改革之前，没有设置单独的预算科目，各级政府实现的市政公共资源有偿使用收入实际缴纳在各种类似预算科目，没有实现统一管理，无法核实收入底数。在此次非税收入征管职责划转改革中，针对我省 3 个省级划转非税收入项目，2018年 12 月 26 日，省财政厅联合有关单位印发《关于修订 2019 年地方增设政府收支分类科目的通知》（晋财预〔2018〕97 号），增设市政公共资源有偿使用收入科目，实现了专门科目核算。同时，省税务局结合省级划转项目费制特点，创新开发"合同信息采集"特色功能模块，完善非税收入通用申报表，实现了对非税收入情况的精准管理，有利于财政部门精准管理收入底数。

（三）有利于提高非税收入征缴效能

非税收入征管职责涉及各级政府、多个部门和众多缴费人，非税收入种类繁多、涉及面广、零星分散，非税收入征管主体多元化分散了非税收入征管力量，增加了征缴环节，加大了征缴成本及涉费企业经营负担。税务部门征收非税收入有其自身优势：一是税务部门有一支专业的征收队伍，包括税（费）源分析、评估和稽查等专业人员，有丰富的征管工作经验；二是税务部门的征收手段先进，依托金税三期征管系统，通过大数据、云计算等科技手段，可以大大提高非税收入的征管效率；三是税务部门与缴费单位常年打交道，在征税的过程中对这些单位的经营情况早已了如指掌。统一非税收入征缴主体并交由税务部门征收，建立"征收、预算、使用三分离"的非税收入管理模式，能发挥税务部门税费统征优势，节约国家行政资源，提高税费征缴效率及优化资源配置。

（四）有利于改善区域营商环境

首批划转的农网还贷资金、大中型水库移民后期扶持基金、可再生能源发展基金都是根据电力用户使用电量及规定征收标准来计征，划转之前由电网经营企业向用户征收后汇缴到省级电力企业，再由省级电力企业向省级财政部门和财政部驻当地专员办申报并缴款。电网经营企业除了按照规定征收标准向电力用户征缴这几项非税收入，还要向税务局缴纳同这些基金收入相关的流转税费。划转到税务部门后，将税务部门作为这些非税收入征缴主体，减轻了电网经营企业行政负担，充分利用国家专业征收系统资源，极大降低征缴成本。而且，税务部门征收可以清楚计算出企业实际缴纳的税收收入和非税收入，从而可以准确测算企业整体税费负担，为进一步调整税费率、优化财政收入结构等重要财政决策提供关键信息。可见，税务部门统一征收非税收入的改革举措，将为研究完善非税收入缴费比率、提高非税收入征管统筹层次、推进非税收入法治化进程奠定良好基础，这能够从根本上深化"放管服"改革、改善营商环境，进一步激发市场主体活力。

审稿人：张文萍
执笔人：赵　烜

电子税务局助力山西"放管服"改革的实践与探索

● 互联网与税收工作深度融合，电子税务局建设不断升级

● 聚焦办税堵点痛点难点，电子税务局亮点功能助力"放管服"改革

● 回应纳税人、税务人期盼，向打造智慧型电子税务局迈进

伴随着"互联网+"创新成果在社会经济各领域的广泛应用，国务院已将发展"互联网+"行动计划作为国家战略加以推动。在此背景下，2015 年国家税务总局制定了"互联网+税务"行动计划，计划指出，"到 2020 年，形成线上线下融合、前台后台贯通、统一规范高效的电子税务局，为税收现代化奠定坚实基础，为服务国家治理提供重要保障"，这为电子税务局的建设提供了行动指南。近年来，山西省税务局按照税务总局统一部署，以互联网思维为指引，以实现便民办税为目标，着力打造"便利化申报+网络化服务+个性化推送"的电子税务局，在满足纳税人和税收管理不断增长的互联网应用需求的同时，为推动山西税收领域"放管服"改革，更好地发挥税收筹集收入、调控经济、调节分配的作用提供了强有力的支撑和保障。

一、山西省电子税务局的建设历程

山西省电子税务局作为新形势下优化纳税服务、提高办税效率的重要

信息化平台，经历了从无到有、从单一功能到全流程服务、从往返多次到"一次不用跑"、从自行开发到规范化建设的演变。随着征管体制改革、"放管服"改革、减税降费等一系列举措的出台，电子税务局的载体作用日益凸显。作为"互联网+"在税收领域落地的平台，山西省电子税务局的建设发展大致可以分为以下四个阶段：

（一）第一阶段：单一网上申报（2015年以前）

山西税务部门最初对于网上办税的探索主要局限于网上申报，依托于当时的网络环境和信息化水平，仅能为纳税人实现部分税种的网上申报、缴税等业务。早期的网上申报软件由税务部门制订推广计划，软件开发商负责具体的推广、培训、维护等工作，软件主要采用C/S模式，企业需付费购买安装客户端，网页版使用率较低。纳税人在通过网络报送申报电子数据后，还需按规定到办税厅办理其他事宜。随着网上申报软件的推广，相关制度规范也在逐步建立，2010年起，国家税务总局先后制定了《网上纳税申报软件管理规范（试行）》和《网上纳税申报软件业务标准》，指导各级税务部门加强网上申报软件的管理。

此阶段是山西省网上办税模式迈出的第一步，网上申报缩短了纳税人在办税厅停留的时长，但在征期纳税人仍需去办税厅办理其他业务，办税整体效率还是不高。尽管网上申报功能还很单一，距离构建起真正意义上的"网上办税服务厅"还有很大差距，但税务部门对于网上办税的思考与实践已经起步。

（二）第二阶段：综合服务平台（2015—2018年4月）

随着信息技术的发展，互联网与税收工作深度融合，网上申报逐步受到广大纳税人的认可，单一的网上申报功能已不能满足新时期的办税需求。2015年12月起，原山西国税以纳税申报为"总开关"，着力打造"便利化申报+网络化服务+个性化推送+数据化管理+一体化合作"的网上平台，为纳税人推送"个性化+差异化"的服务产品，2016年4月，综合服务平台上线初期为近10万户纳税人提供网上服务。2017年，原省国税、地税联合改造上线网上服务平台，逐步增加了代开发票、主税和附加税费关联申报等功能，初步实现了原国税、地税基础信息共享互用。以每份发票代开时间为例，由原来平均 10—15 分钟缩短到 1—2 分钟，工作效率提高了 5 倍以上。

此阶段的网上服务平台功能逐步丰富，实现了纳税申报、咨询建议、领购发票、代开发票、优惠备案等业务的线上办理，并且免费向纳税人开放，大幅提高了办税便捷度，缓解了办税厅压力。但涉及的业务种类和覆盖税种还不够全面，国税、地税差异化办税事项还需要分别在两个平台完成，系统的集成程度还不高。

（三）第三阶段：网上税务局（2018 年 5 月—11 月）

2018 年，中央做出关于税务机构改革的重大决策，山西税务部门从"利于优化纳税服务、方便纳税人办税，利于规范执法行为、实现征管资源整合，利于机构改革、提升征管效能"的角度出发，做出系统先行的决定，4 月份开始，逐步整合省国税、地税原有网上服务平台功能，并通过链接自然人网厅、出口退税申报系统等实现了特殊业务的网上办理，实现了山西省网上税务局"统一平台、统一渠道、统一登录、统一界面、统一应用"的建设目标。系统采用前台统一操作，后台分别写入原国税、地税数据库的方式，实现了数据无缝对接、纳税无感办理，纳税人一次登录网上税务局，在一个平台即可办理国税、地税各类涉税业务。

山西省网上税务局上线后，功能持续拓展，新增地税常用的税费种申报功能，网上办税事项已拓展至登记、申报、征收、发票、备案等各个领域，占到纳税人常用涉税业务的近 80%。但山西省网上税务局在建设标准上还不够规范、完备，部分业务流程、系统架构还需进一步优化、统一。

（四）第四阶段：电子税务局（2018 年 11 月至今）

为规范电子税务局的升级建设，税务总局遵循"以业务创新为引领、以电子办税为手段、以数据驱动为主线、以技术支撑为保障"的整体思路，制定了《电子税务局规范（2019 版）》，在减轻办税负担、简化处理流程、疏解痛点堵点、提升办税体验、推动系统集成等方面成效凸显。2018 年 11

月起，山西省电子税务局在全省试运行，包含纳税人端和税务端。纳税人端包括用户中心、办税中心、查询中心、互动中心、公众服务、个性化办税 6 个模块。税务人端包括"一办三管"，即业务办理、系统管理、任务管理、内部管理。在访问渠道上，开通了网页端和客户端，形成了面向纳税人和税务人员、贯穿内外网、覆盖多业务的"多维办税矩阵"，破除了纳税人办税的空间和时间限制，真正实现了从"足不出户"到"如影随形"的办税服务。

截至 2019 年 10 月，山西省电子税务局共上线 345 项功能，全程网上办理的事项由原来的 69 项增加到 117 项，覆盖 15 个税 6 个费的申报征收，推出了"一表集成"、主税附加税费关联申报、申报数据自动生成等特色业务。全省注册用户近 93 万户，占正常管户的 90%左右（见图 1），纳税人通过电子税务局网报率达 99%。

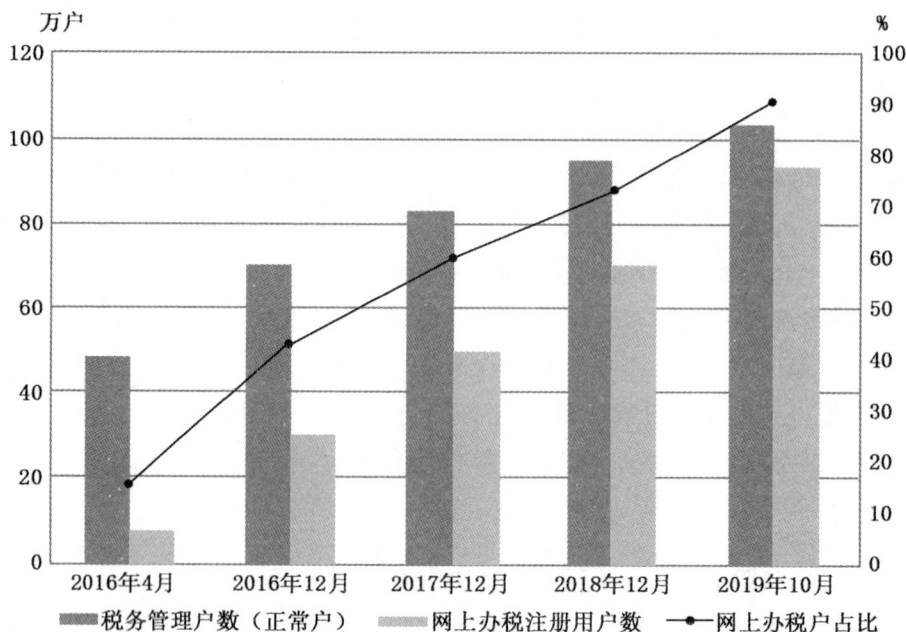

图 1　2016 年 4 月—2019 年 10 月山西税务正常管户和网上办税注册户数对比图

二、山西省电子税务局的亮点功能

山西省税务局依托互联网技术和信息化手段，聚焦办税缴费服务中的"堵点、痛点、难点"问题，将电子税务局作为推进山西"放管服"改革的重要平台，创新推出了一系列便利化办税的亮点功能。通过全面深化电子税务局应用，推动"最多跑一次""全程网上办"等便民举措落地生根，持续优化山西税收营商环境，提升纳税人、缴费人的满意度和获得感。

（一）简政放权，持续拓展"网上办"事项范围

一是实现车辆购置税业务"全程网上办"。在电子税务局增加"车辆购置税申报套餐"功能，后台自动调取车架号等车辆信息、合格证信息生成申报表，纳税人网上缴纳税款后，系统自动生成车辆购置税完税证明，传递给公安交管部门，实现车辆购置税办税无纸化。纳税人可自行打印电子版完税证明，用以在交管部门办理登记上牌手续。

二是实现清税证明网上"一站式"办理。聚焦纳税人"注销难"问题，针对已在市场监管部门登记注册，但未办理过涉税事宜的纳税人，率先实现网上开具清税证明功能。未办理税务登记的纳税人，可以免登录享受电子税务局公众服务，通过实名认证后，直接打印清税证明，无须再到大厅现场办理，全程网上办。

三是实现服务贸易对外支付备案网上办。与省外汇管理局联合开发服务贸易等项目对外支付税务备案"网路办"项目，备案人只需登录山西省电子税务局，填写备案信息，上传交易凭证，电子数据传输外汇局网上审核后，即可在线打印出电子税务局受理完成并加盖电子签章的备案表，实现了备案人足不出户即完成备案。

（二）数字管税，为纳税人推送个性化功能

一是减免税身份自动判断，优惠自动享受。针对减税降费涉及面广、小微企业填报难的状况，设置相应程序，纳税人只需填入基础信息、申报信息等数据，电子税务局即自动判断其减免税身份，并根据发票信息等自

动预填申报表，自动生成减免税额，确保税费优惠政策应享尽享。

二是提高数据共享共用，自动预填申报数据。整合、共享、利用金税三期核心征管、电子底账、货运发票、出口退税、防伪税控等系统，智能化、点对点推送并预填申报表数据，增值税采用"递进式"申报，自动生成90%以上的数据项，企业所得税采用"穿透式"填写，自动生成85%的数据项，压缩纳税人90%以上的申报时间。

三是推出纳税人"画像"，让纳税及优惠情况尽收眼底。在电子税务局根据纳税人申报缴款、发票使用、税收优惠、纳税信用、生产经营情况等信息，为纳税人生成"我的画像"。例如，通过税收优惠版块可以查询已经享受的税费优惠红利；通过对纳税人各项指标的综合评价，即可形成纳税人信用等级，纳税人可以此作为向银行或有关机构提供纳税情况的证明。

（三）高效服务，大幅压缩网上办税时间

一是压缩跨区域涉税事项办理时间。针对跨区域涉税事项环节多、税种多、纳税人需往返次数多的"三多"特点，采用"两取消、一集成"，即取消跨区域涉税事项报验程序，取消跨区域涉税事项信息反馈程序，将增值税、城市维护建设税、教育费附加、地方教育附加、印花税、企业所得税6项税费的申报表进行"一表集成"。系统优化后，跨区域涉税事项减少2个办税环节，减少5个操作模块，减少超过34项填报内容，纳税人往返办税服务厅次数减少3次，节约了1个工作日以上时间。

二是压缩代开发票缴税时间。实现代开发票"一码缴税"，利用金税三期并库后增值税和附加税费数据实时共享关联的特点，以自然人代开普通发票为突破口，将代开发票需缴纳的5个税费种关联成一个二维码，纳税人扫一个码即可完成全部税款缴纳，压缩80%的办税时间。

三是压缩税务注销办理时间。在推出即办注销套餐和清算注销税（费）申报套餐的基础上，增加一般注销程序未办结事项的预检功能，系统自动提醒告知纳税人未办结事项。进一步减少资料报送，对通过电子税务局申请办理税务注销的纳税人，不再向税务机关报送清税申报表等纸质资料，由系统自动向市场监管部门推送纳税人清税信息、注销信息等。符合条件

的企业通过"一网通"平台申请注销，可实现税务注销即时办结，大幅压缩税务注销办理时间。

三、山西省电子税务局建设展望

经过长时间的探索和多次升级改造，目前山西省电子税务局实现的涉税功能已比较全面，纳税人对系统的使用率和认可度较最初已有了很大提升，在实现便民税务、效能税务上已初有成效。但同时，纳税人对电子税务局有了更高期盼，社保费和非税收入的征收职能划转也对电子税务局提出了新的要求，智慧税务的实现还需要税务部门持续发力。

（一）实施云化改造，打造全天候服务

随着社保费和非税收入的征收职能划转，电子税务局面临的不只是不断增长的企业纳税人，还有数以亿计的自然人用户，这意味着未来电子税务局的瞬时访问量将达到极高水平。传统的系统架构存在扩展困难、硬件投入高、开发周期长等问题，已不能适应未来高速增长的新用户需求。云技术能够通过互联网提供动态的、可扩展的、虚拟化的资源来服务用户，具有按需服务、弹性伸缩、灵活便利的特点，目前已广泛运用到社会经济各个领域。基于云架构建设电子税务局，可以实现系统的在线快速扩容、故障自动接管、数据透明访问等，是顺应新形势发展的必然选择。下一步，山西税务将按照总局统一部署，积极探索电子税务局向云架构过渡，建立由接入渠道、软件即服务层（SaaS）、平台即服务层（PaaS）、基础设施即服务层（IaaS）构成的，自上而下的电子税务局云平台整体架构。通过构建高性能、高可用的云上电子税务局，为纳税人、税务人提供全天候的高效、稳定、便捷、精准、智能的办税和管理服务。

（二）完善系统定位，构建全功能平台

当前，山西税务部门在电子税务局的建设上，主要对纳税人端进行了优化升级，而现代电子税务局的定位是不仅要为纳税人提供服务，更要着眼于提升税收治理能力，深化政务部门间互联互通与信息资源整合利用。

电子税务局应面向纳税人、税务部门内部以及其他政府部门提供全功能的网上服务。从税务部门内部来看，电子税务局应探索挖掘海量税收数据价值，为领导、各部门税务人员提供辅助决策支持功能和电子化办公模式，把税务人员从原有繁重的脑力、体力劳动中解放出来，实现税务办公无纸化、通信网络化和决策智能化的目标。从其他政府部门来看，随着市场经济不断发展，税收工作对国家宏观经济调控作用越来越大，税务部门与相关部门之间的数据交换变得更为迫切，下一步应探索实现税务与相关部门业务系统之间的无缝连接，使相关信息能够在部门之间充分共享，从而避免信息重复采集和资源浪费，同时也为更有效地实现税源自动监控提供有力的数据支撑。

（三）加强品牌塑造，增进全社会认可

随着电子税务局功能升级，越来越多的涉税业务实现网上办理，纳税人改变传统的办税方式以后，也带来一些新的问题。税务干部与办税人员面对面的交流机会越来越少。一方面，以往通过办税大厅向纳税人传达的新税收法规政策，纳税人无法及时获知；另一方面，纳税人在网上办税过程中容易遇到相关操作问题需要解决，却无法立即向税务人员咨询。面对来自各行各业、各个年龄层次和文化程度的纳税人，税务部门必须改变过去重管理、轻服务的观念，在电子税务局推出个性化服务的同时，重视宣传引导，充分利用门户网站、微信公众号、12366热线、短信平台等媒介为纳税人提供精准式线上政策解读和电子税务局操作指导，尽可能让更多纳税人熟悉电子税务局的建设理念和相关操作，以此增进社会认可，逐步塑造运行顺畅、良性互动、高效运转、社会共治的智慧型电子税务局品牌。通过线上线下融合，让税务机关为纳税人提供更多的服务，逐步引导纳税人形成自我管理、志愿互助的理念，实现纳税人的遵从度和满意度双提升，为优化营商环境、服务山西企业发展提供强大助力。

审稿人：高向东

执笔人：魏军丽　白亚晓

综合篇

2019年上半年全省税收收入情况分析与全年预测

● 经济税收协调发展，税收收入实现平稳较快增长
● 减税降费对相关税种影响较大，税收收入增幅呈现逐月回落走势
● 非传统产业税收占比近50%，部分新兴产业税收增势较好

2019年是中华人民共和国成立70周年，是山西"两转"基础上全面拓展新局面的攻坚之年，也是国税地税征管体制改革全面完成的开局之年，组织好税收收入意义重大。面对复杂的经济形势和繁重的组织收入任务，全省税务系统在税务总局和省委、省政府的坚强领导下，认真贯彻落实全国税务工作会议和全省经济工作会议精神，聚焦减税降费主题和组织收入主业，全力以赴抓好组织收入工作，不折不扣落实好各项减税降费政策措施。上半年，全省税收收入实现较快增长，在一季度"开门红"基础上，顺利实现时间任务"双过半"，为全省经济社会发展提供了坚实的财力保障。

一、 2018—2019年上半年税收收入完成情况

（一）2018年税收收入完成情况

2018年，全省税收收入完成2888.64亿元，同比增长16.69%，增收413.06亿元，完成年度目标（2666.3亿元）的108.34%。税收收入增幅高

出全国平均水平 7.2 个百分点（全国平均增幅为 9.5%），排名全国第 3 位、中部六省首位。

分级次看，中央级税收收入完成 1252.37 亿元，同比增长 15.35%，增收 166.69 亿元，完成年度目标（1169 亿元）的 107.13%；地方级税收收入完成 1636.27 亿元，同比增长 17.73%，增收 246.37 亿元，完成年度目标（1497.3 亿元）的 109.28%。地方级税收收入中，省本级税收完成 499.18 亿元，同比增长 15.08%，增收 65.4 亿元。全省一般公共预算收入完成 2292.6 亿元，同比增长 22.8%，其中，税务部门完成（税收和非税收入）1727.24 亿元，同比增长 15.59%，占一般公共预算收入比重为 75.34%。

分税种看，全省征收的 17 个税种中，除营业税下降 11.61%、烟叶税下降 5.52%、耕地占用税下降 3.82% 外，其他税种全部实现增收。增值税、企业所得税、资源税三大主税合计完成 2255.75 亿元，同比增长 16.82%，增收 424.77 亿元，税收增收贡献率为 78.63%，拉动税收收入增长 13.92 个百分点。2018 年新开征的水资源税和环境保护税分别完成 28.47 亿元和 11.29 亿元（见表 1）。

表 1 　 2018 年全省税收收入分级次、分税种完成情况表

单位：万元

项目	税收收入完成	比同期±额	比同期(±%)
税收收入合计	28886387	4130580	16.69
其中：中央级	12523669	1666924	15.35
地方级	16362718	2463656	17.73
其中：省本级	4991794	654029	15.08
1.国内增值税	13909141	1424920	11.41
2.国内消费税	686995	52385	8.25
3.企业所得税	5396683	1298027	31.67
4.个人所得税	1395503	198133	16.55
5.资源税	3251650	524731	19.24
6.城镇土地使用税	394897	38953	10.94
7.城市维护建设税	798657	102203	14.67
8.印花税	302542	61831	25.69
9.土地增值税	575201	138941	31.85
10.房产税	411065	67135	19.52
11.车船税	227489	19065	9.15
12.车辆购置税	779718	9931	1.29
13.烟叶税	2464	−144	−5.52
14.耕地占用税	116051	−4607	−3.82
15.契税	479045	92217	23.84
16.环境保护税	112948	112948	—
17.其他税收收入	46338	−6089	−11.61

（二）2019 年上半年税收收入完成情况

2019 年上半年，全省税收收入完成 1915.83 亿元，同比增长 12.91%，增收 219.05 亿元，完成年度目标（3248 亿元）的 58.98%。税收收入增幅高出全国平均水平 9.41 个百分点（全国平均增幅为 3.5%），居全国首位。

分级次看，中央级税收收入完成 850.25 亿元，同比增长 12.14%，增收 92.03 亿元；地方级税收收入完成 1065.57 亿元，同比增长 13.53%，增收 127.01 亿元，其中：省本级税收完成 336.95 亿元，同比增长 15.86%，增收 46.13 亿元。全省一般公共预算收入完成 1393 亿元，同比增长 12.9%，其中税务部门完成（税收和非税收入）1116.35 亿元，同比增长 13.22%，占一般公共预算收入的比重为 80.14%（见表 2）。

表 2　2019 年上半年全省税收收入分级次、分税种完成情况表

单位：万元

项目	税收收入完成	比同期±额	比同期(±%)
税收收入合计	19158262	2190455	12.91
其中:中央级	8502530	920327	12.14
地方级	10655732	1270128	13.53
其中:省本级	3369477	461317	15.86
1.国内增值税	8891254	911696	11.43
2.国内消费税	588054	115693	24.49
3.企业所得税	4515778	807666	21.78
4.个人所得税	506245	−299027	−37.13
5.资源税	2198169	404905	22.58
6.城镇土地使用税	190902	−37199	−16.31
7.城市维护建设税	435269	15846	3.78
8.印花税	162294	23230	16.70
9.土地增值税	311085	1616	0.52
10.房产税	243031	−13795	−5.37
11.车船税	125361	7827	6.66
12.车辆购置税	451336	59171	15.09
13.烟叶税	1003	−664	−39.83
14.耕地占用税	56823	370	0.66
15.契税	396538	173272	77.61
16.环境保护税	74389	38740	108.67
17.其他税收收入	10731	−18892	−63.77

分税种看，全省征收的 17 个税种 12 增 5 降。其中，契税增长 77.61%，国内消费税增长 24.49%，资源税增长 22.58%，分别快于全部税收 64.7 个百分点、11.58 个百分点和 9.67 个百分点；下降的 5 个税种中，个人所得税下降 37.13%，城镇土地使用税下降 16.31%，房产税下降 5.37%。增值税、企业所得税、资源税三大主税合计完成 1560.52 亿元，占全部税收的 81.45%，同比增长 15.76%，增收 212.43 亿元，税收增收贡献率为 96.97%，拉动税收收入增长 12.51 个百分点。

二、2019 年上半年税收主要特点

（一）税收收入保持较快增长，增幅呈逐月回落走势

2019 年以来，全省税收收入运行虽波动较大，但在经济稳中向好有力支撑下仍实现较快增长。上半年，全省税收收入完成 1915.83 亿元，同比增长 12.91%。各级次税收收入均超序时进度，其中，中央级税收收入完成年度目标（1416 亿元）的 60.05%，超序时进度 10.05 个百分点；地方级税收收入完成年度目标（1832 亿元）的 58.16%，超序时进度 8.16 个百分点。地方级税收收入中，省本级收入完成年度目标（559 亿元）的 60.28%，超序时进度 10.28 个百分点。

上半年，税收收入月度累计增幅依次为 29.81%、24.1%、23.19%、22.96%、18.26%、12.91%，增幅逐月回落。5 月份开始随着增值税降率等减税政策效应集中释放，月度税收已连续两个月负增长（5 月 –0.22%、6 月 –13.72%）。与 1—4 月份相比，1—5 月份和上半年税收收入累计增幅分别回落 4.7 个百分点和 10.05 个百分点（见图 1）。

（二）从收入结构看，减税降费对相关税种影响较大，地方级税收收入增长快于中央级

上半年，减税降费政策落实对相关税种影响较大，集中体现在增值税、企业所得税和个人所得税等税种。其中，受深化增值税改革等政策影响，增值税完成 889.13 亿元，增长 11.43%，增速比上年同期回落

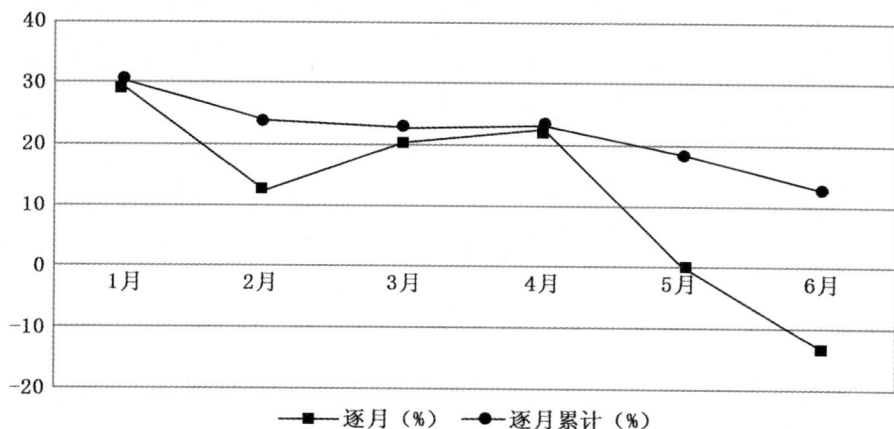

图 1　2019 年上半年全省税收收入逐月增速对比

13.34 个百分点；受研发费用加计扣除等政策影响，企业所得税完成
451.58 亿元，同比增长 21.78%，增速比上年同期回落 25.14 个百分点；
个人所得税受两步改革叠加影响完成 50.62 亿元，下降 37.13%，增速比
上年同期回落 65.94 个百分点。

上半年，中央级税收收入完成 850.25 亿元，同比增长 12.14%；地方级
税收收入完成 1065.57 亿元，同比增长 13.53%，增速快于中央级 1.39 个百
分点。从税收占比看，中央级税收占全部税收收入的 44.38%，地方级税收
占全部税收收入的 55.62%，与上年同期相比，地方级税收收入比重提高
0.31 个百分点。

**（三）从行业税收看，传统行业继续领跑，非煤行业和非传统行业发展
势头良好**

从产业结构看，上半年，第二产业税收完成 1235.67 亿元，同比增长
15.34%，增收 164.38 亿元，增速快于全部税收 2.43 个百分点；第三产业税
收完成 678.37 亿元，同比增长 8.68%，增收 54.16 亿元。从税收占比看，
第二产业税收占比 64.5%，第三产业税收占比 35.4%，二产税收比重比上
年同期提高 1.36 个百分点。

从主要行业看，上半年，全省十大主要行业税收 7 增 3 降。其中，交
通运输业增长 24.49%，制造业增长 19.64%，建筑业增长 16.33%；下降的

3 个行业分别是其他服务业下降 16.9%、住宿餐饮业下降 5.94%、电力生产和供应业下降 5.51%。税收占比较高的 3 个行业依次是采矿业占比 40.54%、制造业占比 15.67%、批零业占比 10.5%。

从传统与非传统划分看，上半年，煤、焦、冶、电四大传统行业税收完成 966.72 亿元，同比增长 14.78%，增收 124.51 亿元，占全部税收的 50.46%。非传统行业税收完成 949.11 亿元，同比增长 11.06%，增收 94.54 亿元，占全部税收的 49.54%。非传统产业贡献 43.16% 的税收增量，拉动税收增长 5.57 个百分点。

从煤与非煤划分看，上半年，全省煤炭行业税收完成 796.38 亿元，同比增长 15.1%，增收 104.49 亿元，占全部税收的 41.57%。非煤行业税收完成 1119.45 亿元，同比增长 11.4%，增收 114.56 亿元，占全部税收的 58.43%。非煤行业税收贡献 52.3% 的税收增量，拉动税收增长 6.75 个百分点。

从新兴产业看，上半年，部分新兴产业税收增势较好。风力、太阳能、生物质能发电等新能源发电税收完成 6.32 亿元，同比增长 39.21%；医药制造、汽车制造、计算机、通信和其他电子设备制造等高端装备制造业税收完成 33.15 亿元，同比增长 19.16%，快于第二产业税收 3.82 个百分点；租赁和商务服务、科学研究和技术服务等现代服务业税收完成 42.2 亿元，同比增长 15.14%，快于服务业税收 6.46 个百分点。

（四）从市县税收看，12 个市（区）中仅阳泉下降，其余均实现增长，118 个县（区）中 80% 以上的单位税收实现增长

从市域税收看，上半年，除阳泉下降 1.22% 外，其余 11 个市（区）均实现增长。其中，9 个单位增幅在 2 位数以上，8 个单位增幅高于全省平均水平。收入增幅前三名依次是忻州增长 22.33%、大同增长 21.72%、综改示范区增长 21.6%；后三名依次是晋城增长 4.62%、太原（不含综改示范区）增长 3.97%、阳泉下降 1.22%。收入规模前三名依次是太原（不含综改示范区）367.75 亿元、吕梁 261.81 亿元、长治 203.43 亿元；后三名依次是忻州 97.74 亿元、阳泉 60.98 亿元、综改示范区 54.65 亿元。12 个单位地方级收入完成进度均超过 50%，进度较快的依次是大同 67.4%、综改示范区 64.69%、晋中 63.13%（见图 2）。

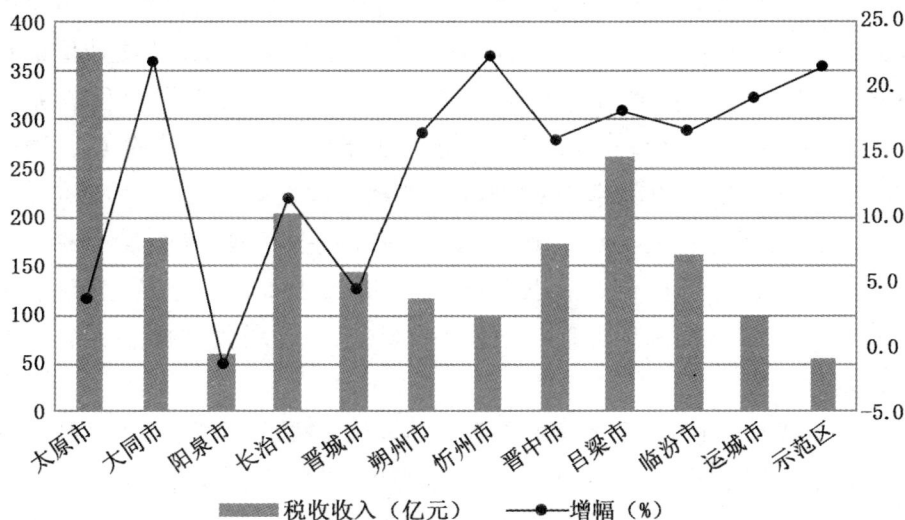

图 2   2019 年上半年全省税收收入分市（区）完成情况

从县域税收看，上半年，全省 118 个县区（不含开发区）中，96 个单位税收收入同比增长（占比 81.36%），22 个单位同比下降；67 个单位税收收入增幅高于全省平均水平（占比 56.78%）。省会城市龙头效应明显，收入前三名均在太原市，太原市迎泽区最高 70.93 亿元，其次是太原市小店区 70.8 亿元、太原万柏林区 61.15 亿元；收入不足亿元的单位有 7 个，最少的 3 个单位依次是浮山县 0.48 亿元、石楼县 0.46 亿元、汾西县 0.35 亿元。103 个单位地方级收入完成进度超过 50%（占比 87.29%），15 个单位收入进度不达 50%。进度较快的 3 个单位依次是偏关县 97.05%、河曲县 80.97%、汾阳市 79.38%；进度较慢的 3 个单位依次是太原市小店区 36.62%、浑源县 38.04%、浮山县 42.2%。

三、2019 年上半年税收增减因素分析

（一）经济运行平稳，对税收形成有效支撑

上半年，全省地区生产总值（GDP）同比增长 7.2%，按现价计算，增长 11.69%，税收增速与 GDP 增速之比 1.1:1，税收与经济保持协调发展。

从工业看，上半年，全省规模以上工业增加值增长 6.9%，超过全国 0.9 个百分点。工业新动能、新产业较快增长，装备制造业增加值增长 9.3%，消费品工业增加值增长 12.2%。上半年，全省工业税收完成 1142.24 亿元，同比增长 15.26%，快于全部税收 2.35 个百分点，增收 151.27 亿元，增收贡献率为 69.06%，拉动税收增长 8.92 个百分点。上半年，医药制造业税收增长 16.13%，汽车制造业税收增长 20.31%，计算机、通信和其他电子设备制造业税收增长 22.16%，风力、太阳能、生物质能发电等新能源发电税收增长 40.53%，合计增收 7.11 亿元，工业新动能逐渐发力。

从消费看，上半年，全省社会消费品零售总额同比增长 8.3%，比一季度加快 0.1 个百分点。上半年，与消费密切相关的批发零售业、住宿餐饮业、居民服务业等传统服务业，租赁商务服务业、文体娱乐业等新兴服务业税收合计完成 250.29 亿元，同比增长 7.04%，增收 16.46 亿元。

从投资看，上半年，全省固定资产投资增长 8.2%。其中，基础设施投资增长 31.5%；房地产开发投资增长 17.3%，同比加快 4.3 个百分点。上半年，与之相关的建筑业、交通运输业、房地产业税收分别完成 93.43 亿元、81.19 亿元、153.4 亿元，同比分别增长 16.33%、24.49%、8.94%，其中，建筑业和交通运输业税收增速快于全部税收 3.42 个和 11.58 个百分点。

（二）2018 年度企业所得税汇算清缴入库税款较高

2018 年，全省规模以上工业企业主营业务收入增长 11.4%，每百元主营业务收入中的成本下降 0.99 元、利润增加 1.19 元，利润总额增长 34%。受此影响，2019 年上半年全省企业所得税汇算清缴入库税款 166.2 亿元，税收规模创历史新高，同比增长 23.9%，增收 32.05 亿元，占全部企业所得税增收额近 40%。

（三）征管查协同发力，防范风险堵漏增收

2019 年以来，全省税务系统加大征管力度，深挖管理中的薄弱环节，征管查协同发力，积极堵漏征收。上半年，全省税务稽查和纳税评估入库税款 5.73 亿元，清理往年陈欠入库税款 23.14 亿元，三项合计

28.87 亿元，税收贡献率为 1.51 个百分点，对全省税收收入增长起到了积极的促进作用。

（四）减税降费夯实经济税收基础，但对收入影响较大

2019 年 1—5 月，全省新增减税 145.55 亿元，地方级减税 73.65 亿元。其中，小微企业普惠性减免税 10.68 亿元，深化增值税改革减税 85.22 亿元，个人所得税改革翘尾及新增专项附加扣除减税 32.89 亿元。各项减税降费政策的全面落实，对优化营商环境、促进资源型经济转型升级、实现经济高质量发展起到了积极的促进作用。同时，减税对收入的影响越来越明显，新增减税影响税收收入 7.6 个百分点，影响地方级收入 7.85 个百分点。

四、2019 年下半年经济税收形势研判

上半年，全省税收收入同比增长 12.91%，增幅同比回落 16.23 个百分点，预计下半年收入增幅将进一步回落。总体看，完成全年预算收入任务仍面临较大的困难和压力。

从经济层面看，上半年，全省经济总体保持稳中向好态势，但稳中有忧，压力在增大。从主要先行指标看，与上年同期和全年相比，全省工业用电量回落 3.2 和 1.7 个百分点，铁路货运量回落 5.3 和 6.1 个百分点。煤炭、焦炭、冶金等主导产品价格高位波动，其中煤炭价格下降 1.9%。总体看，宏观经济形势依然复杂严峻，不确定因素依然较多，工业向好的基础还不牢固，税收增长尤其是工业税收增长存在不确定性。1—5 月，全省规模以上工业企业利润总额下降 1.9%（上年同期增长 48.5%），企业经济效益的下滑，将对下半年企业所得税预缴及明年汇算清缴造成较大影响。

从政策层面看，1—5 月，全省新增减税 145.55 亿元，新增减税占当期收入比重达 7.6%，减税对税收收入的影响越来越大。下半年，随着深化增值税改革减税效应进一步释放，减税规模将继续扩大，客观税源税收负增长将成为常态，完成全年预算收入目标面临较大困难和压力。

综合考虑上述因素，三季度各月全省税收收入将延续负增长走势；四季度，由于上年同期收入调控基数较低（2018年10—12月仅完成470.47亿元），月度增速将由负转正。同时，四季度增值税留抵退税开始启动，减税对收入的影响将进一步扩大。总体看，全年税收增长将低于预期，完成全年预算收入目标还存在一定缺口。

五、全年组织收入工作打算

一是加强税收收入质量管理。各级税务机关要坚持组织收入原则，加强税收收入质量管理，坚决贯彻落实税务总局"三个务必、三个坚决"的要求，务必把该减的税减到位、务必把该降的费降到位、务必把该征的税费依法依规征收好，坚决打击虚开骗税、坚决不收"过头税费"、坚决做好留抵退税工作。对于收"过头税费"的行为，发现一起坚决查处一起。对于发现其他部门违规征收应由税务部门负责征收税费的行为，要及时向当地党委政府和上级税务机关报告。

二是正确处理好组织收入与减税降费的关系。一方面，要牢固树立落实减税降费政策措施是政治任务、硬任务的理念，做好政策落实和跟踪问效，确保减税降费政策落地生根。另一方面，加强煤炭行业税收管理，围绕重点薄弱环节，不断提升煤炭行业税收管理质效；认真梳理各税种征收管理中"跑冒滴漏"的税收风险，多措并举积极堵漏增收，努力弥补减税降费政策实施带来的收入缺口。各级税务机关要向当地党委政府汇报好、算清账，积极推动地方党委政府根据减税降费减收情况调整收入预算安排，使之与当前经济税源、减税降费规模等相适应。

三是强化预测分析，牢牢把握组织收入工作主动权。各级税务机关要加强经济形势分析研判，把准经济税源发展变化规律，精准掌握税源规模，准确测算减税降费对收入的影响，把收入预测工作做准、做扎实，为组织收入决策提供第一手新鲜数据。紧紧围绕全省转型项目建设，跟踪监控重点工程、重大项目进展情况，第一时间掌握税收增减变动情况，增强收入预测工作的主动性。加强税收分析，特别是减税降费政策效应分析，积极建言献策，主动用税收数据反映经济新变化、转型新成果、减税新效应，提升税收服务经济、服务政府决策的水平。

四是多措并举，积极防范税收收入风险。无论税收收入形势如何，风险防控意识绝不能放松。各级税务机关要加强欠税管理，督促有清偿能力的企业及时履行纳税义务，加大对恶意逃税欠税行为的打击力度，千方百计压缩新欠规模，切实化解高欠税的潜在风险，提高税收收入质量。要防范发票虚开虚抵风险，加大对虚开骗税犯罪的刑事打击力度，为营造公平健康的营商环境、促进全省经济税收健康发展保驾护航。

审稿人：岳青松
执笔人：李 健 董俊丽

推进税收法治建设
优化税收营商环境

- 树立以纳税人和缴费人为中心的服务理念
- 紧紧抓住优化营商环境和简政减税降负的关键节点
- 积极推动我省税收营商环境迈入全国第一方阵

法治是最好的营商环境，优化营商环境需要发挥法治固根本、稳预期、利长远的保障作用。《国税地税征管体制改革方案》将"坚持为民便民利民"作为基本原则之一，明确要求"以纳税人和缴费人为中心，推进办税和缴费便利化改革，切实维护纳税人和缴费人合法权益，降低纳税和缴费成本，促进优化营商环境，建设人民满意的服务型税务机关，使人民有更多获得感"。

2018年8月，山西省税务局成为全国优化税收营商环境第二批试点单位之一。省局认真对标对表对接税务总局精神和国内发达前沿地区先进做法，制定下发了《进一步优化税收营商环境行动方案（2018年—2020年)》，在全面涵盖税务总局有关内容和要求的基础上，紧紧抓住优化营商环境和简政减税降负的关键节点，进一步树立以纳税人和缴费人为中心的服务理念，按照"征收、管理、服务"相互分离、相互补充、相互促进的思路，依托现代信息技术，围绕"痛点、堵点、难点、热点"问题，精准发力，创新事中事后监管方式，持续推动税收信息化发展和税收工作联动集成，持续推进办税缴费便利化改革，突出了试点地区示范引领作用，确

定 5 大项、19 小项、83 条具体措施，比总局方案扩充了 1 个小项、25 条
措施。其中，83 条措施中直接服务于纳税人（缴费人）的措施 56 条，占
比达到三分之二。在突出优化服务的同时，注重加强事中和事后的监督管
理，以提高纳税人遵从为目标导向，将税务总局"加强事后监管"的要求
提升为"加强服务监管"，充分体现了服务与管理的融合和促进。

一、加速推进税收营商环境建设

为了加速推进税收营商环境建设，山西省税务局积极制定出台《税收
营商环境行动方案》，通过加强税务机关与纳税人的交流沟通来发现税收营
商环境中存在的具体问题，精准施策。

（一）加强税企沟通交流

开展"问需求、优服务"纳税人座谈活动。以"问需求"及时回应纳
税人关切问题，引导广大纳税人真心理解改革、关心支持改革、积极参与
改革；以"优服务"为着力点切实树立税务部门良好形象，营造综合治税
的良好氛围，最大限度地发挥好服务改革、支持改革和促进改革的作用，更
有力地保障各项改革措施顺利实施。省、市、县税务机关累计开展"问需
求、优服务"座谈活动 152 场，共有 2629 位纳税人代表参加，其中，大企
业代表 1077 位，中小型企业代表 1552 位。纳税人代表反映问题 2185 个，
其中现场解决 1877 个。收集纳税人代表意见建议 596 条，采纳 587 条。

（二）万名税干入企驻厅精准施策

分三个阶段开展入企驻厅服务活动。制定了《税干入企服务"13510"
快速响应制度》，对于能够现场解决的，由入企服务小组具体处理解决，不
能现场解决的问题按照县区局 1 个工作日、市局 3 个工作日、省局 5 个工作
日（重大问题 10 个工作日）解决处理。2018 年，全省入户企业 5127 家，收
集各类问题和需求建议 5757 条，主要涉及增值税优惠范围、新个人所得税法
要点、小微企业和高新技术企业优惠政策和社保费改革等内容，绝大多数问
题在市、县两级予以解决，上报省局快速响应中心受理"13510"问题 10 个，

全部第一时间转办至各业务处室，所有问题已解决并反馈。各入企小组开展纳税辅导，结合当前个税改革和社保费征缴方式等政策重点开展政策宣传。入企成效方面，入企企业共享受减免税额 27.73 亿元，确保税收优惠政策应享尽享，企业通过"以信换贷"获取融资贷款额共 21.33 亿元。

（三）全面支持民营企业发展

举办"优化营商环境——税务在行动"主题研讨会，发布《山西优化税收营商环境发展报告》蓝皮书，从理论、实践、标准等方面科学论证了优化税收营商环境、促进山西经济高质量转型发展的机制和功效。举办多场大企业税企高层对话会，与山西杏花村汾酒集团有限责任公司、晋商银行股份有限公司、国网山西省电力公司、中国铁路太原局集团有限公司、太原钢铁（集团）有限公司等集团企业签订《税收共治合作协议》，助力大企业改革创新发展。

深刻认识税务部门在支持民营经济发展中的职责和作用，对民营企业进行大调研、大走访，听取民营企业的诉求和建议。2018 年 11 月以来，共走访民营企业 2589 户，为民营企业解决税收政策问题 456 个，收集民营企业意见建议 162 条；召开民营企业座谈会 383 次，现场解决民营企业反映税收政策问题 764 个，收集民营企业意见建议 165 条。出台了《全省税务系统全面支持民营企业发展若干措施》，共 4 方面 30 条措施，从落实扶持政策、推进简政放权、优化纳税服务、规范税收执法等方面全力支持民营企业发展壮大。

二、推出系列便民利民办税举措

（一）健全制度规范

重新修订制发山西省办税服务首问责任制、限时办结、导税服务、一次性告知、服务承诺等 10 项服务制度，实现办税服务"痕迹化"管理，编制全省 6 大类 124 项"最多跑一次"清单，确保涉税业务快速办、咨询业务准确答、疑难业务积极解，力求办税服务井然有序、改革实施平稳顺畅、营商环境持续优化。

（二）推行"套餐"服务

依托山西省网上服务平台，向全省纳税人公布了《新办纳税人操作手册》和《关于推行新办纳税人"套餐式"服务的公告》，为新办纳税人提供12项网上集中处理涉税事项的"套餐式"办税服务，实现了新办纳税人法定义务事项和首次领用发票相关办税事项网上集中办理。同时结合实际、大胆创新，在税务总局"规定动作"的基础上增加了"税库银三方协议签订"和"增值税税控系统专用设备网上购买"2个涉税事项，进一步减轻企业开办负担，确保便捷高效办税。

（三）打造"10分钟办税圈"

在全省逐步加强办税服务厅"集中征收、同城通办"的基础上，进一步完善自助办税中心建设，在城区街道、银行网点以及集贸市场设立24小时自助办税服务厅、发票代开点和委托代征点，实现发票领购、代开和申报认证自助化，代开普通发票和代征车辆购置税社会化，建设以"一厅多点"为框架的城区"10分钟办税圈"，方便纳税人就近办税。

（四）拓宽网上办税通道

发布办税事项"全程网上办"清单，纳税人依申请办理的5大类69个事项已在网上税务局实现。上线运行自然人网上办税服务厅，自然人网上办税服务厅实现了全省个人所得税申报纳税人足不出户，即可办理个人所得税申报缴税以及查询打印等事项。在全省启用网上开具税收完税证明功能，实现了纳税人在网上进行申报、纳税、打印完税证明的闭环式办税服务，打通网上办税服务"最后一公里"。提供零申报的小规模纳税人网上更正申报功能，将小微企业财务报表由按月报送改为按季报送，减轻纳税人纸质资料报送负担。

（五）优化税务行政审批

取消A级纳税人增值税专用发票最高开票限额事前调查、实地查验，依据纳税人生产经营需要赋予最高开票限额。将原来由省级税务机关承办的资源税灾害减免和房产税、城镇土地使用税困难性减免审批等权限，下放至市或县级税务机关办理，实现"一级审批"。同时，实行办理时限承诺制，全省税务系统 2018 年共办结行政审批事项 50523 件（不包括挂牌前由原省、市、县地税局已办结行政许可事项），其中，企业印制发票审批 3 件，对纳税人延期缴纳税款的核准 55 件，对纳税人延期申报的核准 38 件，对纳税人变更纳税定额的核准 55 件，增值税专用发票（增值税税控系统）最高开票限额审批 50372 件，全部实现"零超时"。

（六）改进优惠备案形式

由享受税收优惠纳税人向税务机关报送备案资料，改为网上勾选确认、纸质资料纳税人留存备查的方式，纳税人不再向税务机关报送备案资料，避免纳税人往返税务部门浪费时间，累计减少纳税人备案 42518 户次，极大地减轻了纳税人负担。仅个人所得税事前备案改为申报期或期后备案 1 项，全省 14697 名从事生产经营的个体经营者享受到政策"红利"。

（七）简化迁移注销程序

简化纳税人迁移流程，对纳税人省内跨县（区）迁移的，迁出地主管税务机关不再进行清税检查，实行即时办结。放宽简易注销清税范围，定期定额征收的个体工商户注销由办税服务厅即时办结；非定期定额征收的纳税人由原来的 20 日减少为 10 个工作日内全流程办结，实现市场主体退出便利化。

三、严格规范税收执法

（一）创新监管方式方法，规范税务执法

全面推行实名办税，将实名办税系统身份信息与电子税务局、核心征管系统互联互通，对非正常户、涉嫌虚开增值税发票等高风险纳税人进行

提示提醒、风险预警、业务阻断，防范涉税风险。2018 年 6 月，发布《山西省税务行政处罚裁量基准（试行）》，对违反税务登记管理、违反账簿凭证管理、违反纳税申报管理、违反税款征收管理、违反税务检查、其他等 6 类 49 项违法行为确定了税务行政处罚裁量阶次、适用条件和具体标准，确保税务行政处罚责罚相当、罚当其过、公平公正。推行"首违不罚"，对纳税人首次违反税收日常管理且情节轻微的行为，并在税务机关发现前主动改正的或者在税务机关责令限期改正的期限内改正的，不予行政处罚。认真贯彻落实《重大税务案件审理办法》，根据征管体制改革安排，统一了省、市、县三级税务机关重大税务行政处罚案件标准，其中，省级为 2000 万元，市级为 1000 万元，县级为 500 万元，进一步规范了全省税务系统重大税务案件审理工作。

（二）全面推行"三项制度"，优化税务执法方式

印发《全省税务系统优化税务执法方式　全面推行"三项制度"工作方案》，对全省税务系统全面推行"三项制度"进行了安排部署，明确了时间表、路线图、任务书。2019 年 7 月 25 日，经过向税务总局积极汇报争取，我局被确定为"推行重大税务案件审理说明理由制度"的 7 个试点地区之一，试点实施重大税务案件审理说明理由制度，通过对内说理促进对外说理，提升重大税务案件审理的合法性、合理性和规范性。

四、展望

下一步，全省税务机关将紧紧围绕"六最"营商环境建设，在更大范围、更深层次上优化纳税服务，将进一步积极服务国家战略和山西省转型发展规划，引导要素优化配置，支持产业转型升级，支持创新驱动发展，服务重点领域改革，全力构建科学合理、精准有效的政策落实体系，努力实现"执行政策质量提升、用足政策优化环境、用好政策增长财力、优惠政策减税降负"等目标，为山西资源型经济转型发展提供政策保障，推动我省税收营商环境进入全国第一方阵。

（一）推动涉税资料再精简

推动涉税文书电子化推送与签收，逐步实现无纸化办税。持续对各类涉税（费）证明进行全面清理，切实做到没有法律法规规定的证明事项一律取消。整合纳税人填写的各类文书表单，通过"一表申请"将纳税人基本信息材料一次收齐、后续反复使用，减少重复填写和重复提交。依托电子税务局和核心征管系统，集成涉税数据，对纳税人办理较多的事项实现自助填表。对其他涉税资料实行清单管理，清单之外原则上不得要求纳税人报送。

（二）推动发票办理再优化

全面推行小规模纳税人自行开具增值税专用发票。除了特定纳税人及特殊情形外，取消增值税发票抄报税，改由纳税人对开票数据进行确认。打通电子税务局、核心征管系统、增值税发票新系统数据接口，纳税人在线申请代开发票，主附税一次性网上缴纳，自助或邮寄取票。

（三）推动办税事项再提速

拓展网上办税广度和深度，延长网上办税链条，持续扩大"全程网上办"事项范围，对纳税人变更登记、行政许可、申报纳税、发票领用等办理量大、频度高的事项"应上尽上、全程在线"。推行纳税人"承诺制"容缺办理和纳税申报"提醒纠错制"。优化税务注销分类处理，对符合条件的纳税人实行清税手续免办服务，优化税务注销即办服务，提高清税速度。实施部分行业企业纳税申报表、财务报表联网报送，最大限度压减企业办理纳税的时间。实行主税附加税合并申报。

（四）推动"线上"服务再升级

拓展 PC 端、手机端、自助端等多种办税渠道，实现电子税务局与相关应用系统数据互通、一体运行。依托 12366 纳税服务平台，完善平台功能，拓宽服务渠道，提升智能化、个性化纳税缴费服务体验。完善网上办税服务厅功能，实现纳税人自主查询和打印纳税记录。

（五）推动入企服务再深化

　　紧密结合我省经济转型发展实际，主动对接省委、省政府"深化转型项目建设年"重大工作部署，以集成化、个性化、精准化的方式开展常态化入企服务，建立税务部门同广大企业的交流互动桥梁，全面落实中央和我省各项减税降费政策措施，聚焦企业关切，精准把脉问诊，着力解决好企业经营发展过程中所面临的各类涉税问题，支持企业转型升级，支持经济高质量发展。

审稿人：董树盛　韩海金
执笔人：康世炳

优化出口退税服务
助力出口企业做大做强

● 持续优化出口退税服务，不断提升服务出口企业的深度、广度、力度
● 出口退税呈现总额较小、集中度高、发展前景较为广阔的特点
● 继续对接好大型重点企业，助力好有潜力中型企业，服务好小型企业

2018 年以来，国家税务总局山西省税务局认真落实出口退税政策，出口退税服务持续优化，出口企业运营成本不断降低，出口企业活力逐步释放，出口退税政策在助力企业发展方面发挥重要作用。但是，受产业结构、国际贸易摩擦等因素影响，发展好外向型经济，依然任重道远。

一、全省税务部门采取的优化出口退税服务措施

（一）大力推行出口企业无纸化申报退税

2018 年以来，税务部门在全省出口企业中推广无纸化申报退税。2018 年，无纸化申报出口企业占全部有申报出口企业的比重为 81.62%，2019 年上半年提升到 91.51%；2018 年和 2019 年上半年办理的无纸化申报退（免）税额占全部办理退（免）税额的比重分别为 95.97%、99.05%。出口退税无纸化申报在一类、二类出口企业中实现全覆盖，足不出户就可以完成申报，切实减轻纳税人负担。

2019 年，在中国人民银行太原中心支行的大力支持下，出口退税实现了电子退库，打通了"最后一公里"，出口企业从申报到退税款到账，实现了全流程无纸化。

2018 年，全省办理出口退税的平均时间压缩至 10 个工作日以下。2019 年上半年，进一步压缩至 7 个工作日以下。

（二）全面下放出口企业核准权限

出口企业在税务部门备案类型分为生产企业和外贸企业，出口退（免）税的核准以前在市级税务机关。为方便出口企业办理业务，按照属地管理原则，山西省税务局先后将生产企业和外贸企业的退（免）税核准权限下放至县级主管税务机关。截至 2018 年底，全省出口企业的核准权限全部下放。

（三）科学做好出口企业分类评定工作

2019 年，组织开展了出口企业分类评定工作，共评定企业 1694 户，其中，一类企业 9 户，二类企业 664 户，三类企业 959 户，四类企业 62 户。企业分类管理结构得到优化，一、二类企业占比由 2018 年的 21% 提高到 40%。根据不同的企业类别，提供对应的优质服务，如一类企业办理退税时间为 5 个工作日以下，一类出口企业实行预退税，一、二类企业无须等待增值税专用发票稽核比对结果、使用认证信息即可以申报退税等。对于符合条件的出口企业，取消一年评定一次的限制，随时可以进行类别调整，方便纳税人在满足条件后及时享受更优质的服务。

（四）加大对农产品出口特别是果业出口的支持力度

山西省税务局出台了支持运城（临汾）果业出口平台建设的指导意见，从摸清果业出口企业底数、设立农产品出口退（免）税申报绿色通道、最大限度压缩果业出口企业的退税时间、加大对果业出口企业的政策宣传力度、加强与外部门的沟通协调等方面，切实服务运城（临汾）农产品出口。运城税务部门开展了入企服务，面对面解决农产品出口企业实际困难。

（五）提供丰富多样的增值服务

山西省税务局坚持把为纳税人服务好作为税务工作的初心和使命，把方便出口企业"退好税、快退税"作为服务的出发点和落脚点，切实提高政治站位，将优化服务具体落实到退税工作的各个方面，通过开展提醒服务、延时服务、预约服务、一次告知、上门服务等举措，提高办税效率，减轻纳税人负担，增强纳税人获得感和满意度。

1. 多渠道宣传出口退税政策，提升政策知晓度

通过微信、电话在线指导出口企业办理出口退税、备案单证管理，为出口企业提供绿色办税渠道，最大限度消除出口企业政策和操作上的"盲区"，并梳理重点出口企业遇到的税收问题，及时解决企业涉税诉求。

2. 定期提醒，提高出口退税效率

定期提醒出口企业退（免）税申报、审核、退库进度及申报退（免）税期限等情况，便于出口企业及时、足额获取出口退税。

3. 为出口企业和基层税务机关提供友好政策供给

山西省税务局结合政策变化情况，组织人员整理编制了《出口退（免）税政策文件汇编》《出口退（免）税口袋书（税务版）》《出口退（免）税口袋书（企业版）》等，为出口企业和基层税务机关免费发放。同时在省局官网刊登，为政策宣传提供了极大的便利。

4. 开通微课堂和退税咨询专线服务

在山西省电子税务局开办了出口退（免）税微课堂，针对热点情况、专业问题进行详细解读；在 12366 纳税服务平台开通了出口退税咨询专线，专门为出口企业和基层税务机关解答出口退税工作中遇到的疑难问题。

（六）积极争取利好我省外贸发展政策

2018 年以来，山西省税务局积极争取国家政策支持，取得了三大积极成果：一是协助富士康（太原）科技集团成为全国首家区外保税维修业务享受出口退（免）税政策的企业，有力促进了企业的转型升级；二是太原武宿综合保税区正式纳入海关特殊监管区域企业增值税一般纳税人资格试点，有利于区内企业充分运用国际国内两个市场、两种资源；三是争取到

四部委联合批复，同意设立大同国际陆港保税物流中心（B 型），有利于大同市调整产业结构、融入山西省保税物流体系。

二、山西省出口退（免）税特点

（一）总体额度较小

2018 年，全省共办理出口退（免）税 49.09 亿元，2019 年 1—6 月，全省共办理出口退（免）税 24.23 亿元，占全国办理总量的比重均不足 0.5%。总体来看，额度较小、在全国占比低。

（二）企业集中度高

1. 从企业类型看，办理退（免）税主要集中在生产企业

截至 2019 年 6 月，全省已经办理出口退（免）税备案企业 1883 户，其中，生产企业 892 户，外贸企业 991 户。在这些企业中，有实际出口业务企业 891 户，其中，生产企业 368 户，外贸企业 523 户，生产企业占比41.3%。2018 年至 2019 年 6 月生产企业累计办理出口退（免）税 66.86 亿元，外贸企业累计办理出口退（免）税 6.46 亿元，生产企业办理额占比91%。

2. 从具体企业看，办理退（免）税额超过 1000 万元企业占比高

2018 年，办理退（免）税额超过 1000 万元企业共 31 户，办理退（免）税额占全部退（免）税额的 87%；2019 年 1—6 月，办理退（免）税额超过 1000 万元企业共 18 户，办理退（免）税额占全部退（免）税额的 79%。

其中，富士康（太原）科技集团占比极高。2018 年，富士康集团在山西企业办理退（免）税额 33.59 亿元，占全部退（免）税额的 68%；2019 年 1—6 月，办理退（免）税 14.46 亿元，占全部退（免）税额的 60%。占实际有业务企业数量不足 3% 的企业，贡献了 80% 以上的退（免）税额。富士康集团贡献了 60% 以上的退（免）税额。

（三）发展前景较为广阔

虽然山西出口退税总额较小、企业集中度高，但是山西打造内陆地区

对外开放新高地的决心大，目前受中美贸易摩擦的影响总体较小。省委、省政府不断加大招商引资力度，高标准建设山西转型综改示范区和武宿综合保税区，积极发展跨境电商，培育外贸综合服务企业发展，所有县实现了外贸企业零突破，外贸发展有着较为广阔的前景。

三、提升出口企业质量的一些思考

（一）重点突出，对接好大型企业

针对山西企业集中度高的特点，要加强部门联动，加大"多对一"辅导力度，针对富士康（太原）、太钢、太重等企业，有针对性地提出服务措施。作为税务部门，要认真落实好减税降费、出口退税等政策措施，积极争取符合地区特色、企业特色的政策支持。

（二）明确要点，助力好中型企业

要加大对中型企业的调研力度，帮助企业出谋划策，做好桥梁纽带。具备条件的企业合并重组，要积极给予税收支持和帮扶，助力企业进一步做大。山西某些产品在国际上具备一定的影响力，如定襄法兰、祁县玻璃、运城苹果等，要在做大上做文章、想法子。

（三）直面难点，服务好小型企业

小型企业在进出口总额、办理退税额等方面，占比都很低，但是，这些企业对于就业、社会稳定等非常重要。服务好这些企业，一方面，要进一步简政放权，放宽准入门槛，持续降低办税成本，加快退税进度。在企业发生应退税额且没有涉税疑点前，少设限甚至不设限，快速完成退税；另一方面，通过税收大数据、风险分析等后续管理措施，从快处理涉税违法行为，从重处理骗取出口退税行为，切实维护公平市场环境。

审稿人：侯树森
执笔人：张建宏

企业所得税优惠政策
对山西省科技创新企业的
激励效应研究

● 科技创新推动山西经济高质量发展

● 企业所得税优惠政策对激励山西企业科技创新发挥重要作用

● 继续完善税收政策，鼓励企业科技创新

习近平总书记在庆祝改革开放 40 周年大会上的讲话中指出，创新是发展的第一动力；而实施创新驱动发展战略，必须紧紧抓住科技创新这个"牛鼻子"，坚持需求导向和产业化方向，坚持企业在创新中的主体地位，发挥市场在资源配置中的决定性作用和社会主义制度优势。为营造激励企业自主创新的环境，增加科技投入，企业所得税相关法律法规制定了一系列鼓励科技创新的税收优惠政策，对激励企业进一步科技创新发挥重要作用。本文基于 2016—2018 三年我省税收优惠的统计数据，对高新技术企业和研发费用加计扣除两项优惠政策落实情况加以研究，全面剖析企业所得税优惠政策对科技创新企业的激励效应，旨在不断完善国家支持科技创新的各项优惠政策，更好地促进企业发展。

一、山西省科技创新企业所得税优惠政策落实情况

（一）现行科技创新企业所得税优惠政策梳理

1. 高新技术企业所得税优惠政策

（1）《企业所得税法》第二十八条规定："国家需要重点扶持的高新技术企业，减按 15% 的税率征收企业所得税。"为加大对科技型企业特别是中小企业的政策扶持，有力推动大众创业、万众创新，培育创造新技术、新业态和提供新供给的生力军，促进经济转型升级发展，2016 年，科技部、财政部、国家税务总局对《高新技术企业认定管理办法》进行了修订完善，新办法不仅放宽了认定条件，鼓励大众创新，而且扩充重点支持的高新技术领域，简化认定流程，加强后续监管。

（2）为更好地支持高新技术企业和科技型中小企业发展，自 2018 年 1 月 1 日起，当年具备高新技术企业或科技型中小企业资格的企业，其具备资格年度之前 5 个年度发生的尚未弥补完的亏损，准予结转以后年度弥补，最长结转年限由 5 年延长至 10 年。

2. 研发费加计扣除所得税优惠政策

（1）《企业所得税法实施条例》第九十五条规定："企业为开发新技术、新产品、新工艺发生的研究开发费用，未形成无形资产计入当期损益的，在按照规定据实扣除的基础上，按照研究开发费用的 50% 加计扣除；形成无形资产的，按照无形资产成本的 150% 摊销。"

（2）为进一步激励企业加大研发投入，支持科技创新，在 2018 年 1 月 1 日至 2020 年 12 月 31 日期间，企业开展研发活动中实际发生的研发费用，未形成无形资产计入当期损益的，在按规定据实扣除的基础上，再按照实际发生额的 75% 在税前加计扣除；形成无形资产的，在上述期间按照无形资产成本的 175% 在税前摊销。

（3）为持续加强创新能力开放合作，自 2018 年 1 月 1 日起，委托境外进行研发活动所发生的费用，按照费用实际发生额的 80% 计入委托方的委托境外研发费用。委托境外研发费用不超过境内符合条件的研发费用三分

之二的部分，可以按规定在企业所得税前加计扣除。

3. 企业所得税优惠政策事项办理规定

为落实国务院简政放权、放管结合、优化服务要求，企业享受所得税优惠事项采取"自行判别、申报享受、相关资料留存备查"的办理方式。企业根据经营情况以及相关税收规定自行判断是否符合优惠事项规定的条件，符合条件的可以按照《企业所得税优惠事项管理目录》列示的时间自行计算减免税额，并通过填报企业所得税纳税申报表享受税收优惠，同时按照规定归集和留存相关资料备查。

（二）2016—2018 年我省科技创新企业所得税优惠政策落实情况

近年来，山西省税务局与山西省科技厅、山西省工业和信息化厅等相关部门协作配合，全面贯彻落实创新启动发展战略，推动企业科技创新，引导企业加大研发投入力度，积极落实各项企业所得税优惠政策，尤其是高新技术企业和研发费用加计扣除政策，收到了明显的成效。

1. 总体来看，税收优惠的户数和金额稳步增长

2016—2018 三年间，全省高新技术企业优惠户数由 278 户增长为 423 户，年均增长 23.35%，优惠税额由 7.46 亿元增加至 21.85 亿元，年均增长 71.14%；享受研发费加计扣除的企业户数由 470 户增至 3819 户，年均增长率高达185.05%，加计扣除额由 46.24 亿元增加至 147.72 亿元，年均增长 78.74%。2018 年，以上两项优惠政策共优惠税额 58.78 亿元，占全省企业所得税收入的 9.07%，比重较 2016 年上升了 0.22 个百分点，两项税收优惠政策相辅相成，共同推动企业创新发展（见表 1）。

表1　2016—2018 年山西省企业所得税收入及税收优惠情况表

单位：户、亿元

	企业所得税户数	企业所得税收入	高新技术企业		研发费加计扣除		优惠户数占比	优惠税额占比
			优惠户数	优惠税额	优惠户数	优惠税额		
2016 年	285991	214.86	278	7.46	470	11.56	0.26%	8.85%
2017 年	376110	522.82	376	14.41	1235	18.26	0.43%	6.25%
2018 年	444944	648.15	423	21.85	3819	36.93	0.93%	9.07%

2. 分行业看，制造业享受优惠金额高居榜首

山西省作为全国的老工业基地之一，近年来以转型升级发展为目标，着力提高创新能力，享受税收优惠政策的科技创新企业主要集中在制造、建筑、采矿等行业，集中度达到85%以上，其中制造业一业独大，三年间占两项优惠税款合计额的比重分别为57.31%、54.12%和63.10%，为培育制造业的技术创新能力，打造国内外有影响力的制造业基地，推动制造业高质量发展提供了有力支撑。增速方面，采矿业增长最快，年均增长率为121.13%，信息传输、软件和信息技术服务业增长最慢，年均增长率为28.2%，同属现代服务业类别的科学技术和技术服务业年均增长率也仅为30.22%，表明我省新兴服务行业创新升级有待进一步发力（见图1）。

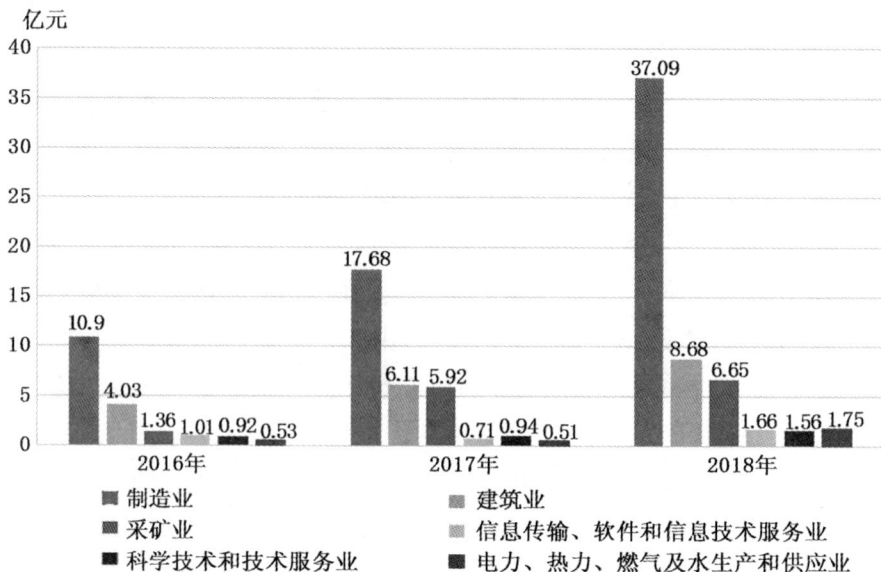

图1　2016—2018年山西省重点行业企业所得税优惠情况

3. 分产业看，第二产业税收优惠占九成

2016—2018年，我省享受优惠政策的产业结构没有发生太大变化，科技创新企业主要集中在第二产业，占两项优惠政策的优惠总税额比重平均为90.78%，第三产业享受优惠力度未见明显成效，高新技术企业的领域范围和研发费用加计扣除政策的负面清单，对第三产业中的批发零售业和商务服务业受限较大（见图2）。

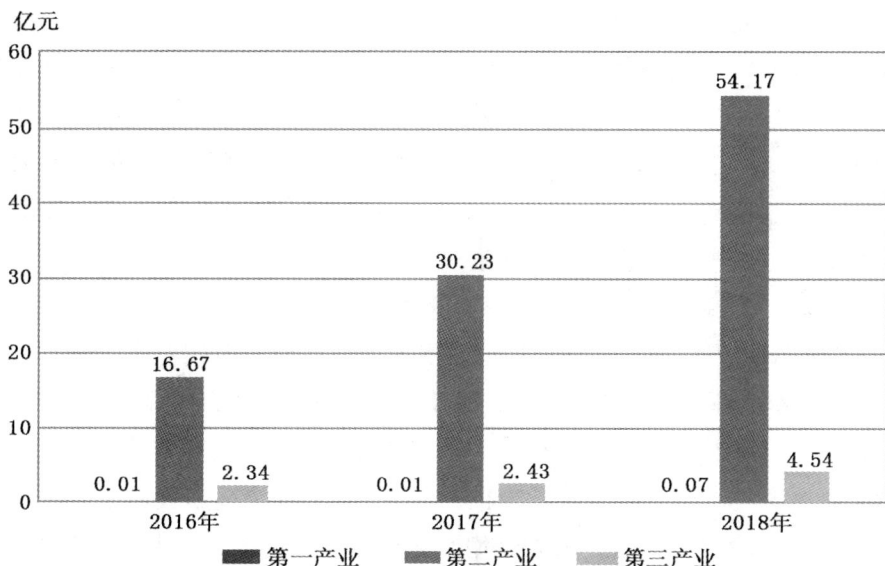

图 2　2016—2018 年山西省企业所得税优惠情况产业结构图

4. 分地域看，太原市享受优惠优势明显

在新一轮科技创新浪潮中，省会城市占领了区域发展制高点。近三年间，太原市享受优惠税额占比最高。2018 年太原市共有 2679 户纳税人享受高新技术企业和研发费用加计扣除优惠政策，占全省享受优惠户数的63.15%，优惠税额 26.90 亿元，占全省优惠税额的 45.76%，省会城市区域优势较为突出，在优化资源配置、推动产业升级方面起到了集聚效应。

二、企业所得税优惠政策对山西省科技创新的激励效应分析

近年来，山西省税务局狠抓税收优惠政策落实，涵养税源效应明显，对"稳增长、促改革、调结构、惠民生"的新常态经济起到了积极的推进作用。

1. 税收优惠力度不断加大，促使企业税收贡献率持续增加

随着科技创新企业税收优惠政策的落地实施，减免税政策在促进经济发展、优化产业结构、鼓励技术创新等方面的积极效应不断显现。税

收优惠政策促进了企业规模不断壮大，实力不断提升，开辟了新税源，拓展了税基，带动纳税逐年提高。2018年，全省累计入库企业所得税款648.15亿元，增幅23.97%，税收贡献率为1.29%，增幅4.88%。2016—2018三年基本维持着1.26%的税收贡献率，体现了科技创新企业附加值高的特点及其对山西经济发展至关重要的作用，彰显企业产业结构调整升级成效，促进经济税收协调发展。

2. 税收引领辐射作用不断提升，企业科技创新能动性充分调动

党的十八大以来，鼓励科技创新优惠力度空前，引领我省传统产业不断转型升级，刺激企业投入更多资金用于科技研发、更新设备、成果转换，为企业注入了"兴奋剂"。在创新驱动战略背景下，税收政策及时跟进，鼓励创新的税收优惠覆盖了多个产业、多种企业，除了高新技术企业和研发费用加计扣除政策外，技术先进型服务企业、创业投资企业、软件企业、集成电路企业以及各种孵化器和国家创投空间等，都有相应的税收优惠，通过多种税收政策扶持，为改革创新提供沃土，提高国际竞争力，领跑世界科技领域。

3. 规模以上工业企业科技创新成效显著

税收优惠对于支持工业企业转型和促进高新技术企业发展都具有重要作用。2016—2018三年，我省规模以上工业企业不论是在R&D经费支出、R&D项目数量、科研人员方面，还是发明专利数量方面，均呈现逐年增加的趋势，驱动创新发展的步伐不断加快，我省工业企业发展逐步向高质量发展方向迈进。2018年，全省专利申请量达27106件，同比增长31.0%。其中，发明专利申请量9395件，增长27.3%；全省专利授权量15060件，增长33.1%。国家级企业技术中心28家，省级企业技术中心300家。按照国家高新技术企业认定办法，2018年末高新技术企业累计1630家。

三、对山西省推进科技创新税收政策的意见建议

各项税收优惠政策的不断推进落实，对我省科技创新企业的发展壮大起到了有效的促进作用，但是由于地域限制等原因，仍然存在一些问题，亟待解决。

（一）目前政策执行中存在的问题

1. 税收优惠政策享受积极性不高

一是企业对政策了解不足。尽管近年来全省不断加大高新技术企业和研发费用加计扣除政策的宣传力度，但很多企业对这些政策的内容和政策落实工作流程不甚了解。二是企业对研发费用管理不健全。绝大部分企业没有建立研发费用辅助账，也没有专人负责，许多企业享受政策的基础条件不具备、不完善。三是企业享受优惠政策的主观意愿不强。如一些中小企业未开展研发活动，不能享受研发费用加计扣除政策；一些亏损企业虽然发生了研发费用，但考虑到享受加计扣除政策后仍没有实质性税收减免，因此放弃了享受优惠的机会。

2. 民营企业占弱势，尤其是科技型中小企业

鼓励创新税收优惠政策享受标准要求较高，大型国有企业规模、财务指标较好，能够享受更多的减免税政策，而民营企业尤其是中小企业的发展还停留在产品的简单操作阶段，生产集中度不高，缺乏技术创新能力，甚至由于研发活动费用数额巨大，民营企业仅凭一己之力没有承担高风险的能力，导致民营企业受惠面较小。

3. 享受优惠企业地区差异显著

受全省地域差异限制，目前我省科技创新企业集中在省会城市，因此享受税收优惠政策的企业主要以太原市内企业为主，2018 年其优惠户数和优惠税额在全省占比分别为 63.15%，45.76%，而其他市总量偏小，地区间发展不平衡，省会城市领跑示范效应尚未形成联动效应。

（二）对完善科技创新企业所得税优惠政策的建议

1. 强化部门间的协调配合

税收优惠政策的落实需要相关部门的配合，因此，建立科技、工信、财政和税务部门的协作工作机制是科技创新税收优惠政策能否得到有效落实的关键。税务部门要与相关部门建立长效合作的工作机制，按照"程序最简、效率最高、服务最优"的要求，搭建政策交流平台，定期进行信息共享，在资格认定、审批、年审等环节全方位合作，统一政策口

径，统一执行尺度，形成工作合力，为企业科技创新提供"一条龙"服务，创造良好营商环境。

2. 打通政策落实通道，助力专利技术研发转化

利用网站、媒体等政策宣传手段，扩大优惠政策知晓面，提高优惠政策关注度，打消企业不愿享、不敢享、不会享的思想顾虑，打通政策落实通道，提升政策服务质量。聚焦重点群体，对接设有研发机构的企业、科技型中小企业、专利技术企业，把成长性好、科技含量高、创新能力强的企业作为重点培育对象，支持和引导它们在自主创新过程中通过科技创新优惠政策的叠加享受，不断提升"增税收、降税负"的获得感，加快专利技术产业化，推进产业转型升级。

3. 重点扶持民营企业尤其是中小型民营企业

民营经济已成为推动我国发展不可或缺的力量，成为创业就业的主要领域、科技创新的重要主体，为我国社会主义市场经济发展、政府职能转变、国际市场开拓等发挥了重要作用。但是，中小型民营企业由于在资源获取、市场竞争方面处于弱势，更需要政策扶持，尤其是针对资金不足引发的动力不足问题，税收优惠政策的积极落实可以为其解燃眉之急，激发企业活力。

审稿人：赵　峰
执笔人：常月亲　温　洁

发挥税收职能作用
助力山西构建内陆地区
对外开放新高地

● 国际税收数据表明，我省外商投资集中度高、对外投资规模小、非居民企业贡献小

● 山西对外开放程度低，区域间发展很不平衡，企业走出去步履维艰

● 通过顶层制度设计、优化营商环境、加强部门协同等多措并举，提升我省对外开放能力

一、透过税收数据看我省对外开放程度

（一）从外商投资看我省"引进来"现状

中外合资企业占比较高，全省区域化分布差异明显，投资行业及投资方国别集中度高。

截至 2019 年 6 月底，我省在税务部门注册登记并正常营业的外商投资企业共计 493 户。其中，全外资企业为 183 户，占比为 37.11%，中外合资企业共计 310 户，占比为 62.88%。中外合资企业中，外商投资比例高于 50%（不含 100%）的企业共计 120 户，低于 50%（不含 50%）的企业共计 190 户（见表 1）。

分市域来看，我省外商投资企业主要集中在太原市、综改区、晋中市。

外商投资行业主要涉及制造业、批发和零售业以及服务业等，其中制造业为主，占比为 33.06%。

外商投资方共涉及 40 个国家（地区），主要为中国香港、美国、中国台湾、英属维尔京群岛、德国，其中中国香港为主要投资地区，占投资国家（地区）总数的 47.26%，美国占比为 10.34%，其余国家（地区）占比皆低于 5%。

表 1 我省外商投资企业外资占比情况表

单位：户

外资比例	企业户数	占比
100%	183	37.11%
50%—100%（不含 100%）	120	24.34%
0—50%（不含 0、50%）	190	38.54%

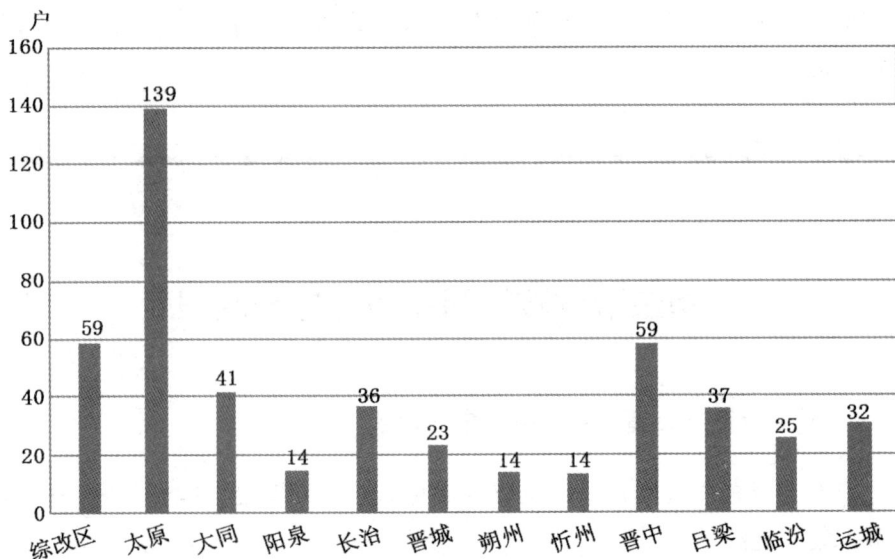

图 1 我省外商投资企业分市域情况

（二）从对外投资看我省"走出去"情况

1. 企业规模较小，以对外直接股权投资为主，市域分布不均，投资国家（地区）较为分散

截至 2018 年底，在山西省商务厅备案的"走出去"企业共计 184 户，

经税务部门核实，2017 年度实际"走出去"企业 111 户。分投资类型来看，我省"走出去"企业的对外投资形式主要为对外直接股权投资，共计 97 户，占对外投资类型的 87.39%；对外承包工程"走出去"企业 22 户；对外提供劳务"走出去"企业 2 户。（注：既对外直接投资又对外承包工程 9 户，既对外承包工程又对外劳务合作 1 户。）

表 2　我省"走出去"企业分投资类型情况表

单位：户

投资类型	企业户数	占比
对外直接股权投资	97	87.39%
对外承包工程	22	19.82%
对外提供劳务	2	1.80%

分市域来看，我省"走出去"企业分布不均，除朔州外，其余市及综改示范区皆存在企业"走出去"。其中，太原共计 51 户，占总户数的 45.95%，综改示范区 14 户，阳泉 8 户，运城 7 户，大同及晋中各 6 户，其余市皆少于 5 户（见图 2）。

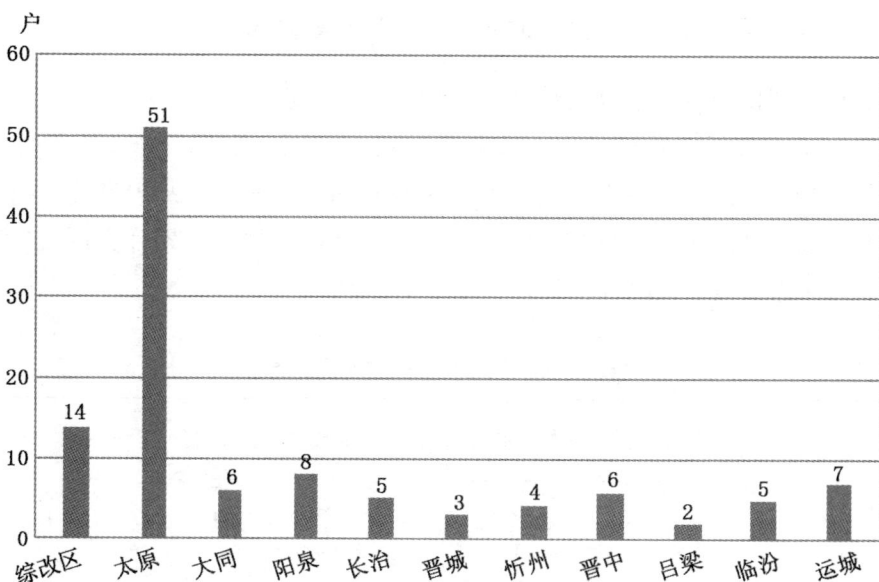

图 2　我省"走出去"企业分市域情况

从投资国家（地区）来看，我省"走出去"企业境外投资共涉及 50 个国家（地区），分布较为分散，主要投资目的地为美国、中国香港和澳大利亚，主要为批发零售业及制造业。对外直接股权投资共计 154 次，其中 31 个对外投资企业处于筹备期或停业清算期。

2. 企业投资规模有限，盈利能力不足，境外缴纳税款及境内抵免税额皆较少

企业总体投资规模较小，整体盈利能力较差。2017 年，我省"走出去"企业中，对外投资金额累计 40.25 亿美元，对外承包工程合同累计金额及对外劳务合作合同累计金额分别为 492.25 亿元人民币和 9.23 亿元人民币；对外投资金额超过 1 亿美元的仅 8 户，超过 1000 万美元的仅 26 户；大多数企业在境外近年来一直处于亏损状态，2017 年仅 9 户企业有境外所得。

从境外缴纳税款来看，由于我省对外直接股权投资"走出去"企业在境外大多处于筹备或者亏损状态，基本没有实现应纳税所得额，所以在境外缴纳税款较少，2017 年度仅有 8 户企业在境外有少许税款入库，共计 2993.43 万元，境外所得抵免所得税额为 1454.45 万元。

（三）从我省非居民企业税收收入看国际税收概况

1. 非居民企业税收收入对整体税收收入贡献度较低

2018 年度，全省税收收入总额为 2888.64 亿元，非居民企业税收收入累计完成 3.7 亿元，占全省税收收入总额比重为 0.13%；2019 年上半年，全省税收收入总额为 1915.83 亿元，非居民企业税收收入累计完成 2.5 亿元，占全省税收收入总额比重为 0.13%（见表 3）。

表 3 非居民企业税收收入情况表

	非居民企业税收收入（亿元）	税收收入总额（亿元）	占比（%）
2018 年	3.7	2888.64	0.13
2019 年上半年	2.5	1915.83	0.13

2. 非居民企业所得税占比高，税收收入市域差异明显

分税种来看，2018 年度，全省非居民企业所得税收入完成 31400.87 万元，占全省非居民企业税收收入比重为 84.87%；非居民企业增值税收入完成 5550.3 万元，占比为 15%；其他税种收入完成 48.46 万元，占比为 0.13%。

2019 年上半年，全省非居民企业所得税收入完成 21924.70 万元，占非居民企业税收收入的 88.56%；非居民企业增值税收入完成 2576.41 万元，占非居民企业税收收入的 10.41%；其他税种收入完成 254.96 万元，占非居民企业税收收入的 1.03%（见表 4）。

表 4　非居民企业税收收入分税种情况表

	企业所得税		增值税		其他税种	
	收入 （万元）	占比 （%）	收入 （万元）	占比 （%）	收入 （万元）	占比 （%）
2018 年	31400.87	84.87	5550.30	15.00	48.46	0.13
2019 年上半年	21924.70	88.56	2576.41	10.41	254.96	1.03

分市域来看，2018 年度，晋城市非居民企业税收收入累计完成 11609.03 万元，占全省非居民企业税收收入的 31.38%，大同市、太原市（含综改区）及长治市分别完成 6576.70 万元、6133.51 万元、5080.00 万元，占比分别为 17.78%、16.58%、13.73%，其他市占比皆不足 10%。

2019 年上半年，晋城市非居民企业税收收入累计完成 10231.27 万元，占全省非居民企业税收收入的 41.33%，长治市、太原市及吕梁市分别完成 5193.10 万元、4902.82 万元及 1985.30 万元，占比分别为 20.98%、19.80%、8.02%，综改示范区及其他市占比皆不足 5%（见表 5）。

表 5　非居民企业税收收入分市域情况表

	2018 年度		2019 年上半年	
	收入(万元)	占比(%)	收入(万元)	占比(%)
综改区	—	—	891.86	3.60
太原	6133.51	16.58	4902.82	19.80
大同	6576.70	17.78	234.60	0.95
阳泉	1163.38	3.14	680.88	2.75
长治	5080.00	13.73	5193.10	20.98
晋城	11609.03	31.38	10231.27	41.33
朔州	3.52	0.01	0.54	0.00
忻州	529.72	1.43	36.12	0.15
晋中	1710.48	4.62	228.74	0.92
吕梁	3492.65	9.44	1985.30	8.02
临汾	291.67	0.79	53.22	0.21
运城	408.97	1.11	317.62	1.28

3. 分支机构预缴税款及外商投资企业向境外股东分配股息红利代扣代缴税款贡献度高

2018 年度，我省分支机构预缴税款合计为 8625.98 万元，占全省非居民企业税收收入的 27.47%；外商投资企业对外分配股息红利代扣代缴税款合计 17269.58 万元，占全省非居民企业税收收入的 46.76%。

2019 年上半年，我省分支机构预缴税款合计为 10121.32 万元，占全省非居民企业税收收入的 40.88%；外商投资企业对外分配股息红利代扣代缴税款合计 6974.77 万元，占全省非居民企业税收收入的 28.17%。

二、税收折射我省对外开放特点

（一）我省对外开放程度较低，打造内陆地区对外开放新高地任重道远

我省是资源性大省，经济结构较为单一，资源经济税源特征显著，并且地处中部内陆地区，"不靠海""不沿边"，经济外向型程度低，无论是与华北其他四省（区、市）相比，还是与中部其他五省相比，都显现出我省对外开放程度有限，实现对外开放大格局、大力发展外向型经济任重道远。目前，我省经济形势由"疲"转"兴"，新时代承载"示范区""排头兵""新高地"目标，进一步确立了以开放促改革、促转型、促发展的理念，随着我省转型发展步伐加快，不断提高"走出去"及"引进来"水平，并深度参与"一带一路"建设，对外开放必将呈现出新气象。

（二）"引进来"企业渐行渐稳，对外开放营商环境仍需优化

随着我省招商引资工作的持续推进，"引进来"企业规模有扩张趋势，税收收入贡献度较为稳定，我省打造"六最"营商环境制度优势逐渐显现，但距离建设外商投资环境的"制度高地"仍有很大进步空间。无论是进一步推进"晋商晋才回乡创业工程"，还是对重点领域实施定向招商、强化与跨国集团的高端产业和科研技术合作，打造稳定公平透明、可预期的营商环境，降低企业经营成本，集聚更多创新要素都是我省发展外向型经济的必然要求。

（三）"走出去"企业步履维艰，服务成效亟须提高

我省"走出去"企业数量较少，在境外生产经营状况不容乐观，存在较大生存风险。一方面，"走出去"企业信息获取难度大，企业获取分散在商务、财政、税务、海关和外汇等部门的政策信息缺乏完整性，并且获取投资国信息的渠道局限性较大，对投资国投资环境、政策法律等情况了解不足，给后续经营带来问题。另一方面，企业存在融资渠道单一、融资成本高的问题，同时还面临不少外部风险，如政治因素、汇率风险等，均

对企业生产经营产生直接或间接影响。随着国家"一带一路"国际合作倡议的深入推进以及化解国内过剩产能的迫切需要，我省企业"走出去"意愿将更为迫切，"走出去"企业的数量和质量预计将有所提高。

（四）对外开放呈现区域化发展态势，对外开放能力凸显不平衡

太原市是我省对外开放的主战场，全省近半"引进来"及"走出去"企业都汇集在太原地区，作为省会城市，太原市及综改示范区在招商引资及对外服务贸易等方面都具有先天优势。晋城市对国际税收收入贡献度较高，主要是存在非居民企业分支机构固定税源，近年来受市场价格同比上升等多重因素影响，企业营业利润大幅度增加，成为拉动全省非居民税收收入的主要因素。忻州市、朔州市等其他市受当地经济结构单一及地理因素的影响，对外开放能力显现不足。

三、税收服务我省对外开放举措

（一）发挥税收优势，落实减税降费政策措施

税务部门紧紧围绕"确保减税降费政策措施落地生根"这一工作主题，不折不扣落实各项国际税收优惠政策，营造友好型对外开放税收环境，助力我省经济开放发展。

1. 坚决落实税收协定待遇

税收协定对于促进跨国经济、技术交流具有积极作用，能够避免税收因素对跨国经济交往形成障碍，有效消除双重征税、稳定税收待遇，并为跨境企业建立有效争端解决机制。山西税务部门持续优化税收服务，提高税收协定待遇执行效率，妥善解决"走出去"和"引进来"企业涉税争议，有效降低税收成本，为加快国际税收合作、促进共享共赢注入税收力量。2018年度，我省共有47户（次）非居民企业享受税收协定待遇，共计减免税额7342.48万元；2019年上半年，我省累计共有16户（次）非居民企业享受税收协定待遇，共计减免税额2294.32万元。

2. 持续扩大境外投资者以分配利润直接投资暂不征收预提所得税政策宣传成效

为进一步积极利用外资，促进外资增长，提高外资质量，2018 年，财政部、国家税务总局、国家发展和改革委员会、商务部联合发布《关于扩大境外投资者以分配利润直接投资暂不征收预提所得税政策适用范围的通知》（财税〔2018〕102 号），对于鼓励境外投资者持续扩大在华投资具有积极作用。山西税务部门充分运用融媒体，不断加大宣传力度，同时召开税企座谈会，对企业资产结构、生产经营情况、再投资意向等情况进行深入了解，鼓励全省符合条件的境外投资者充分享受此项优惠政策。截至 2019 年 6 月底，我省共有两户境外投资企业享受此项政策。

（二）打造智慧税务，持续优化国际税收营商环境

1. 实现对外支付税务备案"网路办"

针对以往备案人需前往主管税务机关办税服务厅提交资料，备案流程耗时长、人工干预多、办税体验差的问题，为切实提速办税便利化，我省税务部门与国家外汇管理局山西省分局积极协作，成功启动服务贸易等项目对外支付税务备案"网路办"项目，彻底实现了备案人足不出户完成备案，让企业只跑"网路"，不跑"马路"。该项目的启动为更好地服务企业"走出去"和引进外资创建了一条办税便捷化途径，成为我省深化"放管服"改革、优化国际税收营商环境、推进经济高质量发展的一项重要举措。

2. 推进国际税收业务信息化建设

我省税务部门充分利用信息化技术，不断完善电子税务局建设，提高便民办税效率，提升纳税人、缴费人满意度及获得感。持续推进我省"税务指挥中心"建设项目，构建以数据和任务驱动的国际税收信息化管理和评价系统，形成与电子税务局线上线下一体化服务，实力打造掌上便民税务。充分利用大数据、人工智能等新技术，构建"大数据平台"，集成融合内外部信息，形成国际税收大数据共享平台，深度挖掘有效信息，更好地服务领导决策、服务纳税人办税，全面提升我省国际税收服务水平。

（三）创新协同服务，筑建"一带一路"服务品牌

1. 连续三年联合召开服务"一带一路"宣讲会

自 2017 年以来，山西税务部门联合省商务厅连续三年举办服务"一带一路"政策宣讲会，围绕税收协定、境外税收政策、"走出去"企业税收指引等内容，结合我省对外投资特点，强化服务导向，突出主题特色，形成规模和联动效应，实现宣讲服务的固定化、常态化。在逐年总结经验的基础上，持续优化提升、不断扩大影响，先后有两百余家中外合资、合作企业和"走出去"企业收到"税收政策大礼包"，打造了山西税政服务"一带一路"新品牌。

2. 创建"一带一路"税务之家

为有效帮助企业走进国际市场，提高境外税收风险识别和防范能力，山西税务部门启动了"一带一路"税务之家，通过信息化手段为企业"走出去"和引进外资创建了一个制度化的沟通平台。税务部门定期推送最新税收政策及征管规定，及时准确地为企业提供全方位和个性化服务，并按月、按季定期开展税务之家"活动日"活动，针对企业咨询及时答疑解惑，开展高质量的跨境税收服务，得到了企业的一致点赞。

3. 组建"一带一路"服务团队

为提升国际税收专业化服务能力，山西税务部门以打造综合素质优秀、业务能力卓越的专业化人才队伍为目标，组建国际税收专业服务团队，实现国际税收服务人才保障。大同市税务局开阔思路、积极探索，创新方式方法，联合市商务局等 6 个部门成立"一带一路"双语政策服务团队，这是我省首个涉外政策服务团队，可以为涉外企业提供"一站式"咨询服务，为纳税人带来了全新的服务体验。

四、构建我省对外开放新高地建议

（一）加强顶层设计，创造对外开放制度优势

围绕构建开放型经济新体制、全面扩大开放等内容，进一步加强顶

层设计，创新对外开放体制机制，出台一系列高含金量政策措施。全面实施准入前国民待遇和负面清单管理制度，制定完善招商引资产业指导目录和招商图谱，积极贯彻执行关于境外投资者以分配利润直接投资暂不征收预提所得税的相关政策，进一步扩大外资利用规模，推动更多外商投资项目落地。主动融入国家开放大战略，积极参与"一带一路"沿线国家（地区）经贸合作，提升"山西品牌丝路行"功能，大力推进山西企业"走出去"。

（二）深化"放管服"改革，优化对外开放营商环境

营造稳定公平透明的对外开放营商环境，按照法治化、国际化、便利化要求，破除因循守旧、破除封闭保守，打造"三对""六最"营商环境，对表中央要求、对标发达地区做法、对接国际通行的投资贸易规则，做到审批最少、流程最优、体制最顺、机制最活、效率最高、服务最好，努力推动我省营商环境进入全国第一方阵。充分运用互联网、大数据、云计算等科学技术，加大电子政务建设力度，严格落实外资企业商务备案与工商登记"一口办理"，提高投资贸易便利化水平。

（三）提高集成效能，构建对外开放服务大格局

构建"政府主导、各部门协同"的服务大格局，完善税务、银行、外汇、商务、海关等部门的联动机制，进一步汇聚工作合力，通过构建协作网络，定向收集跨境税源信息，实现信息共享，深化数据分析应用。同时创新协同服务思路，搭建政府部门"一站式"服务信息平台，提高政策集中宣传效率，统筹宣传并"打包"推送，扩大引进外资宣传效应，有效帮助"走出去"企业防范境外各类风险，提高对外开放服务水平。

审稿人：冀　康

执笔人：李　想

全面推行税收风险管理
不断优化税收监管方式

● 全面推行税收风险管理，不断优化税收监管方式，进一步深化税务系统"放管服"改革，优化税收营商环境，激发市场主体创业创新活力，不仅是税务部门眼下的工作重心，也是当前税收形势下面临的重要课题

● 税收风险管理，作为税收征收管理的重要一环，贯穿于税收工作的全过程，做好风险管理工作，对全省的经济发展起着举足轻重的作用

● 我省税收风险管理工作坚持着眼全局，完善税收风险管理运行机制，全面推行税收风险统筹管理，逐步构建立体化风险防控网络，为全省征管方式转变、征管效能提升提供支撑

　　税收风险管理，是税务机关运用风险管理理论和方法，在全面分析纳税人税法遵从状况的基础上，针对纳税人不同类型、不同等级的税收风险，合理配置税收管理资源，通过风险提醒、纳税评估、税务审计、反避税调查、税务稽查等风险应对手段，防控税收风险，提高纳税人的税法遵从度，提升税务机关管理水平的税收管理活动。全面推行税收风险管理，不断优化税收监管方式，进一步深化税务系统"放管服"改革，优化税收营商环境，激发市场主体创业创新活力，不仅是税务部门眼下的工作重心，也是当前税收形势下面临的重要课题。

一、税收风险管理概述

税收风险管理，作为税收征收管理的重要一环，贯穿于税收工作的全过程，对于全省税收工作来说意义重大。

（一）风险管理工作历程

通过 1997 年的全面改革，我国基本上已确立了较为科学的税收征收管理制度和征管模式，但是随着经济的高速发展，税源规模和结构日趋庞大复杂，加之管理理论和信息网络技术飞速发展，给税收管理提出了新的要求。2012 年 7 月，全国税务系统深化税收征管改革会议召开，会议系统总结了 1997 年以来税收征管改革的生动实践，提出了要构建以风险管理为导向的现代税收征管体系。2014 年，税务总局下发了《国家税务总局关于加强税收风险管理工作的意见》（税总发〔2014〕105 号），首次以正式公文形式规范税收风险管理工作，全国风险管理工作格局初步形成，风险管理在税收征管工作中的重要作用逐步显现。随后，税务总局先后印发了《深化大企业税收服务与管理改革实施方案》（税总发〔2015〕157 号）、《关于进一步加强税收风险管理工作的通知》（税总发〔2016〕54 号）、《纳税人分类分级管理办法》（税总发〔2016〕99 号）、《税务稽查案源管理办法（试行）》（税总发〔2016〕71 号）和《国家税务总局关于转变税收征管方式提高税收征管效能的指导意见》（税总发〔2017〕45 号）等相关制度，初步健全了税收风险管理工作制度，大部分省局据此制定了配套规范和具体落实措施，深入开展了税收风险管理探索实践，从而构建了税收数据资源两级集中（总局和省局）、税收风险任务统筹应对、千户集团实施集中风险管理等工作格局。

（二）风险管理工作方向

2015 年中办印发的《深化国税、地税征管体制改革方案》与 2018 年底税务总局印发的《全国税务系统深化“放管服”改革五年工作方案（2018—2022 年）》（税总发〔2018〕199 号），均描绘了构建以风险管理为导向，科学严密、规范统一税收征管体系的宏伟蓝图。在征管体制改革工作中，第三项改革任务"转变征收管理方式"中明确提出："以税务总局和省级税务局为主，集中开展行业风险分析和大企业、高收入高净值纳税人风险分析，区分不同风险等级分别采取风险提示、约谈评估、税务稽查等方式进行差别化应对"，"在保持税款入库级次和入库地点不变的前提下，实现事前审核向事中事后监管、固定管户向分类分级管户、无差别管理向风险管理、经验管理向大数据管理的'四个转变'"，明确了税收大数据与风险管理服务国家治理的作用，为构建全国高效统一的税收风险管理体系，指明了改革方向。近年来，全国税务系统勇于创新，开拓进取，持续推进"放管服"改革，在简政放权上做"减法"，在后续管理上做"加法"，加大信息管税和风险管理力度，建立健全了事中事后管理体系。

（三）风险管理工作框架

切实优化监管方式，就是要通盘谋划、统筹实施，逐步构建横向"风险管理部门归口管理、其他部门协同配合"和纵向"风险分析省局为主、市局为辅，风险任务实施分级分类应对"的税收风险管理新格局，推动省、市、县三级税收风险管理"一体化"建设，建立科学严密、规范统一的税收风险管理体系，推进税收治理能力不断提升。在机构设置方面，省局层面设立税收大数据和风险管理局，市局层面设立税收风险管理局，县局层面设立税收风险管理股，实施风险管理相关工作。同时，全省各级税务机关成立了由主要负责人任组长、分管局领导任副组长的本级税收大数据和风险管理工作领导小组（以下简称"领导小组"），成员单位包括各相关部门，负责统筹实施税收风险管理工作。领导小组下设办公室（以下简称"风险办"），设在税收风险管理部门，负责税收风险管理工作的组织协调和实施工作。全省初步搭建起了以风险办牵头统筹、各相关部门分工负责，对不同类别纳税人实行分级分类管理，上下协同联动、横向统筹协调的风险管理体制机制。

二、税收风险管理工作情况

税收风险管理工作，就是要树立诚信推定、风险监控、信用管理等现代税收管理理念，加强事中事后监管机制和制度建设，增强大局意识、责任意识，牢固树立风险管理理念，推动转变税收征管方式，提高税收征管效能。

（一）建章立制，打好税收风险管理工作基础

为适应新形势下的工作需要，推动山西全省税收大数据和风险管理工作深入开展，我省制定并印发了《关于成立税收大数据和风险管理工作领导小组的通知》（晋税函〔2019〕135号），成立了领导小组及风险办。在领导小组的部署及指导下，山西把抓好顶层设计、逐步理顺部门职责、建立健全工作机制作为首要任务，制定了一系列制度措施。

一是在充分调研、征求各层级和各部门意见建议的基础上，了解掌握全省风险管理部门工作现状和实际需求，起草了《国家税务总局山西省税务局关于进一步加强税收风险管理工作的通知》，明确各部门职责，全面统筹计划管理、风险识别、任务推送、风险应对、监控评价等风险管理的各个环节，明晰工作内容，建立工作机制。

二是经过多次调研走访、征求意见、集中修改，起草并下发了《税收风险管理工作指引（县区级）（试行）》《税收风险管理工作相关文书指引（县区级）（试行）》《税收风险管理增值税专用发票风险应对指引（县区级）（试行）》《税收风险管理业务相关系统查询操作手册（1.0版）》，进一步理顺基层税收风险管理流程，解决基层风险管理工作不顺畅的问题，为全省税收风险管理工作提供指导和借鉴。

三是根据税收风险管理部门向稽查部门推送案源的难点与堵点，结合我省实际，下发了《国家税务总局山西省税务局关于明确税收风险管理部门向稽查部门推送案源有关事项的通知》（晋税函〔2019〕196号），明确了推送案源的具体范围、推送流程、文书资料、结果反馈等，确保税收风险管理案源处理顺畅，取得实效。

四是为进一步优化税务执法方式，提高税务执法效能，创新税收风险管理方式方法，下发了《国家税务总局山西省税务局办公室关于开展税收风险提示提醒试点工作的通知》（晋税办便函〔2019〕88号），用服务的方式向纳税人推送风险信息，帮助纳税人主动消除风险，推动全省税务机关实现精准服务、有效应对，进一步降低纳税人办税成本，减少纳税风险，提高纳税遵从。

（二）细化内容，明确税收风险管理工作流程

我省税收风险管理工作坚持着眼全局、依法依规的原则，完善税收风险管理运行机制，将有限征管资源配置于应对税收风险或税收集中度高的纳税人，完成税收风险的计划管理、分析识别、任务推送、风险应对、监控评价等工作，构建立体化、全闭环、持续改进的风险防控网络，提升税收征管效能，为全省征管方式转变、征管效能提升提供支撑。

一是统筹计划管理。切实加强年度风险计划统筹管理，风险办结合各成员单位提交的风险计划统筹制定年度税收风险管理计划，计划一经确定，一般不得调整。

二是统筹风险识别。不断提高风险分析能力和水平，深化大数据分析运用，建立税种联动分析模型，结合企业申报表、财务报表、第三方数据、税种钩稽关系等，定期对纳税人的涉税信息进行扫描、分析和识别，筛选可能存在税收风险的环节或纳税人。

三是统筹任务推送。科学合理安排风险任务推送频次，整合并统筹上级下发、外部门移送与本级筛选的风险任务，按户归集风险点，结合纳税人规模、风险事项等要素，合理确定风险应对层级和承办部门，统一向基层推送。

四是统筹风险应对。风险任务实行分级分类应对，省局统筹组织协调跨市涉税风险任务应对，市局统筹组织协调跨县（区）涉税风险或实施职责范围内的风险任务应对，县局统筹实施风险应对工作。税收风险分析和纳税评估中发现的涉嫌偷税、骗税、逃避追缴欠税及虚开增值税发票等风险任务统一推送稽查部门处理。千户集团和列名大企业及其成员企业风险任务统一推送大企业管理部门处理。涉及实名认证、申领发票、委托代开

发票等集中性风险任务，由基层纳税服务部门采取提示提醒、辅导培训、政策咨询等措施消除风险。

五是统筹监控评价。风险任务应对完成后，及时反馈应对结果，统一进行复核、监督评价、结果反馈，定期汇总风险应对结果、案例和建议，找出各类风险的典型性、普遍性规律，不断优化风险模型和指标，强化税收征管。

（三）"信用+风险"，探索税收风险管理新方式

根据"服务+监管"理念，探索建立税收风险管理和纳税信用评价联动机制，构建"实名办税+分类分级+信用积分+风险管理"的闭环管理模式，将"信用+风险"贯穿税收管理全过程，提高征管效能。

一是实施信用互动。根据纳税人信用度的高低，实施差异化的管理服务，对高信用度纳税人充分信任，加大风险提示提醒服务力度，帮助其消除风险隐患；将低信用度纳税人列入税收风险管理重点对象，有针对性地实施税收风险管控。根据风险应对结果修正纳税人信用度，建立信用评价、预警监控、应对防控的风险管理闭环。

二是创新监控预警。通过对纳税人涉税行为的分析，完善监控预警分析指标，创新服务手段，通过多渠道对纳税人可能存在的风险进行事前提醒，帮助纳税人主动消除风险。用服务的方式向纳税人推送风险信息，优先采取风险提醒、政策推送、疑点告知等措施，引导纳税人消除税收风险，提高纳税遵从。对涉嫌偷税、骗税、逃避追缴欠税及虚开增值税发票等高风险纳税人，及时监控并强制阻断关键业务、推送风险核查。

三是突出重点防控。对重点纳税人、重点行业、重点领域、特定事项以及高收入高净值自然人，健全税收风险分析模型与指标体系，运用税收大数据分析，及时发现税收风险。畅通风险任务推送渠道，落实快速反应机制，提高风险应对质效。拓展跨区域税收风险防控范围和内容，健全税收风险信息推送机制，规范协作业务流程，织密跨区域税收风险防控网络。同时可根据纳税人类型、纳税规模、组织架构体系以及税收违法性质、情节轻重、影响大小和风险的复杂程度等确定直接应对、组织应对、交叉应对等风险应对方式。

（四）数据管理，开创税收风险管理新局面

充分运用云计算、大数据等现代信息技术，构建以金税三期为基础、以电子税务局和大数据平台等手段为支撑的"互联网+税务"信息化体系，充分发挥大数据应用对税收风险管理的"乘数"效应，开创数据风险管理工作新局面。

一是搭建平台，实现全省税收数据的集中管理。针对目前系统较多、数据分散的问题，我省拓宽渠道、拓宽范围，从架构设计出发，在数据的需求、集中、加工、清洗、整理、分析和系统的设置等方面做了大量的了解和论证工作，初步形成我省税务系统大数据平台建设方案，确定了"1142"建设思路，即一套标准、一个仓库、四个中心、两个完善。一套标准，是指统一的数据标准和规范；一个仓库，是指全省共享的数据仓库；四个中心，包括数据交换中心、数据治理中心、数据开放服务中心、分析应用中心；两个完善，包括税务总局风险管理系统运用基础上的本地特色化升级改造、外部信息交换平台功能的升级完善。大数据平台的建设，在满足我省税收数据应用和风险管理的基础上，将有力支撑税收业务数据需求和决策管理。

二是强化分析，做好全省税收数据管理运用。全省风险管理部门正在积极通过各种方式提升税收大数据运用能力，发掘培养数据分析人才，着手组建专门的税收大数据管理分析团队，为税收决策与分析管理提供数据支持，有效解决各级税务机关的数据应用需求。

三、税收风险管理当前工作成效

2019 年，税收大数据和风险管理部门按照税务总局工作要求，以"改革创新、奋发有为"大讨论活动为契机，以"不忘初心、牢记使命"主题教育为新动力，"新税务、新担当、新作为、新形象"，紧紧围绕税收工作的主题、主业和主线，按照"放管服"改革和优化税收营商环境要求，稳步有序开展全省税收大数据和风险管理各项工作。

（一）围绕主题，助力落实"减税降费"政策措施

紧密结合减税降费工作部署，主动作为，通过认真梳理小微企业税收优惠政策，借助大数据、互联网等现代化的科技手段，实施全域风险预警服务，构建多角度、多方位、立体式的涉税风险预警指标体系，拓宽监控预警范围，支持小微企业税收优惠政策落实落地。2019 年上半年，梳理出关于落实小微企业税收优惠政策的风险点 18 个，筛选记录10056 条，针对增值税小规模纳税人应享未享、填报异常、未缴纳"一税两费"等具体情况，下发各市核实应对，并督促基层对 11890 户小微企业开展辅导，实现事前服务提醒、事中更正提示的"税企互动"风险预警，支持和服务小微企业税收优惠政策落实到位，发挥了风险管理服务大局、服务纳税人的重要作用。

（二）统筹检查，全力确保"基层减负"工作落地

全省各级税收风险管理部门严格按照风险管理统筹职能，对风险任务实施扎口管理，统一通过"税收风险管理系统"进行任务推送与结果反馈，切实解决任务多头管理、多头派发的问题，同时，风险任务由一个应对部门实行"一次进户、一次应对"，避免对纳税人重复检查。2019年 1—5 月，省局通过金税三期决策支持风险管理系统共推送 38 期风险任务，其中，总局下发 25 期风险任务，省局自行推送 13 期风险任务，共推送风险纳税人 3898 户，共查补入库税款 1.56 亿元，加收滞纳金1042.26 万元，风险分析识别命中率 100%。2019 年 1—5 月，省局通过积极运用跨区域风险管理系统，向外省税务机关发送协作任务 1472 条，接收协作任务 680 条，主要涉及普通发票业务真实性的协查核实，按时处置协作任务 680 条，按时处置率为 100%。利用跨区域风险管理系统提供的异常纳税人名单，在纳税人申领发票、办理变更税务登记等事项时，进行了提示提醒和业务阻断，有效降低了税收风险，提高了纳税人税法遵从度。利用金税三期核心征管系统、电子底账系统以及税务总局大数据云平台等涉税数据，开展税种关联分析，发现部分纳税人存在"商品购销品名不符""有销无进""上游企业中较大比例纳税人为高风险纳

税人""运输企业抵扣情况异常"等增值税发票风险和部分纳税人未按规定缴纳城镇土地使用税、契税风险，并根据数据分析结果连续发布了《关于部分行业增值税发票风险情况的分析报告》和《关于全省部分房地产企业购置土地后缴纳城镇土地使用税情况的分析报告》，有针对性地推送 4 批风险任务进行风险应对，取得了良好效果。截至 2019 年 5 月 31 日，共查补入库税款 5177.32 万元，进一步提升了风险分析的准确性和实效性，有效遏制了虚开、虚抵增值税发票违法犯罪猖獗势头，保护了守法诚信纳税人的合法权益，营造了良好的税收营商环境。

（三）人员建设，努力结合"智税竞赛"提升能力

加强"税收风险管理人才库"的动态管理，将数据分析、税收业务等专业人员充实到税收风险管理部门，加大培训工作力度，力求用 3—5 年时间培养一支"政治坚定、业务全面、技术精湛、勇于创新"的税收风险管理人才队伍。适时组建税收风险管理团队，集中开展重大紧急、上级督办等风险任务的应对工作，充分发挥优秀人才的引领作用，服务全省税收工作。我省先后邀请数据专家讲解风险管理与数据应用，组织学习税务总局的重要文件和相关政策。2018 年 10 月 9 日至 13 日，全国税务系统风险管理培训班在山西举办，通过学习培训，促进部门人员熟悉相关业务流程和操作规范，便于上下联动，尽快打开工作新局面。2019 年 5 月 20 日至 27 日，在全国首届"智税·2019"大数据竞赛中，我省积极备战，最终团体赛入围复赛并取得第 12 名的优异成绩，税务总局对我局进行了通报表扬。目前，结合我省实际，按照"智慧新税务、实战练精兵"的宗旨，筹划我省大数据竞赛，为全省风险管理部门发现人才、培养人才。

四、税收风险管理的未来规划

新部门成立以来，能够按照税务总局安排和省局要求完成各项工作任务，但也暴露出一些问题。主要包括各级风险管理部门专业人员的缺口比较大，与实际工作需要存在差距；实际工作中总局层面没有实现扎

口管理，给全省实现统筹管理带来困难；各个数据平台的作用没有充分发挥出来，等等。下一步，我们将在省局党委的正确领导下，运用大数据思维和理念，围绕省局中心工作，充分发挥部门作用，统筹做好全省税收大数据和风险管理工作。

（一）夯实基础，适时出台风险管理工作规程

我省将制定风险管理工作机制、操作指引等配套制度，进一步细化税收大数据和风险管理岗位职责，引导全省税收风险管理部门人员会分析、会运用，懂业务、懂数据，为进一步做好风险筛查、风险分析打基础。

（二）做好统筹，切实减轻基层和纳税人负担

下一步，我们继续发挥领导小组的作用，切实履行风险管理统筹职能，充分考虑应对部门承受能力，力求科学合理统筹任务管理，做好风险任务扎口管理，统筹推送任务，统筹风险应对，减少重复应对问题，切实减轻基层和纳税人负担。

（三）培养人才，加强风险管理人才队伍建设

以税务总局"智税·2019"大数据竞赛为新起点，举办全省"智税·2019"大数据竞赛，通过培训和比赛，切实提高工作人员的数据提取、风险分析和竞赛实战能力，进一步锻炼队伍，全面提升全省税收风险管理人员综合能力，为今后开展工作储备人才。

（四）围绕中心，持续开展税（费）种风险联动分析

围绕省局中心工作，从税（费）种关联角度出发，关注重点风险行业和领域，通过税（费）种联动分析发现纳税人在发票管理、企业所得税税前列支等方面存在的风险，做好提示提醒，确保各项税收政策落实到位，及时帮助纳税人消除风险、减少损失。

（五）积极筹备，抓紧大数据平台的实施建设

我们将及时关注、紧跟省局指挥中心建设进度，确保大数据平台后续工作顺利推进。同时，认真评估税务部门的数据应用需求，做好本地特色化补充升级和改造方案，确保大数据平台落地后，充分发挥其强大的支撑作用，满足各部门的数据交换和共享需求。

审稿人：张文君

执笔人：任志杰　李　琦

做好新时期大企业税收工作
助力山西经济高质量转型发展

● 聚焦大企业"关键少数",以"精准服务、算出红利、助力转型"为抓手,在政策宣传、落地执行、效应分析三个关键节点上主动靠前、积极作为

● 坚持"以大企业纳税人为中心"的理念,持续在"税企共治合作"框架下着力大企业合作遵从,做优做强纳税服务,做实做细风险防控

● 以大企业税收服务和管理体制机制建设为核心,以信息化建设为根本保障,全力夯实工作基础,奋力提升大企业税收服务和管理水平

"大企业是社会化大生产发展的必然产物,是在资本、技术等要素不断集聚和突破中发展壮大的,对全球的社会、经济、科技等各个领域产生重要影响。"(马克思《资本论》)从现代视角来看,大企业具有三个重要特征:一是收入贡献大。我国 2050 户千户集团企业税收收入贡献超过40%,我省一万余户大企业户数不足全省管户 1%,税收收入贡献超过80%,是税收收入的"绝对多数"。二是情况复杂。大企业多采用集团化运作,跨地区甚至跨国经营,内部交易和财务核算复杂、总部控制力强,涉税事项相对复杂,纳税服务需求高,易产生系统性税收风险。三是在经济社会发展中作用突出。国际经验和我国改革发展经验表明,大企业在推动经济转型、促进就业、带动科技创新等方面一直扮演中心角色,起着主导性作用。特别是在经济高度集中化、单一化的我省,国有大中

型企业牢牢占据着经济和社会生活的主导地位，对全省经济发展起着至关重要的决定性作用。因此，大企业必然成为税收治理领域和经济社会发展的"关键少数"。抓住大企业，就抓住了税收工作的命脉；服务和管理好大企业，就是在服务我省"三大目标"建设，就是在服务全省经济高质量转型发展这个大局。

国税地税征管体制改革以来，山西税务以大企业纳税人为中心，高举纳税服务大旗，以确保减税降费政策措施在大企业落地生根为主题，以优化大企业税收营商环境和提升大企业税法遵从能力遵从意愿为主业，提升站位，主动作为，既练"外功"，又修"内功"，积极做好新时期大企业税收服务和管理工作，为全省经济高质量转型发展贡献力量。

一、精准落实减税降费政策，助力大企业轻装上阵

确保减税降费政策措施落地生根是 2019 年税务部门的首要政治任务。山西税务聚焦大企业"关键少数"，以"精准服务、算出红利、助力转型"为抓手，在政策宣传、落地执行、效应分析三个关键节点上主动靠前、积极作为，取得明显成效，得到大企业一致点赞。

（一）精准服务，个性化政策礼包全覆盖

一是入企宣传，逐户对接。利用全省"改革创新、奋发有为"大讨论的有利契机，结合全省"万名干部入企进村服务"活动，由局领导带队组成服务小组，深入大企业"一对一""点对点"开展政策精准宣传。以《致大企业纳税人和缴费人的一封信》为载体，通过二维码的形式将个性化数据"画像"及政策"礼包"送到企业手中，引导企业全面享受税收政策红利。

二是"一户一档"，因企施策。全面推广"一户一档一策"，针对企业集团生产经营特点，为大企业量身制定《税收优惠政策享受方案》，列出减税工作清单，编制减税降费手册，设置减免测算提醒，升级减免风险提示，帮助集团企业动态掌握所有成员企业以及集团整体的税费减免情况，有效提升大企业对减税降费政策的认同感和获得感。

三是省市联动，合纵连横。统一规划落实减税降费的大企业路径，针对集团企业总部集中开展政策解释、宣传辅导、诉求解决、减免测算、效应分析；各市局主动拓展渠道，积极开展多种形式的税企对话、主题活动、电波传音、集中辅导等专题活动，得到企业纷纷点赞。

（二）算出红利，税企共享一本明白账

一是抓实"全口径"算清底数。充分发挥信息化平台和数据集市"金山银库"的作用，以大企业税收数据分析为基础，对省内大企业及其成员单位共 10226 户企业，开展全口径减税降费测算，科学预测深化增值税改革及一系列减税降费政策成效，算清大企业全年减税降费底数。

二是盯紧"重点"算明税负。紧扣李克强总理"确保制造业税负明显降低，确保建筑业、交通运输业等行业税负有所降低，确保其他行业税负只减不增"的要求，结合"不忘初心、牢记使命"主题教育，组建"大企业党员干部突击队"，深入企业开展调研辅导，用硬措施、真办法确保减税降费政策精准落地。针对个别税负不降反升的企业，采取横向比较、纵向倒排、逐户审核的办法，综合考虑税收政策、税务管理、生产经营特点等诸多因素，帮助或建议企业调整生产经营、税务管理的方式方法，并进行动态长期跟踪管理，确保减税降费政策全部精准落地。

三是"法人知税"算出红利。对 36 个大型集团企业开展税负测算和减税降费效应分析，帮助企业算好"减负账""收益账"和"发展账"。召开"落实减税降费、聚力共治共赢"大企业税企高层对话会，由省局主要领导亲自将明明白白的"红利账"送到每一位集团高层手中，让企业家们切实感受到减税降费政策红利，达到"以算促知、以算促感、以算促效"的积极作用。

（三）助力转型，效应分析初显成效

一是全面开展大企业减税降费效应分析。对全省 36 个大型集团企业，煤炭、制造、建筑三大行业全面开展大企业减税降费效应分析，先后形成《关于我省千户集团减税降费情况的报告》《煤炭、制造业大企业减税降费情况简析》《建筑业大企业减税降费政策效应分析》等数篇税收经济分析报告，为进一步做好减税降费政策落实工作提供有力参考。

二是积极为企业转型发展建言献策。由局领导亲自带队，分批深入大企业召开减税降费效应座谈会。与企业管理层深入交流，了解企业资金使用上的涉税诉求，探讨企业减税降费节省资金使用方向，从税务角度帮助企业调整优化资本布局，从行动上支持大企业在转型发展大局中轻装上阵，让企业在获得减税降费"真金白银"的同时，真正将政策效应转化为转型升级实力。

三是主动为山西经济转型提供助力。结合测算成果确定分析选题，与政府有关部门、高校组成联合课题组，着手开展减税降费对省内大企业行业、区域、价格、投资、消费、就业等宏观经济效应分析和宏观政策效应分析，为全省资源型经济高质量转型发展提供决策参考。

二、持续着力大企业合作遵从，营造良好税收营商环境

坚持"以大企业纳税人为中心"的理念，持续在"税企共治合作"框架下着力大企业合作遵从，做优做强纳税服务，做实做细风险防控，建设公平效率的税收治理环境，营造良好可持续的税收营商环境。

（一）高层次做优做强纳税服务

一是持续推进税企共治合作。持续推进以政策执行"一把尺子"、税企双向遵从互相监督为核心理念的税企共治合作工作，与焦煤集团、晋能集团、文旅集团签订《税收共治合作协议》，将签约企业范围进一步扩大到10户。重点为签约企业提供"优惠政策落实、体检报告诊断、内控完善升级"三大定制服务模块，服务企业在转型升级中率先发力。

二是全面提升纳税服务层次。推动税企高层互动，不断升级纳税服务渠道。举办税企高层对话会，围绕"落实减税降费、聚力共治共赢"的主题，研究探讨大企业转型发展过程中遇到的战略方向性问题；局领导带队开展"送政入企"活动，实地调研解决企业转型中遇到的实际困难，给予针对性税务支持；举办高端专题讲座，由局领导为大企业讲授《税收的故事》，听众累计9500余人，营造知税、协税、护税、遵税的良好氛围。

三是着力提供高端服务内容。多部门联合成立专家服务团队，分煤炭、电力、金融、制造、房地产、建筑等行业，针对大企业涉税问题提供权威准确政策辅导，协调解决重大涉税疑难问题；推进"重大涉税事项事先裁定"，对山西文旅集团税务重组事项、山西建投集团混合所有制改革事项、山西汾酒集团大额股权交易事项、晋商银行 H 股上市事项给予全程税收支持；探索"网上集成化"服务，为以建投集团为代表的建筑企业研发网上集成化办税平台，一揽子解决企业外出经营、发票领用、税款申报缴纳等办税事项，减轻企业办税成本，提高企业经营效率；延伸服务内容，立足税收，辐射项目审批、技术改造、产业升级等多维度，以省委、省政府"万名干部入企进村服务"为契机，帮助企业协调解决实际困难，服务企业高质量转型升级。

（二）多维度做实做细风险防控

一是风险提示提醒全天候。以"税企联络员"为核心，以大数据信息化分析为依托，建立全天候风险提示提醒机制，实时收集大企业最新生产经营变化情况，定期扫描大企业财务报表数据和税收申报数据，及时提醒潜在税收风险，并按需提供针对性的政策宣传辅导。在个税改革、增值税改革、社保费划转降率等热点、焦点、难点工作中，大企业享受到多层次、全方位、先一步的深度政策服务和风险防控服务。

二是风险管理流程全覆盖。寓管理于服务，推进事后风险管理向事前、事中、事后全流程链条式管理全覆盖转变。事前告知，发现企业涉税风险后，主动与企业联系，告知其涉税风险点，督促并帮助其开展税务自查；事中辅导，对风险较高的涉税问题，与企业沟通核实，精准辅导企业自行更正，提高企业税法遵从能力；事后提示，针对企业存在的涉税风险，及时提出加强企业内部税务管理的意见建议，指导企业完善税务风险内控体系。同时，加强后续管理，把单一的风险点与加强集团、行业整个面的风险管理充分结合起来，建议主管部门完善征管措施，避免同类风险在同一企业、同一集团、同一行业重复发生。

三是风险管理和纳税服务全融合。立足税务风险管理，辐射大企业财务管理、工程项目管理、资金使用管理等多维度，以大数据分析为基础，为大企业集团量身定制"税收健康体检报告",检视企业内部税务管理存在的问题和风险,帮助企业完善内部控制管理,服务企业健康持续发展。立足税务风险防控,开展全行业风险排查,提炼行业风险特征和典型案例,建设重点行业税收风险指引和税收风险防控指南,实现税收风险管理增值和大企业税务风险内控升级,服务企业健康可持续发展。

三、全力夯实工作基础,提升大企业税收服务和管理水平

着眼税务新时代,面对大企业税收服务和管理新挑战,山西税务强基固本、改革创新,以大企业税收服务和管理体制机制建设为核心,以信息化建设为根本保障,全力夯实工作基础,奋力提升大企业税收服务和管理水平,更好地服务全省经济高质量转型发展。

(一)"规范+创新"保障省、市、县三级"纵向贯通"

一是制定规范,理顺系统体制机制。按照总局《关于加强大企业税收服务和管理工作的指导意见》,结合山西实际,印发《关于加强大企业税收服务和管理工作实施方案》,进一步统一思想、提高认识、建立机制、规范程序,推动全系统集成优势、升级体系,形成"省市一体、上下贯通"的标准化工作模式。

二是创新先行,推动市县一体融合。为重点解决企业属地管理后带来的大企业"不适应""不对等"等问题,创新工作方法,在太原、长治等地先行先试,在属地管理原则不变的前提下,将大企业管理中基础事项属地管理与重点事项提升层级管理高度结合,推动市县大企业管理一体融合,由市级大企业部门为全市大企业提供高层级纳税服务,更好地服务企业转型发展。

(二)"平台+数据"推动信息化建设"跨越发展"

一是全面建成"山西大企业税收服务和管理平台"。历经3个月的开发测试,"山西大企业税收服务和管理平台"于2019年4月1日正式上

线运行，取得了山西大企业工作信息化建设"从无到有"的重大突破。平台一方面全面打通核心征管数据库、决策二包数据库、发票电子底账数据库的后台访问权限，实现了税务机关内部核心征管数据的"单平台集成"；另一方面实现与大企业集团总部的实时互联，实现税企间数据的高效互通。

二是数据治理能力走上高速发展"快车道"。数据分析实现智能化。9月12日全国首批大企业税收风险管理"总省衔接"试点工作在我省顺利落地，总局通过"黑匣子"分享风险指标模型到我省大企业平台使用，补齐了数据分析"算法"不足的短板，风险扫描识别能力大幅提升，服务企业防范潜在税收风险的能力大幅提高。数据应用实现全面化。运用大数据动态管理大企业名册，补充和进一步确定了省内各级大企业10226户，确定了省级列名企业、市级列名企业名单，进一步扩充大企业个性化服务"VIP客户"。运用大数据推进税收经济分析，先后完成多篇经济分析报告，为各级领导决策提供参考，为各类型大企业健康持续发展提供税务智慧。

审稿人：李东英
执笔人：程　凯　杨　阳

深化 12366 数据应用
助力纳税服务工作提质增效

● 12366 数据主要具有数据量大、信息量大、直接反映纳税人体验等三个显著特点

● 12366 咨询数据反映纳税人普遍关注税收政策和办税实务操作，投诉举报数据反映纳税人维护自身合法权益的迫切需求，意见建议数据反映纳税人对提高税务机关服务质效、优化涉税系统操作等服务诉求

● 山西 12366 积极深化数据分析工作，以编发统计周报、统计月报、统计专报为抓手，主动服务领导决策、服务"一线"工作，助力纳税服务工作提质增效

信息技术与经济社会的交汇融合引发了数据的迅猛增长，数据已成为一个国家、一个地区、一个部门的基础性战略资源。12366 作为税务部门面向纳税人和缴费人提供服务的重要窗口，作为联系征纳双方的重要桥梁，掌握着大量的数据。深化数据应用，助力纳税服务工作提质增效，山西 12366 进行了积极而有益的尝试。

"12366 纳税服务热线"是国家税务总局为适应加强和改进纳税服务工作的需要，于 2001 年向国家信息产业部申请核批的全国税务机关特服电话。山西省 12366 纳税服务热线于 2011 年 7 月 1 日全面开通，是面向纳税人、缴费人、扣缴义务人和其他涉税当事人（以下统称"纳税人"），解答涉税（费）咨询、接受纳税服务投诉和税收违法行为举报、收集相

关意见建议的重要服务"窗口"。随着现代信息技术的广泛应用，我省
12366 已形成以热线电话、网站、微信、微博等平台为依托，兼具人工
服务与智能服务，多元化、全天候、零距离的服务模式。在服务过程中，
12366 座席通过与纳税人即时对话，理解并回应纳税人需要解决的涉税
（费）问题、了解纳税人维护自身合法权益的诉求、收集纳税人对税收工
作的意见建议，由此产生了涵盖多种信息的海量数据。透过这些数据可
以较好地把握纳税人需求，包括了解税收政策和办事流程的需求、维护
自身合法权益的需求、实现参与税收治理权利的需求，等等。深化对这
些数据的应用，有利于税务部门从优配置纳税服务资源，进而推动纳税
服务工作提质增效。

一、12366 的数据特征

12366 数据主要具有数据量大、信息量大、直接反映纳税人体验等三
个显著特点。

（一）数据量大

大量的业务是 12366 大量数据的直接来源。近年来，随着我国经济的
不断发展和"放管服"改革的不断深入，纳税人数量与日俱增；同时，由
于 12366 正逐步被纳税人熟知和信赖，"口耳相传"使得 12366 拥有大量
的用户。据统计，山西 12366 纳税服务热线 2018 年来电总量达到 37.70 万
个，2019 年前两个季度来电总量达到 35.73 万个（见图 1）。

（二）信息量大

从职责来看，通过对 12366 数据的分析，至少可以把握到三个方面
的信息，包括：不同行业、不同类型纳税人关心关注的税费政策；纳税
人最直接的办税体验，在办税过程中遇到的难点堵点；纳税人维护合法
权益的诉求和对税收工作的期待。这些信息涉及纳税人实际办税的方方
面面，对税务部门积极回应纳税人关切、不断优化纳税服务具有重要的
参考价值。

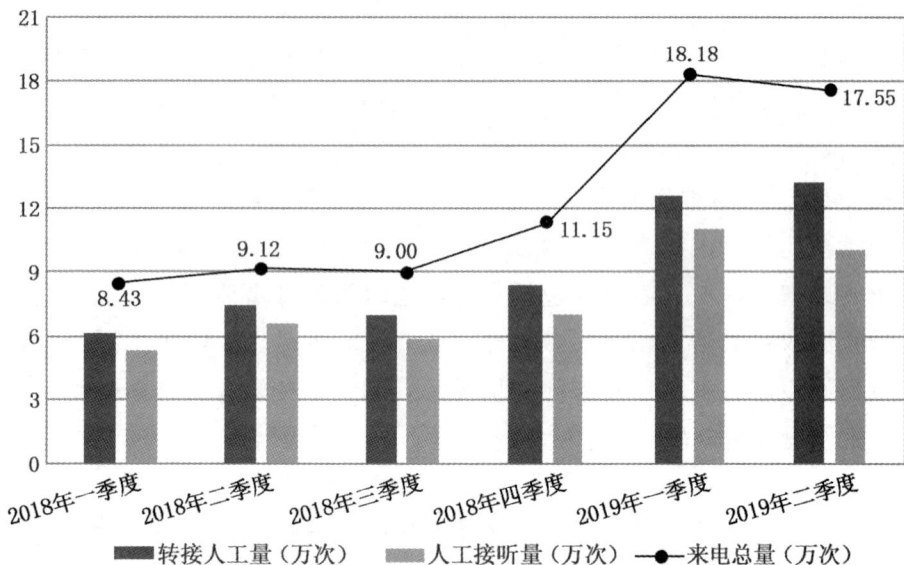

图1　2018—2019年各季度业务量趋势图

图例：■ 转接人工量（万次）　■ 人工接听量（万次）　—● 来电总量（万次）

（三）直接反映纳税人体验

12366数据是在12366座席与纳税人直接沟通交流过程中产生的，是原汁原味的"第一手资料"，更加"接地气"。广大纳税人提供的海量信息直接反映了其对税收营商环境的体验，有利于税务部门切实站在纳税人的角度，并汲取群众的智慧，思考和解决纳税服务工作中存在的问题。

二、从12366数据看纳税人需求

12366数据有助于税务部门把握纳税人实际需求，需要分别从咨询、投诉举报、意见建议三大类数据中捕捉和把握。

（一）从咨询数据来看

咨询数据是指12366在受理纳税人咨询过程中产生的数据，从这些数据可以看出纳税人需要了解的税收政策和办税、缴费实务操作知识。通过对咨询量进行排序，目前，纳税人对征收管理类、个人所得税类、增值税类问题咨询较多，排在前三位；其他问题依次涉及企业所得税、社保费、非税收入、印花税、地方规费、房产税、城镇土地使用税、车辆购置税等。前三大类问题当中，主要涉及电子税务局申报缴税、自然人扣缴系统申报缴税、发票开具与查询，以及各类申报表填写，等等。税收新政发布、新办税系统上线运行、办事流程发生变化是决定咨询量理所当然的主要因素。以 2019 年 1 月为例，个人所得税相关咨询共计 13102 个，占当期人工语音服务量的 29%，环比增长 365%。主要原因是个税新政公布后，绝大多数纳税人对新规定已经大体了解，但在实际填报时还是遇到一些问题，如：有的项目不知道怎样填写，有的纳税人不确定自己是否符合条件，有的不清楚需要留存什么资料等（见图 2、图 3）。

（业务类别）

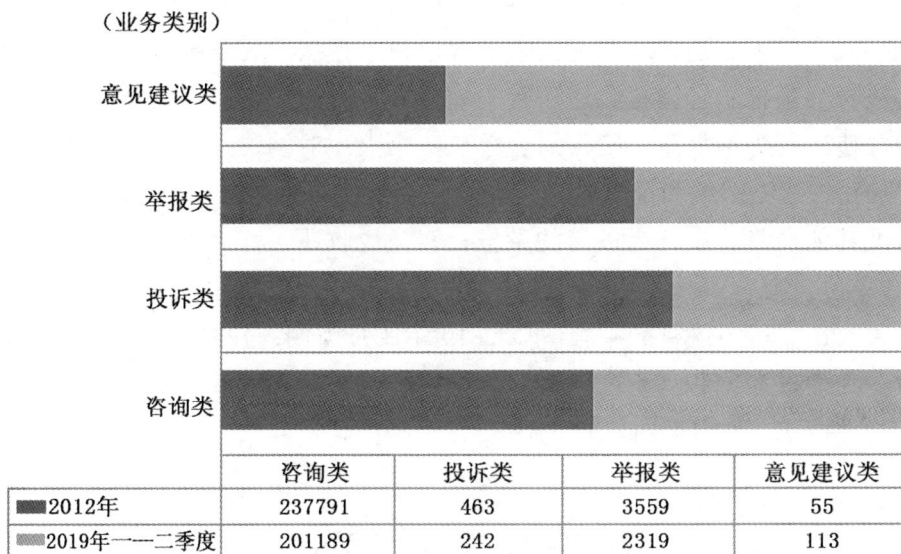

	咨询类	投诉类	举报类	意见建议类
2012年	237791	463	3559	55
2019年一—二季度	201189	242	2319	113

图 2　业务类别情况统计图

（二）从投诉举报数据来看

投诉举报数据是指 12366 在接受纳税人纳税服务投诉、税收违法行为举报过程中产生的数据，从这些数据可以看出纳税人维护自身合法权益的迫切需求。纳税服务投诉分三类，分别是服务言行类、服务质效类和侵害权益类。以 2019 年 2 月为例，12366 共受理纳税服务投诉 16 件，其中，

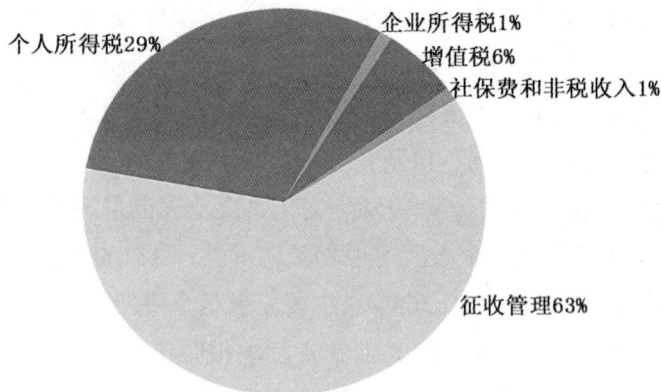

图3 2019年1月咨询类业务分税种占比图

服务质效类 12 件，服务言行类 4 件，投诉的内容主要是服务意识不强、办事效率低下、违背文明礼仪要求等。税收违法行为举报分为一般税收违法行为举报、轻微税收违法行为举报和税收违法行政行为举报。一般税收违法行为举报指举报人（含单位、个人）对纳税人、扣缴义务人涉嫌偷税，逃避追缴欠税，骗税，虚开、伪造、非法提供、非法取得发票，以及其他税收违法行为进行的举报；轻微税收违法行为举报是指举报人（含单位、个人）对应开具而未开具发票、未申报办理税务登记和其他轻微税收违法行为进行的举报。以 2019 年 3 月为例，12366 共受理税收违法行为举报392 件，其中，一般税收违法行为举报 15 件，轻微税收违法行为举报 377 件（见图 4、图 5）。

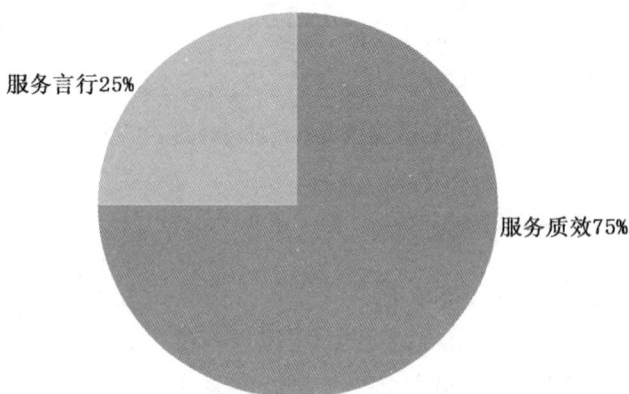

图4 2019年2月纳税服务投诉占比图

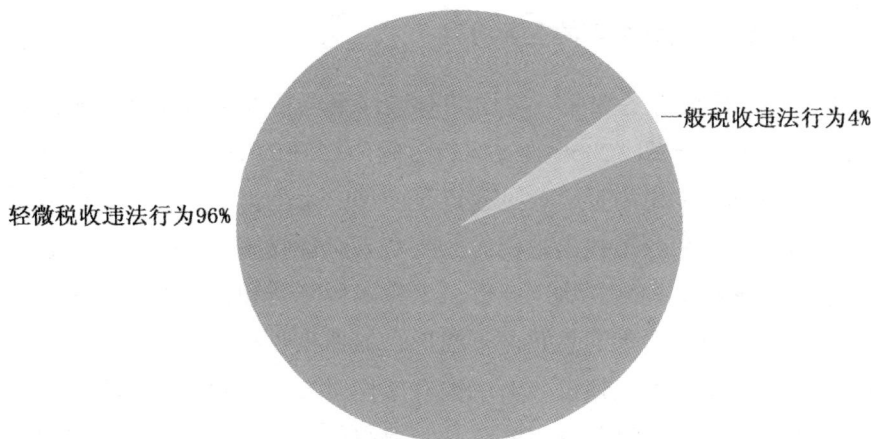

一般税收违法行为4%

轻微税收违法行为96%

图 5　2019 年 3 月税收违法行为举报占比图

(三) 从意见建议数据来看

意见建议数据是指 12366 在收集纳税人对税收工作意见建议过程中产生的数据，从这些数据可以看出纳税人实现参与税收治理权利的需求。2019 年上半年，12366 共受理纳税人意见建议类来电 156 个，纳税人提出的意见建议主要有：提升税务机关服务质效，减少资料报送，少填表格，避免纳税人办税多次跑；不断提高一线税务干部的服务意识，改善服务态度，提升业务水平；加强对第三方服务单位的监管，优化和改进电子税务局、自然人税收管理系统扣缴客户端，真正方便纳税人办税；加强与银行之间的协作，确保社保费缴纳的顺利进行；加强税收征管，对企业开具或者使用发票的行为进行规范。

三、 山西 12366 深化数据应用、助力纳税服务工作提质增效的积极尝试

2019 年以来，山西 12366 积极深化数据分析工作，组织专门力量，及时收集、整理、分析各类数据，以编发《12366 统计周报》《12366 统计月报》《12366 统计专报》为抓手，主动服务领导决策、服务"一线"工作，助力纳税服务工作提质增效。

（一）12366 统计报告的主要内容

12366 统计报告是按照一定周期对热线来电情况进行统计分析的数据报告，主要是对当期 12366 热线运行过程中受理的纳税人、缴费人咨询、纳税服务投诉、涉税举报、意见建议等类型的来电情况进行数据的分类呈现。通过来电量和分布找出纳税人、缴费人对税收工作的关切点，总结当期纳税人咨询频次较高的热点问题，聚焦减税降费和社保费征缴等社会关注度较高的内容，整理汇总并进行推送。加强税收知识的宣传，搜集纳税人、缴费人需求和意见建议，力求提升工作质效，为领导决策提供数据支撑。另外，报告还通过各种团队活动和取得的成绩展现出 12366 热线在加强团队建设、努力提高自身业务能力等方面做出的不懈努力和提升，同时坚持问题导向，充分挖掘一线困难和问题，将基层干部的心声和建议传递给各级领导。

（二）12366 数据应用的初步成效

12366 统计报告作为 12366 数据汇总分析的重要成果，集中反映了对税收政策、办税操作、帮助解决实际问题的需求，引起领导和相关业务部门的持续重视和关注，使 12366 数据得到广泛应用，助力纳税服务工作提质增效取得初步成效。

1. 实现了对税法宣传的"导航"

依据咨询量来把握纳税人普遍关注的税收政策和办税、缴费实务操作，以及不同类型纳税人的个性化需求，并连同规范的宣传口径推送至省局相关职能部门和基层税务部门，帮助其准确把握税法宣传工作的重点和要点，做到有的放矢，进一步提高税法宣传工作的针对性和实效性。2019 年减税降费工作开展以来，12366 密切结合咨询热点，主动应对预期来临的海量咨询业务，开通了 12366"减税降费专线"，设立了"减税降费专席"，受理减税降费咨询电话 11416 个，并通过省局官方微信、微博等新媒体平台开设"减税降费专栏"，及时发布相关政策法规、热点问题回复等信息近 600 条。

2. 实现了对服务质量的"问诊"

逐条分析纳税人投诉举报事项，洞察纳税人遇到的操心事、烦心事，着力帮助基层税务部门正视自身存在的问题，并通过"举一反三"，就可能出现的问题提前介入预防。基层税务部门总结阶段内热点、焦点问题，及时采取有效措施予以妥善应对，增强服务意识，提升服务本领，有效破解投诉风险，为纳税人营造更好的服务环境，使其获得更佳的服务体验。2019 年 5 月，12366 受理纳税服务投诉的数量为 34 件，较 4 月份减少了 32 件，降幅达 49%。

3. 实现了对提升效率的"加压"

密切关注税收违法行为举报的办理状态，并同步反馈至省局相关职能部门和基层税务部门，实现信息共享、压力传导，推动受理部门高效回应纳税人诉求，做到件件有落实、事事有回音。据统计，2019 年 1 月 1 日—4 月 12 日，12366 共接受和转交轻微税收违法举报 1242 件，截至目前已全部办结，有效地维护了检举人的合法权益，维护了税务部门严格执法的良好形象。

4. 实现了对"情报网"的"定位"

认真收集和分析工作中遇到的相关业务疑难问题、热点舆情，及时向领导及相关部门报送和反映。在 2019 年社保费征管职责正式划转以来的集中征缴期，针对参保信息失实和缴费平台使用不畅等问题，缴费人纷纷拨打 12366 咨询解决方案。为有效解决缴费人在缴费过程中遇到的难点堵点、维护税务部门的良好形象，12366 及时向相关业务部门进行反馈，将缴费人共性和个性问题准确传递，业务部门统一疑难问题答复口径，完善和优化缴费平台功能，将可能造成舆情的热点问题答复口径推送至 12366，畅通了问题解答渠道，提升了服务质量，化解了与缴费人之间的矛盾，12366 真正成为缴费人与税务机关之间的桥梁，切实发挥出12366 "情报网"的作用。

审稿人：刘玉文

执笔人：牛佳琳　马田田　张　洁

专题篇

从纳税百强企业看山西经济
高质量发展

- ●纳税百强企业为山西经济高质量发展提供强劲的"韧性"
- ●纳税百强企业反映了山西经济发展的"潜力"
- ●提升全要素生产率，培育"三新"经济

2018年，我省坚持稳中求进工作总基调，贯彻新发展理念，按照高质量发展要求，坚定不移把供改和综改相结合作为经济工作的主线，保持了经济社会持续健康发展。反映到税收数据上，纳税百强以不足万分之一的户数，贡献了全省四分之一强的税收和二成的税收增收额，是我省经济发展的重要支撑。本文通过对全省纳税百强企业税收数据分析，发现我省经济发展呈现的"韧性"与"潜力"，查找经济运行中存在的"短板"，从而为我省经济高质量转型发展提出具体建议。

一、上榜企业税收数据折射山西经济的"韧性"

2018年，百强纳税额为783.59亿元，占全省税收收入的27.12%，与2017年百强纳税额694.55亿元相比增长了12.82%，增收89.05亿元，对全

---

①本文数据来源于国家税务总局山西省税务局重点税源监控平台，百强纳税企业排名以国家税务总局山西省税务局重点税源监控平台数据来源为依据。

省税收的增收贡献率达到 21.56%，是我省税收增长的重要驱动力，凸显了我省经济的"韧性"。

（一）百强行业门类齐全

百强企业涉及煤炭开采业、批发业、钢铁业、银行业、铝业、房地产业、保险业、运输业、汽车制造业、专用设备制造业、信息技术业等 17 个门类。其中，煤炭开采业占据 62 席，位居榜首；其他依次为批发业（8 户），钢铁（6 户），货币金融业（5 户），有色金属冶炼和压延加工业（4 户），电力（2 户），交通运输业（2 户），石油、煤炭及其他燃料加工业（2 户），汽车制造业、烟草制品业、保险业、专用设备制造等行业各 1 户（见图 1）。

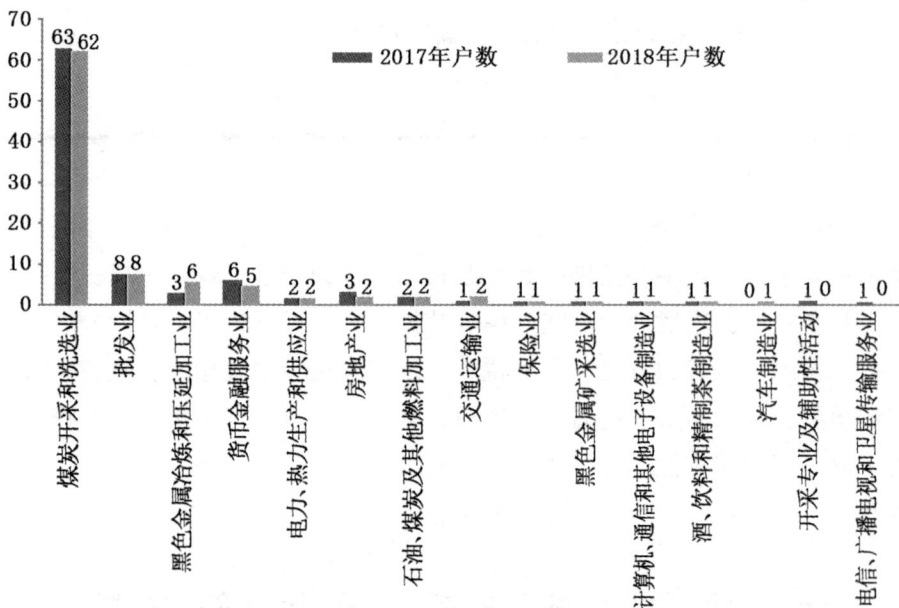

图 1　山西省 2017 年和 2018 年百强纳税企业行业门类分布对比图

数据来源：国家税务总局山西省税务局重点税源监控平台。

（二）传统行业占据优势

在工业和服务业上榜企业中，传统行业仍占据绝对优势。工业企业上榜的行业分别为煤炭采掘业，黑色金属冶炼和压延加工业，有色金属冶炼和压延加工业，电力、热力生产和供应业，有色金属矿采选业和烟草制品业等，入围 80 家企业，合计缴纳税款 664.91 亿元，占百强纳税额的比重为 79.08%。服务业上榜的行业分别为批发业、房地产业、交通运输业、入围 12 家企业，合计缴纳税款 54.21 亿元，占百强纳税额的比重为 6.91%。

（三）核心企业地位稳固

2017 年和 2018 年，中煤平朔、大秦铁路、太钢、杏花汾酒厂、山西昆明烟草、同煤大唐塔山煤矿和西山煤电位次基本保持稳定，纳税贡献在五分之一强，其中，中煤平朔集团有限公司始终领跑百强榜。2018 年，中煤平朔集团缴纳税款在纳税百强的贡献率为 3.74%；大秦铁路、太钢、杏花汾酒厂、山西昆明烟草、同煤大唐塔山煤矿和西山煤电分别为 3.5%、3.23%、2.97%、2.76%、2.45%和 2.42%。

（四）新晋企业增势强劲

与 2017 年相比，2018 年纳税百强中新晋企业占到 26 席，纳税额为 123.18 亿元，占百强纳税额的比重为 15.72%。部分落后产能的煤炭开采和洗选业退出百强；而先进产能的汽车制造业，技术革新后的煤炭开采企业以及产能转换后的钢铁企业，第三产业的交通运输业、货币银行业补充进来。其中，纳税超过 7 亿元的有 3 户，分别是大同煤矿集团马道头煤业有限责任公司（8.3 亿元）、山西吉利汽车部件有限公司（7.8 亿元）和山西建龙实业有限公司（7.3 亿元）。

二、上榜企业税收数据反映山西经济的"潜力"

纳税百强税收数据反映了我省经济总量不断提升、发展动力加快转换、产业结构逐渐优化等特征和态势，彰显了我省经济发展的"潜力"。

（一）总量提升，百强企业做大效应显著增强

百强企业的入围门槛提升，进入百强的最低纳税门槛从 2017 年的 3.2 亿元提高到 2018 年的 3.5 亿元，同比增长 9.4%。户均纳税额普遍增长，由

2017 年每户的 6.9 亿元增加到 2018 年的 7.8 亿元。税收规模梯度更加优化，纳税超过 10 亿元（含）的企业保持在 20 户，与 2017 年相比数量未发生变化，纳税额占百强纳税额的比重也基本相当（45.82%、46%）；5 亿元（含）至 10 亿元的 39 户，比 2017 年同期增加了 10 户，纳税占比为 32.55%，比 2017 年提高了 6 个百分点；纳税 5 亿元以下的集团企业 41 户，纳税占比为 21.43%（见图 2）。在结构性减税大背景下，作为全省经济重要支撑的纳税百强企业发展势头良好，释放出全省经济稳中有进、稳中向好的积极信号。

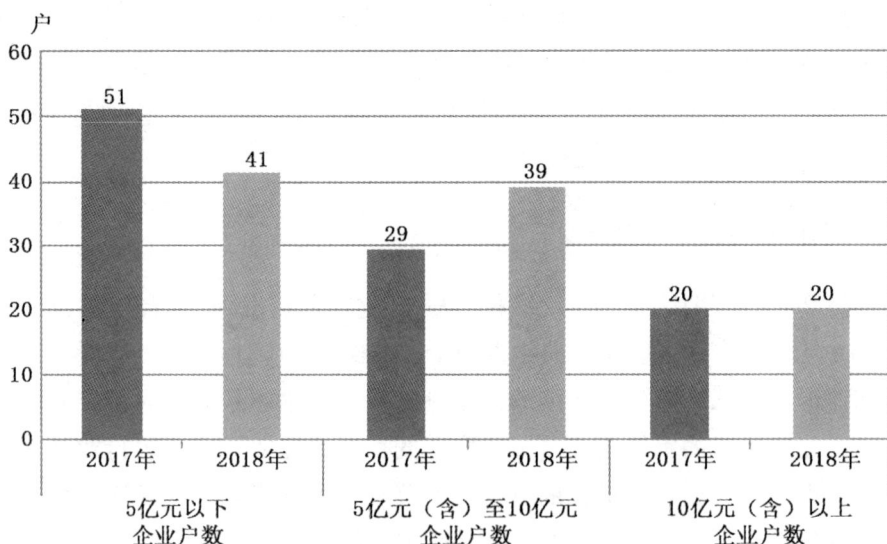

图 2　山西省百强企业分规模户数统计图

资料来源：国家税务总局山西省税务局重点税源监控平台。

（二）稳中有进，煤炭产业结构优化质效提升

2018 年，煤炭开采和洗选业在百强榜单中占据 62 席，纳税额 503.71 亿元，与 2017 年相比，户数下降了 1 户，纳税额却增加了 38.79 亿元；尤其是企业所得税增收 32.27 亿元，同比增长了 37.08%，企业所得税的增长说明我省煤炭企业经济发展质效的提升。虽然我省"一煤独大"的经济税源结构尚未发生根本性变化，但是在供给侧结构改革中，通过不断推动煤炭产业走"减、优、绿"的路子，累计关闭煤矿 88 座，退出落后产能

8841 万吨，煤炭产业内部结构得以优化、产业链条得以延伸，煤炭的加工转换率不断提高，全省煤炭先进产能占比达到 57%，提高 15 个百分点①。2018 年百强榜单中的煤炭产业营业收入为 2558.37 亿元，净利润为 367.01 亿元，与 2017 年相比分别增长 13.53% 和 25.12%，煤炭产业的高质量运行，为我省提供了重要的财力支撑。

（三）活力增强，中高端技术制造业百强席位稳步上升

2018 年，纳税百强的中高端技术制造企业有 13 户，较上年增加了 4 户（见表 1），营业收入同比增长 12.69%；实现利润增长 25%，高于百强整体水平 27 个百分点；合计纳税 102 个亿，同比增长 45.71%，高于百强整体水平 32.89 个百分点。中高端技术制造企业占百强纳税总额的比重由上年 10.22% 提升至 13.01%，提高了近 3 个百分点。山西吉利汽车部件有限公司作为中技术制造业的典型代表，2018 年纳税额同比增长了 290%，以 7.8 亿元纳税额成为百强榜单中的新贵。

表 1　山西省纳税百强企业中、高技术制造业户数对比表

	行业分类	2018 年（户）	2017 年（户）
中技术制造业	黑色金属冶炼和压延加工业	6	3
	汽车制造业	1	0
	有色金属冶炼和压延加工业	4	3
	专用设备制造业	1	2
高技术制造业	计算机、通信和其他电子设备制造业	1	1

资料来源：国家税务总局山西省税务局重点税源监控平台。

———————————

①数据来源：2019 年山西省政府工作报告。

（四）力量中坚，民营经济税收与利润双增长

2018 年，我省纳税百强中的民营企业已达 68 户，较 2017 年增加了 5 户；纳税额及净利润占百强企业纳税额和净利润的比重分别为 56.68% 和 54.64%，较 2017 年分别提高 4.22 个和 2.4 个百分点，民营经济已经成为我省经济的重要组成部分。在民营企业的发展过程中，税务部门认真贯彻落实省委、省政府及国家税务总局扶持民营企业发展的政策措施，给民营经济发展以"真金白银"的支持。2018 年，各级税务部门对民营企业的研发费用加计扣除金额达 11.75 亿元，环保设备企业所得税抵免额为 0.17 亿元；通过税收手段有效促进民营企业加大科技创新力度，加快新旧动能转换步伐，走上健康持续发展的快车道。

三、上榜企业税收数据发现山西经济"短板"

从纳税百强税收数据中，也发现了我省经济发展仍存在"短板"，主要表现在对资源型经济依存度高，区域发展不够平衡，现代服务业发展不够充分等方面。

（一）对资源型企业依存度高

我省纳税百强企业大多数是资源型企业，纳税额占百强企业的近七成，户均纳税 8.1 亿元，是非资源型企业户均税额的 1.1 倍。这样的经济产业结构抗风险能力较弱，对我省的财政收入有较大影响，一旦出现大宗商品价格走势回落的情况，经济发展将面临较大不确定因素。

（二）"三新"经济尚显不足

2018 年百强企业榜单中，代表新技术、新业态的信息传输、软件和信息技术服务业仅有鸿富晋精密工业（太原）有限公司，其他如"互联网+"战略新业态、"品牌+连锁经营"的新商业模式在百强榜单中无从寻觅。而鸿富晋精密工业（太原）有限公司 2018 年缴纳税款 7.3 亿元，较上年下降了 6.89 亿元，降幅达 94.4%，在百强企业纳税额的比重仅为

0.93%，显示了我省在"三新"经济方面尚有做大做强空间，产业结构调整仍需加力。

（三）区域发展不均衡凸显

从税收数据来看，地区间税收收入差距进一步扩大。2018 年，我省 11 个市均有企业入围百强榜单，企业入围最多的 3 个市为太原市（19 户）、长治市（17 户）和吕梁市（19 户），纳税占比分别为 21.68%、16.35% 和 16.85%。而入围最少的阳泉市（3 户）和忻州市（3 户），纳税占比分别为 3.71% 和 1.81%。太原市的百强企业纳税额规模最大（169.85 亿元），忻州市的规模最小（14.17 亿元），两者相差 155.68 亿元（见表 2）。

表 2　各市百强纳税企业户数、税收分布情况表

单位：万元

行政区域	2018 年百强(户)	2018 年税收	2017 年百强(户)	2017 年税收
太原市	19	1698534.18	21	1581451.48
大同市	8	878916.05	7	675379.37
阳泉市	3	290626.01	3	289758.14
长治市	17	1281049.23	20	1342235.22
晋城市	9	662438.17	7	548192.69
朔州市	5	501912.98	7	561596.50
忻州市	3	141738.76	0	0
吕梁市	19	1320268.80	19	1165583.89
晋中市	5	336916.94	7	310875.90
临汾市	6	332203.26	6	283772.44
运城市	6	391376.62	3	186607.01

资料来源：国家税务总局山西省税务局重点税源监控平台。

（四）产业结构仍需优化

2018 年，第三产业入围纳税百强的户数是 18 户，较 2017 年减少了 2 户；纳税额为 108.55 亿元，较 2017 年减少了 6.8 亿元；占百强企业纳税总额的比重为 13.85%，较 2017 年下降了 2.75 个百分点。百强入围三产中，纳税额占比较多的行业为批发业 5.33%，而反映经济活跃度和消费升级状况的交通运输、仓储和邮政业税收收入占比仅为 4.07%；高端服务业、现代服务业、商务服务业没有上榜企业，反映出三产的中高端服务业、战略性服务业发展明显滞后。

四、寻求山西经济发展的"定力"

2019 年是我省在"两转"基础上拓展新局面的攻坚之年，剖析纳税百强企业的税收数据，就是为了精准把脉我省经济，为推动我省经济高质量发展提供"定力"。

（一）巩固能源革命成果，做大做强传统支柱产业

在我省"争做能源革命排头兵"的进程中，要加快煤炭产业转型升级，树立山西"新形象"。一是巩固能源革命成果，"减"出成效。清理"僵尸企业"，整合重组，提质增效，要使我省煤炭企业具有全国乃至全球影响力，具有较强市场话语权，不断强化山西煤炭的资源优势和产业优势。二是做大做强支柱产业，"优"化产能。政府应加大对煤炭产业的技术引进和研发投入的引导与政策支持，将原煤延伸到高端精细化工品，打造我省煤炭"高精深产业链"。三是加快新旧动能转换，"绿"色发展。在建造绿色矿山，发展煤层气产业，以及风能、太阳能、生物质能、地热能等新能源上，政府也应给予政策与资金扶持，扩大省内清洁能源外送，为山西经济带来活力。

（二）增强微观主体活力，支持培育"三新"经济

要不断激发微观市场主体活力，支持培育我省的"三新"经济。一是

要做到市场、政府双轮驱动。充分运用财政、税收、金融和环保等政策，推进要素配置市场改革，增强微观市场主体活力，壮大"三新"产业规模，全面提升我省创新力、创业力、创造力。二是要做到改造、融合双向发力。实现大数据与工业深度融合，全力发展高端装备、轨道交通、新能源汽车、生物医药、现代煤化工、新材料等新经济，建立我省的现代化经济体系，以新经济促进我省经济新动能。三是要做到人才、技术双重保障。围绕新经济产业链布局人才链、技术链，努力使人才、技术的发展与我省经济发展置于同一坐标之上，实现同频共振。

（三）提升全要素生产率，大力发展产业集群

党的十九大报告做出我国经济已由高速增长阶段转向高质量发展阶段的重大判断，提出了提高全要素生产率的紧迫要求，这就要求我们加快从要素驱动、投资驱动发展向创新驱动发展的转变。一是要加快制度创新。以供给侧结构性改革为主线，各级政府要从降低企业的生产成本着手，缓解企业"融资难、融资贵"的问题，更多运用市场化、法治化手段进行管理，提高市场竞争的充分性和公平性，从而不断壮大我省产业集群，打造"大企业集团"。二是要加快技术创新。要以信息化、高端化、服务化、品牌化为方向，大力开展传统工业技术改造，加强研发、设计、营销、技术服务等短板要素升级，促进制造业由一般加工向高端制造转变，由产品竞争向品牌竞争提升，不断提高我省的产业集中度。

（四）充分发挥税收职能，不断优化营商环境

为增强我省经济发展后劲，税务部门要充分发挥税收职能作用，坚定不移地精准落实减税降费政策，以税收优惠的真金白银为实体经济持续健康发展注入活力，为市场主体减负增力。在做好减税降费的"减法"同时做好纳税服务的"加法"，坚持"放""管""服"结合，深入落实"优化环境年"，优化行政审批流程，推行网上办税服务厅，探讨建立新型税源监管方式，提升税收征管质效。让税收优惠政策"落地生根"，让纳税服务"升级迭代"，以税收的减法和加法助力实体经济"轻装快跑"。

附表　2018 年山西省纳税百强企业名单

单位：万元

序号	纳税人名称	行业门类	行政区域	税收入库数
1	中煤平朔集团有限公司	煤炭开采和洗选业	朔州市	293455.89
2	大秦铁路股份有限公司	铁路运输业	大同市	274454.42
3	山西太钢不锈钢股份有限公司	黑色金属冶炼和压延加工业	太原市	252779.50
4	山西杏花村汾酒厂股份有限公司	酒、饮料和精制茶制造业	吕梁市	218797.21
5	山西昆明烟草有限责任公司	烟草制品业	太原市	215981.98
6	同煤大唐塔山煤矿有限公司	煤炭开采和洗选业	大同市	192066.86
7	山西西山煤电股份有限公司	煤炭开采和洗选业	太原市	190672.24
8	山西西山晋兴能源有限责任公司	煤炭开采和洗选业	吕梁市	189771.96
9	山西潞安环保能源开发股份有限公司	煤炭开采和洗选业	长治市	186731.21
10	阳泉煤业(集团)股份有限公司	煤炭开采和洗选业	阳泉市	178863.55
11	国网山西省电力公司	电力、热力生产和供应业	太原市	178037.35
12	山西高河能源有限公司	煤炭开采和洗选业	长治市	161352.33
13	山西晋城无烟煤矿业集团有限责任公司寺河煤矿	煤炭开采和洗选业	晋城市	153419.65
14	山西潞安集团余吾煤业有限责任公司	煤炭开采和洗选业	长治市	148469.96
15	西山煤电(集团)有限责任公司	煤炭开采和洗选业	太原市	148461.43
16	山西晋煤集团赵庄煤业有限责任公司	煤炭开采和洗选业	长治市	145445.20
17	山西锦兴能源有限公司	煤炭开采和洗选业	吕梁市	130771.63
18	晋城蓝焰煤业股份有限公司成庄矿	煤炭开采和洗选业	晋城市	127449.67
19	山西中煤华晋能源有限责任公司王家岭分公司	煤炭开采和洗选业	运城市	113913.07
20	山西省烟草公司太原市公司	批发业	太原市	104047.58

续表

序号	纳税人名称	行业门类	行政区域	税收入库数
21	大同煤矿集团有限责任公司	煤炭开采和洗选业	大同市	99413.68
22	同煤国电同忻煤矿有限公司	煤炭开采和洗选业	大同市	96656.96
23	山西华宁焦煤有限责任公司	煤炭开采和洗选业	临汾市	89152.50
24	山西新元煤炭有限责任公司	煤炭开采和洗选业	晋中市	84294.88
25	大同煤矿集团马道头煤业 有限责任公司	煤炭开采和洗选业	大同市	83200.52
26	山西灵石天聚鑫源煤业有限公司	煤炭开采和洗选业	晋中市	81207.29
27	山西吉利汽车部件有限公司	汽车制造业	晋中市	78445.37
28	沁和能源集团有限公司	煤炭开采和洗选业	晋城市	76231.26
29	山西霍尔辛赫煤业有限责任公司	煤炭开采和洗选业	长治市	76166.07
30	山西新景矿煤业有限责任公司	煤炭开采和洗选业	阳泉市	75435.50
31	山西中阳钢铁有限公司	黑色金属冶炼和 压延加工业	吕梁市	73918.81
32	鸿富晋精密工业(太原)有限公司	计算机、通信和其他 电子设备制造业	太原市	73604.77
33	山西沁新能源集团股份有限公司	煤炭开采和洗选业	长治市	73483.41
34	山西建龙实业有限公司	黑色金属冶炼和 压延加工业	运城市	73474.16
35	山西潞安集团司马煤业有限公司	煤炭开采和洗选业	长治市	72715.05
36	山西华润大宁能源有限公司	煤炭开采和洗选业	晋城市	69172.86
37	山西高义钢铁有限公司	黑色金属冶炼和 压延加工业	运城市	65956.75
38	山西柳林寨崖底煤业有限公司	煤炭开采和洗选业	吕梁市	63976.98
39	霍州煤电集团吕梁山煤电有限公司	煤炭开采和洗选业	吕梁市	63704.12
40	华晋焦煤有限责任公司	煤炭开采和洗选业	吕梁市	62561.93

序号	纳税人名称	行业门类	行政区域	税收入库数
41	蒲县宏源煤业集团有限公司	煤炭开采和洗选业	临汾市	57311.60
42	同煤浙能麻家梁煤业 有限责任公司	煤炭开采和洗选业	朔州市	56118.56
43	山西省烟草公司晋中市公司	批发业	晋中市	55770.89
44	晋商银行股份有限公司	货币金融服务	太原市	55274.65
45	山西长平煤业有限责任公司	煤炭开采和洗选业	晋城市	55065.94
46	山西华晋吉宁煤业有限责任公司	煤炭开采和洗选业	临汾市	54635.25
47	霍州煤电集团有限责任公司	煤炭开采和洗选业	临汾市	54289.17
48	山东东岳能源交口肥美铝业 有限责任公司	有色金属冶炼和 压延加工业	吕梁市	53880.41
49	山西怀仁联顺玺达柴沟煤业 有限公司	煤炭开采和洗选业	朔州市	53654.76
50	山西朔州山阴金海洋南阳坡煤业 有限公司	煤炭开采和洗选业	朔州市	53587.96
51	山西煤炭进出口集团 左云长春兴煤业有限公司	煤炭开采和洗选业	大同市	53580.19
52	山西中煤华晋能源有限责任公司	煤炭开采和洗选业	太原市	53523.52
53	中国工商银行股份有限公司 山西省分行	货币金融服务	太原市	53042.18
54	山西煤炭进出口集团 河曲旧县露天煤业有限公司	煤炭开采和洗选业	忻州市	52903.14
55	大同煤矿集团忻州同舟煤业 有限公司	煤炭开采和洗选业	忻州市	52116.54
56	山西阳光焦化集团股份 有限公司	石油、煤炭及其他 燃料加工业	运城市	51701.84
57	山西杏花村汾酒销售 有限责任公司	批发业	吕梁市	51049.55
58	山西天地王坡煤业有限公司	煤炭开采和洗选业	晋城市	50504.34
59	首钢长治钢铁有限公司	黑色金属冶炼和 压延加工业	长治市	50456.13
60	太原市梗阳实业集团有限公司	石油、煤炭及其他 燃料加工业	太原市	49657.75

续表

序号	纳税人名称	行业门类	行政区域	税收入库数
61	山西柳林凌志兴家沟煤业有限公司	煤炭开采和洗选业	吕梁市	48946.49
62	山西晋煤集团沁秀煤业有限公司	煤炭开采和洗选业	晋城市	48041.99
63	国家开发银行山西省分行	货币金融服务	太原市	46588.37
64	山西朔州山阴金海洋五家沟煤业有限公司	煤炭开采和洗选业	朔州市	45095.81
65	山西省烟草公司运城市公司	批发业	运城市	44646.41
66	山西柳林汇丰兴业同德焦煤有限公司	煤炭开采和洗选业	吕梁市	44644.10
67	山西交通控股集团有限公司	道路运输业	太原市	44581.74
68	山西省长治经坊煤业有限公司	煤炭开采和洗选业	长治市	44543.55
69	富晋精密工业(晋城)有限公司	专用设备制造业	晋城市	44299.86
70	山西三元煤业股份有限公司	煤炭开采和洗选业	长治市	44116.50
71	太钢集团岚县矿业有限公司	黑色金属矿采选业	吕梁市	44085.83
72	长治三元中能煤业有限公司	煤炭开采和洗选业	长治市	43497.07
73	山西省烟草公司大同市公司	批发业	大同市	43163.07
74	山西长治王庄煤业有限责任公司	煤炭开采和洗选业	长治市	42595.57
75	山西省烟草公司吕梁市公司	批发业	吕梁市	42397.96
76	山西华晟荣煤矿有限公司	煤炭开采和洗选业	长治市	42188.99
77	山西柳林凌志柳家庄煤业有限公司	煤炭开采和洗选业	吕梁市	41888.58
78	中铝山西新材料有限公司	有色金属冶炼和压延加工业	运城市	41684.39
79	山西东辉集团西坡煤业有限公司	煤炭开采和洗选业	吕梁市	41342.30
80	华润置地(太原)有限公司	房地产业	太原市	40886.35

续表

序号	纳税人名称	行业门类	行政区域	税收入库数
81	中国民生银行股份有限公司太原分行	货币金融服务	太原市	40864.42
82	阳泉煤业集团安泽登茂通煤业有限公司	煤炭开采和洗选业	临汾市	40579.57
83	太原坚实房地产开发有限公司	房地产业	太原市	39006.89
84	山西柳林凌志成家庄煤业有限公司	煤炭开采和洗选业	吕梁市	38679.83
85	山西焦煤集团有限责任公司	批发业	太原市	38336.77
86	山西省烟草公司长治市公司	批发业	长治市	38274.49
87	山西晋煤集团坪上煤业有限公司	煤炭开采和洗选业	晋城市	38252.60
88	山西吕梁中阳梗阳煤业有限公司	煤炭开采和洗选业	吕梁市	37297.88
89	山西汾西太岳煤业股份有限公司	煤炭开采和洗选业	长治市	37241.44
90	东方希望晋中铝业有限公司	有色金属冶炼和压延加工业	晋中市	37198.51
91	中国建设银行股份有限公司山西省分行	货币金融服务	太原市	37186.97
92	山西潞安矿业(集团)有限责任公司	煤炭开采和洗选业	长治市	37182.95
93	国家电投集团山西铝业有限公司	有色金属冶炼和压延加工业	忻州市	36719.08
94	山西潞安环保能源开发股份有限公司王庄煤矿	煤炭开采和洗选业	长治市	36589.31
95	山西柳林宏盛聚德煤业有限公司	煤炭开采和洗选业	吕梁市	36487.64
96	国电电力大同发电有限责任公司	电力、热力生产和供应业	大同市	36380.35
97	阳泉市南庄煤炭集团有限责任公司	煤炭开采和洗选业	阳泉市	36326.96
98	山西立恒钢铁集团股份有限公司	黑色金属冶炼和压延加工业	临汾市	36235.17
99	山西柳林煤矿有限公司	煤炭开采和洗选业	吕梁市	36065.59
100	中国人民财产保险股份有限公司山西省分公司	保险业	太原市	35999.72

审稿人：董其文

执笔人：陈永斌　刘亚斌

中部崛起中的山西经济发展研究

●山西税收发展"含金量""含新量""含绿量"明显增加

●与中部其他省份相比，税收呈现"三低三高"的特点，产业结构存有不足

●打造能源革命排头兵，加快新旧动能转换，实现资源与经济良性循环

山西地处我国中部，是连接京津冀和大西北的重要枢纽，地理位置优越。作为全国重要的煤炭主产地和重工业基地，近年来，在省委、省政府的坚强领导下，全省深入推进资源型经济转型发展，经济稳中向好的态势继续稳固，运行亮点不断显现，税收"含金量""含新量""含绿量"明显增加，但与中部其他省份相比，山西在产业结构、转型升级等方面还存在问题和不足，新旧动能转换仍需进一步加力。

一、税收数据显示山西发展亮点多

2018 年，山西税收收入完成 2888.64 亿元，同比增长 16.69%，增幅居全国首位。2019 年 1—6 月，山西税收收入完成 1915.83 亿元，同比增长 12.91%，经济税收发展亮点不断显现。

（一）结构优化，效益提升，"含金量"稳步增加

产业转型成效明显。2018 年，山西三次产业税收之比为 0.08:62.48:37.44，与煤炭"黄金十年"①中的 2011 年相比较，二产税收比重降低 6 个百分点，三产税收比重上升 8 个百分点，产业结构更趋合理。行业税收格局优化。2018 年，煤炭行业税收完成 1142.44 亿元，同比增长 16.74%，占全部税收的 39.55%。非煤行业税收完成 1746.2 亿元，同比增长 16.65%，占全部税收的 60.45%。非煤行业税收占比超过六成，贡献 60.34% 的税收增量，非煤产业成为拉动全省税收增长的重要动力，煤与非煤齐增长的发展态势正在不断巩固。经营质效提升。2018 年，山西规模以上工业企业每百元主营业务收入中的成本同比下降 1.26 元，费用同比下降 0.2 元，规模以上工业企业利润同比增长 41.9%。与此相适应，企业所得税完成 539.67 亿元，同比增长 31.67%。

（二）动能转换，创新驱动，"含新量"大幅提高

新能源产业加速发展。近年来，山西大力发展煤层气、水电、风电、太阳能发电等新能源产业，煤层气地面抽采量占全国的 90% 以上，光伏发电规模领跑全国。2018 年，山西煤层气行业税收完成 7.58 亿元，同比增长 21%；风电、太阳能发电、生物质能发电等新能源发电税收合计完成 10.11 亿元，同比增长 1.4 倍，新能源发电税收规模已达火电的三分之一。高端制造业逐渐发力。2018 年，在吉利、大运等龙头企业的带动下，山西汽车产量增长 15.5%，汽车制造业税收完成 11.17 亿元，同比增长 18.73%，税收规模首次站上 10 亿元台阶。同时，铁路、船舶及航空航天制造业税收增长 13.8%，医药制造业增长 8.87%。经过积累与发展，山西在汽车、高铁等高端制造业领域已占一席之地，为制造业转型升级注入新活力。现代服务业增势较好。2018 年，山西金融业税收完成 181.77 亿元，同比增长 9.22%；租赁和商务服务业税收完成 50.96 亿元，同比增长 41.67%；科学研究和技术服务业税收完成 17.05 亿元，同比增长

---

①"黄金十年"：指 2002—2012 年中国煤炭快速发展的十年。

22.9%，增收 3.18 亿元。服务业特别是现代服务业逐步崛起，成为推动全省经济高质量发展的新引擎。

（三）税改发力，税务助力，"含绿量"明显提升

绿色税制作用显现。2018 年，税务部门征收环境保护税 11.29 亿元，水资源税 28.47 亿元。排污企业环保设施投入力度不断加大。2018 年，税务部门监控的 50 户能源消费大户，用于环保项目支出资金近千亿元，高于 2017 年全年环保支出 40 亿元，税收正向引导作用成效显著。税收营商环境持续优化。2018 年，山西落实各项税收优惠政策减税 483 亿元，同比增长 15.71%；深化税制改革减税 90.14 亿元。2019 年 1—6 月，全省落实税收优惠政策减税 197 亿元，其中，2019 年新出台的小微企业普惠性减免 19.41 亿元，深化增值税改革减税 84.4 亿元，个人所得税改革减税 39.89 亿元。此外，通过银税互动为企业融资贷款 31.94 亿元。税收营商环境已经成为山西转型发展的助推器。

二、从中部六省对比看山西经济发展中存在的问题

（一）税收总体呈现"三低三高"的特点

"三低"：一是税收总量低。近年来，随着供给侧结构性改革深入推进，在煤炭、焦炭、冶金等工业品价格大幅上涨的带动下，山西经济税收实现较快增长，但总量偏小。2018 年，山西地区生产总值完成 1.68 万亿元，税收收入完成 2888.64 亿元，税收规模仅为湖北的 57.75%、河南的 58.35%、安徽的 68.57%、湖南的 70.93%、江西的 90.65%。二是税源规模低。截至 2018 年底，山西税务部门登记纳税人中一般纳税人 15.9 万户，在中部六省中仅高于湖南，分别比河南、安徽、江西、湖北少 13.36 万户、3.1 万户、1.6 万户、10.1 万户。三是外资比重低。2018 年，山西国有经济税收完成 875.45 亿元，占全部税收的比重为 30.18%，比中部六省均值（27.66%）高 2.52 个百分点。民营经济税收完成 1909.39 亿元，占全部税收的比重为 65.83%，比中部六省均值（64.87%）高 0.96 个百分点。

外资经济税收仅完成 115.71 亿元，占全部税收的比重为 3.99%，比中部六省均值（7.48%）低 3.49 个百分点。由此可见，山西引进外资企业和对外开放步伐还需加快。

"三高"：一是增值税占比高。2018 年，山西增值税完成 1390.91 亿元，占全部税收的比重为 48.15%，比中部六省均值（41.38%）高 6.77 个百分点，比最低的湖北（31.12%）高 17.03 个百分点。2018 年，山西所得税（企业所得税和个人所得税）完成 679.22 亿元，占全部税收的比重为 23.51%，比中部六省均值（24.14%）低 0.63 个百分点，高于湖南、河南，低于湖北、安徽和江西。二是宏观税负高。2018 年，山西宏观税负为 17.17%，即每百元 GDP 实现税收收入 17.17 元，而河南、安徽、江西、湖南、湖北分别为 10.76%、14.65%、14.91%、11.46%、13.07%。2016 年以来，山西宏观税负持续走高，最高的 2018 年（17.17%）比最低的 2016 年（13.94%）上升 3.23 个百分点。三是税收集中度[①]高。2018 年，纳税亿元以上大户山西有 457 户，共缴纳税收 1443 亿元，占全部税收的比重为 49.75%，税收集中度高于河南（32.71%）、安徽（32.18%）、江西（27.89%）、湖南（41.63%）、湖北（40.56%）。

（二）经济税收发展中值得关注的问题

一是经济税收结构性矛盾仍然突出，产业结构需不断优化。从中部六省榜首行业税收占本省税收比重看，2018 年，山西（煤炭行业）占比为 39.55%，河南（房地产业）占比为 20.01%，安徽（房地产业）占比为 20.49%，江西（房地产业）占比为 18.64%，湖南（房地产业）占比为 18.54%，湖北（房地产业）占比为 18.28%，山西榜首行业税收占比高于其他五省。由于税收对传统产业，特别是对煤炭的依赖性强，且煤炭企业多为国有或国有控股企业，相应山西外资经济占比低、增值税比重大等特征也较明显。

二是先进制造业发展有待提速，新动能需加快培育。先进制造业税收规模小、占比低，税收贡献有限。2018 年，山西计算机、通信和其他电子

---

①税收集中度:纳税亿元以上企业的税收占全部税收的比重。

设备制造业，仪器仪表制造业，电气机械和器材制造业以及铁路、船舶、航空航天和其他交通运输设备制造业等先进制造业税收合计完成 29.19 亿元，占全部税收的比重为 1.01%，低于河南（1.90%）、安徽（3.70%）、江西（2.26%）、湖南（2.45%）、湖北（1.50%）。同时，科技创新驱动不足。2018 年，山西新增高新技术企业 831 户，为中部六省均值（1458 户）的 56.99%；享受鼓励高新技术企业发展减免税 34.66 亿元，享受减税规模比中部六省均值（68.76 亿元）低 34.10 亿元。

三是服务业发展相对滞后，消费拉动作用不强。近年来，山西服务业发展成效明显，但与中部其他五省相比还存在一定差距，发展相对滞后。2018 年，山西服务业增加值完成 8920 亿元，分别为河南的 41.05%、安徽的 65.94%、江西的 90.49%、湖南的 47.22%、湖北的 47.62%；服务业税收占全部税收的比重为 37.44%，低于全国均值（56.80%）19.36 个百分点，低于中部六省均值 16.24 个百分点。从社会消费品零售总额来看，2018 年，山西为 7338.50 亿元，低于河南的 20594.74 亿元、安徽的 12100.10 亿元、江西的 7566.40 亿元、湖南的 15638.26 亿元、湖北的 18333.60 亿元，与其他五省相比，有效消费需求明显不足，消费对经济拉动作用不强。

三、助力中部崛起、加快山西发展的几点建议

（一）发挥资源优势，打造国家能源革命排头兵

全面落实《关于在山西开展能源革命综合改革试点的意见》，依托煤炭建设新型能源和工业基地。一是要推动传统能源清洁化，建立以煤炭资源清洁高效绿色利用为基础的现代煤化工体系，加快以煤炭为基础、以煤化工和电力为中心的传统能源产业的发展及其延伸与开发，巩固煤电税源基础。二是要促进新能源规模化，积极利用国内外先进技术大力发展煤层气、光伏、风能、氢能等新能源产业，形成多轮驱动的能源供给新格局。

（二）坚持新发展理念，实现资源与经济良性循环

完善资源有偿使用制度和价格形成体系，建立矿权交易市场，健全资源更新的经济补偿机制；推行新的行业准入标准，控制新上高消耗项目，提高资源回收率，实现资源效能的最大化和资源开发保护的制度化、规范化。以推进资源综合利用和推行清洁生产为重点，大力发展循环经济，延伸产业链，抓好与煤共生伴生资源的综合利用，扶持一批循环经济企业，建设一批生态矿井、生态园区等，实现自然生态系统和社会经济系统的良性循环，有效缓解资源环境生态压力，拓展发展空间。

（三）推动制造业高质量发展，加快新旧动能转换

抓住新产业变革和新技术革命的机遇，找准山西在全国和中部六省中的发展定位，加快制造业转型升级，推动制造业发展质量变革、效率变革、动力变革，加快迈向中高端。一是要整合提升装备制造业，全面提升装备制造业的规模和效益，充分发挥新型装备制造业的税源潜力。二是发展具有山西优势的化学、医药产业和新型材料产业，努力实现税源规模和经济效益的协调发展。

（四）持续优化营商环境，打造中部对外开放新高地

进一步加大对实体经济的支持力度，全面落实减税降费各项措施，降低实体经济税费负担；放宽行业准入制度，积极鼓励省内万亿民资进入煤炭转化产业、新型战略产业、金融服务等重点行业以及其他省市建设项目。实行全方位对外开放，把规模大、附加值高、经济税收带动力强的优质项目引进来，吸引外资及港澳台企业落地发展，进一步提升非公经济税收贡献率，实现经济转型和税源稳定、产业升级和财源壮大同频共振、协同推进。

审稿人：张瑞清

执笔人：王　鑫　王靖文

发挥税收职能作用
打赢脱贫攻坚战

●贫困地区仍存在税收规模小、"大户"占比低、可持续高质量发展企业少的情况

●企业发展是消灭贫困的重要途径，政府要创新管理和服务，助力企业优质发展

●争取国家支持，构建扶贫税收优惠政策体系，扶持贫困地区经济发展

目前距离 2020 年完成脱贫攻坚的目标任务不到两年，但山西仍有部分地区尚未"脱贫摘帽"。本文以长治革命老区贫困地区为例，通过税收视角，分析贫困地区经济发展现状，运用税收思维，探讨如何创造良好发展环境，助推贫困地区经济发展，助力全省打好打赢"脱贫攻坚战"。

一、长治贫困地区基本情况及税源现状

截至 2018 年底，长治市有国家扶贫开发工作重点县 3 个，分别是壶关县、平顺县、武乡县。地形均以丘陵和山地为主，占三县总面积的 93.3%；GDP 总和 134 亿元，占全市 GDP 的 9.08%；人均 GDP2.36 万元，为全市人均 GDP4.75 万元的一半左右；三次产业结构为 8.4:44.9:46.7，与全市 3.9:54.2:41.9 相比，一产、三产比重相对较高；贫困人口 23276 人，占全市贫困人口的 89.8%；贫困发生率为 4%，高于全市贫困发生

率（1.1%）2.9 个百分点，脱贫任务艰巨。从税收指标上看，三县经济发展状况呈现以下特点：

（一）从税收总量看，三县税收规模偏小

2018 年，平顺县、壶关县、武乡县分别完成税收收入 1.43 亿元、3.2 亿元、8.6 亿元，分别占全市税收总收入 308.37 亿元的 0.46%，1.03%，2.79%。

（二）从企业规模看，"大户"占比不高

2018 年，贫困三县纳税超过 500 万元的企业仅有 33 户，占全市纳税 500 万元以上企业户数（408 户）的 8.1%。33 户企业共缴纳税款 9.35 亿元，占全市规模企业税收 265.95 亿元的 3.5%。

（三）从税收优惠看，政策引领创新反映不明显

2018 年，贫困三县税收减免主要集中在改善民生和支持"三农"方面，占比高达 60%，高出全市 41 个百分点；而发挥税收引领社会主体创新的鼓励高新技术、支持金融资本市场、转制升级、节能环保政策减免仅占 7.02%，低于全市 44.9 个百分点。

二、税企联动，推动长治贫困地区经济发展

（一）以工带农，产业扶贫增加农民就业

通过"政府+企业+贫困户"模式，发展工副业，带动农民就业。平顺县承接发达地区加工贸易转移产业，引进山西太子龙服饰有限公司，在西沟乡设立太子龙服装厂，2016—2018 年缴纳税款逐年增加，分别为 608 万元、664 万元、752 万元。该公司在建扶贫工厂和电商产业园预计将于 2019 年完工，将为当地再带来税款 1000 余万元，实现就业 300 人，定向扶贫 120 人，仅招用建档立卡贫困人口一项，预计将为企业带来 72 万元的税收扣减额，有力促进企业安置贫困人口的积极性。

（二）以企带村，免税政策支持农业发展

通过"公司+基地+贫困户"模式，发展农副业，增加农民收入。武乡县绿农农牧科技有限公司构建从种禽繁育、饲料生产、商品养殖、食品加工、病死畜禽无害化处理为一体的产业链企业发展模式。整个产业链项目达产达效后年产值可达 22 亿元，目前安排全县 1470 余人就业，直接带动武乡县肉鸡养殖户 300 余户，户年均增收 12.5 万元以上；间接带动运输业、餐饮服务业 3400 余户，每户年均收入 1 万元以上；带动养殖户、种植户 2100 余户，户均年收入 6.5 万元。2016—2018 年，税务部门共为企业减免各项税款 1.26 亿元，在一定程度上缓解了企业资金紧张、融资难的问题，同时带动农民脱贫致富，实现了"双赢"。

（三）以旅带商，利用资源拓宽扶贫渠道

通过"景区+商业服务+贫困户"模式，发挥自然生态资源优势，提供农事体验、住农家院、吃特色农家菜等一流旅游服务，带动贫困地区农村建设和发展，激发贫困群众的内生动力。壶关县山西太行山大峡谷旅游发展股份有限公司 2018 年接待游客 124.58 万人次，同比增长 20.8%，全年营业收入 12637.79 万元，缴纳税款 280.48 万元。截至 2018 年底，该企业从业人数 520 人，其中，带动周边 4 个村贫困人口就业约 110 人，占总人数比例 21.15%。

（四）金融支持，税银联动助力精准扶贫

通过"农信社+精准扶贫"模式，一方面，积极在"精准输血"上下功夫，为贫困农户开办无担保、无抵押、纯信用的融资途径，有效满足贫困农户的信贷需求；另一方面，在"精准造血"上谋长远，鼓励贫困户投资企业项目，增加贫困户投资回报率。在国家对金融扶贫相关税收优惠政策支持下，山西壶关农村商业银行股份有限公司 2018 年享受税收减免 803.16 万元，极大地促进了企业发放扶贫贷款的积极性。自 2016 年以来，该企业投放各项扶贫贷款共计 9.41 亿元，直接支持或间接带动贫困户 4038 户，已实现脱贫 2937 户。其中，通

过投放单位扶贫贷款，累计支持扶贫企业21户；通过投放个人精准扶贫贷款，累计支持贫困户 36 户，30 户实现了脱贫；通过投放扶贫小额信用贷款，累计带动建档立卡贫困户 2822 户，1313 户建档立卡贫困户实现了脱贫。

三、税收把脉，探析长治贫困地区企业发展瓶颈

（一）针对贫困地区特有的税收优惠政策少，吸引招商引资优势欠佳

我国的税收优惠政策多为普惠性，特定区域的优惠仅限于经济特区、上海浦东新区、自贸区、西部地区、少数民族地区等，专门针对国家扶贫开发工作重点县的税收优惠政策相对较少，对企业吸引力不强。

（二）贫困地区缺少具有竞争力的企业，民营经济带动地方持续发展能力不高

贫困地区产业基础薄弱，缺少具有强带动力和竞争力的企业，除武乡县因有煤炭资源，重点大户包含煤炭企业外，贫困三县税收主要集中在金融、烟草两个传统国有经济行业，民营税收以钢铁、化工和房地产开发为主，技术含量较低，发展空间有限。而以农村集体经济组织方式存在的合作社，虽然在脱贫攻坚中发挥了积极作用，但由于规模小，自身发展能力差，靠政府扶持的多，带富能力不强。

（三）金融支持扶贫存在困难，对贫困地区发展提供保障不足

农商银行对农户贷款的税收优惠政策实施以来，农户可通过贷款来参与企业经营，在一定程度上缓解了企业融资难的问题。但贫困户由于缺少好的投资项目，贷款时有思想压力，积极性不高，银行放贷率低，加之不好的贷款投资项目信贷资金回收困难，在一定程度上挫伤了农商银行放贷的积极性。

四、税收献策，助力贫困地区经济发展

（一）发展地方特色产业，打造完整产业化链条

发展特色产业是提高贫困地区自我发展能力的根本举措。然而大多数贫困地区由于技术、资金、管理、交通等原因，无法将资源优势有效转化为产业优势、经济优势。因此，需要地方政府及有关部门帮助谋划，扶持建设贫困人口参与度较高的地方特色产业，形成特色产业体系，通过发展地方特色产业实现长期稳定就业，促使地区增收。

（二）发挥资源优势，积极承接东部或发达地区加工贸易转移产业

贫困地区拥有土地资源和人力资源，具备发展劳动密集型产业条件。政府应积极利用东部或发达地区产业结构升级，劳动密集型产业向外转移的机遇，与东部地区或发达地区优质、品牌企业对接，结成互帮互助对子，借助外部资金、技术力量，利用好税收优惠政策，发展加工贸易，同时融入"一带一路"建设，推动地方经济发展。

（三）完善贫困地区税收优惠政策体系，加大税收扶持脱贫力度

一是改变贫困地区共享税收分成比例，建议地方政府积极与中央沟通，将贫困地区税收100%留给地方，增加地方可用财力，并确保多出份额专项用于贫困地区基础设施建设和贫困治理。二是建议省、市两级政府要在法律允许范围内最大限度给予贫困地区税收优惠政策，同时要积极争取中央赋予地方更大的税收自主权，如对在国家级贫困地区投资建厂的企业，在一定期限内减免全部税收，提高贫困地区活力，吸引更多企业、个人投资，并增强企业竞争力，带动贫困地区经济增长，实现贫困地区的脱贫致富。

审稿人：张瑞清

执笔人：李显斌　郭　雷　弓彩虹

减税降费
赋能山西经济高质量发展研究

- 减税降费"降"的力度效果好
- 减税降费"补"的成果功效强
- 减税降费为山西经济高质量转型发展添能蓄势

2019 年以来，山西省税务系统全面贯彻落实习近平总书记关于减税降费的讲话精神和中央经济工作会议精神，准确把握改革脉络，自觉融入改革大局，充分发挥税收职能作用，积极落实各项减税降费政策，大力度的减税降费成效持续显现，为山西经济高质量转型发展添能蓄势。

一、"降"的力度效果好，政策红利持续释放

2019 年 1—7 月，全省累计新增减税 222.01 亿元，占同期税收总收入的比重为 9.99%，政策惠及 661.02 万户次纳税人。自 5 月 1 日社保费降率以来，全省共有 16589 户机关事业单位缴费人享受降费优惠，政策减费额累计 3.58 亿元，户均减费 2.16 万元。我省在减税降费政策落实过程中，"降"的效果持续体现。

(一)"降"的力度：增值税减税规模大

从新增减税项目来看，增值税改革减税 134.49 亿元，占新增减税总额

的 60.58%；个人所得税两步改革叠加减税 46.71 亿元，占新增减税总额的 21.04%；小微企业普惠性政策减税 19.69 亿元，占新增减税总额的 8.87%；大规模的减税为全省经济高质量发展积蓄了新动能。

（二）"降"的广度：民营企业减税受益面广

民营企业成为减税降费红利的最大受益者，1—7 月，全省民营企业减税降费 132 亿元，占全部企业减免税额的 59.45%，比国有企业减税比重高出 34.75 个百分点。

（三）"降"的宽度：地方承担的减税额略大

地方负担的减税降费额度超过中央，地方级承担 113.4 亿元，占减税总额的 51%；中央级承担 108.6 亿元，占减税总额的 49%。

（四）"降"的深度：综改示范区减税占比高

从各市区新增减税来看，综改区、运城市、晋中市、太原市、阳泉市等五个市区新增减税占本市同期税收收入的比重分别为 15.14%、13.53%、10.96%、10.80%、10.28%，高于全省平均水平。

（五）"降"的温度：自选减税动作获得感强

山西省在最大限度落实国家"六税两费"优惠政策的基础上，自加压力展开减税自选动作，在国家规定的幅度内将全省城镇土地使用税税额标准普遍下调，统一按现行税额标准的 75% 调整。2019 年上半，年全省土地使用税减征 5.07 亿元，实实在在的减税金额让纳税人得到了发展的"真金白银"。

二、"补"的成果功效强，助推经济高质量转型发展

（一）降负提效，减税降费进一步推动制造业高质量转型发展

1. 税负下降，制造业企业效益提升明显

增值税改革以来，全省增值税一般纳税人平均税负为 1.95%，较上年

（2.58%）下降 0.63 个百分点，降幅达 24.42%。其中，制造业平均税负为
1.8%，较上年（2.91%）下降 1.11 个百分点；制造业的上游行业采矿业平
均税负由上年的 6.37% 降至 2019 年的 4.54%；下游行业交通运输业平均税
负由上年的 1.58% 降至 2019 年的 1.33%,主要行业税负均明显降低①。上半
年全省 947 户制造业重点税源企业利润总额同比增长 9.41%，盈利企业户
数同比增加 211 户。

2. 动能转换，制造业企业高质量转型发展

在降低增值税税率、先进制造业的增值税留抵退税、固定资产加速折
旧扩大到所有制造业等政策的加力下，2019 年 1—7 月，全省固定资产投
资增长 7.2%，其中，工业技改投资增长 19.8%，占全省工业投资比重
36.8%，同比上升 6.8 个百分点。全省装备制造业增加值增长 8.0%，快于全
部工业 1.3 个百分点。减税降费不仅为企业转型升级提供了新动力，更为
传统产业转型升级增加了底气，以山西建龙实业公司为例，2019 年该企业
预计享受减税 1.22 亿元，减税降费政策带来的资金流入，使该企业总投资
46.8 亿元的优质工业用钢开发项目超预期推进。

（二）政策发力，减税降费进一步推动实体经济创新发展

1. 优惠政策加力，促进实体经济科技成果转化加快

更大规模的减税降费政策聚焦于实体经济，实体经济自主创新能力不
断加强。高新技术企业和科技型中小企业亏损结转年限由 5 年延长至 10 年
政策的落实，我省高新技术企业和科技型中小企业弥补亏损金额 18.34 亿
元， 2719 户纳税人得到实惠。高新优惠政策的加力，有效增加企业流动资
金，激励企业加大研发投入，推动科研创新，加快科技成果转化。

2. 优惠方式增多，促进实体经济自主创新力度加大

对国家级、省级科技企业孵化器、大学科技园和国家备案众创空间对
向在孵对象提供孵化服务取得的收入，免征增值税；提高研发费用加计扣
除比例至 75% 等多样化的税收优惠政策，有力地促进了实体经济自主创新
力度逐渐提升。2019 年 1—7 月，全省研发费用税前加计扣除比例提高，

---

①数据来源:金税三期系统"增值税一般纳税人分行业税负查询"模块。

范围扩大，扣除研发费用 144.45 亿元，惠及 1.1 万户纳税人。生产规模位居国内第一的山西贝特瑞新能源科技有限公司，2019 年在享受研发费用和企业所得税低税率优惠后，全年预计减免所得税 291.98 万元，节余资金将全部用于科技研发，有力推动企业自主创新能力不断增强。

（三）绿色发展，减税降费进一步推动能源革命

1. 能源革命再添动力

2019 年上半年，我省能源产业新增减免税费 67.93 亿元，其中，深化增值税改革减免 47.02 亿元，资源税优惠减免 0.58 亿元，能源企业购置环保设备抵免 1.7 亿元，土地使用税下调全年可为能源企业减免土地使用税 2.79 亿元。这些政策扶持为能源革命再添动力，有利于能源产业转型升级，促进了资源均衡利用，助推了能源企业绿色发展。

2. 非煤工业增势喜人

减税降费政策的落实有效稳定了我省非煤工业企业的预期，7 月，我省规模以上工业增加值增长 6.7%。其中，煤炭工业增加值增长 6.0%，非煤工业增长 7.6%;非煤工业对全省工业增长的贡献率达到 54.0%，超过煤炭工业 8.0 个百分点。部分新能源产品保持快速增长，新能源汽车产销齐增，产量与零售额分别增长 91.5%和 150%。

（四）激发活力，减税降费进一步助力中小企业发展

1. 中小企业微观主体活力进一步增强

扩大小型微利企业覆盖面，减免企业所得税，使 5.35 万户企业享受 6.04 亿元的减税红利。上调小规模纳税人标准，降低核算成本，涉及 1.04 万户一般纳税人转为小规模纳税人，享受减税金额 13.64 亿元。运城市兴达通信有限公司，充分享受了上述两项政策红利，全年预计减免 46.29 万元，减免率达 67.29%，减税红利的落实充分激发了中小企业发展壮大的活力。

2. 中小企业"就业明星"的作用进一步巩固

截至 2019 年 7 月，我省金融机构共向小微企业发放贷款 10.83 亿元，减免金融机构增值税 0.65 亿元，对金融机构的减免税政策有效鼓励资金向

中小微企业倾斜，缓解了中小企业资金困局。资金活则市场活，1—7月，全省新增市场主体 16.85 万户，其中，单位纳税人同比增长 27.37%，个体工商户同比增长 30.14%。月均新增市场主体 2.41 万户，同比增长 28.86%；新增市场主体纳税人贡献各类税费 8.90 亿元，提供了 82.34 万人次的就业岗位[①]，有力地促进了稳就业、稳预期、保民生。

（五）固本培元，减税降费进一步助力民生发展

1. 个人所得税减税降费助推消费升级

2019 年 1—7 月，我省个人所得税两步税改因素叠加，减免高达 46.71 亿元，涉及 563.66 万人，特别是 473.59 万人享受到工薪所得个人所得税减免金额 42.48 亿元。个税改革"红包"直接增加了居民收入，截至 7 月末，我省金融机构各项存款余额同比增长了 8.48 个百分点，居民消费能力有了显著提升，消费水平的提高有力推动我省消费升级。

2. 批零业减税降费有效释放市场内需潜能

1—7 月，我省批发零售业仅增值税减税就达到 42.68 亿元，这一利润空间可有效转化为降价空间，通过抵扣链条的传导，最终反映到商品价格上，使消费者受益，刺激市场需求，扩大市场规模，增强企业竞争力，从而形成供需双方受益的良性循环。在减税降费等多重因素作用下，1—7 月，全省社会消费品零售总额高达 4408.1 亿元，同比增长 8.0%。

（六）形成合力，减税降费进一步优化营商环境

1. 引导纳税人预期，宣传再加力

在全省范围内推动"法人知税、算出红利"工作的落实，以算促减，以算促知，以算促学，以算促训，以算促管，以算促感，建立减税降费"铁账本档案"，做到政策措施宣传精准全覆盖，让广大纳税人特别是企业家"应知尽知、应享尽享"减税降费政策红利，积极引导纳税人依法纳税，全面理解获得感。

---

①数据来源：金税三期税收管理系统。

2. 强化党建引领，服务再升级

为确保减税降费政策不打折扣地落实到位，全省税务系统充分发挥党建引领作用，组建了减税降费"党员先锋突击队""青年先锋突击队""巾帼先锋突击队"，在宣传、培训、入企进村、退税方面扎实落实减税降费政策，不断优化退税流程，确保纳税人应享尽享，目前已累计退税 19.27万笔，共涉及 6.58 万户，退税款 43.68 亿元。

3. 入企服务排忧，沟通再提速

在全省税务系统内部实现多部门信息共享及传递，第一时间为企业解决问题；参加全省开展的万名干部入企进村活动，抽调 5040 名税务干部，深入5208 户重点企业，发放《入企进村税务服务手册》1 万余本，让政策精准落实点对点 100%，所有困难问题办结率达到 100%，企业满意度达到 100%。

三、"难"点尚存，亟须上下合力

（一）财政收支平衡压力显现，政策配套是保障

实施减税政策以来，全省税收收入从 5 月份开始明显下降，5 月—7 月份累计增幅从 18.26% 降至 9.67%，下降 8.59 个百分点；地方级税收收入增幅明显收窄，5 月—7 月份累计增幅从 18.32% 降至 10.50%，下半年增速还将放缓。税收收入增速不断放缓的同时，各级财政"三保"支出、三大攻坚战、供给侧结构性改革资金需求需足额保障，财政收支平衡的难度将不断加大。针对上述情况，我们建议，一是要完善减税降费配套政策。完善地区财政转移支付体系、中央与地方财政分成比例、地方税体系等制度体系。二是要抓紧抓好财源建设。着力培育稳定可靠的骨干财源和群体财源，增强财政收入后劲。三是进一步压缩支出总量。优化支出结构，注重支出绩效评估，不断提高资金使用效率。

（二）中小企业普惠红包获得有限，转型发展是重点

在实际执行中，部分中小企业的减税效果不明显，主要是三方面的问题：一是市场因素。中小微企业议价权较弱，尽管增值税税率下调，中小

微企业实际享受到的实惠不及预期明显。二是制度因素。由于中小企业缺乏专业的财务人才，为适应税制改革规范财务付出的成本较高，中小微企业的遵从成本增加，降低了"获得感"。三是素质因素。从创新能力和人才建设情况看，多数小微企业享受不到研发费用加计扣除和职工教育经费税前扣除的优惠政策，对技术人才缺乏吸引力，极大地制约了小微企业的发展。我们建议，中小微企业要抓住机遇，转型发展；要在新技术、新业态、新商业模式上找思路，找发展；要提升企业素质，引进技术资金，发展规模产业，不断做优做强，让减税红利惠及自身。

（三）经济发展仍需加力，高质量转型是关键

2019 年上半年，我省 GDP 增速达到 7.2%，高于全国 0.9 个百分点，减税降费政策有力助推全省经济发展。但我省无论是国家中心城市布局、中心城市辐射力，还是自由贸易试验区建设都较为落后，产业体系存在结构性、体制性和素质性矛盾，一定程度上影响到我省高质量转型发展。我们建议，一是提升我省产业基础能力和产业链水平，集群化布局发展战略性新兴产业。二是积极构建优势互补的区域经济，建设中心城市群，发挥中心城市的辐射作用。三是争取在山西建立自由贸易试验区，发挥自贸区在吸引外资、制度叠加、政策红利等方面的优势，优化营商环境，打造具有战略性和全局性的产业链，不断推动我省经济高质量转型发展。

审稿人：张瑞清

执笔人：刘亚斌　王靖文

税收政策推动能源产业转型
升级的山西实践

●税收政策精准助力能源产业转型升级、健康绿色发展
●依托税收政策助力，绿色多元能源供给体系初步构筑
●能源产业税收政策仍需完善，增强政策的系统性、靶向性和契合度

近年来，税务部门认真落实各项减税降费政策，减轻能源企业负担，助力能源产业转型升级。税收数据显示，山西能源企业 2018 年减免税费 54.27 亿元，实现净利润 1049.25 亿元，比同期增长 37.43%，山西能源产业转型升级持续加力，绿色多元的能源供给体系初步构筑。

一、税收政策精准发力，助力能源产业发展行稳致远

（一）直接减税激活力，支持能源产业健康发展

1. 增值税减免政策扶助能源产业升级发展

2018 年，全省能源产业共减征增值税 21.89 亿元，光伏风能等行业享受增值税即征即退 50%优惠政策，共减免增值税 2.34 亿元。天然气产业增值税率从 2017 年的 13%降至目前的 9%，实现了三连降，2018 年因税率下调减征 3361 万元。2019 年 4 月 1 日增值税税率下调后，后三季度可为能源产业减税约 66.7 亿元，产业发展得到有力支持。

2. 资源税优惠政策促进资源合理利用

资源税政策充分考虑资源的可开采情况和对资源的开采方式，明确规定对衰竭期煤矿煤炭资源税减征 30%，对充填开采煤炭资源税减征 50%，对稠油、高凝油和高含硫天然气资源税减征 40%，对低丰度油气田资源税暂减征 20%，鼓励企业对困难资源的开采利用，减少了资源的浪费。2018年，全省共有 45 户能源企业享受资源税优惠政策，减免税额 1.08 亿元，其中，煤炭行业 15 户企业减免 7194.3 万元，天然气行业 3 户企业减免 1834.62 万元。

3. 城镇土地使用税优惠政策降低企业经营成本

城镇土地使用税政策规定，对矿山、天然气和煤层气企业符合条件的生产、运输等用地免征城镇土地使用税，有效地减轻了企业的税收负担。2018 年，全省能源产业共减免城镇土地使用税 2.39 亿元，其中，煤炭行业 204 户企业减免 1.77 亿元，天然气行业 12 户企业减免 1068 万元。2019 年 1 月起，山西城镇土地使用税税额标准下调 25%，预计全年可为能源产业减免城镇土地使用税 2.79 亿元。

4. 个人所得税减税激发企业内生动力

2018 年 10 月 1 日个税改革实施，工资薪金所得 2 万元以下的纳税人减税幅度超过了 50%，有效地激发了企业员工的内部动力。2018 年全省能源产业共减征个人所得税 2.18 亿元，2019 年预计可减征 11.37 亿元。

（二）扶持创新添动力，促进能源产业转型升级

1. 研发费用加计扣除政策提升能源企业创新能力

研发费用加计扣除政策持续加码，加计扣除比例由 50% 提高到了 75%，进一步激发了企业的研发热情。2018 年，全省共有 64 户能源企业享受了该政策，累计加计扣除金额 11.32 亿元，少缴企业所得税 2.83 亿元，推动能源产业向高精尖端发展。

2. 资源综合利用优惠政策激励能源企业提质增效

企业销售资源综合利用产品和劳务可享受增值税即征即退和企业所得税减按 90% 计入收入优惠政策。2018 年，全省共有 64 户能源企业享受了资源综合利用优惠政策，共退增值税 2.7 亿元，减计收入 8.81 亿

元，少缴企业所得税 2.2 亿元，积极引导企业延伸产业链条，向资源节约型发展。

3. 固定资产加速折旧政策推动能源企业改造升级

对符合条件的煤炭开采和煤层气抽采设备可以享受固定资产加速折旧优惠政策，2018 年，全省共有 58 户能源企业因固定资产加速折旧优惠政策，多扣除折旧费用 12858 万元，少缴企业所得税 3214 万元，鼓励了开采设备的更新换代，促进了资源开采的智能化、自动化应用。

（三）绿色税制加推力，引导能源产业绿色发展

1. 环保税开征推动能源企业节能减排

自 2018 年 1 月 1 日环保税开征以来，全省已累计征收环保税 18.56 亿元，根据环保税"多排多征、少排少征、不排不征"的征收原则，有效地激励了能源企业加大环保投入，减少污染物的排放。2019 年 1—4 月，全省能源企业因排污量低于排放标准享受环保税优惠 2967 万元，同比增长 82%，环保税促节能减排成效显著。

2. 水资源费改税促使能源企业高效节水

2017 年 12 月 1 日，山西作为水资源费改税试点正式开征水资源税，截至 2019 年 4 月底，全省已累计征收水资源税 46.64 亿元。改革倒逼企业改进高效节水技术，促进水资源的节约与合理开发利用，2019 年一季度，能源企业共享受污水处理再生水优惠 340 万元，同比增长 77%，有效地保护了山西水生态。

3. 专用设备抵免政策促进能源企业绿色生产

企业购置并实际使用的符合条件的环境保护、节能节水和安全生产等专用设备，投资额的 10% 可以从企业当年的应纳税额中抵免。2018 年，全省能源企业因购置专用设备，抵免企业所得税 1.7 亿元，减轻了环保投入的资金压力，推动企业环保持续加力。

二、依托税收政策助力，绿色多元能源供给体系初步构筑

（一）煤炭行业转型升级，走出"减、优、绿"路径

减少落后产能，2016—2018 年，山西省累计关闭 88 座煤矿、退出产能 8841 万吨，煤炭去产能规模位居全国第一，原煤产量连续两年退居全国第二，从根本上提高了煤炭供给体系质量；优化先进产能，加快先进产能和智能化煤矿建设，2018 年全省煤炭产量 8.76 亿吨，先进产能占比达到 57%，比 2017 年提高 15 个百分点，2018 年盈利 694.3 亿元，煤炭行业通过优化产能，增强了行业的竞争力；绿色融入产业链条，建成了同煤大唐塔山等 23 座国家级绿色矿山，原煤洗选率达到 72.38%，燃煤发电机组全部实现超低排放改造，煤焦化、煤气化、煤液化产业链进一步延伸，以山西潞安 180 万吨煤制油、同煤集团 60 万吨煤制烯烃、中海油大同左云 40 亿立方米煤制天然气等为代表的一批转型重大项目投产。

（二）煤层气产业迅速壮大，处于全国领先位置

山西省煤层气资源富集，开发潜力巨大，预测储量约为 10.4 万亿立方米，占全国的 88%，探明储量 6675 亿立方米。随着区域递进式本煤层抽采、薄煤层智能化开采等重大技术突破，现已进入快速发展阶段，2015 年开采量突破 40 亿立方米，2017 年突破 50 亿立方米，2018 年突破 56 亿立方米，利用量约占全国的 90%，初步形成了完整的煤层气大产业链。2018 年全省煤层气税收收入实现 7.58 亿元，同比增长 21%。煤层气龙头企业蓝焰控股享受煤层气抽采业务一般增值税退税 4324 万元，高新技术企业所得税减免额 7870 万元，研发支出加计扣除 388 万元，共减税 1.26 亿元，实现净利润 6.5 亿元，纳税 1.89 亿元，比同期增长 12.65%。

（三）新能源行业迅速崛起，能源供给多轮驱动

光伏风能迅速崛起，新能源发电装机占全省电力装机比重突破 30%，光伏领跑者发电规模位居全国第一。光伏和风电装机量由 2014 年的 526 万

千瓦，提高到 2018 年的 1900 万千瓦，年均增速 37.84%；光伏和风能发电量由 2014 年的 84 亿千瓦时提升至 2018 年的 306 亿千瓦时，年均增速 38.2%；氢能源蓄势待发，产业布局加快，雄韬氢能大同产业园项目正式投产，年产 10 万套燃料电池发动机生产线投产，氢燃料电池公交运营项目启动，40 台氢燃料电池公交车正式运营。美锦能源布局氢能全产业链，2018 年实现收入 151.46 亿元，净利润 17.97 亿元。2016 年以来，新能源税收年均增速 37.06%，2018 年新能源发电税收完成 10.11 亿元，同比增长 1.4 倍，已达火电税收规模的三分之一。

三、能源产业税收政策仍需完善，支持转型升级还需加力

（一）引导能源产业转型中税收政策系统性不强

在促进新能源发展中，政府多采取"财政补贴为主、税收政策为辅"的激励模式，补贴金额的标准变化，容易造成行业发展的大起大落，如发改能源〔2018〕823 号文出台后，降低光伏发电补贴标准，对光伏产业影响严重，部分企业亏损关停。税收政策的激励引导利于行业的均衡发展，目前对新能源产业作用发挥不足，主要集中在投资和生产环节，未建立起覆盖全产业链、相互协调补充的税收政策支持体系。

（二）支持能源产业升级中税收政策靶向性不准

一是缓解企业高负债税收政策缺失。山西的地方国有煤炭企业资产负债率大都居高不下，资金矛盾非常突出。企业既要消化煤炭资源整合产生的巨额债务，负担生产和环保升级的巨大资金支出，又要缴纳大额的税费，面临严重的债务和资金压力。如山煤国际能源集团股份有限公司 2018 年资产负债率高达 79.37%，财务费用达到了 14.25 亿元，缴纳税额20.84 亿元，净利润仅 14.1 亿元，税收政策在帮扶企业降低高负债方面发挥作用不足。二是煤层气资源税税率偏低，地方政府积极性不足。目前，山西煤层气资源税按 1%的税率从价计征，而与煤层气成分、用途都属同类的天然气资源税税率为 6%，税收政策显失公平，低税率对地方财政的贡献较小，无法弥

补开采造成的水土流失和环境植被破坏，影响了地方政府的开采积极性，制约了行业的发展。

（三）能源产业发展现实中税收政策契合度不高

一是煤炭资源税中对洗选煤的折算率偏高。山西省根据地区不同，洗选煤的折算率分为 75% 和 85% 两档，而根据煤质的不同，企业的实际折算率大都在 50%—90% 之间，造成部分企业宁卖原煤不卖洗煤的情况。二是资源综合利用增值税即征即退 50% 的优惠中规定，企业受到 1 万元以上环保罚款后 36 个月内不得享受优惠政策，随着山西环保检查力度的加大，处罚也加多加重，企业往往因为环保处罚长期享受不到税收优惠，影响了企业的发展。

四、完善税收优惠政策，促进能源产业持续转型升级

（一）构建全产业链优惠体系，强化税收政策引导作用

在扶持新能源发展时，建立以"税收政策为主、财政补贴为辅"的激励模式，在产业发展初期，可以给予财政补贴，但要明确补贴年限、补贴退出方式，同时完善税收优惠政策，鼓励企业提升质效，加大税收优惠力度，逐步把企业从依赖财政补贴转移到享受税收优惠上来，促进行业平稳健康发展。把新能源产业税收优惠政策从投资和生产环节扩展到全产业链，促进产业的均衡发展，对于中下游的流通和消费企业，给予增值税方面的优惠，降低流转成本。

（二）发挥税收政策靶向作用，支持能源产业转型升级

针对山西煤炭行业面临的高负债和资金短缺问题，税收政策应给予企业更多的转型发展支持。建议加速列支煤炭资源整合中形成的不良资产，缩短已缴煤炭资源价款的摊销年限，对资产负债率超过 70% 的能源企业允许贷款利息增值税进项抵扣，帮扶企业降低资产负债率，为企业转型升级提供资金支持；建议把煤层气的资源税税率提高至 3% 或 4%，维系税法公

平，充盈财政收入，为地方政府保护环境提供资金，提高地方政府的开采积极性，促进天然气行业的健康发展。

（三）提高税收政策现实契合度，促进能源产业健康发展

一是建议在实际调研测算的基础上，下调洗选煤的煤炭资源税折算率5—10个百分点，鼓励企业多销售洗选煤，促进清洁能源的货物流转；二是将资源综合利用企业因受环保处罚，而不能享受增值税即征即退优惠的时间缩短至 12 个月，即使企业受到了环保惩罚，也不会因时间太长影响企业的现金流，更好地扶持企业转型升级。

审稿人：王　鑫
执笔人：吴惠民　甄洪喜

以山西为例
看个人所得税改革效应

● 新个人所得税法实施，税收调节作用、定点减负作用、政策外溢效应明显

● 个人所得税数据反映出的私营经济发展规模有待提升、人才激励机制有待改善、个人信息有待健全等问题值得我省关注

● 完善机制、优化环境，促进税收公平，发挥税收分配调节作用，拉动经济增长

新个人所得税法实施以来，山西省税务局深入贯彻党中央、国务院的重大决策部署，多措并举，确保政策有效落实，使纳税人在个人所得税改革中享受到实实在在的政策红利，进而拉动消费需求增长，促进我省经济高质量转型发展。

一、新个人所得税法实施情况

新个人所得税法实施分两步。第一步，自 2018 年 10 月 1 日起提高减除费用标准和调整税率级距；第二步，自 2019 年 1 月 1 日起实行专项附加扣除政策和累计预扣法。新法实施以来，山西个人所得税收入呈现以下特点。

（一）个人所得税收入降幅较大

2019 年 1—7 月，我省个人所得税收入累计入库 56.12 亿元，同比下降 38.22%，减少 34.71 亿元，是四大主体税种中唯一减收的税种。分项目看，工资薪金所得个人所得税收入降幅巨大，占比下降明显，1—7 月入库税款 33.29 亿元，同比下降 48.7%，减少 31.61 亿元；占全部个人所得税收入的比重由上年同期的 71.45% 降至 59.32%，下降 12.13 个百分点（见图 1）。

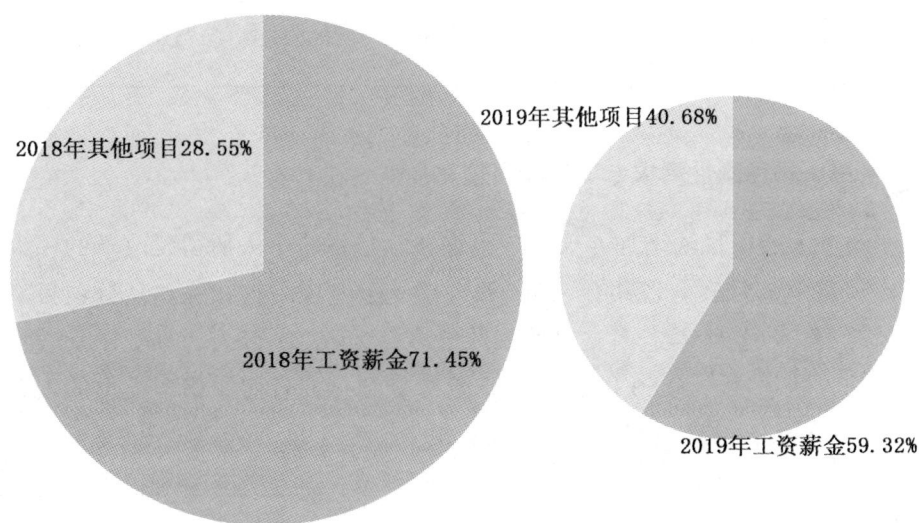

图 1　2018—2019 年全省工资薪金个人所得税占比环状图

（二）工薪阶层纳税人规模明显减少

截至 7 月底，全省共有 729.3 万人申报缴纳工资薪金个人所得税，按照旧税制模拟，税改前有税人数 447.68 万人，纳税面 61.38%，人均税额 988.88 元；新税法实施两步税改后纳税人数为 200.86 万人，人数降幅达 55.13%，纳税面降至 27.54%，人均税额减至 275.09 元，减幅达 72.18%（见表 1）。

表 1　新旧税制个人所得税纳税面及人均税额对比表

	申报人数（万人）	有税人数（万人）	纳税面（%）	纳税面降幅(%)	应纳税额（万元）	人均税额（元）	人均税额降幅(%)
税改前	729.3	447.68	61.38	—	721184.93	988.88	—
第一步税改后	729.3	264.94	36.33	40.81	371799.56	509.81	48.45
第二步税改后	729.3	200.86	27.54	55.13	200623.93	275.09	72.18

（三）居民刚性需求专项扣除面较高

新个人所得税法增加 6 项专项附加扣除是本轮个人所得税改革的一大亮点。截至 7 月底全省共有 88.42 万人享受了专项附加扣除。从分项目享受情况看，享受赡养老人支出的人数最多，为 62.37 万人，享受子女教育支出的人数居次，为 60.19 万人，享受房贷利息或者房屋租金支出的人数为 23.23 万人，继续教育支出享受人数最少，为 3.94 万人（见图 2）。

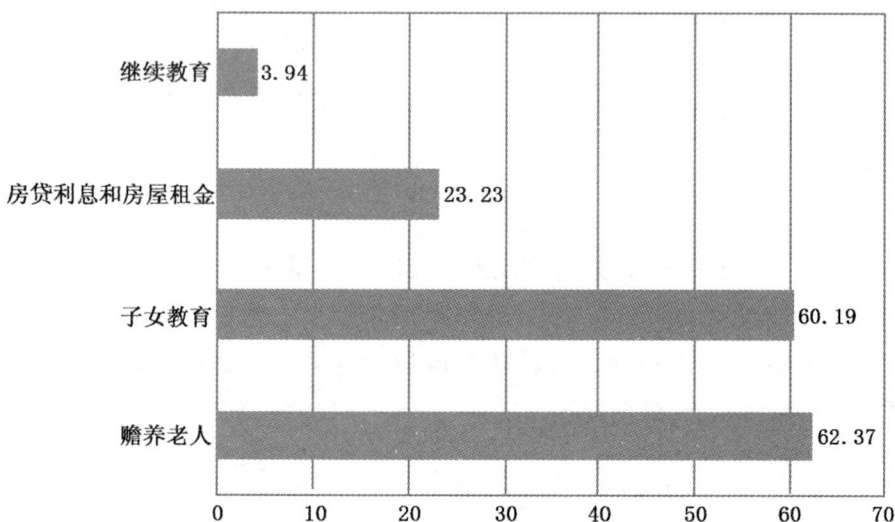

图 2　2019 年 1—7 月全省享受个人所得税专项附加扣除人次（万人）

二、新个人所得税法实施效应分析

（一）税收调节作用凸显，纳税人获得感增强

个人所得税是我国征收面最广的税，也是调节收入分配的主要税种。新税法提高减除费用标准、优化税率级距，总体上税负都有不同程度下降，特别是中低收入群体税负下降明显。仅就提高减除费用标准和提高税率级距两方面理论测算：月薪5000元以下不再缴纳个人所得税，减税幅度100%，该群体约占我省劳动人口总数的64.5%；月薪5000—10000元，减税幅度69.48%，该群体约占我省劳动人口总数的34.4%；月薪10000—20000元，该群体约占我省劳动人口总数的1.02%，减税幅度55.78%；月薪20000元以上，该群体约占我省劳动人口总数的0.08%，减税幅度11.47%。整体上看减税幅度随着收入不断增加呈下降趋势，中低收入群体减税幅度最大，个人所得税调节收入分配作用进一步增强，促进了社会公平（见图3）。

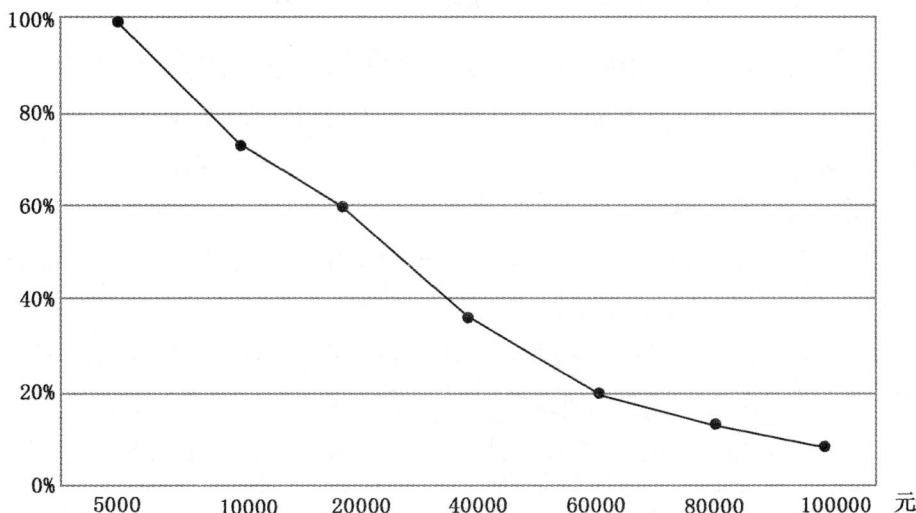

图3　月工薪收入减税幅度图

（二）定点减负作用开始显现，居民消费发生质的转变

近年来，我国房价居高不下，住房贷款成为国民消费支出的一个重大部分，此外，子女教育支出占比重大，大额支出没有相应补偿成为低生育率的原因之一，此次修订的新个人所得税法增加专项附加扣除项目对推动实现幼有所育、学有所教、病有所医、住有所居、老有所养等民生目标意义重大，兼顾普惠性和特殊性，着眼人民性和时代性，充分考虑了不同纳税人实际负担状况，本着负担重的多扣、负担轻的少扣的差异化原则，让减税红包精准落袋。截至 2019 年 7 月底，全省共有 200.86 万自然人申报缴纳了个人所得税，这些人中有 192.01 万人享受了专项附加扣除。分享受专项附加扣除项目看，主要集中在赡养老人和子女教育。分年龄区间享受情况看，31—55 岁年龄区间有 144.61 万人享受了专项附加扣除，占全部享受人数的 75.31%，两步合计减税幅度达 55.42%，对于生活负担较重、支出较多的中年群体可谓是"雪中送炭"。大幅度的减税激发了居民的消费潜力，带动消费提质升级。上半年，我省人均教育文化娱乐支出增长 7.6%，人均医疗保健支出增长 7.6%。

（三）政策外溢效应积极明显，拉动经济向好发展

近五年，我省居民边际消费倾向介于 0.66—0.8 之间，这意味着居民收入每增加 1 元，至少有 0.66 元用于消费。数据显示，2019 年 1—7 月，全省个人所得税新增减税 46.71 亿元，即为实实在在增加的居民可支配收入。根据我省居民边际消费倾向计算，将增加消费额 30.83 亿—37.37 亿元，拉动消费支出增长 0.7—0.85 个百分点，拉动支出法核算的 GDP 增速增加 0.37—0.45 个百分点。上半年，全省 GDP 同比增长 7.2%，比上年同期增幅提高 0.4 个百分点，消费的基础性作用继续稳固。同时，减税还增加了住户存款，为今后缓解小微企业融资难提供资金基础。6 月末，全省住户存款比年初增加 1528.7 亿元，同比增长 54.37%。新个人所得税法的实施，产生了积极的外溢效应。

三、值得我省关注的问题

（一）经营所得占比不高，私营经济发展规模有待提升

经营所得个人所得税是反映一个地区私营经济经营状况和发展活力的重要指标。近年来，我省深入实施创新驱动发展战略，着力推进山西创新创业高质量发展，大众创业、万众创新蓬勃兴起，为山西经济的发展带来活力，但是从个人所得税的征收情况看，2019 年 1—7 月，我省经营所得个人所得税纳税人数占申报人数的比例仅为 9.54%，缴纳个人所得税收入占整体个人所得税收入比重为 8.57%，与中部六省相比，排位倒数第二，低于最高的湖南省 10.13 个百分点。说明我省私营经济规模偏小、利润水平不高，发展规模有待提升。

（二）总体工资水平偏低，人才激励机制有待改善

以能源基础产业为主的经济结构决定了我省劳动力附加值低的特性。偏低的工资水平不利于人才引进，容易造成人才流失。同时，低附加值的产品对现有劳动者技术水平要求不高，职工的后续教育投入相对不足。据最新公布的 27 个省（区、市）平均工资数据显示，2018 年我省非私营单位平均工资 65917 元，仅高于河南和黑龙江两省；私营单位平均工资 34535 元，暂居最末位。体现在个人所得税征缴上，免缴个人所得税收入人数多，享受继续教育专项附加扣除人数少。截至 2019 年 7 月底，全省申报个人所得税人数 729.3 万人，免缴个人所得税人数 528.44 万人，免缴个人所得税人数占申报缴纳人数的 72.46%；享受继续教育专项扣除的人数 3.94 万人，占享受专项扣除总人数的 4.46%，与科技创新型城市深圳相比，相差接近一半，相差 3.75 个百分点。

（三）外部配套条件缺乏，个人信息有待健全

综合和分类相结合的新个人所得税法实施，需要全面掌握纳税人的详细收入、支出等涉税信息，才能准确核算个人应纳税所得，避免偷税逃税

的发生，这对税务部门的征管能力提出了新的要求。虽然近年来我省不断加大对个人所得税的征管力度，在征管水平和信息化建设水平上都有所提高。就目前来讲，在对自然人的税收征管过程中，仍然存在征管信息传递不准确、时效性较差、外部配套条件缺乏、个人信息不健全等情况。税务机关与能够提供个人收入和经济往来有效信息的部门间（如银行、海关、工商、劳务管理、出入境管理以及公检法等部门）没有完全联网，税务部门并不能直接共享它们的相关信息，很难对纳税人的涉税信息做到完全掌握，对已申报的涉税信息的真实性在短时间内无法甄别与核实，这无疑增加了征管的难度与成本。

四、几点建议

为了更好地促进税收公平，发挥税收分配调节作用，拉动经济增长，需要不断总结解决面临的问题和困难，并进一步优化和完善外部环境。

（一）支持私营经济发展，增强微观经济主体活力

私营经济作为市场经济的重要参与者，是推动社会发展的重要力量，是创造就业的重要领域，微观经济主体的活力是经济发展的直接反映，激发微观经济主体活力需要各方共同努力。政府各职能部门要继续推进双创示范基地建设，招才引智，优化营商环境，为个体经营者提供更为便捷的行政服务，降低企业经营成本，提高企业盈利水平，增强私营经济可持续发展能力。

（二）加快培育专业技术人才，优化人力资源配置管理

当前，我省正值建设资源型经济转型发展示范区、打造全国能源革命排头兵、构建内陆地区对外开放新高地之际，对人才的需求不断加大，加快人才培育迫在眉睫。一方面要完善对高新技术人才的引进和奖励机制，通过对高科技人才在住房、教育等方面的支持和制度倾斜，以及财政返还的方式，打破吸引人才的区域壁垒，增加引进高端人才的规模和质量；另一方面要健全继续教育激励机制，对已进入劳动力市场的劳动

206

者，要加强专业技术技能培训，建立合理配套的继续教育体系，把个人继续教育成果和工薪待遇相结合，激发劳动者继续学习新知识、掌握新技术，适应产业结构优化升级和提高劳动生产率的能力，提升我省现有人力资本的质量。

（三）发挥部门职能优势，加强个人所得税协同共治

实施综合与分类相结合的新个人所得税法是一项系统工程，必须建立与完善相关的配套制度。加快建设由政府统筹推进，以"互联网+大数据"技术为依托，组织构建税务、公安、教育、医疗、民政等多部门分工配合的涉税信息共享平台或机制，发挥各部门职能优势，协调做好纳税人身份确认、专项附加扣除等工作，促进包括自然人在内的社会信息共享，在全省形成多部门协同共建、共治、共管税收征管新格局，降低征管成本，提升征管效率。

审稿人：王永刚

执笔人：秦慧敏　李辰洁

山西省民营经济发展报告

- ●民营经济步入高质量发展新阶段
- ●我省民营经济与国内其他发达地区的民营经济发展相比仍有一定差距
- ●大力发展民营经济必须要在营商环境上、在体制机制建设上、在法治化建设上下功夫

2018 年，党中央、国务院和省委、省政府连续出台强有力的促进民营经济发展政策措施，特别是 11 月 1 日，习近平总书记在民营企业座谈会上的重要讲话为促进民营经济发展提供了根本遵循，为广大民营企业家坚定发展信心吃了一颗"定心丸"。11 月 26 日，山西省委、省政府开展了包括召开支持民营企业发展大会、出台《关于支持民营经济发展的若干意见》、建立领导干部联系民营企业工作机制并表彰百名优秀建设者等在内的重大活动，这一系列举措极大地提振了民营企业家的发展信心，全省民营经济发展呈现出稳中有进的良好态势。

一、我省民营经济的发展情况

（一）全省民营经济规模持续扩大

从全省情况看，2018 年民营经济规模持续扩大，实现增加值 8149.97

亿元，比上年增加 849.65 亿元，名义增长 11.6%，占 GDP 比重 48.5%。由于我省国有经济仍是"一股独大""一煤独大"的格局，随着 2018 年能源类产品价格的大幅上涨和国企改革明显提速，国企盈利能力和效率明显提升，导致我省民营经济总量扩大，但占全省 GDP 的比重比 2017 年略降 0.3个百分点（见表 1）。

表 1　全省民营经济增加值及占 GDP 比重

	民营经济增加值（亿元）				民营经济三次产业结构比重（%）			
	2015 年	2016 年	2017 年	2018 年	2015 年	2016 年	2017 年	2018 年
合计	5966.30	6231.07	7300.32	8149.97	—	—	—	—
占全省GDP 比重	46.7%	48.2%	48.8%	48.5%	—	—	—	—
第一产业	763.60	764.80	762.84	733.50	12.8	12.3	10.5	9.0
第二产业	2178.80	2202.26	2791.79	3202.94	36.5	35.3	38.2	39.3
第三产业	3023.90	3264.01	3745.68	4213.53	50.7	52.4	51.3	51.7

从民营经济产业结构发展趋势可以看出，民营经济中三次产业占民营经济增加值比重呈"三二一"格局，结构不断调整优化。

（二）各市民营经济发展势头良好

从各市情况看，近年来，各市民营经济发展势头良好，市场主体数量有明显增加，市场活力显著提升，民营经济增加值稳步增长。2018 年，民营经济增加值占 GDP 比重比全省平均水平高的有 7 个市，分别是运城市（68.4%）、晋中市（60.0%）、临汾市（57.2%）、吕梁市（56.9%）、朔州市（51.1%）、忻州市（50.1%）、长治市（49.8%）。晋城市、阳泉市、太原市民营经济增加值占市 GDP 的比重均低于 40%，主要原因是国有经济比重大，民营经济相对弱（见表 2）。

与 2017 年相比，各市民营企业及个体工商户税收总额、主体数量、企业有效发明专利拥有量等指标均保持了稳定增长（见表 3）。

表 2 全省及各市民营经济增加值占 GDP 比重

单位：%

	2015 年	2016 年	2017 年	2018 年	2018 年比 2017 年增减（百分点）
全省	46.7	48.2	48.8	48.5	−0.3
太原	34.9	35.2	36.2	38.1	1.9
大同	37.0	40.5	42.6	44.4	1.8
阳泉	37.7	38.3	36.8	36.5	−0.3
长治	49.8	52.2	52.2	49.8	−2.4
晋城	32.3	34.1	34.9	35.8	0.9
朔州	51.1	50.6	52.5	51.1	−1.4
晋中	60.1	59.7	59.6	60.0	0.4
运城	68.3	68.8	67.4	68.4	1.0
忻州	52.2	51.9	50.5	50.1	−0.4
临汾	63.4	62.4	59.6	57.2	−2.4
吕梁	58.3	56.9	58.3	56.9	−1.4

表 3 2018 年各市民营经济主要指标情况

	经济类			规模类			科技类		金融类
	民营经济增加值占GDP比重（%）	民间投资占固定资产投资比重（%）	民营企业及个体工商户税收总额（亿元）	民营企业及个体工商户从业人员（万人）	民营企业及个体工商户主体数量（万个）	新达规民营企业培育户数（户）	民营科技企业数量（家）	全部企业有效发明专利拥有量（件）	民营企业贷款额（亿元）
全省	48.5	54.2	1939.4	673.5	204.0	1701	810	6866	7089.2
太原市	38.1	44.5	452.5	119.1	41.0	530	148	3620	2214.1
大同市	44.4	52.8	138.0	53.9	14.9	77	12	455	336.2
阳泉市	36.5	40.1	53.8	23.0	7.2	43	60	132	321.2
长治市	49.8	56.0	199.5	60.7	16.9	150	120	524	625.4
晋城市	35.8	48.8	138.1	41.7	12.0	86	55	369	309.6
朔州市	51.1	56.3	109.2	36.0	9.2	99	8	104	271.5
晋中市	60.0	64.2	200.7	80.6	23.6	181	150	372	899.3
运城市	68.4	71.7	117.7	84.5	26.1	217	153	689	598.8
忻州市	50.1	52.6	92.4	48.7	14.6	100	52	159	399.6
临汾市	57.2	61.5	169.0	56.2	20.1	107	34	312	578.1
吕梁市	56.9	56.2	268.5	69.1	18.4	111	18	130	535.4

（三）民营经济步入高质量发展新阶段

随着"三去一降一补"供给侧结构性改革的强力推进，大量过剩和落后产能被淘汰，先进产能得到释放，煤炭、钢铁、水泥等价格明显回升。我省 PPI（生产价格指数）增速从 2016 年的-3.2%提高到 2017 年的 19.4%，再到 2018 年的 6.7%。受此影响，以煤焦冶行业为主的我省规模以上民营工业企业利润从 2016 年开始实现了正增长，2018 年增速达 32.5%。与此同时，对税收的贡献迈上新台阶，2018 年，全省民营经济上缴税金 1939.4 亿元，同比增长 35.4%，比全省税收增幅（16.7%）高 18.7 个百分点，占全省税收收入的 67.1%，相比 2017 年的 57.9%，提高将近 10 个百分点，是全省财税收入的重要来源。从百强民企发展情况来看，2018 年，民营企业 100 强实现净利润 498.5 亿元，纳税总额达到 289.06 亿元，较上年（212.68 亿元）增长35.91%，创历史新高（见图 1）。

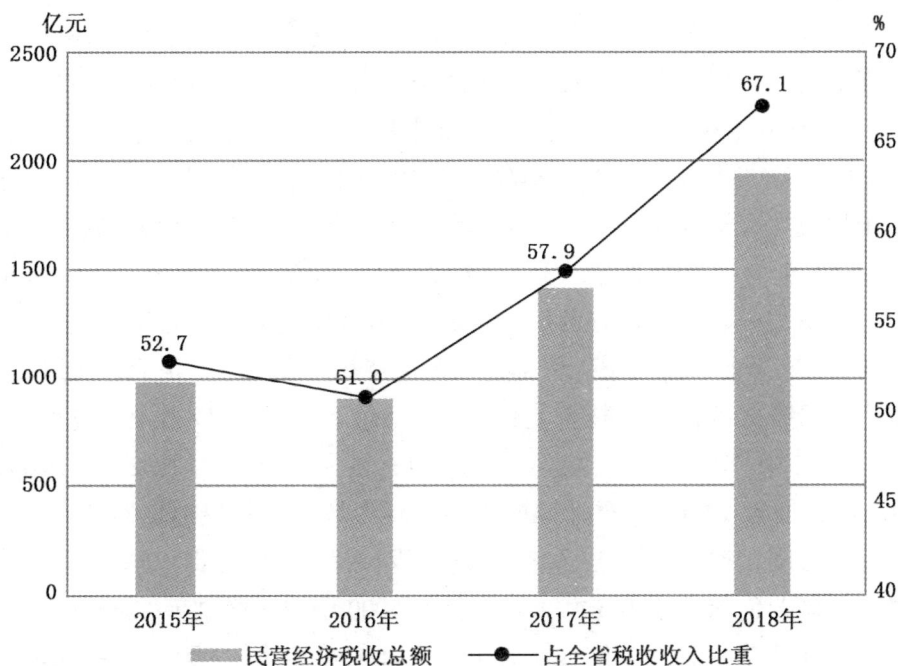

图 1　全省民营企业及个体户税收增长情况

（四）民营经济市场主体数量显著增长

近年来，随着"六最"营商环境的不断优化，"简政放权、放管结合"政策举措取得明显成效，2018 年新达规民营企业培育户数为 1701 户，比上年增加 96 户，是 2017 年增加户数（7 户）的 13.7 倍。截至 2018 年底，全省民营企业及个体工商户数量为 204 万户，同比增长达 11.4%，民营经济主体数量占到市场主体总数的 94% 以上。同时也成为吸纳社会就业的重要渠道，全省民营企业及个体工商户从业人员 673.5 万人，占到全省城镇从业人员的 65%，同比增长 9.4%，提高 2.5 个百分点。

（五）民营经济创新能力逐步提高

近年来，省委、省政府大力支持民营企业牵头或参与国家和省科技重大专项、重点研发计划及各类省级科技（专项基金）计划，通过中央财政下达我省中央引导地方科技发展专项资金支持民营企业项目 11 项，资金 900 万元；各类省级科技重点研发计划支持民营企业项目 145 项。认真落实科技型中小企业实际发生的研发费用税前扣除政策，全省 1643 户科技型中小企业享受研发费用加计扣除政策，享受户数同比增长 138.8%，增加 955 户；加计扣除金额 10.07 亿元，同比增长 42.5%。进一步加快"专精特新"中小企业培育，2019 年新认定"专精特新"企业 219 户，全省"专精特新"企业达 626 户，培育认定 26 家主营业务突出、竞争力强、成长性好的中小企业为 2019 年优秀专精特新"小巨人"企业，2 家企业入围国家工信部首批专精特新"小巨人"企业。2018 年，全省注册备案的民营科技企业数量达到 810 家，比 2017 年增加 228 家，增长 39.2%；全省企业有效发明专利拥有量为 6866 件，比 2017 年增加 787 件，增长 12.9%。同时，加大创业孵化基地、科技孵化器和众创空间建设力度，省级众创空间 231 家、省级科技企业孵化器 62 家；省级小微企业创业创新基地 165 家，入驻企业 6000 余户，吸纳就业 13.5 万人；全省创业化基地、创业园区 185 个，入驻创业实体 3.4 万户，吸纳就业 13.6 万人，创业孵化取得明显的经济效益和社会效益。

二、我省民营经济发展面临的机遇与挑战

当前，随着国家政策红利的不断释放和经济形势的不断好转，全省民营经济实力大为增强，擎起了全省经济的半壁江山。在外部环境不断优化和省委、省政府高度重视下，民营经济发展迎来了新的机遇，呈现出良好的发展势头。但是与其他省份相比，全省民营经济发展规模偏小、层次偏低、创新偏少，"融资难融资贵"，发展环境还不优、产权保护还不够等问题依然困扰着民企发展，还需要进一步优化营商环境，形成鼓励、支持、引导民营经济发展的政策体系和社会氛围，促进民营经济转型发展。

（一）发展机遇

习近平总书记在民营企业座谈会上的重要讲话让民营企业吃下"定心丸"，为新时代民营企业发展提供了根本遵循。总书记坚持问题导向，深入分析民营企业发展中面临的困难和挑战，深入阐明"怎么看""怎么办"等重大问题，为进一步推动民营经济健康发展指明了方向。"民营经济是我国经济制度的内在要素，民营企业和民营企业家是我们自己人。"充分表明党中央毫不动摇鼓励、支持、引导非公有制经济发展的坚定决心和鲜明态度，为民营经济健康发展注入了强大信心和动力。当前，我国经济正在由高速增长阶段转向高质量发展阶段，处在转变发展方式、优化经济结构、转换增长动力的攻关期，带来了巨大的市场机遇，必将为市场敏锐、机制灵活、管理有效的民营企业提供更为广阔的发展空间，民营企业必将大有可为。

省委、省政府始终把学好用好总书记系列重要讲话作为政治责任和历史担当，不断增强"四个意识"，做好"三个表率"，把"两个维护"体现在坚决贯彻党中央决策部署的行动上。2018年11月26日，省委、省政府隆重召开支持民营企业发展大会，出台《支持民营经济发展的若干意见》《关于深入开展领导干部联系民营企业工作的通知》等一系列政策举措，全面部署促进民营经济发展工作。"民营经济强，山西经济才能强；民营经济转，山西经济才能转；民营经济活，山西经济才能活。"全省各级各部门

根据职责，围绕促进民营经济发展统一行动、统筹协调，制定出台了更加扎实有效的政策举措，为全省民营经济发展提供了坚实的制度保障，全省民营经济发展迈入了新时代最好的发展时期。

山西是全国唯一的全省域资源型经济转型综改试验区、能源革命综合改革试点省，目前正以建设资源型经济转型发展示范区、打造全国能源革命排头兵、构建内陆地区对外开放新高地等三大目标为牵引，努力打好打赢防范化解重大风险、精准脱贫、污染防治"三大攻坚战"，在"两转"基础上不断全面拓展高质量发展新局面。以百强为代表的民营企业，要紧紧抓住"三大目标""三大攻坚战"的机遇期，把握好能源革命综合改革、脱贫攻坚与乡村振兴、高质量发展和生态环境高水平保护等事关全省发展未来的重大战略，与党中央和省委、省政府的要求同步、与国际国内经济社会发展的形势同步、与满足人民美好生活需要同步，心无旁骛创新创造、踏踏实实办好企业，积极主动投身转型发展主战场，积极主动激发创新创业活力，积极主动实现自我变革与健康发展，积极主动履行社会责任，充分发挥示范带头作用，在山西开创新局面的征途上贡献更大的力量。

（二）面临挑战

在当前民营企业发展中，民营经济发展仍然存在需要进一步破解的困难问题。

一是与国内其他发达地区的民营经济发展相比差距较大。纵向来看，我省民营经济持续增长，在全省经济社会发展中发挥着越来越重要的作用。但是，与国内民营经济发达地区横向相比，我省仍有较大差距。从规模上看，全省民营经济增加值在全国位居 23 位，所占比重也低于全国平均水平 10 个百分点以上。从结构上看，全省民营经济覆盖国民经济 26 个行业，但主要集中于黑色金属冶炼和压延加工业，石油加工、炼焦和核燃料加工业，煤炭开采和洗选业以及汽车制造业等传统产业，产业结构初级化、低端化问题依然比较严重。新技术、新产业、新业态、新模式"四新"经济发展还不足，没有一家独角兽企业。从全国"2019民企500强"榜单看，中部六省排名第一的民营企业中，我省排名位居最后。并且山西排名最前

的依旧是黑色金属冶炼和压延加工业，还没有服务业企业进入全国民企
500强或民营企业服务业100强（见表4）。

表4　2018年民企500强中中部六省排名第一的民营企业情况

	企业名称	行业	营业收入（亿元）	中国民企500强排名
湖南省	新华联集团有限公司	综合	952.96	60
湖北省	九州通医药集团股份有限公司	批发业	871.36	67
江西省	正邦集团有限公司	农业	780.52	84
河南省	郑州中端实业集团有限公司	商业服务业	495.41	145
安徽省	文一投资控股集团	房地产业	318.06	262
山西省	山西立恒钢铁集团股份有限公司	黑色金属冶炼和压延加工业	283.02	296

二是营商环境问题还需进一步优化。随着习近平总书记在民营企业
座谈会上重要讲话精神和省委、省政府支持民营企业发展大会精神的不
断落实，全省营商环境得到了优化，但是对标先进、对标一流，仍然存
在着部分政策文件落实不够有力、隐性制度性障碍仍然存在、基层行政
审批效能还不够高效等问题。如土地利用手续办理还有程序上和法律制
度上的难点，土地弹性出让制度、不动产登记制度、环保"一刀切"问
题、以罚代管问题、数据壁垒问题、基层人员理解政策执行政策导致的
效果偏差问题仍制约着政策落实见效，政策"最后一公里"落实难题还
需要进一步破解，还需要相关政府部门进一步解放思想、创新工作，不
断拓宽民营经济发展空间。

三是"融资难、融资贵"仍是制约民企发展最重要的问题。长期以来，
我省民营企业主要依赖银行融资，但银行对民企的贷款程序、条件依然比
较苛刻，抵押物认定过于单一的问题、抵押价值远高于融资额度的问题，
贷款利率上浮问题，有些银行要求的互相联保问题，增大了民企贷款难度

和风险。在去杠杆的大环境下，银行更加惜贷，民营企业融资渠道更窄。2018 年末，全省民营企业贷款余额 7089.2 亿元，比上年末减少 369.4 亿元。同时全省民营企业从资本市场直接融资规模为 36.6 亿元，比 2017 年的 70.5 亿元减少了 33.9 亿元，同比下降 48.1%，这是自 2016 年以来连续三年下降。截至 2019 年 7 月，全省民营经济贷款余额达到 7573 亿元，占各项贷款余额的比重 27.9%，远远低于全国 35% 的平均水平，也远远低于民营经济在 GDP 的比重和民营企业的需求期盼。此外，金融创新产品在一定程度上增加了小微企业的经营风险，承兑汇票过度使用增加了小微企业的负担，侵蚀了中小企业的利润。

四是民间投资明显不足，处于企稳缓升的趋势。2018 年中美贸易摩擦开始以来，我省民间投资在国际行业垄断和技术壁垒的影响下，在国内"融资难、融资贵"难题没有有效破解下，加之资本和劳动力成本高企的挤压，2018 年，全省民间投资完成额 3277.08 亿元，同比减少 131.78 亿元，下降 3.9%，增速比上年回落 11.7 个百分点。民间投资占固定资产投资比重也由 2017 年的 59.6% 下降到 2018 年的 54.2%，下降了 5.4 个百分点。从 PPP 项目来看，截至 2018 年底，全省入库项目 354 个，其中，民企参与项目 65 个，占比仅 18%；项目总投资 2752 亿元，其中，民企参与项目投资额 331 亿元，占比只有 12%。2019 年以来，我省民间投资企稳缓升，截止到 7 月，民间固定资产投资 1919.2 亿元，同比增长 4.6%，在我省纳入财政部的 369 个 PPP 项目中，落地实施项目 148 个，民营企业作为牵头人或单独投资方的项目 65 个，占比 44%，比上年同期有所提高，但是仍然比较少。

五是区域发展明显不平衡。从 11 个市民营经济占 GDP 比重看，2018 年占比最高的是运城市 68.4%，占比最低的是晋城市 35.8%，高低相差 32.6 个百分点。各市民营占比呈现 5 升 6 降，占比提升的市有太原市、大同市、晋城市、晋中市、运城市，民营经济占比下降的市有阳泉市、长治市、朔州市、忻州市、临汾市、吕梁市。从 2019 年百强民企的情况来看，整体上是中部和南部多、北部偏少。运城市（16 家）成为全省百强民企入围数量最多的市，忻州只有 2 家入围企业，朔州 3 家、阳泉 3 家、大同 4 家；运城、长治、吕梁、太原、临汾、晋中六市集中全省百强民企总数的 83% 和营收总额的 90.07%。区域发展明显不平衡，区域分化明显。

六是人才利用不足，高端人才匮乏。省内民营企业偏重于传统重化工产业，产业结构初级化、低端化导致很多人不愿意做，而高新技术产业用工要求高、用工数量小导致符合条件的人才不足，形成"用工荒"和"待业多"并存的局面。对于高端人才，部分企业在引进上偏于保守，不愿意放权让利，高素质的科技型、经营型人才比较匮乏。并且部分生产型实体企业所在地区相对偏远，生活条件、环境条件不够好，企业也难以吸引和留住高端人才。

三、促进全省民营经济发展对策建议

民营经济是我国经济制度的内在要素，民营企业和民营企业家是我们自己人。大力发展民营经济必须要以习近平总书记系列重要讲话为根本遵循，在营造良好营商环境上下功夫，在加强体制机制建设上下功夫，在提升法治化建设上下功夫，做好民营企业党建工作，巩固扩大党的组织覆盖和工作覆盖，让广大民营企业家"跟党走、跟党奋进"，在新时代新的历史征程上做出更大贡献。

（一）进一步优化营商环境

一是不断提高服务效能。要对标先进省份，学习上海"店小二"精神，江苏"不见面审批"方法，浙江"最多跑一次"服务理念，继续加大"放管服效"力度，进一步简化优化审批流程，提高审批效率，打造"六最"营商环境，提升企业办事便捷感。

二是完善公平待遇。严格落实公平竞争审查制度，消除一切妨碍市场公平竞争的规定和做法，为民企营造公平待遇，给民企发展创造充足市场空间。在要素获取、准入许可、经营运行、政府采购和招投标等方面与国企、外企一视同仁，让民企能够有效参与市场竞争，进一步让市场在资源配置中发挥决定性作用。

三是狠抓政策落实。坚持从实际出发，细化量化政策措施，制定相关配套举措，提高各级各部门政策制定的科学性、协调性，提高政策执行有效性。切实把中央和我省支持民营经济发展各项政策落地、落实、落细，提升民营企业政策获得感。政府要"守信践诺"，积极推进政策兑现，做好历史遗留问题的衔接工作，维护政策的连贯性和确定性，使民营企业家有安全感，安心发展、放心发展。

（二）进一步理顺体制机制

一是巩固深化领导干部联系服务民企举措。继续巩固深化"万名干部入企服务"成果，充分发挥领导干部联系民营企业示范作用，鼓励各级干部深入企业调研，真心同企业家交朋友，切实为企业排忧解难。

二是搭建常态化沟通对接平台。继续畅通领导干部和民营企业家沟通交流的渠道，定期开展政企对接活动，设立民营企业维权投诉中心，进一步规范畅通民营企业反映诉求困难、提出建议意见的渠道，更加规范、统一、便捷、有序地协调和推进民营企业困难和问题的解决，维护民营企业合法权益。

三是构建"亲""清"政商关系。进一步完善政商交往规定要求，明确领导干部同企业家交往的"度"，企业家同领导干部交往的"道"，构建良好的"亲""清"政商关系。树立干事创业导向，坚持事业为上、以事择人，大力选拔使用心中有责、眼里有活、手上有招的干部，在全社会形成正向保护激励机制，给敢担当有作为的干部吃"定心丸"。鼓励广大企业家主动践行"亲""清"政商关系，自觉珍视和维护好自身社会形象，积极践行社会主义核心价值观，做一个有情怀、有担当、有作为的优秀企业家。

（三）进一步提升法治建设水平

一是完善法律服务体系。开展法治宣传培训、诉求建议反映、产权保护等活动。强化法律知识培训，加大法治培训力度，深入开展法律"三进"活动。通过宣讲法律、解读政策、维护权益、排查风险、警示教育，引导广大民营企业依法经营。

二是做好三个"引导"。引导民营企业家自觉增强法治理念，提升依法治企意识、守法经营素养和防控法律风险能力。引导民营企业建立完善现代企业制度，推进股份制改造，完善法人治理结构，进一步规范经营行为，提升管理水平，促进转型升级，全面提升企业整体素质和市场竞争力。引导企业在经营管理和政商交往中不越规矩、不踩红线、不破底线，争做爱国敬业、守法经营、创业创新、回报社会的表率，践行"亲""清"新型政商关系的典范。

三是弘扬优秀企业家精神。营造良好的舆论环境，树立宣传表彰一批优秀企业家典型，引导全社会尊尚重商亲商良好氛围。进一步弘扬诚实守信、开拓进取、和衷共济、务实经营、经世济民的"晋商精神"和优秀企业家精神，不断激发民企发展活力和创造力。强化"工匠"精神，鼓励民营企业家专注专长领域，加强企业质量管理，以"工匠"精神保证质量、效用和信誉，追求卓越，努力打造一批具有核心竞争力和国际影响力的"百年老店""百年企业"。加强理想信念教育，组织实施企业家培训工程，培育一支在国内外有重要影响力的新时代晋商队伍。

民营经济是我省转型发展、突破发展的重要力量。面对新时代的召唤、新征程的使命，全省广大民营企业家要以习近平新时代中国特色社会主义思想为指引，按照省委"一个指引、两手硬"的重大思路和要求，围绕资源型经济转型综改试验区、能源革命综合改革试点省的重点任务，以资源型经济转型发展示范区、打造全国能源革命排头兵、构建内陆地区对外开放新高地等三大目标为牵引，凝心聚力，开拓创新，奋力谱写新时代中国特色社会主义的山西民营经济的新篇章，让民营经济在不断塑造山西美好形象、逐步实现山西振兴崛起中做出更大的贡献。

执笔人：郭卫东

新晋商崛起与一带一路
涉税争议解决机制探讨

●在"一带一路"大背景下，新晋商作为山西涉外经济发展的有生力量，在"走出去"过程中存在诸多涉税问题

●指出新晋商因缺乏了解国内涉外税收制度、东道国税制渠道，导致不能合理判断及有效控制跨境经营税收风险的困难

●针对税收争议解决机制存在的征管不均衡、信息不对称、保障措施不到位等诸多问题，积极探索解决税收争议的路径和方法，从而为"走出去"企业建立解决税收争议机制提供了思路借鉴

晋商有过辉煌的历史，曾是我国具有重要影响的商帮，在明清时期对外经济发展中有着举足轻重的地位和作用。近年来，在山西省委、省政府的高度重视下，一支新晋商队伍正在蓬勃兴起，成为山西对外经济发展不容忽视的有生力量，他们与"旧晋商"相比，已不局限于发展盐业、票号等传统老字号，足迹遍布全国甚至世界各地，向各类新兴产业伸展触角，如钢铁、代工、房产等各个行业，并在其领域取得骄人成绩，树立起与"旧晋商"迥然不同的"新晋商"形象。但同时，这些出去闯荡世界的新晋商不可避免会遇到各种各样的涉税疑难问题和税收争议，对此，需要政府和税务部门主动作为、提前谋划，以涉税问题为导向，以发现和解决税收争议为出发点，积极从思想观念、税收制度、政策调整、法律规定、统筹协调等涉税方面去多下功夫，为新晋商的崛起提供坚强的税收保障，搭建

经济与税收、国内与国际互联互通、互惠互利的桥梁和纽带，助力山西新晋商不仅能"走出去"，而且迅速做大做强，成为带动山西经济高质量转型发展的新引擎。

一、新晋商"走出去"企业现状所面临的税收疑问

据统计，截至 2019 年 6 月底，纳入山西省税务部门管理的"走出去"企业 181 家，对外直接投资 118 家，在境外设立的投资企业 191 家，对外承包工程 72 家，对外劳务合作 7 家，分布美洲、亚洲、非洲、大洋洲、欧洲等 60 个国家和地区，对外投资额约 30 亿美元，涉及建筑业、采矿业、制造业、农业、医药、化工、房地产、批发零售业等领域。

共建"一带一路"倡议同联合国、东盟、非盟、欧盟、欧亚经济联盟等国际和地区组织的发展和合作规划对接，同各国发展战略对接，为企业"走出去"奠定了坚实的国际税收法律基石。目前，已有 150 多个国家和国际组织同中国签署共建"一带一路"合作协议，在"一带一路"倡议带动下，山西省越来越多的企业走出国门，积极开拓国际市场，新晋商作为驱动山西经济走出去的羽翼正振翅高飞。但在"走出去"过程中，很多企业因缺乏了解东道国税制渠道，导致不能合理判断及有效控制跨境经营税收风险，那么，当前"走出去"企业对税收产生的疑问主要有哪些方面呢？

（一）在境外设立分公司还是子公司，哪种形式更好

随着"一带一路"倡议得到越来越多企业的响应，不少"走出去"企业在境外投资过程中，应充分考量税收和其他因素，理性做出设立子公司还是分公司的战略决策，以获取最大的投资收益。如作为全国首批工程总承包建筑企业的中铁三局集团有限公司，是较早从事海外工程开发和建设的企业。中铁三局在国家"一带一路"倡议引导下，公司承建的国外基建项目正逐年增加，中标项目主要分布在印度、埃塞俄比亚、乌干达等亚非国家，现有在建项目近 300 个。同时，参建的方式也将多样化。是采用分包模式还是联合体模式？是设立子公司还是设立分公司？对企业来说，都涉及利益的分配和最终利润的计算，基于国际税收的复杂性，这就需要税

221

务机关多给予税收政策方面的辅导。

(二)"走出去"企业可否向境外关联企业提供保姆式服务

从技术、劳务、市场营销到融资、品牌、客户资源等，向境外关联企业提供保姆式服务，但没有相应收取劳务、无形资产等相关费用；或者通过产品购销等转让定价行为，将我国境内利润转移至境外，侵蚀境内母公司利润，损害我国的税基。对此，企业应把关联企业之间的业务往来按照独立交易原则进行交易，做到公允、公平，其理论依据是承认市场作用的合理性、自由竞争的公平性。

(三)不履行申报的基础遵从义务给企业带来法律风险

"走出去"企业的申报也是纳税人履行法定义务、解释自身关联交易合理性的法定途径。同时，申报也是纳税人及早梳理和发现自身风险的手段和机会。对于不依法履行申报或报备的"走出去"企业，税务机关可以通过第三方、大数据，尤其是通过情报交换和海外金融账户涉税信息交换（CRS）手段获取相关信息，纳税人想通过不申报、不报备、不举证，从而隐瞒相关信息将会越来越困难，不申报还会面临相关法律风险。

二、"走出去"企业税收争议解决机制存在的问题

目前，国际税收争端的解决方式主要有相互协商程序（MAP）和国际税收仲裁，相互协商程序是缔约国之间相互协商税收问题所应遵循的规范化程序，是一种解决国际税务争议的国际法程序，允许来自缔约国政府的授权代表通过相互协商致力于解决缔约国之间、缔约国与跨国纳税人之间的国际税务争议，在一定程度上为国际税收争端提供了可行且高效的解决方法，这是目前我国解决"走出去"企业税收争议的主要机制。但也存在着事前确定性差、受国内法限制、程序复杂、公正性存疑、久拖不决等问题，影响了"五通"理念的落实。

当前，"走出去"企业税收争议解决机制存在的主要问题为：

沿线国家的经济发展和税收征管水平不均衡，受不同国家之间资源禀

赋、产业结构、政治体制、税制各异条件所限，如何在促进与沿线国家的跨境投资贸易和遏制跨国公司避税行为之间做出平衡，技术难度较大，税收利益如何合理分配有待进一步商讨。

信息披露缺乏法定激励机制。多数时候税收争议涉及的案情比较复杂，纳税人不能对案件事实进行全面的披露汇报，税务机关无法及时、准确获取企业涉税诉求，影响 MAP 谈判的高效和公平，使这一重要制度安排难以显现价值。

数字经济背景下，商业模式和价值创造模式的改变增加了国际税收协调的难度，尤其是涉及无形资产、跨境劳务和国际间接税税收征管等方面的争议。

边境经济合作区、跨境经贸合作区在推动双边经济发展的同时，也可能出现优惠政策制定不合理、存在税收歧视和信息共享机制不健全等方面的问题，需要协调合作区国家的税收政策和税收利益。

缺少专门组织机构监督，导致对"走出去"企业的权益保障措施执行不足。受目前我国国际税收管理机构层级、人员配置及水平的限制，税收协定 MAP 的执行效率有待提高。往往是已经受理的申请不能及时启动，解决税收争议的时间成本和经营成本都较高。

三、积极探索解决税收争议渠道，推进服务"一带一路"

近年来,针对"走出去"企业面临的税收风险和挑战日益复杂多变，有关税收争议的表现形式、案例种类变化多端的实际，山西省税务局积极探索解决税收争议的机制和方法，与省商务厅建立了多部门信息交换共享机制，完善了助力企业"走出去"的工作体制、运行机制和工作措施，有针对性地创新服务方式。他们以"走出去"企业涉税需求为导向，根据企业的经营形式、特点，通过多种渠道推送税收政策，帮助企业精准掌握有关政策规定。同时，创新税收服务"一带一路"措施，为企业全方位、多角度提供跨境税务风险提示、税收筹划评议，协助"走出去"企业建立起跨境税务风险预警体系、内控机制，为企业的"丝路之行"保驾护航，为我省构建内陆地区对外开放新高地加油助力。

（一）开展政策宣讲，让"走出去"企业多渠道熟悉涉外税收相关政策

普惠性政策宣讲为"走出去"企业普及涉外税收政策。2018 年 4 月 13 日，山西省税务局与省商务厅联合举办了服务"一带一路"、着力"构建内陆地区对外开放新高地"税收政策宣讲活动。全省 90 余家中外合资、合作企业及部分"走出去"企业代表和财务人员共计 120 人参加了活动。宣讲会上，各单位相关领域专家分别对涉及境外所得税收抵免、境外税收抵免凭证制度、境外投资者以分配利润直接投资暂不征收预提所得税等企业普遍关注的政策进行了详细讲解，收到了良好的宣传效果。

"点对点"政策宣讲帮助"走出去"企业现场解疑释惑。2019 年 4 月 25 日，恰逢"一带一路"高峰论坛在京举行之际，山西省税务局在中国铁建电气化局集团北方工程有限公司举办"优化营商环境、服务'一带一路'"的税收政策入企宣讲会，为企业送上了精准辅导和政策宣讲。公司总会计师刘鸣表示，海外市场是一个全新的领域，初次涉足面临诸多困难，尤其是公司在国际经济法律法规、国际税收政策等方面知之甚少，通过税务部门"点对点"入企宣讲，我们知道了哪些境外所得需要税收抵免，"走出去"企业存在什么税收风险，境外承包工程可享受怎样的税收优惠，这真可谓雪中送炭。

（二）启动"一带一路"税务之家，为企业走进国际市场和外资对内投资提供税收支持和服务

为有效帮助我省"走出去"和"引进来"企业与个人了解"一带一路"税收政策最新变化情况，提高境外税收风险识别和防范能力，山西省税务局启动了"一带一路"税务之家，充分利用便利的信息化手段，通过普及率较高的微信平台，为企业"走出去"和引进外资创建了制度化的沟通机制。税务方定期推送最新税收政策及征管规定，及时准确地为企业提供全方位和个性化服务，提供订制化的辅导，开展高质量的跨境税收服务。同时，为企业间搭建了一个相互交流、学习、借鉴的平台，使企业在"走出去"和"引进来"的道路上越走越宽。此外，"一带一路"税务之家还按月、按季定期开展税务之家"活动日"。采取讨论、授课等形式，面对面进

行交流，形成制度化的税企沟通机制，对企业面对面、微信上传的问题进行系统讲解和培训。

（三）发布《中国居民赴克罗地亚共和国投资税收指南》

2018 年 4 月，按照总局统一安排，山西省税务局对《中国居民赴克罗地亚共和国投资税收指南》进行了进一步更新和完善，并在总局网站上对外发布。2019 年，山西省税务局又新发布了《中国居民赴波黑投资税收指南》。指南中既有税收政策也有风险提示，涵盖了税收救济途径和渠道，旨在更好地帮助"走出去"企业快速掌握目标国的税收政策，降低企业对目标国投资税收信息收集难度，既减轻了企业税法遵从成本，又利于企业防范税收风险。

（四）认真审核"走出去"清册，确保数据完整准确

为了解我省"走出去"企业对外投资及生产经营状况，有效与纳税人对接，更好地服务"走出去"企业，近年来，山西省税务局不断加强与商务、外汇管理等部门的合作，广泛获取第三方信息，充分掌握"走出去"企业登记、投资等基本情况，并逐户与金税三期系统中"走出去"企业税务登记、税种登记、日常申报等存量信息进行比对核查，以保证"走出去"纳税人基础信息的完整性和准确性，形成我省"走出去"企业清册。同时，我省国际税收管理部门按照"走出去"纳税人境外投资和所得信息报告税收风险、境外所得纳税申报风险等情况，对"走出去"纳税人实施分级分类管理。

山西省各级税务部门始终以税收服务"一带一路"发展战略为抓手，系统上下主动融入"一带一路"建设，建立全省"走出去"企业清册，通过数据比对、案头分析、实地走访核查，更积极地落实税收优惠政策，强化纳税服务，充分发挥税收在"一带一路"中的职能作用，助力企业驶入"中国创造"快车道。

四、促进新晋商崛起过程中税收争议解决机制的思路及建议

第二届"一带一路"国际合作高峰论坛的成功举办，标志着我国"一带一路"建设进入高质量发展新阶段。下一步，中国将采取一系列重大改革开放举措，加强制度性、结构性安排，促进更高水平对外开放，面对如火如荼的"一带一路"建设，新晋商在山西省委"改革创新、奋发有为"专题大讨论推动下，正在全方位转变观念，迎接挑战，传承和发扬晋商文化精髓，重整行装再出发，决心让晋商重现昔日风采，让晋商文化成为"一带一路"建设征途中一道亮丽的风景线。作为税务部门，如何促进新晋商焕发生机，怎样能够帮助山西"走出去"企业建立健全解决企业税收争议机制显得尤为迫切，对此，建议从以下几个方面建立和完善税收争议解决机制。

（一）完善税收相互协商制度

一是加快与未签订税收协定的沿线国家的税收协定谈判进度。二是通过签订议定书等形式积极完善我国与沿线国家的双边税收协定内容，更好地协调双边税收利益。三是积极开展税收协定政策宣传，帮助企业充分使用现有税收协定优惠条款。

（二）加强法律和机制层面协调

一是《中华人民共和国税收征收管理法》应赋予税务机关必要的税收争议事项裁定权限，明确事先裁定的法律地位。事先裁定制度的最大价值是能够提供税法适用的确定性，在这方面企业有着广泛的客观需求。二是在税收制度设计上建立"走出去"企业涉外税收争议报告制度，鼓励更多的企业主动披露税收争议的具体事项和背景，有利于税务机关及时化解企业税务风险。

（三）强化国际税收征管合作深度融合

一是尝试推动沿线国家建立区域性的多边税收情报交换网络，建立健全逃避税防控体系，防止税基侵蚀和利润转移，整体提升沿线国家反避税工作水平。二是建立专门跨境税收争议解决机构。随着"走出去"企业数量的急剧增加，国家税务总局应尽快成立"一带一路"涉税争议解决机构，帮助"走出去"企业解决税收争议，在法律框架下统筹处理。三是建立"一带一路"三级税收协作交流机制，国家税务总局、省及市税务局共同制定跨境服务和投资税收争端解决流程及规则。四是发挥税收救济重要作用，形成上下通达、多部门协同的税收救济渠道，通过"一带一路"区域税收争端解决机制保护企业的合法税收权益。

（四）优化营商环境，促进新晋商迅速崛起壮大

一是以世界银行《营商环境报告》反映的问题为导向，对标国际先进水平，关注跨境企业办税制度、办税流程、办税方式的简化，推进纳税便利化改革。二是把信息化建设作为关键节点，打破不同地区、不同部门之间信息互通共享的瓶颈，深化"互联网+国际税收"数据共享共用机制，为税收跨境风险防控筑牢基础。三是实施跨境税收分级分类管理，组建纳税服务数据管理专业团队，开展跨境纳税服务数据质量管理和应用分析等相关工作，保障纳税人在"走出去"过程中自觉遵从税法，健康有序发展。

参考文献：本文基础数据来源于商务部境外投资企业（机构）备案结果公开名录、对外承包工程经营主体查询、对外劳务合作企业名录等。

审稿人：李　菲
执笔人：罗震宇　吕文涛

消费税改革对山西经济与税收影响研究

●消费税改革对构建地方税体系、增加地方财政收入以及推动地方政府支持实体经济发展和改善消费环境将产生积极影响

●《方案》出台标志着税制改革加快，有利于更好地落实减税降费政策，进一步提高税收治理体系和治理能力现代化

●建议应加快改革步伐，收入逐步实行"五五分享"比例，对消费品实施不同的征收方式

2019年9月26日，国务院印发《实施更大规模减税降费后调整中央与地方收入划分改革推进方案》（以下简称《方案》），标志着消费税改革正式开始启动。消费税改革的实施，将对我省经济与税收产生较大的影响，需要尽快开展前瞻性研究，提出进一步深化改革的意见及建议。

一、消费税改革历程及对我省经济与税收影响分析

（一）消费税改革历程

消费税是对我国境内从事生产、委托加工和进口应税消费品的单位和个人，以及国务院确定的销售规定的应税消费品的其他单位和个人就其销售额或销售数量，在特定环节征收的一种税。消费税实行价内征收，属于

货物和劳务税，具有征收范围选择性较强、征收环节单一、平均税率较高、税负差异大和计税方法灵活等特点。

1. 消费税是 1994 年税制改革时设置的税种

《中华人民共和国消费税暂行条例》于 1993 年 12 月 13 日通过国务院令第 135 号发布。2008 年 11 月 10 日再次通过国务院令第 539 号进行修订并公布，自 2009 年 1 月 1 日起施行。

2. 《方案》出台标志着消费税改革重新启动

2019 年 9 月 26 日，国务院印发的《方案》中规定："后移消费税征收环节并稳步下划地方。按照健全地方税体系改革要求，在征管可控的前提下，将部分在生产（进口）环节征收的现行消费税品目逐步后移至批发或零售环节征收，拓展地方收入来源，引导地方改善消费环境。具体调整品目经充分论证，逐项报批后稳步实施。先对高档手表、贵重首饰和珠宝玉石等条件成熟的品目实施改革，再结合消费税立法对其他具备条件的品目实施改革试点。改革调整的存量部分核定基数，由地方上解中央，增量部分原则上将归属地方，确保中央与地方既有财力格局稳定。具体办法由财政部会同税务总局等部门研究制定。"

（二）消费税改革对山西经济影响分析

1. 有利于构建地方税体系，确定地方主体税种

十八届三中全会提出"构建地方税体系"。2016 年 5 月 1 日，开始全面实施营业税改增值税，地方主体税种消失。2019 年，在实施更大规模的减税降费过程中，地方财政收入紧张、主体税种缺失等问题更加突出。《方案》从基本原则、消费税改革内容、工作要求等方面，对构建地方税体系、确定地方主体税种、建立健全中央与地方收入划分改革工作协调机制进行了明确规定。一是在"基本原则"中提出，稳步推进健全地方税体系改革。适时调整完善地方税税制，培育壮大地方税税源，将部分条件成熟的中央税种作为地方收入，增强地方应对更大规模减税降费的能力。二是明确消费税改革的内容。消费税部分品目逐步后移至批发和零售环节，先将高档手表、贵重首饰和珠宝玉石等品目实施改革，然后结合消费税立法，对其他的品目进行改革试点，逐步在全国范围内推广。三是将调整中央与

地方收入划分改革作为落实减税降费政策的重要保障，逐步建立权责清晰、财力协调、区域均衡的中央与地方财政关系。

2. 有利于增加财政收入，逐步缓解地方财政压力

《方案》规定，将消费税的存量部分核定基数，由地方上解中央，增量部分原则上将归属地方。从 2015—2019 年的山西省消费税收入可以看出（见表 1），消费税收入逐年增长。山西消费税收入从 2015 年的 56.34 亿元增长到 2018 年的 69.43 亿元，增长额 13.09 亿元，增长了 1.232 倍，年均增长 7.21%。2019 年 1—9 月，消费税收入为 79.48 亿元，比 2018 年增长幅度较大。如果换算为 2019 年全年收入，预计为 105.97 亿元，比 2018 年预计增加 36.54 亿元，增长 52.63%。按照消费税改革方案，将对增加山西地方财政收入起到积极的作用。

表 1 山西 2015—2019 年 9 月消费税收入情况

单位：亿元

	税收收入	消费税收入	增长（%）	消费税占总收入比重（%）	国内消费税	增长（%）	占消费税收入比重（%）	占总收入比重（%）
2015 年	1855	56.34		3.04	55.97		99.34	1.47
2016 年	1789	59.48	5.57	3.32	58.99	5.40	99.18	1.14
2017 年	2476	64.11	7.78	2.59	63.46	7.58	98.99	1.20
2018 年	2889	69.43	8.30	2.40	68.70	8.26	98.95	1.20
2019 年 1—9 月	2582.03	79.48		3.08	78.96		99.35	0.82

3. 有利于地方政府支持实体经济发展，扩大生产规模，增加投入的积极性和主动性

此次消费税改革作为调整中央与地方收入划分改革的重要举措之一，对地方政府来说无疑具有良好的财政意义。尤其是从发展和培植税源角度，更是具有长远的经济效应。以山西杏花村汾酒股份有限公司为例，该公司属于国有控股企业，是白酒消费税的纳税大户，入库消费税占到全省白酒

消费税总量的 85% 以上。1994 年 1 月 6 日在上海证券交易所挂牌上市，成为山西省第一家上市公司。目前，公司占地 200 多万平方米，拥有职工 7000 余人，总资产 95 亿元，是全国最大的名白酒生产基地之一。2017 年缴纳消费税 10.13 亿元，2018 年为 14.85 亿元，增长金额 4.42 亿元，增长幅度为 43.6%；2019 年 1—7 月，缴纳消费税 9.7 亿元，[①]预计全年收入为 16.63 亿元，比 2018 年增收 1.78 亿元，增长 11.99%。国税地税征管体制改革后，该公司税收收入虽然划归汾阳市政府，但由于消费税税收收入全部归中央财政收入，地方政府对公司支持力度并不大。随着消费税改革进一步推进，消费税增收额将属于地方税收收入，预计在地方政府的鼓励支持下，公司会进一步扩大生产规模，增加销售收入，增值税、消费税等税收收入随之增长，消费税的增量部分收入将全部归地方政府，能够有效增加地方投入的积极性，并带来地方财政收入的增长。

4. 有利于调动地方政府改善消费环境

这次消费税改革的主要内容之一，就是将部分在生产（进口）环节征收的现行消费税品目逐步后移至批发或零售环节，能够使税收贡献地与消费发生地更加匹配。一方面，地方政府可以通过改善消费环境，优化营商环境，提高居民消费水平，增加消费税收入，促进地方财政收入稳步增长；另一方面，地方财政收入的增加可以有效保障居民收入的稳步增长，可以筹集更多的资金用于完善基础设施建设，打造更好的消费环境，形成消费环境与财政收入良性增长的局面。

5. 有利于企业提高产品质量，打造知名品牌

按照现行消费税规定，烟、酒等实行从价定率和从量定额两种征收方式。例如，卷烟类无论价格多少，每支都要征收 0.003 元；白酒类每 500 克征收 0.5 元，导致价格比较低的烟、酒从量计征消费税税负较重。以山西汾酒集团公司为例，价位在 5—10 元以内的白酒，从量消费税的税负在 12%—6%；价位在 10—20 元以内的白酒从量消费税的税负在 6%—2.9%；价位在 20—50 元以内的白酒从量消费税的税负在 2%—1%；价位在 100 元以上白酒从量消费税的税负在 0.6% 以下。消费税改革后，企业可以通过政

①数字来源于金税三期系统。

策导向来进行税收筹划和发展规划，提高产品质量，提升产品价格，达到降低整体消费税税负水平、增加企业利润的目的；同时通过企业自有资金和地方政府支持，打造知名品牌，做大做优做强，提高企业销售收入，进一步拓展地方收入来源。

（三）消费税改革对山西税收影响分析

1. 酒类消费税增长幅度较大

从山西消费税收入来看（见表2），烟类和酒类占了绝对大的比例，一直维持在95%左右；从纳税人来看，主要是山西昆明烟草有限责任公司和汾酒股份有限公司。分行业看，2015—2018年，酒类消费税收入一直在持续增长，增长额为8.34亿元，年均增长26.66%。2019年1—9月，酒类消费税收入为22.59亿元，预计全年收入为30.12亿元，比2018年预计增收13.7亿元，增长83.43%；烟类消费税2015—2018年收入增长额为2.86亿元，年均增长2.04%，增长幅度不大。2019年1—9月，烟类消费税收入为55.12亿元，预计全年收入为73.49亿元，比2018年预计增收24.79亿元，增长50.9%。

表2 山西省消费税收入占比情况

单位：亿元

	消费税收入	酒及酒精消费税收入	增长（%）	占比（%）	烟消费税收入	增长（%）	占比（%）	贵重首饰	增长（%）	占比（%）
2015年	56.34	8.08		14.34	45.84		81.36	0.83		1.47
2016年	59.48	9.61	18.94	16.16	48.59	6.00	81.69	0.68	-18.07	1.14
2017年	64.11	13.72	42.77	21.40	47.79	-1.65	74.54	0.77	13.24	1.20
2018年	69.43	16.42	19.68	23.65	48.70	1.90	70.14	0.83	7.79	1.20
2019年1—9月	79.48	22.59		28.42	55.12		69.35	0.65		0.82

2. 贵重首饰所占比例很小，收入基本持平

这次改革对高档手表、贵重首饰和珠宝玉石等条件成熟的品目首先开始实施，对山西税收收入而言，一方面由于贵重首饰的收入规模很小，另一方面征收方式也与以前相比没有变化，所以基本上没有多大影响。其中，贵重首饰2015年与2018年收入持平，仅为0.83亿元，没有增长；2019年1—9月，贵重首饰消费税收入为0.65亿元，预计全年收入为0.86亿元，比2018年预计增收0.03亿元，增长3.6%。

3. 税制改革的步伐开始加快

国税地税征管体制改革后，税制改革的步伐开始加快。《中华人民共和国环境保护税法》《中华人民共和国个人所得税法》《中华人民共和国资源税法》等一系列税收实体法出台，提高了税法的法律层级，作为税收的主体税种，增值税也在进一步修改完善。此次消费税从收入划分、征管方式等方面都进行了改革，为消费税法的后续出台奠定了一定的基础。据财政部税政司一级巡视员徐国乔9月17日在2019年三季度财政收支情况新闻发布会上表示，在当前经济环境和减税降费大背景下，消费税改革将坚持总体税负基本稳定的原则有序推进。同时，为落实税收法定原则，财政部正在会同相关部门研究起草消费税法。下一步，将兼顾消费税改革和立法，统筹推进相关工作。

4. 有利于提高税收治理体系和治理能力现代化

十九届四中全会审议通过了《中共中央关于坚持和完善中国特色社会主义制度、推进国家治理体系和治理能力现代化若干重大问题的决定》。税收要更好地发挥其在国家治理中的基础性、支柱性、保障性作用，全面提高税收治理体系和治理能力现代化，需要全面提高税收治理能力和征管服务水平。随着国税地税征管体制改革的深入推进，我省国税、地税机构已经合并，人员整合到位，金税三期系统已经并网，新的纳税服务规范和征管规范的出台实施，税务部门的征管力量、信息化水平进一步提高，能够在消费税征收、管理和服务中，充分利用金税三期等大数据优势，采取税收风险管理和纳税信用等级评价等方式，发挥征管体制改革的优势作用，提高消费税管理和服务水平，进一步提高税收治理体系和治理能力现代化。

5. 有利于更好地落实减税降费政策

增值税留抵退税是减税降费的重要环节，对减轻纳税人负担、提高纳税人满意度意义重大。消费税改革后，一是增量部分归属地方，对提高地方可用财力，及时将留抵税款退还给纳税人，会起到很好的保障作用。二是消费税改革进一步完善了地方税体系，提高了地方级税收收入，对弥补地方财政收入、减轻财政压力和更好地落实减税降费政策都有一定的促进作用。三是目前消费税的纳税环节主要有生产环节、委托加工环节、进口环节、零售环节和批发环节等五个方面，"将部分在生产（进口）环节征收的现行消费税品目逐步后移至批发或零售环节征收"，减少了征收环节，可以有效减轻纳税人办税负担，提升纳税人的满意度和遵从度。

二、目前消费税改革存在问题分析

（一）从改革的进程看，消费税改革整体比较滞后，需要进一步加快

消费税作为我国的主要税种之一，目前只出台了《中华人民共和国消费税暂行条例》，仅在2008年进行修改和完善，法律层级过低和无法适应最新经济形势等问题比较突出。营改增后，构建地方税体系需要尽快确定主体税种，其中房地产税和消费税是比较好的选择。由于房地产税在短期内推出的阻力较大，因此消费税成为地方主体税种的最佳选择①，改革的进程需要进一步加快。

（二）从收入划分的比例看，仅将增量消费税收入划归地方无法满足地方财力需求

为保障地方财力收入，根据《方案》规定，继续保持增值税收入划分"五五分享"比例不变，即中央分享增值税的50%、地方按税收缴纳地分享增值税的50%；为缓解部分地区留抵退税压力，增值税留抵退税地方分担的部分（50%），由企业所在地全部负担（50%）调整为先负担15%，其余35%暂由企业所在地一并垫付，再由各地按上年增值税分享额占比均衡分

担，垫付多于应分担的部分由中央财政按月向企业所在地省级财政调库。而这次消费税改革规定以存量部分核定基数，由地方上解中央，增量部分原则上将归属地方，确保中央与地方既有财力格局稳定。由于增量部分较少，如果只将这部分收入归地方政府，远远不能满足地方财力的需要，间接导致只能依靠增值税比例分享以及留抵退税分担机制等临时性的措施来弥补。以山西为例，2019 年增量预计为 36.54 亿元，在税收总收入中占比很小，无法满足地方财力的需求。

（三）从征管方式的转变看，后移消费税征收环节对目前税务部门的征收管理和纳税服务带来较大的压力

现行政策规定，纳税人从事零售金银首饰、铂金饰品和钻石及钻石饰品的，在零售环节征收，所以改革中先对高档手表、贵重首饰和珠宝玉石等条件成熟的品目在批发或零售环节征收，变动不大，易于管理。但如果对消费税所有的行业都在批发或零售环节征收，对目前税务部门的征管水平带来较大的压力，同时对优化税收营商环境、更好地落实减税降费政策带来一定的影响。例如，目前经营烟、酒等普通消费品，大多数属于小规模纳税人，平时账务不太规范，加之消费者购买商品后要求开具发票的很少，导致税务部门无法掌握其真实的收入情况。税务部门如果通过生产企业销售收入等大数据来分析比对核实真实收入，工作量太大；如果依靠日常巡查或检查，容易造成征纳双方的矛盾，影响税收营商环境，也对落实好更大规模的减税降费政策产生一定的不利影响。

三、进一步深化消费税改革的建议

（一）加快构建地方税体系，建议积极推进消费税改革

消费税作为主要税种，是成为地方主体税种比较好的选择。从构建地方税体系、落实好减税降费政策等角度出发，应该加快改革步伐。一是对消费税的税目进行调整，适当将高档奢侈品、私人飞机等消费品纳入征收的范围，既增加税收收入，又能根据宏观产业政策和消费政策的需要，达

到适当限制某些特殊消费品的消费需求。二是提高法律层级，尽快出台相关的法律法规。由于消费税改革的内容比较多，涉及征收方式、分成比例等许多方面，建议在消费税法出台之前，应该先制定《消费税实施条例》，稳定地方政府预期，便于税务部门执行。

（二）支持地方政府落实减税降费政策，建议国内消费税收入逐步实行"五五分享"比例

由于实施更大规模减税降费对地方财政收入影响很大，造成中西部省份的个别县市收支比较困难，同时消费税在中西部一些省份的税收收入中所占的比例较大，因此从支持地方政府落实好减税降费政策、缓解地方财政运行困难的目标出发，在增值税收入划分"五五分享"比例不变的情况下，除海关收取的进口消费税以外，建议对国内消费税也实行"五五分享"的比例。

（三）按照便于征管原则，建议对消费品实施不同的征收方式

此次消费税改革，特别提出了"征管可控"大的前提，同时要求"具体调整品目经充分论证，逐项报批后稳步实施"。建议：一是对高档化妆品、贵重首饰、摩托车、小汽车、高尔夫球及球具、高档手表、游艇等七大类消费品，可以在零售环节征收。因为这些消费品，单位价格都比较高，在购买时消费者都会要求开具发票，税务部门容易掌握销售收入，便于征收管理，也不会增加纳税人的负担。二是对烟、酒、鞭炮及烟火、成品油、木制一次性筷子、实木地板、涂料、铅蓄电池等八大类消费品，应该继续在生产或批发环节征收。由于烟、酒等生产企业都属于大型集团或上市公司，财务规范、纳税遵从度高，便于税务机关征收，如果将这些消费品在零售环节征收，由于大部分消费者不会索要发票，税务部门很难掌握具体的销售收入，容易造成一定的管理漏洞，形成一定的执法风险。同时，对烟、酒等消费品在生产或批发环节征收，也能有效防止个别地区"为了短期和局部利益，搞违规政策洼地"，更好落实《方案》的工作要求。

审稿人：李　　菲

执笔人：王怀旭

关于建立税费收入质量
管理体系的探讨

●建立税费收入质量管理体系对于推进税收治理现代化具有重要意义

●税费收入质量管理体系包括当年税源入库率、近 5 年税收弹性系数离差优化值、税务检查入库率、税务检查入库弹性系数等评价指标

●税费收入质量管理体系可以从规划目标、控制措施、评价机制、考核机制等方面着手建立并逐步完善提高

组织税费收入是税务部门的重要职责。从 1994 年分税制改革到 2018 年国税地税征管体制改革，税务部门始终以依法治税、认真完成组织收入任务为主要工作，保持了税收和所承担的其他费种收入在数量和规模上的持续增长。与此同时，税费收入质量管理问题也凸显出来，究竟是以数量来评价税费工作业绩，还是以质量获得长期的可持续发展，成为当前组织收入工作面临的热点和难点。本文以此入手，从思路、内涵、评价等方面做一浅显的研究，以期通过建立税费收入质量管理体系对全方位提高税务部门组织收入水平进行探讨。

一、建立税费收入质量管理体系的重要现实意义

党的十八大以来，围绕新时代税收改革发展的重大时代课题，习近平总书记提出了一系列富有创见的新观点、新论断和新要求，科学回答了税

收工作长远发展的根本性、战略性、全局性重大问题。关于税收在新时代的作用，做出了充分发挥税收在国家治理中的基础性、支柱性、保障性作用的重要论断。关于推动经济发展，指出要更加注重提高发展质量和效益。合理的经济增长速度是要的，但抓经济工作、检验经济工作成效，要从过去主要看增长速度有多快转变为主要看质量和效益有多好。

构建税费收入质量管理体系的目的，就是通过加强税费收入质量管理，促进税收数据反映经济结构合理性的程度，促进经济发展方式转变，推动税收治理向着法治化、科学化、精细化方向迈进。为认真落实以习近平同志为核心的党中央关于坚定不移推动高质量发展的精神，近年来，各地税务部门在坚持组织收入原则、努力做好组织收入工作的实践中，对税费收入质量越来越重视，积极尝试促进税费收入由计划管理向质量管理转变，推动税费收入持续健康增长。这一转变对贯彻习近平总书记对税收工作的重要论述精神，落实党中央和国务院对于高质量推进税收治理现代化无疑具有非常重要的现实意义。

二、税费收入质量管理概述

（一）税费收入质量含义

税费收入的质量就是在现行税制框架下，政府运行财力需求的持续满足度。税费收入计划管理强调"量"的增加，税费收入质量管理更强调"质"的提高，其内涵不仅有量的增加，还包括税费实际入库收入与现行税制下的理论收入的匹配程度和未来税费收入可持续增长的潜力等内容。

（二）税费收入质量管理体系

税费收入质量管理体系是一个较为完整的"管理链"，应包含思路设计、管理原则、评价标准、指标选取等内容为主的管理机制。具体来讲，应根据以下内容做好规划设计。

1. 构建税费收入质量管理体系

首先，应该对其初步思路有一个清晰的认识和把握，即通过分析税源质量、税收政策执行和税收征管能力，展示经济增长、结构优化和质量提升的成效。其次，对税费收入结构的合理性和优化度进行评价，反映经济税源质量和可持续发展能力，服务经济发展方式转变和结构调整。

2. 构建税费收入质量管理体系

应把握四条管理原则：一是依法合规原则。评价指标的确定，符合税收法律法规，符合国家大政方针，符合经济社会发展方向。评价体系全部采取量化指标，涵盖全面，重点突出，方法科学，过程严谨。二是客观公正原则。在评价指标统一、量化的前提下，充分考虑区域经济发展水平不平衡和功能区产业结构差异，客观上造成的经济税源和税收收入差异性。评价采取相对值评价，消除绝对值差异，更具可比性。三是综合协调原则。税收收入是经济发展、税收政策和税务部门征管的综合体现，税收收入质量评价是对税源质量、税收政策执行和税收征管能力综合评价。收入评价体系与其他评价体系协调统一、相互配合，提高系统评价的整体功效。四是实用简便原则。评价数据取自现行的国民经济核算体系和税务部门收入规划核算系统，来源便捷、准确。评价工作依托现代信息技术，与各类应用系统衔接融合，以自动生成评价结果为主，实现系统内部"信息管税"。按年适时公布评价情况，指导基层及时改进。

3. 税费收入质量评价标准

是衡量税源向税收转化过程的效率和成果，是评价税收工作成效的重要依据。构建税费收入质量的评价标准主要应从以下四个维度考量：一是实际入库税费收入逐渐逼近法定理论税费收入，税收征收率在法定范围内不断提高，税费收入分布状况与经济社会结构相适应，税务机关征收努力程度不断加强；二是实际入库税费收入与当期应征收入相一致，反映税务部门将已在掌控范围内的税费收入及时、足额入库的能力较高，其征收行为较好地执行了组织收入的基本原则，有效地履行了税法所规定的责任和义务；三是征收的税费收入不过分消耗未来的收入潜力，符合可持续发展要求，有利于培养税源，更好地为将来筹集资金和构建和谐社会服务；四是征收入库的税费收入与财税工作中的税收规划目标和风险控制要求相协调。

4. 构建税费收入质量管理体系

要选择与税费收入质量存在密切关系的指标，以便有针对性地选取不同的处理方法来计算评价结果。结合多年税收收入管理实践，本文意在从税收收入质量的本质内涵着手，将能够反映或影响税收收入质量的两个因素分别赋予不同的指标内容，初步模拟构建我省税费收入质量管理体系。一是反映已控收入入库情况的指标，如当年税源入库率、近 5 年税收弹性系数离差优化值；二是反映税务部门税收规划能力和风险控制能力的指标，如税务检查入库率、税务检查入库弹性系数。各项指标均有各自的指标定义及计算公式，取数对象为区域内税务系统。在此需要说明的是，所列指标并非一成不变，可随着对税费收入质量管理体系认识的不断深化而变动。

三、税费收入质量管理分析

我国现行税费收入涵盖税收、行政事业性收费、向社会开征的政府性基金以及社会保险费。税收基本上是以 1994 年国家分税制改革为基础形成的；行政事业性收费、向社会开征的政府性基金以及社会保险费则是在多年治理工作基础上逐步形成的。从 2018 年起，党中央着眼全局做出国税地税征管体制改革的重大决策，这是一场系统性、整体性、重构性的变革。主要任务概括为：强化一个根本，完善双重体制，打赢三场主攻战，夯实四大支撑点。其中，三场主攻战之一"划转社会保险费和非税收入征管职责"、四大支撑点之一"整合优化税费业务和信息系统"均表明税费改革已列为重大而紧迫的任务，要通过构建优化高效统一的税收征管体系，为高质量推进新时代税收现代化提供有力制度保证。本文在探索研究税费收入质量管理体系的建设上，基于国家税务总局《税收收入质量评价体系》，初步尝试选取我省反映已控收入入库情况、反映税务部门风险控制能力两方面的指标进行浅显分析。

（一）我省税费收入总体情况

从 1978 年到 2018 年，山西税收事业走过了 40 年波澜壮阔的改革发展历程。1978—2018 年，全省税务部门共组织税费收入 30446.85 亿元，其中，税收收入 27822.67 亿元，非税收入 2732.21 亿元。1978—1993

年，全省税务部门组织税费收入 583.94 亿元，其中，税收收入 526.76 亿元，非税收入57.18 亿元。1994 年分税制改革后，国税、地税分家，为方便研究，我们将两个部门的数据合并进行计算。1994—2018 年，国税、地税部门共组织税费收入29862.91 亿元，其中，税收收入 27295.91 亿元，非税收入 2675.03 亿元。

（二）税费收入质量管理浅析

税费收入质量管理分析是对税源质量、税收政策执行和税收征管能力的综合评价。与其他评价体系协调统一、相互配合，实现提高系统评价的整体功效。

1. 反映已控收入入库情况的指标分析

（1）当年税源入库率。

①指标定义：当年税源入库率指当年产生的税源在当年入库的比率。当年税源产生税收在理论上应该在规定纳税时间内入库，这样才符合应征即征的组织收入原则。当年税源产生税收占全部税收比重越接近100%，越说明税源产生税收后能够及时、准确的入库，从而对税制的遵从度就越高。

②计算公式：当年税源入库率=（当年入库税收-免抵调库-当年清缴往年欠税-当年多缴税金）/（当年应征税收-当年减免税额-当年多缴税金）× 100%

③根据当年税源入库率分析，我省近年来保持着 90%以上较高的税源入库比例，说明我省税收收入能够及时、准确入库，纳税人遵从度较高。

（2）近 5 年税收弹性系数离差优化值。

①指标定义：近 5 年税收弹性系数离差优化值是指计算年份的近 5 年税收弹性系数的离差。该指标接近 0，说明近年来税费收入与区域经济增长保持协调性较好，税务机关近年来的征管力度较为合理；指标为正且远离 0 值，说明税务机关近年来征管力度较大，纳税人负担较重，同时未来存在出台减税降费措施，从而使指标值迅速远离 0 值的可能；指标为负且远离 0 值，说明税务机关近年来征管力度趋弱，纳税人负担较轻，经济增长的成果藏富于民，同时未来可能存在财政紧缩、征管力度增大，从而使指标迅速回归 0 值附近的可能。

②计算公式：近 5 年弹性系数离差优化值=近 5 年弹性系数离差×［(当年税收收入−近 5 年税税收收入平均值) ／｜当年税收收入−近 5 年税收收入平均值｜］

近 5 年弹性系数离差=(当年税收收入−近 5 年税税收收入平均值)²/5

近 5 年税税收收入平均值=近 5 年税收收入总和/5

③根据我省 1978—2018 年的数据，我省经济发展至今的近 5 年税收弹性系数离差优化值可分为三个阶段：1978—1993 年为第一阶段，该指标值总体上低于 0，且与 0 值偏离较大，说明在改革开放初期，我省实施的是藏富于民的税收征管政策，省内企业得到较好发展。1994—2008 年为第二阶段，该指标值接近于 0 值，说明期间我省税收收入与经济增长协调性较好，经济保持着高速发展。2009 年至今为第三阶段，我国为对冲经济危机的不利影响，实施积极的财政政策，期间，2013—2016 年我省支柱产业煤炭业遭遇冲击，曾使近 5 年税收弹性系数离差优化值由正转负且远离 0 值，但随着 2016 年底供给侧改革政策的出台，煤炭业景气度显著回升，该指标值迅速转正后近 3 年连创改革开放以来新高。总体上，自 2009 年始的第三阶段，我国经济运行下滑的风险加大，经济发展面对周期性调整和结构性调整双重压力，需要充足的税收支撑财政支出，我省作为煤炭资源大省，税收收入快于经济收入增长，对我省经济发展贡献巨大，因此该指标值总体上为正，且与 0 值越离越远。未来，随着减税降费措施影响进一步深化，我省近 5 年税收弹性系数离差有望重新回落至 0 值区域。

需要强调的是，近 5 年税收弹性系数离差优化值本身存在合理区域，即 0 值区域，但并不代表长期处于 0 值区域税费收入质量就高。事实上，当处于经济扩张期，税费收入作为财政保障，增长速率往往超过经济增速，此时指标值大于 0，表明税务部门较好地完成了税收预算任务，税费收入质量较高；当经济平稳增长，税费收入应与经济增长保持协调，税务部门在履行"应收尽收"职责的同时，还要"不收过头税"，税费收入质量较高；当经济运行进入调整期，税费收入增长率可能低于经济增长，此时近指标值小于 0，表明税务机关完成税收预算任务的同时，通过涵养税源为下一时期经济增长提供了动力，税费收入质量较高。

2. 反映税务部门风险控制能力的指标

(1) 税务检查入库率。

①指标定义：税务检查入库率是税务检查入库的税费收入与自行申报入库税费收入的比值，反映了当期税务部门对于纳税人可能存在的故意少申报、不申报税费风险的控制力度。

②计算公式：

税务检查入库率=检查入库的税费收入÷申报入库税费收入

检查入库的税费收入=自行补报入库税费收入+税务风险核查入库税费收入+税务稽查税费收入

③根据税务检查入库率分析，近5年来我省税务部门对于纳税人可能存在的故意少申报、不申报税费风险的控制力度基本保持稳定，2016年略微提升，2017年至今逐年递减，这反映出近年我省税务部门风险控制能力的提升，税费收入质量有所提高。

(2) 税务检查入库弹性系数。

①指标定义：税务检查入库弹性系数是税务检查税费收入入库增长率与申报入库税费收入增长率的比值，反映了随着税费收入的变动，税务部门风险控制力度的变化，亦即风险应对入库的税收收入对当期完成税收收入的贡献。如果该指标波动超出正常范围，则表明一定时期内税收风险相应增加。

②计算公式：

税务检查入库弹性系数=检查入库的税费收入增长率÷申报入库的税费收入增长率

检查入库的税费收入增长率=（报告期检查入库的税费收入−基期检查入库的税费收入）÷基期检查入库的税费收入×100%

申报入库的税费收入增长率=（报告期申报入库的税费收入−基期申报入库的税费收入）÷基期申报入库的税费收入×100%

③根据税务检查入库弹性系数分析，2016年受组织收入压力影响，我省税务部门通过风险应对使税收收入对当期税收增长的贡献略微上升，但2017年以来税收风险应对贡献率逐年递减，这反映出我省优化纳税服务、以服务促管理理念取得初步成效，税务风险逐年降低，纳税人税收遵从度

有所提升，税费收入质量有所上升。

四、税费收入质量管理存在的问题及原因分析

（一）税费管理立法滞后，税费结构不尽合理

在税收立法方面，我国第一大主体税种增值税尚未通过人大立法，目前 18 个税种中，还有 9 个税种是由国务院制定的有关暂行条例规定征收，分别是增值税、消费税、城镇土地使用税、土地增值税、房产税、城市维护建设税、印花税、契税、关税。在收费方面，目前收费管理依据主要是国务院文件，没有一部政府收费方面的统一法律规范。

在税种结构、税费结构方面，一是税种结构存在间接税比重过高等问题，目前开征的五类税收中，以所得税、财产税以及部分行为税为主的直接税收入只占到全部税款收入的 33.18%，而流转税、资源税等间接税占比为 50.52%。二是政府收费特别是政府性基金规模偏大，目前行政事业性收费额占公共财政收入比重为 6.8%，考虑政府性基金等收费，比例将超过全国公共财政收入 10% 以上。

（二）现行税收收入计划管理存在一定弊端

税收收入计划管理工作在组织税收收入、实现税收工作职能以及提升税务部门工作水平中发挥着重要作用，但也存在税收计划编制方法不尽科学、税收计划导致执法缺乏刚性和严肃性、容易滋生收"过头税"等违纪行为等多方面的问题。税收计划编制下达主要沿用的是"基数法"，虽明白直观、简便易行，但基于"基数增长法"的税收收入计划编制，过于强调上期税收完成基数和当期经济增长因素，这种重计划而轻实际的做法，在某种程度上割裂了税收与经济的相关度，影响到税收收入计划的准确性。各级政府特别是基层政府部门，出于政绩考核及其他考虑，在下税务计划的过程中，"层层加码"成为普遍现象，导致税务机关在实际组织税收收入过程中不堪重负。同时，唯计划至上的原则容易导致一些税务部门在组织收入过程中出现"过头税"或"人情税"等违规违纪税收行为，从而导

致税收规模和税源规模的背离，税收规模超出了税源承受能力，财政与税收调节经济的作用被削弱，对经济的持续稳定发展和税收的正常秩序起到阻碍作用，也给强化税收征管、推进依法治税带来阻力与压力。

（三）现行税收收入计划管理无法满足发展现状的要求

当前，我国经济正处在从高速增长向高质量增长转变的重要机遇期，税费收入也要按照这一发展现状和规律进行适应性调整，从而起到适应经济、服务经济的作用。从全国形势看，尽管我国目前经济运行仍处于合理区间，结构调整稳中有进，但国内外环境依然错综复杂，经济稳中向好的基础尚不牢固，经济仍存在下行压力，税收治理能力现代化的需求显得尤为迫切。从我省经济形势看，山西经济已由"疲"转"兴"，随着国家中部崛起战略的实施，省委、省政府提出建设"示范区、排头兵、新高地"的目标，这意味着我省将彻底摆脱过去"一煤独大"资源型发展路径，更加注重高质量经济发展。同时，随着依法治国持续走向深入，税务部门也要切实把依法治税作为税收工作的灵魂，必须按照法制的要求，规范税收运行的各个环节，将各项税收工作纳入法治要求的轨道，而适时推出一套科学的税费收入质量管理体系，能帮助我们在深化征管体制改革实践中更好地实现税收治理能力现代化，更加坚定不移落实依法治税的目标要求。2020 年是我国基本实现税收现代化的决胜之年，过去的十年左右时间里，国家税收致力于建立完备规范的税法体系、成熟定型的税制体系、优质便捷的服务体系、科学严密的征管体系、稳固强大的信息体系、高效清廉的组织体系，而真正要将这些体系落实到位，也离不开一套科学完备的税费收入质量管理体系。

五、建立税费收入质量管理体系的建议

建立税费收入质量管理体系的基本思路，可以说是体系建立的核心和基础。要以习近平新时代中国特色社会主义思想和全国税收工作"十三五"规划为指导，紧密围绕税费收入质量及其评价体系的内涵和建立税费收入质量评价体系的目的，合理选取评价指标，科学确定评价标准和方法，切

实指导全省税务机关努力提高税费收入质量管理水平，促进税费收入和经济社会的健康可持续增长。具体建议如下。

（一）规划目标方面

第一，税费收入满足政府目前财力需求的程度，即现行税制框架下税费收入的实现程度（足额入库程度）。政府目前的财力需求是其通过制定现行税制实现的，可度量为总的理论税费收入扣除可允许的税收流失后的可实现税费收入。

第二，税费收入满足政府未来财力需求的程度，即收入现状反映出的将来税费收入可持续增长的能力。政府设定税收制度时，不但要满足其目前正常运行的财力需求，更要兼顾未来若干时间内的持续财力需要，考察税费收入的可持续增长能力就是通过目前税费收入的状况和特点反映其在将来对政府公共运转所需财力的满足度。

第三，在保持税款入库级次和入库地点不变的前提下，通过完善机制、调整职能、改进方式、整合资源，实现"四个转变"。即：事前审核向事中事后监管转变，固定管户向分类分级管户转变，无差别管理向风险管理转变，经验管理向大数据管理转变；对纳税人加强税法遵从度分析；应对税收流失风险，堵塞征管漏洞；对税务人加强征管努力度评价，防范执法和廉政风险，提高征管效能。

（二）控制措施方面

第一，促进组织收入原则落实。贯彻落实"依法征收、应收尽收、坚决不收'过头税'、坚决防止和制止越权减免税"的组织收入原则，是依法治税在税收工作中的具体表现，也是促进税收收入健康持续增长的有效保证。税收收入质量的高低，能够反映出税务机关对组织收入原则的落实程度。通过评价税收收入质量，有利于促进组织收入原则落到实处。

第二，吸收和借鉴现代科技发展和各级税务机关实践的经验和成果，在遵循基本业务逻辑的前提下，运用现代管理理念、方式和信息化手段，优化业务流程设置和征管资源配置，推进信息共享，提高税收征管效能。

第三，提高收入风险管理水平。加强征管薄弱环节管理，提高税收掌控能力。强化风险意识，减少税收流失，是提高税收收入质量的有力保障。通过评价税收收入质量，尤其是发现组织收入工作中存在的问题，有利于推动各地税务机关提高管理水平，降低收入风险，营造良好的税收环境。

（三）评价机制方面

第一，要在全面利用税费数据的基础上，通过归纳、整理、计算，可以科学、有效地反映税费收入质量本质内涵的各种指标，将这些指标按照不同的类别使用与之适应的统计学方法进行技术处理，从而最终在多层次、多角度上对被研究对象的税费收入质量做出规范和准确的判断和评价。

第二，从税务部门已掌控税费收入的入库状况和税制框架下理论收入的入库状况两个角度进行评价，前者反映的是税费收入在应征到入库环节的质量水平，后者通过分析和比较税收与经济关系，反映税制规定下的理论税费收入的实现水平。

第三，从考察经济税源的持续增长能力和考察税务部门税收规划能力及税收风险控制能力两个角度进行度量。利用税收大数据资源，开展税制改革和税收政策调整数据分析、宏观经济税收分析、税收政策效应分析等专题分析，为推动改革、完善政策、测算税负、评估改革效应等提供参考。

第四，科学反映税收发展状况。税收来源于经济，分析税收收入的发展不能脱离经济因素。对税收与经济发展的适应性进行评价，正确衡量税收与经济的相关关系，改善和调整其中的不和谐因素，发挥税收调控经济发展的职能作用，促进税收的协调稳定增长和经济的健康快速运行。

（四）考核机制方面

1. 工作机制

税费收入质量评价工作涉及面广，涵盖税务部门各主要业务流程和工作环节。各地要以收入规划核算部门为主、相关部门分工协作，建立评价发布—分析反馈—质量改进的机制，上级税务部门定期发布税收收入质量评价结果，下级税务部门根据评价结果，找差补缺，加强管理，不断提高收入质量。

2. 优化评价体系

税收收入质量评价涉及的数据较多、口径复杂，数据质量会直接影响评价结果，各级税务部门要切实加强数据质量管理，选用科学的数理统计方法，确保税收收入质量评价结果客观、公正、合理，以更好地指导各级税务机关提高工作质量和效率。

3. 深化结果应用

各地要根据评价结果，进一步分析本地区经济税源结构存在的突出问题，认真查找与其他地区和全国平均水平差异的原因，积极向地方党委政府建言献策，促进经济结构优化升级，确保税收收入的可持续增长。

审稿人：李　菲
执笔人：罗震宇　王　鹏

大企业税收视角下的
太原市制造业分析

●太原市大企业中从事制造业的企业经营及税收情况对于反映全市制造业整体情况具有很强的代表性

●税收政策的调整对减轻制造业负担、提升企业竞争力具有积极的作用

●太原市制造业发展前景广阔，对促进经济转型具有极大的现实意义

作为北方传统重化工业城市，太原市是新中国成立初期的重要工业基地之一，是全国机械工业集中的中心城市之一。在国家"一五"时期重点建设的"156项重点工程"中，太原市有11项。至今这些重点工程仍在我国经济建设中发挥着重要的作用。经过新中国成立后70年的建设和发展，特别是受我国优先发展重工业战略的影响，太原市的制造业曾得到了国家高强度的投资，形成了一批在全国有较大影响的大中型机械、冶金、化工和煤炭企业。本报告以大企业税收为视角，对我市制造业现状及发展情况进行分析并提出管理建议。

一、太原市大企业制造企业的基本情况

（一）特点和格局

2015年以来，随着供给侧结构性改革进程的持续推进，太原市的传统产业逐步化解低端过剩产能，加大创新研发力度，实现了新技术、新产品

的突破。目前,大企业中从事制造业的企业已经形成了以能源、机械、冶金、化工四大行业为支柱,兼有纺织、轻工、食品、精密仪器等行业的制造业体系,尤其在钢铁、重型机械、煤炭电力等领域具备传统产业优势。不少制造业企业还是我国同行业知名度较高的企业,如山西焦煤集团有限责任公司（以下简称焦煤集团）是全国主焦煤基地之一；太原钢铁（集团）有限公司（以下简称太钢集团）是全国特种钢生产基地；太原重型机械集团有限公司（以下简称太重集团）是全国重型机械重点生产企业,为我国三峡工程提供1200吨桥式起重机和为我国国防建设提供卫星发射架；太原化学工业集团（以下简称太化集团）是全国化工生产基地之一，等等。在产业结构上，主要是煤焦冶炼、金属制品、重型设备、化学原料四大类，且大多集中于通用和专用设备两类行业，行业集中度较高。

截至2018年底，太原市辖区内千户集团、省级列名企业和市级列名企业从事制造业的企业共198户，涉及26个行业，其中,千户集团68户，省级列名企业38户，市级列名企业92户。行业明细见表1所示。

（二）财务经营情况

太原市制造业主要是资本密集型产业，包括钢铁、煤炭行业，其余基本为劳动密集型产业，如农业以及加工制造业。数据分析显示，大企业制造企业的总产值略有起伏，总体呈现出递增的趋势。2018年较2017年减少122.71亿元，降幅10.96%，较2016年增加84.17亿元，增幅9.22%；2018年固定资产投资规模较2017年减少1.32亿元，减幅3.62%，较2016年减少19.78亿元，减幅36.06%；2018年营业收入较2017年增加139.64亿元，同比增长12.25%,较2016年增加6.73亿元，同比增长0.68%；2018年营业成本较2017年减少133.43亿元，同比减少14.82%,较2016年减少62.60亿元，同比减少7.54%；2018年年度利润总额较2017年增加13.07亿元，增幅19.50%，相比2016年亏损，总额增长81.49亿元（见表2）。整体来看，大企业制造企业总产值不断增长，固定资产投资规模在缩减，收入能力逐年提高，营业成本控减力度较大，经营利润情况持续转好。其中部分企业经营情况波动较为明显，主要是由于所处的金属延压、装备制造业整体市场规模、客户项目投资情况受到国家宏观环境影响显著。

表1　太原市大企业制造企业分类数量表

单位：户

大类行业名称	数量
电气机械和器材制造业	4
纺织服装、服饰业	1
非金属矿物制品业	38
废弃资源综合利用业	4
黑色金属冶炼和压延加工业	9
化学纤维制造业	1
化学原料和化学制品制造业	15
计算机、通信和其他电子设备制造业	5
金属制品、机械和设备修理业	2
金属制品业	17
酒、饮料和精制茶制造业	3
农副食品加工业	1
其他制造业	15
汽车制造业	2
石油、煤炭及其他燃料加工业	13
食品制造业	6
铁路、船舶、航空航天和其他运输设备制造业	7
通用设备制造业	17
橡胶和塑料制品业	5
烟草制品业	1
医药制造业	5
仪器仪表制造业	2
印刷和记录媒介复制业	8
有色金属冶炼和压延加工业	3
造纸和纸制品业	2
专用设备制造业	12
总计	198

资料来源：根据金税三期系统数据。

表 2　2016—2018 年大企业制造企业经营概况表

单位：亿元

	总产值	固定资产投资	生产设备折旧	营业收入	营业成本	利润总额
2018 年	996.56	35.06	42.81	1000.2	766.71	80.09
2017 年	1119.27	36.38	44.98	1139.84	900.14	67.02
2016 年	912.39	54.84	47.07	993.47	829.31	−1.40
合计	3028.22	126.28	134.86	3133.51	2496.16	145.71

资料来源：金税三期系统企业财务报表。

（三）税收概况

一直以来，太原市装备制造业的税收水平是衡量全市经济发展水平的重要指标，也是决定全市财政收入的重要因素。2018 年税收收入中，太原市辖区千户集团、省级列名企业和市级列名企业中从事制造业的企业实现税收收入为 81.19 亿元，其中，增值税 26.84 亿元，消费税 14.49 亿元，企业所得税 2.78 亿元，对我市的税收贡献较大；行业税收规模占全市税收收入 680.65 亿元的比重高达 11.93%，其中，68 户千户集团太原市驻地企业制造业实现税收收入 65.24 亿元，相比 2017 年同期税收收入增加 15.26 亿元，增幅 30.53%，相比 2016 年税收收入增加 18.22 亿元，增幅 38.74%。

从大企业税收情况来看，我市制造业税收整体呈现以下特点：一是税收连续增长，税收贡献率占比较大。二是制造产业规模不大，盈利能力不高。三是税收政策调节，税负明显降低。四是 2018 年制造业中黑色金属延压行业税收收入贡献较大，该行业 2018 年实现税收收入 31.51 亿元，较 2017 年增收 13.55 亿元，增幅 75.45%，较 2016 年增加 11.10 亿元，增幅 54.38%。五是烟草制品制造业的税收进一步缩减。以山西昆明烟草有限责任公司（以下简称山西昆烟）为例，2016 年和 2017 年两年实现税收均下降，2018 年缓慢提升，但企业所得税仍相较同期下降了 21.23%。六是传统印刷行业在 2019 年一季度出现了入不敷出的情况，税收状况不容乐观。

二、太原市大企业制造企业财务经营分析

（一）营业收入

传统冶金制造业：由于国家"五大重点工作"的推进，传统制造业形势出现好转。2017年，太钢集团营业收入比上年增加104亿元，首先是钢材价格上涨影响，其次是通过优化品种结构，提高高附加值产品比例，增加了钢材收入水平。2018年，为了防控经营风险，太钢集团调整了产品结构，减少部分盈利水平低的贸易收入，2018年营业收入比上年减少24.84亿元，增长率为-3.07%，但优化产品结构，夯实了贸易结构，提升了未来盈利能力。

烟草制品业：烟草虽然是垄断行业，但随着烟草制品行业原材料、人工成本的不断上涨，行业营业成本呈现上升态势。仅依靠产品结构提升拉动效益增长的发展方式已经难以为继，在当前行业宏观调控政策导向和卷烟市场的现实压力下，卷烟销量增长乏力，同时受原料烟叶价格同比上涨等诸多因素影响，企业生产成本上升，利润空间变窄。目前，烟草制品业亟待解决增长速度回落、库存增加、结构空间变窄、需求拐点逼近四大发展难题。

煤机行业：煤机行业跟随上游产业营业收入增长。上游煤炭行业供给侧结构性改革，全国煤矿数量大幅减少，落后产能被淘汰，煤炭生产结构优化，煤炭供求关系有所改善，生产走向正常化，煤炭价格上升。对煤机行业的输送设备需求随之增加，煤机行业的订货和收入有所上升。

重型装备制造业：重型装备制造业营业收入下滑。近年来，重型装备制造业面临自身及所服务部分行业产能"双过剩"，供给大于需求，市场竞争日益激烈，导致市场需求疲软，产品价格持续下滑。太重集团受制造业市场持续低迷的影响，自身及其服务的下游产业产能"双过剩"，公司订单及部分产品价格下降，使得主营业务收入持续下降，同时，重型装备行业全球制造技术、装备、流程类似，行业进入调整期，承受着转型升级和生存发展的双重考验。太重集团营业收入几乎全部来自主营业

务收入，主营业务收入占营业收入比重均在 97% 以上，主营业务的不景气直接导致收入下降。

（二）生产成本

1. 生产成本较高

主要原因如下：一是企业的创新程度不够，对产品的核心技术掌握不足，依赖性强导致成本增加。二是未形成的规模经济导致企业的劳动分工不够细致，专业化程度不高，进而降低了企业的劳动生产率，增加了企业的生产成本。三是原材料能源动力供给关系的影响。由于国家调结构、去产能等一系列重大经济政策的影响，国内原材料价格、能源电力价格均发生了较大规模的波动，通过产业链的传导，制造企业原材料采购成本提高，对制造业的生产成本产生较大影响。四是劳动力市场的发展变化，人工成本逐年提高。随着国家经济持续发展，国内人均可支配收入水平稳步提升，国家社会保障制度逐步完善，制造企业依照国家相关政策，完善职工福利薪酬制度，尤其是近年来劳动力成本的逐年攀升，员工收入水平稳步提高，势必会造成劳动力成本的增加，企业盈利能力受到影响。再加上太原市处于内陆地区，高素质人力成本为稀缺资源，势必要付出较高的成本，才能吸引高端人才，这进一步加大了企业的成本。五是由于对能源使用的限制和环境污染的治理，也会导致生产成本增加。对于制造业，大多数企业会对环境造成污染，对于环境的治理，排放物的治理，需要投入大量资金，会使成本增加。六是运输成本，原材料在运送过程中，受运输方式限制较多，尤其是特殊材料，在较多的运输环节中，会产生很多额外费用使成本增加。

2. 研发投入的增加

为了紧紧抓住"工业 4.0"带来的发展机遇，做强制造业领域的市场，制造业研发投资逐年增加。例如装备制造业，通过校企合作、委托外包等多种形式，协调利用省内外乃至国外各种研发资源，开展多种形式的研究发展活动，用以提升产品竞争力，但研发活动本身需要巨大的投入，而且研发活动风险较高，不确定性较大，进一步增加了企业经营风险和经营压力。

3. 固定资产升级

制造业需要在高端设备上不断追加投入，不断提高机械加工质量和效率水平，提高设备智能化和劳动强度，必然会导致生产设备投资增加，折旧费用自然会随之增长。例如山西昆烟 2018 年大额投资，使得折旧增加，生产成本随之增加。

（三）企业利润

1. 整体竞争力依然不强，影响制造业利润提升

整体来看，太原市制造业仍处于价值链的中低端，竞争力不强，一些关键性产业化技术长期没有突破，产品技术含量较低，导致产品同质化竞争情况比较严重，缺乏高技术含量、高附加值的核心技术产品。研发投入不足，自主创新能力和技术水平较低，因此失去了很多中高端市场和发展机遇，极大地影响了制造业利润的提升。

2. 业内竞争加剧，产品毛利下降

国内竞争对手通过引进消化吸收国外先进技术，产业升级进程明显加快，产品迭代周期明显变短。随着制造业内竞争对手的数量和竞争实力的提升，企业在投标竞价环节的利润空间被进一步压缩，产品毛利呈现下降趋势。太原市制造业在市场竞争中面临着行业内优秀企业带来的竞争压力，高毛利率新产品的开发推广及成熟产品的成本控制不能达到预期，盈利能力将受到影响。

3. 投资效率低，不能产生效益

一是制造业产能过剩，供需倒置，存在着大量的低效率和无效率投资，进而导致过度竞争，不产生效益，直接影响利润；二是国家对部分行业制定了宏观调控的政策，生产计划指标较少，市场仍有空间，但企业难以将需求转化为收益。

4. 坏账率使得利润受到影响

以煤机行业为例，市场大环境较差、竞争激烈，产品价格降低。同时，应收账款一直较高，经营风险较重。应收账款回款不及时，坏账率提高，财务成本急剧增高，企业利润受到影响。煤机行业为防止造成新的库存积压和资金风险，根据用户信用等级、资金情况、合同质量等综

合研判订货和投入，自然放弃了一部分质量不高的订货，丧失一部分市场收入，利润减少。

5. 装备制造业市场需求不足，产品需求量减少

由于煤炭、焦炭、冶金等行业投资增速减缓，传统装备制造业产品订货普遍减少，加之生产成本上升，使其利润减少。

6. 期间费用上升影响利润

近年来，市场环境变化，上下游关联企业变动，影响公司管理费用、销售费用、财务费用不断提高。加之国企历史包袱较重，市场上获取资金的成本变高，企业财务费用也在不断增加。

三、太原市制造业发展存在的问题

（一）相比先进省份，龙头制造企业较少

与全国先进制造业水平相比，我市产业结构是以能源和原材料工业为主的重型工业结构，存在产业集中度低、专业化协作程度差、资金投入相对不足、行业整体技术更新能力薄弱等制约制造业快速发展的问题，相比其他各省，知名企业较少，企业的品牌价值也不高，缺乏龙头制造企业，缺乏带动性和规模效应强的整机产品、系列产品和成套产品。

（二）效率低下、产业结构不合理以及投资质量制约制造业企业的发展

太原市制造业在效益、效率、质量、产业结构、持续发展、资源消耗等方面与外省相比差距较大。一是没有形成像工业发达城市有规模的、统一的生产园区，厂房没有规模化，生产企业较为分散，不能集中管理。二是很多制造业企业存在着过度投资、低效率和无效率投资。不仅在传统产业，而且在一些新能源领域也出现了大量的产能过剩。三是装备制造业在中低端领域产能依然过剩，关键部件长期依赖于向外省以及国际厂商外购，生产用原材料本地缺乏，机器设备使用年限较长，升级换代的成本及需求均较高，行业环境对制造业发展的压力较大。四是资源环境不堪重负。我市制造业企业正面临土地资源、能源损耗、环保容量等方面的压力。

（三）整体技术研发能力不强，技术创新能力处于弱势

目前来看，太原市是一个制造业大市而非制造业强市，对产品的核心技术掌握不足，部分企业对国外先进技术依存度高。受经济环境影响，成本限制度高，导致现在企业科研经费的投入也有限。主要表现在：一是制造业整体上仍处于价值链的中低端；二是整体制造业在产业结构上，资本结构单一，外商资本比重较低，民营经济发展缓慢；三是在新技术、新产品领域，缺少自主知识产权，产业自主技术依赖国外，大量先进设备仍主要依赖进口，缺乏具有总体设计、成套能力和系统服务功能的总承包企业；四是除了少量优秀制造企业之外，更多的企业还是以市场和营销为导向，科研经费的投入非常有限，研发投入远远低于其他省市。

（四）具备产业竞争力的核心人才流失严重

太原市高素质专业技术人才的储备不足，技术创新落后。制造业的生产管理人员、专业的技术人员、专业的生产人员占有率较低。一是对于专业的技术人员来说，相应的本地培训机构及培训场所较少，往往在本地得不到较好的培训及实践能力；二是相关专业人员流失率较高，在管理及生产专业方面，本市企业技术不成熟、设备陈旧，技术型人才往往得不到更好的发展及提升；三是受到沿海地区和一线城市优越工作、高薪资待遇吸引，我市创新型人才大量向南方城市输出，造成我市技术人才流失率较高，制造业人才流失严重，出现注重人才培训但高级技能人才仍短缺的窘境。

四、太原市制造业发展前景分析

中央经济工作会议明确指出，"要推动制造业高质量发展"，"推动先进制造业和现代服务业深度融合"，随后相关政策的落地实施，装备制造业将面临新的机遇；而"加大基础设施投入力度"等政策导向，"减税降费"的持续深化不仅会为制造业带来一定的市场空间，也将在一定程度上减轻制造业的效益压力。

（一）太原市制造业发展前景，在很大程度上，也将与我国经济发展模式的再次转型休戚与共

20世纪末以来，在山西省新型能源和工业基地建设中，太原市坚持走新型高端制造业道路，承担起山西省产业结构调整和升级转化的重任。随着"中国制造2025"规划的启动实施，作为老机械工业基地的太原市将继续深化供给侧结构性改革，大力发展高端制造业。太原市制造业拥有坚实的产业基础，供给侧改革，将会给太原市制造业迈向高端化带来巨大的发展新机遇。

（二）充分利用老工业基地的丰富资源，优胜劣汰，创造新的经济增长点

一是太原市以现代工业为引领，以先进产业为目标，正在瞄准世界产业技术发展前沿，锁定新兴领域，降低企业成本，淘汰落后产能，加大工业振兴力度，打好工业强市攻坚战，打造先进产业集群。二是稳步推进企业优胜劣汰，加快处置僵尸企业等国企国资改革的持续深化，将会进一步促进制造业的市场出清，优化行业发展环境。三是以市场为导向，采取"走出去、请进来"策略，向节能环保等新的市场领域进军。积极拓展新的业务领域，在"入围转产"等方面做好工作，争取更多的生产经营业务。四是煤炭、钢铁、电力、有色金属等下游行业回暖，安全环保改造升级项目增多，为传统产品的发展将带来一定的市场空间；新能源，尤其是风电的发展，以及高铁、城轨等基础设施的建设也将为太原市相关转型板块带来新的发展机遇。五是以中车太原、太原重工等企业为主，太原市在轨道交通制造和车辆检修维护等领域也在逐步形成规模，并与中科院合作，计划开展大数据、科学计算相关的制造业布局。

（三）太原市在高端装备制造业、电子设备制造、新能源等领域不断发力

一是装备制造业充分利用"二次创业"形成的四大平台，正在实现转型项目的达产达效，推动转型发展。在做强做优传统板块的基础上，太原市深入推动新能源板块和轨道交通板块的高质量发展，加快推动海工装备、高端液压等转型板块的规模化发展，全面推动行业国际化发展，加快"二次创业"进程，争取成为国际一流的装备制造企业；二是十多年前太原市引入富士康园区，在电子通信产品加工制造领域获得突破，并形成稳定产能，对太原市相关产业企业形成重要的集群化拉动作用；三是 2016 年起引进的比亚迪新能源汽车生产基地，与传统重化工业形成互补，并向先进制造业进一步延伸。与之相应，太原市也成为全球首个出租车全部替换为新能源汽车的城市。由于规划相对合理，太原市的新能源出租车供电桩数量较为充足，运营至今评价不错。

（四）支柱产业发展前景良好

长久以来，虽然全国最大的消费市场在华南，最大的深加工集散地在江浙地区，沿海地区的区位、物流优势明显。但是，全球最大的不锈钢生产企业在太原市，太钢优质的原材料是对客户最好的吸引，搞不锈钢深加工，太原市优势明显。依托太钢的产业优势，加工中心的原材料就地转化加工，附加值最高，且企业生产成本相对较低。与沿海等发达地区相比，中原地区的人力成本、土地等投入成本较低，盈利空间较大。作为全球最大的不锈钢生产基地，太钢集团着力于特种钢领域研发高端产品，不但在前两年成功研发出圆珠笔笔尖钢为市场所熟知，也为港珠澳大桥量身研发了寿命达 120 年的耐腐蚀不锈钢钢筋。此外，太钢研发的一系列自主知识产权特种钢产品，正应用于汽车、铁路、交通和航空航天等领域，成为全国重要的特种钢供应商。同时，太原市是全国机械工业集中的中心城市之一。太重集团是新中国自行设计、建造的第一座重型机械制造企业，2005年进入中国制造业 500 强，2008 年跨入百亿企业行列，自 2011 年开始，销售规模始终位于我国重型机械行业首位。目前初步形成了以冶金、矿山、轨道交通、新能源、工程机械与液压、港口和海工装备为主的六大领域共同发展的格局，技术中心在全国 1098 家国家级企业技术中心评价排名中位列第二，被誉为"国民经济的开路先锋"。

目前，中美贸易摩擦背景下我国经济增长仍面临一定的增速下行压力，而高杠杆率的宏观环境约束下，我国制造业发展模式可能继 1994 年（外需拉动制造业）、2009 年（内需拉动基建地产）之后，迎来第三次转型，走向内需拉动制造业发展之路。在这样的宏观经济转型大背景下，太原市的"基建跨越式发展扩展潜力空间+制造业升级提供经济增长和城镇化源动力"的模式将有力促进制造业焕发勃勃生机与活力，迎来更广阔的发展前景。

五、税收政策对制造业影响分析

2019 年是供给侧结构性改革的持续稳步推进之年，经济形势及税收政策的调整将对制造业的发展带来长远而深刻的影响。

（一）增值税税率的降低将有利于提高制造业市场竞争力

在增值税改革中，制造业一直是减税规模最大、受益最为明显的行业。自 2018 年 5 月 1 日起，制造业等行业增值税适用税率由 17%降至 16%，截至 2018 年 12 月，此项措施共减税 2700 亿元，其中，制造业减税约 945 亿元，占 35%。2019 年实施的更大规模减税、普惠性减税与结构性减税并举的措施，重点在于降低制造业和小微企业税收负担。2019 年增值税改革进一步深化，将制造业等行业现行 16%的税率降至 13%，减少制造业企业应缴纳增值税额，扩大制造业企业盈利空间。制造业是主要的受惠对象，能够享受 3%的减税优惠，无疑是"久旱逢甘霖"，不仅可以有效地解决企业的财务压力，而且通过这种减负，也能激发出制造业的活力与生机，促使相当一部分制造业企业投入自主创新，从而在整体上提高我国制造业的水平。

（二）优惠的政策成为技术密集型企业的助推器和孵化器

增值税相关抵扣政策，对于高附加值的技术密集型企业，减税降负尤为显著。技术密集型企业由于产品成本中研发、设计成本所占比重偏大，企业进项税相对较小，企业增值税负相对较高。通过下调增值税率，企业结余资金可以进一步进行新产品的研发和骨干人才的培养，有利于高新技术产品的更新换代，给企业减轻负担，因此鼓励企业向高新技术方向发展，新的税收政策正在逐步成为高新技术企业发展的助推器和孵化器。

（三）相关的抵扣政策将优化制造业企业结构调整

制造业增值税适用税率之外，还配套实施了一些政策，其中包括扩大进项税抵扣范围，试行期末留抵退税制度，对生产、生活性服务业进项税额加计抵减等。制造业由于相关支出规模较大，期末留抵税额占比最高，成为这些优惠政策的最大受益对象。通过持续、较大幅度减轻制造业企业负担，可以改善企业预期和经营效益。企业获得减税资金后，一是将拥有更多的资源用于设备更新、技术创新和升级改造，推动制造业从中低端迈向中高档，加快新旧动能接续转换，促进我国经济高质量发展。二是制造业享受的减税红利，还将通过价格机制由产业链条层层传递，让更多的行业受益。三是有投资必然存在风险，尤其是针对制造业这种资金密集型和技术密集型的企业来说，固定资产投资很重要，但同时承担的风险也很多。由于税收政策的进一步放开，企业现在可以放开手脚，及时地调整企业的发展战略，加大投资力度，带动制造业企业向高新技术方向发展，利用科技技术，提高制造业企业的利润。四是激发微观主体的市场活力。税收政策的调整还有助于提升制造业的价格竞争力，降低国际贸易顺差，促进制造业产业结构进一步优化调整。

六、制造业税收管理中存在的问题及建议

（一）制造业税收管理中存在的问题

1. 税源监控难度较大，税收风险管理预警指标体系亟待完善

制造业工业流程复杂，经营方式繁杂，作为税收的重要来源，税收风险控制十分重要，但目前在日常的税收管理过程中，税收风险管理预警指标体系尚未建立，基层税务机关的风险管理主要是以指标为主，风险模型的研究不够深入。电子档案及风险评估系统的开发水平及整合水平不高，有效的信息资源未能得以充分利用，信息缺乏指导性或针对性，突出表现为"三多三少"，即散乱信息多，提示问题信息少；提出问题、给任务型信息多，指方向、给方法型信息少；单个信息分析多，信息综合分析少。

2. 税收征管程序有待规范

政府部门等第三方配合不够，第三方信息共享平台没有完全建立起来，内外部涉税信息比对困难较多。税收政策宣传辅导不到位。制造业涉及税收政策比较多，计算方法繁杂，导致很多新的业务形态和问题无法适用或者不能准确适用现有法律法规，客观上给企业纳税造成了较大难度，容易出现税收违法行为。

（二）优化制造业税收管理的建议

1. 继续加大减税降费力度，确保政策落实到位

2019 年以来，国务院继续加大减税降费力度，出台多项优惠政策，降低实体经济负担，提高企业的竞争力，进一步优化营商环境。为切实落实中央和省确定的减税降费政策，税收部门工作的重点是通过多种形式开展税收政策宣传，让政策家喻户晓、人尽皆知，确保税收政策落实到位，实现制造业大企业利益最大化。

2. 要提供精准的财税支持

制造业作为国民经济传统的支柱产业，当前面临市场竞争日趋激烈、成本提升、税收负担重、涉税风险高等困难，税收问题贯穿于生产制造企业筹建、采购、生产、销售等经营活动的全过程。帮助大企业准确把握制造业相关税收政策并加以合理运用有助于企业更好地完成财务规划，加大税收政策宣传辅导力度，为企业定期提供个性化服务，最大限度减少税收违法行为发生，促进企业与税收和谐发展。

3. 对符合条件的装备制造企业及时认定高新技术企业，对企业技术改造和技术研发项目等及时兑现高新技术税收优惠

细化制造企业的税收管理，从增值税、企业所得税多管齐下，落实税收优惠政策，增强企业投资信心，提高制造业相关企业的竞争能力。

4. 营造良好的投资环境，积极鼓励和引导制造业健康发展

税务部门要继续提高工作效率和服务水平，尽量减少审批环节，缩短审批时限，把各项涉及制造业的相关税收优惠政策落实到位，并严格政策执行的统一性。

5. 继续推进制造业税收管理水平

对制造业的管理，需精细化、全程化、网络化并行，严密把握行业动态。重点是加强成本核算，应积极研究和探索成本管理新方法，努力规范企业的成本核算，避免税收流失，也有利于推进企业之间的公平竞争。

6. 扩大风险提示范围

目前，我国大企业税收风险管理主要以千户集团企业为对象，由国家税务总局统一组织开展风险分析和统筹应对，而日常的税收管理和服务则由主管税务机关负责。由于各级税务机关职责不同、侧重点不同，实际工作中，对风险的关注点也不一致。基于此，应该考虑扩大税务机关对大企业税收风险的提示范围。税务部门发送给企业的风险提示，侧重于分析企业的主营业务和政策性税收风险，对非主营业务及集团下属小企业的日常性税收风险提示不多；同时，所提示的税收风险，主要涉及增值税、企业所得税等主体税种，对小税种的风险关注不多。然而在实际业务中，企业的非主营业务和小税种，出现风险的概率很高，应当加强针对企业的非主营业务和小税种的提示。

审稿人：柴建波　郭青山
执笔人：白海霞　周　军

税收视角下阳泉经济转型发展现状调查

- 改革开放四十年，税收保障财政、服务经济，成效显著
- 从税收视角分析经济，查找瓶颈、发现短板、挖掘潜力
- 发挥税收的职能作用，建言献策，助力阳泉经济再腾飞

改革开放以来，阳泉市利用自身资源优势，紧跟改革开放步伐，经济持续快速发展，经济总量大幅增长，各项事业均取得了令人瞩目的辉煌成就。但近年来，受多种因素影响，经济发展速度逐渐减缓，与兄弟市形成明显差距。本文试图通过由表及里、由此及彼、去粗取精、去伪存真的整理分析，透过40年来阳泉市税收变化的表象和表面，挖掘出改革开放至今阳泉税收变化的本质，总结构成这些变化的基本要素，梳理分析主要矛盾以及矛盾的主要方面，找出形成变化的主要原因，研判阳泉经济对税收的影响，把脉阳泉市的税收与经济协调情况，问症阳泉转型发展存在的矛盾，并从税收角度提出一些可供参考的建议和对策。

一、立足阳泉发展大局，充分发挥税收财政保障和宏观调控职能作用

改革开放40年来，税务部门紧紧围绕阳泉发展大局，坚持组织收入原则，严格依法治税，认真落实税收政策，积极营造良好的营商环境，全面

发挥好各项职能作用，为阳泉经济社会发展做出了积极的贡献。

（一）经济税收协调发展，收入规模稳步壮大

1978—2019 年上半年，全市税务系统共组织各项税收 1389 亿元，税收规模由 1978 年的 6541 万元增长到 2018 年的 109 亿元，增长了 166 倍，同期 GDP 增长了 131 倍，税收年均增速达到了 13.64%，快于 GDP 年均增速 0.68 个百分点，税负水平由 1978 年的 11.68% 提升至 2018 年的 14.83%。税收与经济总体协调发展，税收增长略快于经济（见图 1）。

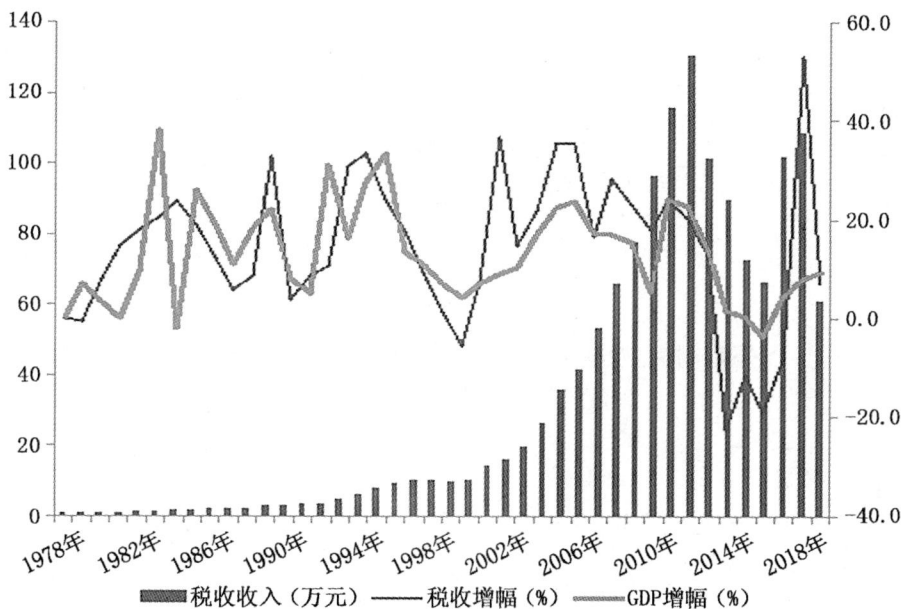

图 1　1978—2019 年上半年全市税收完成情况

（二）市县级收入占比较高，财政保障作用突出

1994—2019 年上半年，全市组织的各项税收 1358 亿元。其中，中央级完成 690 亿元，占全部税收的 50.80%；省级完成 186 亿元，占全部税收的 13.67%；市县级完成 482 亿元，占全部税收的 35.53%，市级和县级的体量基本相当（见图 2）。

从税收对我市财政收入的贡献情况来看，1994—2018 年税收收入占到了全市财政总收入的 92.82%，对一般公共预算收入的贡献率达到了

76.95%，高于全省 7.74 个百分点，税收收入为全市经济社会发展提供了坚实的财力保障。

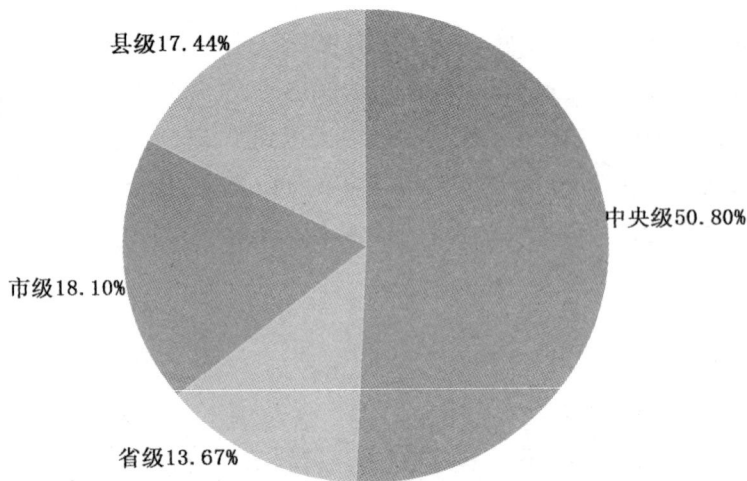

图 2　1994—2019 年上半年税收分级次占比情况

（三）以公有制为主走向经济成分多元化发展，混合所有制逐步占据主导地位

分税制改革以来，国有企业、集体企业等公有制经济占税收的比重由 1994 年的 92.90%下降至 2019 年上半年的 7.30%；以股份公司为代表的混合所有制经济逐步占据了税收主导地位，比重由 1994 年的 0.07%上升到 2019 年上半年的 81.76%。从管户数量发展情况看，民营经济（含个体工商户）发展迅速，占管户数量的比重由 1994 年的 28%提高至 2019 年上半年的 92%，为扩大就业、促进经济发展做出了较大贡献（见图 3）。

（四）税收优惠持续发力，营商环境逐渐优化

自 1981 年有减免税统计以来，全市共减免各项税收 83 亿元，占到应缴税款的 5.63%。减免金额从 1981 年的 55 万元逐步上升至 2018 年的 10.93 亿元，减免税额占当期应缴税款的比重也由 0.68%提高至 9.13%。

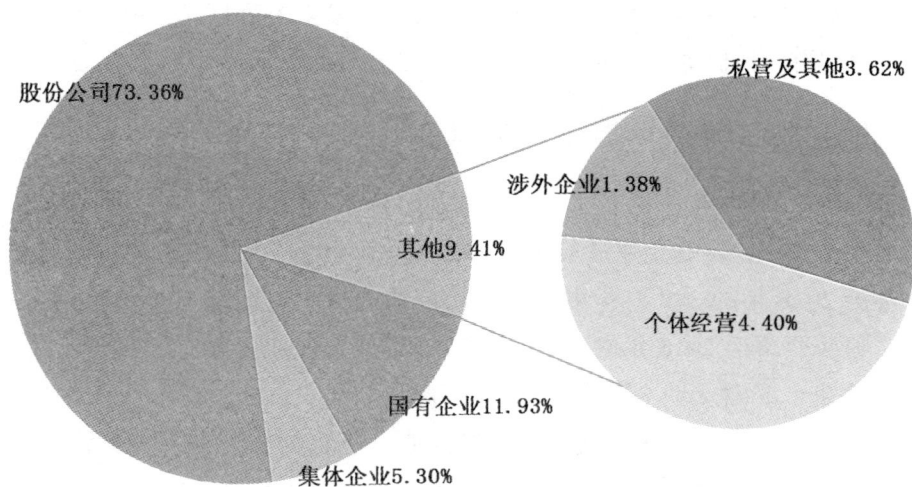

图 3 1994—2019 年上半年分注册类型税收占比

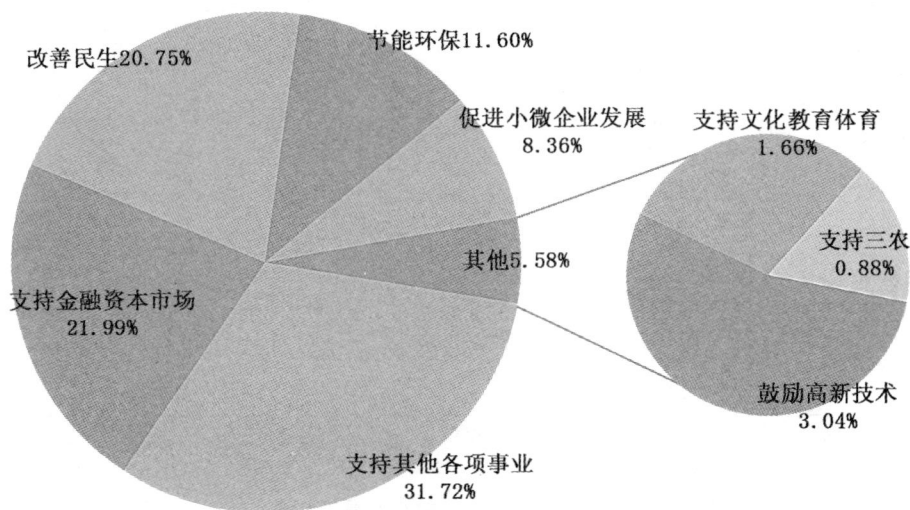

图 4 2018 年减免税分类型占比情况

特别是近几年来，国务院出台了一系列减税降费的举措，减轻企业负担，优化营商环境。仅 2018 年，阳泉市税务系统落实税收优惠政策就减免各项税费 10.93 亿元，其中，改善民生减免 2.27 亿元，鼓励高新技术减免 0.33 亿元，促进小微企业发展减免 0.91 亿元，节能环保减免 1.27 亿元，支持文化教育体育事业减免 0.18 亿元，支持金融资本市场减免 2.40 亿元，支持"三农"减免 0.10 亿元，支持其他各项事业减免 3.46 亿元，税收优惠政策的落实有力地促进了全市经济社会转型发展（见图 4）。

（五）市场主体显著增长，经济活跃度明显提升

1978—2018 年，纳税户数由 627 户增长至 42264 户，年均增长 11.10%。其中，国有企业从最初的 193 户增至 1999 年的 1952 户，而后又回落至 2018 年的 389 户；集体企业从最初的 423 户增至 1995 年的 4897 户，随后回落至 2018 年的 473 户。其他类型企业从无到有，逐步壮大，2018 年末，私营企业 8081 户，个体工商户 23774 户，股份合作企业 751 户，涉外企业 72 户，有限责任公司等其他企业 8724 户。纳税户数的不断增长，显示出经济活跃度的提升（见图 5）。

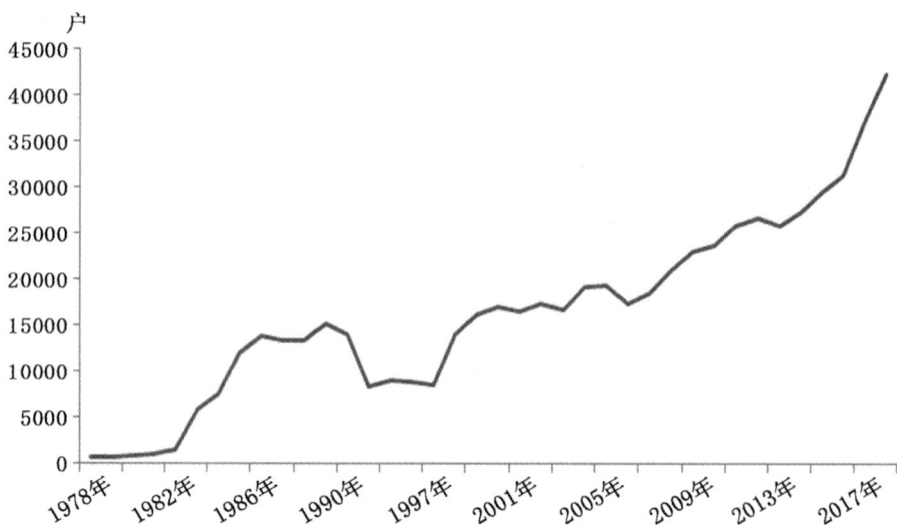

图5　1978—2018 年管户数量变动图

二、透过税收视角，精准分析我市经济转型发展中存在的问题和短板

经济决定税收，税收反作用于经济。税收收入的变化，是经济最直接的体现和反应，是经济变化的"晴雨表"。为此，我们透过税收的视角，来

深入分析我市经济的发展状况，从而查找出当前我市经济发展中存在的问题和短板。当前，我市经济呈现以下几个方面的问题，

（一）行业分布较为集中，"一煤独大"造成经济抗风险抗波动能力弱化

我市作为传统的工业城市，税收收入主要来源于第二产业，第二产业占税收的比重保持在74%左右，最高（2009年）达到80%，最低（2015年）也占到了67%。2000年以来，我市钢材、生铁、化学原料、平板玻璃、纱、布、酒等工业产品相继停产，水泵、硫酸、耐火材料、石墨碳素、陶瓷等产品也由于市场和生产技术原因发展不足。在市场经济的冲击下，由于经济体制改革迟缓，管理、技术、资金没有及时跟上，导致我市化工、重工、二轻、轻工、建材等行业逐渐衰落，产业经济发展逐步向收益好、见效快的煤炭、金融、建筑、房地产等行业集聚。

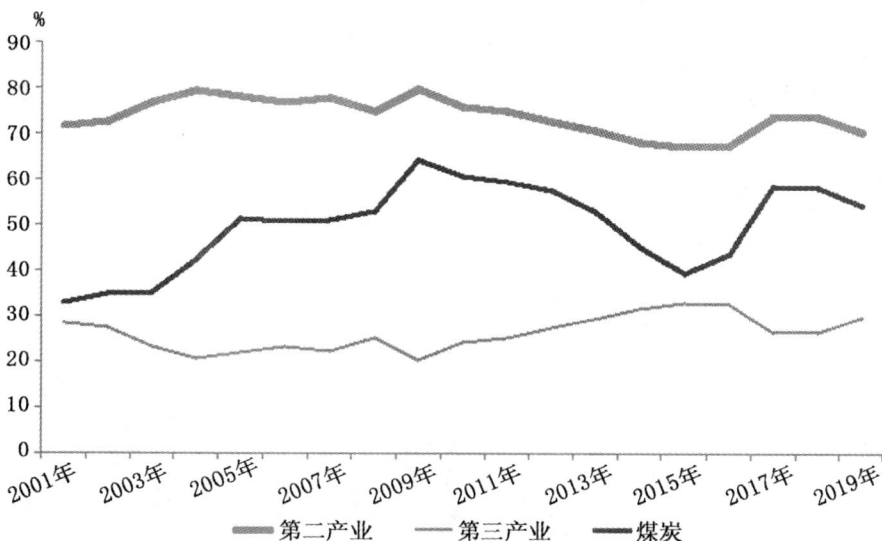

图6　2001—2019年上半年各产业占税收比重变动图

2001—2019年上半年，煤炭税收占全部税收的比重由33%上升至54%，金融业由2%上升至7%，建筑业由3%上升至6%，房地产业由不足1%上升至5%，与此同时，制造业由12%下滑至8%，电力行业由23%下滑至1%，批发零售业由14%下滑至10%，交通运输业由3%下滑至1%（见图6）。总体来看，八大行业对税收的贡献度基本维持在92.5%左右。

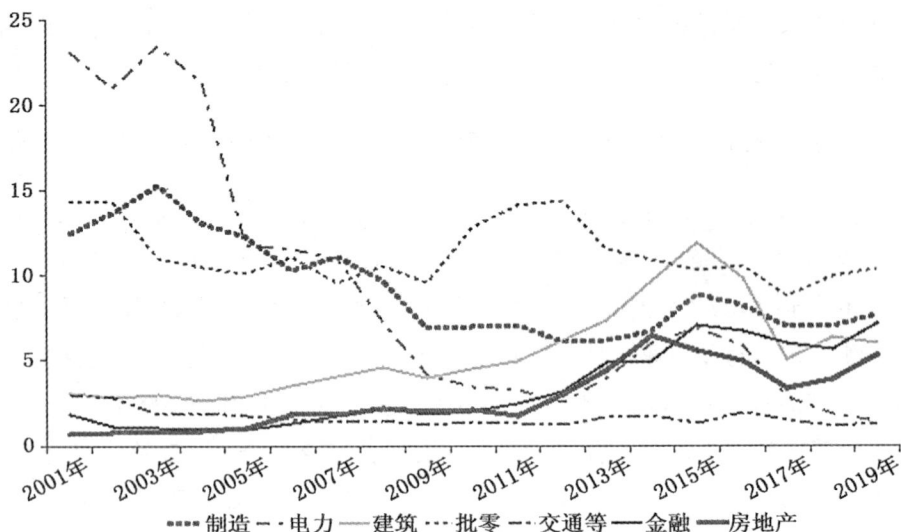

图7　1978—2018年管户数量变动图

图例：制造　电力　建筑　批零　交通等　金融　房地产

　　行业分布更趋于集中，"一煤独大"的态势十分明显。由于我市经济税收严重依赖煤炭行业，煤炭市场和煤炭价格的波动，对我市的经济和税收都会造成很大的影响，形成了我市"煤炭兴"则"百业旺"的一木独支式经济税源格局，难以跳出煤炭做文章，造成经济的抗风险、抗波动能力弱化（见图8）。

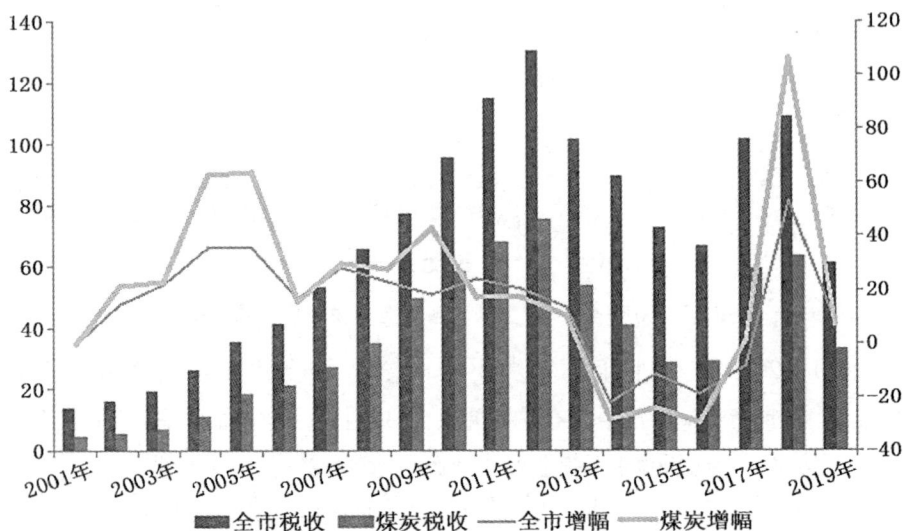

图例：全市税收　煤炭税收　全市增幅　煤炭增幅

图8　全市税收与煤炭行业税收相关性

（二）阳煤集团贡献过半，经济过多依赖重点企业对市场主体多元化产
生影响

1994—2019 年上半年，阳煤集团及下属企业共缴纳各项税收 603 亿
元，占到全市税收的 44.44%。阳煤集团对全市税收的贡献在波动中不断
攀升，2004 年之前维持在 30% 左右，最低（2002 年）时仅占到 25.10%；
阳煤股份公司上市之后，企业所得税大幅增长，比重上升至 40% 以上，
特别是 2009 年，受新景矿转让一次性缴纳企业所得税 11 亿元影响，当
年税收占比更是达到了 57.88%；2015 年之后，受煤炭资源税从价计征及
南煤集团并入影响，税收占比再次攀升至 50% 以上，最高（2016 年）达
到 58.19%（见图 9）。

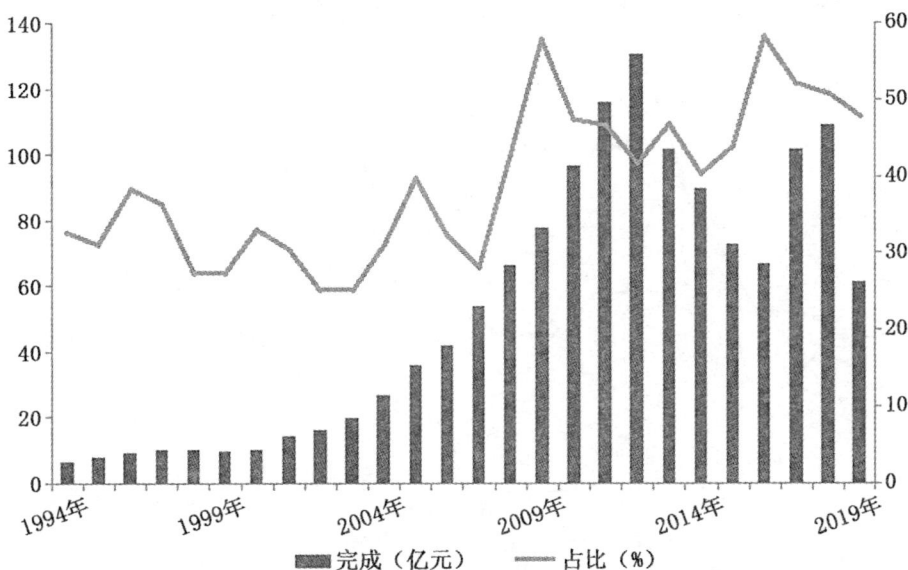

图 9　阳煤集团占全市税收比重变动图

2019 年上半年，阳煤集团缴纳各项税收 29.16 亿元，占全市税收的比
重为 47.83%，其中，煤炭行业完成 24.45 亿元，占到全市煤炭税收的
73.89%。近年来，阳煤集团对全市税收的贡献持续保持在 50% 左右，占据
了半壁江山，阳煤集团业务的扩张与收缩直接影响全市税收收入的稳定。
2019 年上半年，阳煤集团由于煤炭销量和价格均小幅下滑，在我市整体业

务呈现收缩态势，煤炭行业和非煤行业税收均下降 5.54%。阳煤集团税收的负增长，直接拉低了全市税收增幅 3 个百分点，导致我市税收增幅全省排名靠后。"一企独大"的现状，容易形成"磁极效应"和"挤出效应"，各行业、各部门、各市场主体都在寻求与大企业合作，造成阳泉的优势资源进一步向"增长极"集聚，不利于新的市场主体进入和发展。

（三）民营经济比重较小，贡献能力有待提高

相比于发达省份，我市民营经济规模较小，民间资本投入不足，民营经济对我市经济社会发展的贡献相对较小，有很大的发展空间。1994—2019 年上半年，我市私营企业及个体工商户共完成各项税收 93 亿元，占到同期全部税收的 6.90%，低于全省 4.60 个百分点。如果再考虑到股份制企业中的民营经济，这种差距将更为明显（见图 10）。

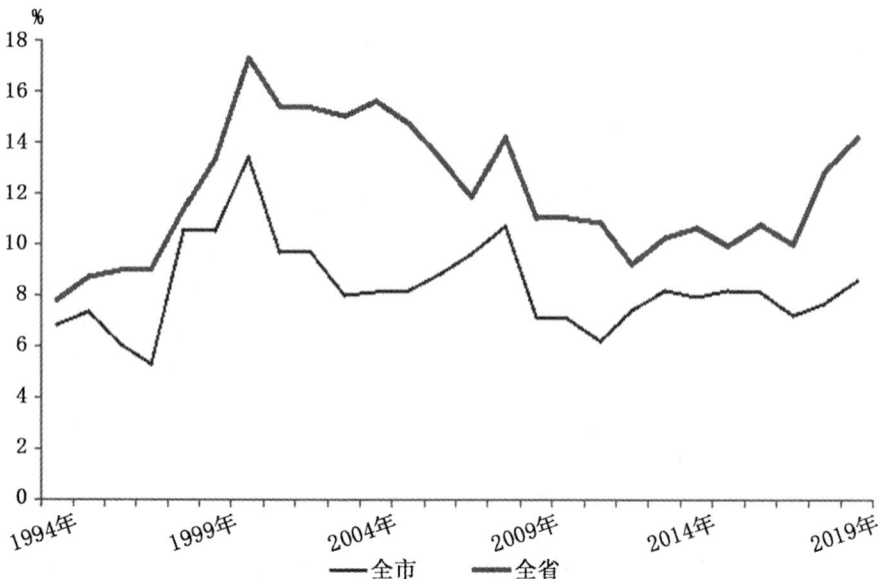

图 10 1994—2019 年上半年私营及个体税收占比变动图

2017 年，我市城镇就业人员中私营及个体的比重仅占 32.48%，与全省 45.42% 的比重相比，还有不少差距；固定资产投资中私营及个体的投资比重为 18.56%，远低于全省 42.19% 的平均水平；工业经济中私营企业的比重仅占 5.64%，与全省 28.07% 的平均比重相差 22.43 个百分点。

我市的民营经济发展水平无论与浙江、山东、广东、江苏等发达省份相比，还是与全省平均水平相比较，都存在不小差距。这从另一个方面反映了我市经济发展中公有制经济占据了绝对的主导地位，民营经济发展相对不足，市场竞争活力不强，缺乏大品牌、知名度高的民营企业和民营企业家引领民营经济的发展（见表1）。

表1　民营经济指标分析表

	浙江	山东	广东	江苏	山西	阳泉
城镇就业人员中私营及个体的比重	62.45%	44.46%	64.40%	63.24%	45.42%	32.48%
固定资产投资中私营及个体的比重	37.17%	42.16%	24.52%	50.69%	42.19%	18.56%
工业经济中私营企业的比重	39.26%	42.11%	23.48%	40.25%	28.07%	5.64%

（四）新兴产业规模较小，对税收增长带动不明显

2014—2019年上半年，全市新兴产业税收完成29.41亿元，占到当期全部税收的5.88%，比重低于全省2个百分点，收入规模相对较小，每年均保持在5亿元左右，增长态势并不明显。我市新兴产业税收主要集中在建材、装备制造、化工等行业，其中，非金属矿物制品业占49.32%，专用设备制造业占15.06%，通用设备制造业占13.08%，化学原料和化学制品制造业占4.34%。与全省相比，我市的医药、汽车、电子设备制造以及化工等行业明显落后。

2018年，全市新兴产业税收完成5.39亿元，受部分企业留抵退税影响，收入下降0.86%，低于全省平均增幅8.32个百分点；收入规模占到整体税收的4.95%，较上年同期下降0.39个百分点，低于全省1.85个百分点。我市新兴产业规模较小，发展速度慢于全省，部分新兴产业项目虽然投资规模较大，但是由于享受多项减免优惠政策，短期内难以对税收形成有效拉动（见图11）。

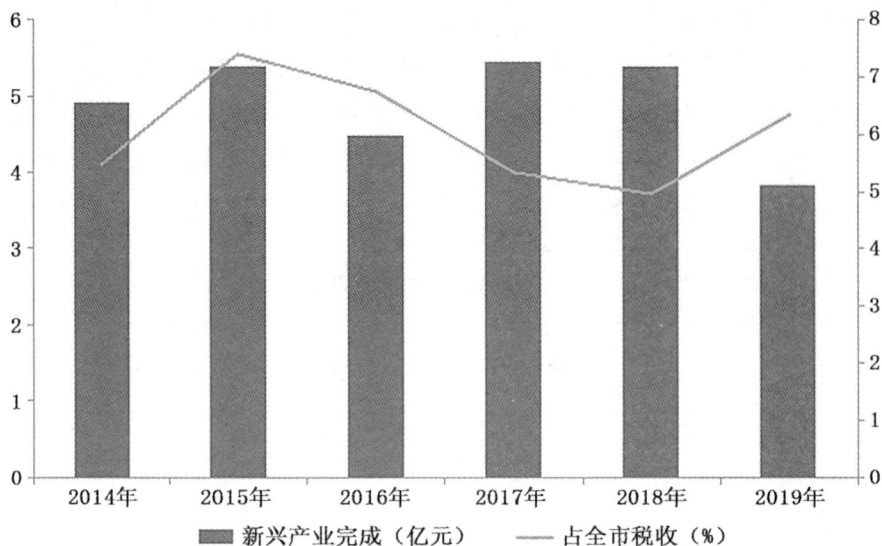

图 11   2014—2019 年上半年新兴产业税收完成情况

（五）县域经济发展滞后，对全市经济增长带动不足

县域经济发展滞后，转型发展迟缓，仍以煤炭和房地产为支柱产业，竞争力较低，在全省的位次不断下滑。2000—2018 年，全市 5 个县区中，仅城区和盂县对全省 GDP 的贡献率有所提升，其他县区全部为下降，其中，平定县由 1.04%下滑至 0.67%，郊区由 0.71%下滑至 0.52%，矿区由 1.30%下滑至 0.78%（见表 2）。

表 2   各县区税收完成情况变动表

单位：万元

	1994 年			2005 年			2018 年		
	完成	占全省	排名	完成	占全省	排名	完成	占全省	排名
平定	8042	0.81%	16	29292	0.43%	49	77360	0.27%	72
盂县	7380	0.74%	20	59210	0.87%	25	156611	0.54%	47
郊区	8031	0.80%	17	26700	0.39%	56	74519	0.25%	73
城区	3567	0.36%	45	13289	0.19%	86	55625	0.19%	85
矿区	2025	0.20%	73	10695	0.16%	91	66203	0.23%	75

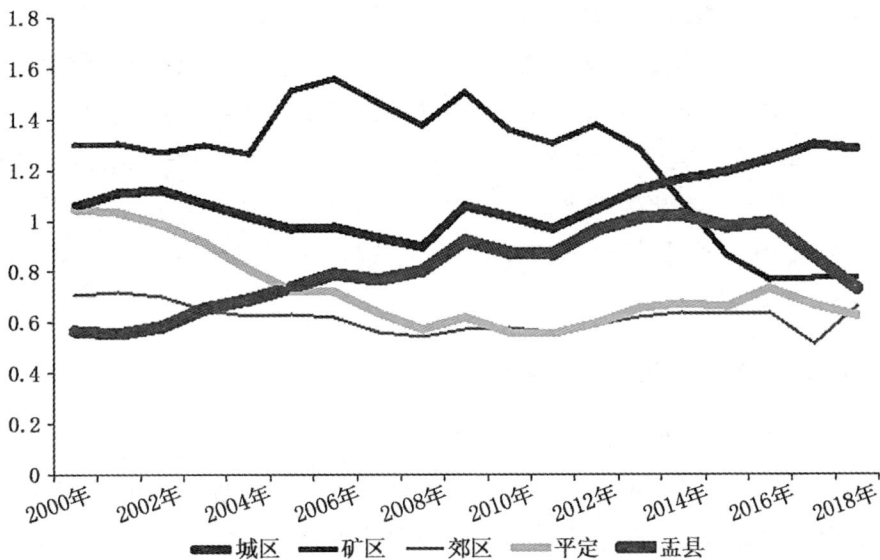

图 12　全县区 GDP 占全省比重变动图

从税收来看，各县区占全省税收的比重多为下降，在全省 119 个县区的排名更是大幅下滑，其中，平定县由 1994 年的 16 名下滑至 2018 年的 72 名，盂县由 20 名下滑至 47 名，郊区由 17 名下滑至 73 名，城区由 45 名下滑至 85 名。开发区发展速度相对较快，税收收入由 1994 年的 323 万元增长至 2018 年的 5.51 亿元，年均增长 23.88%，但与其他市的开发区相比，排名依然十分落后，2018 年的收入规模仅大于朔州市开发区（见图 12）。

三、聚焦问题短板，为阳泉转型发展贡献税收力量

我们要紧紧围绕市委、市政府"六大转型发展思路"，进一步解放思想、完善思路，一切从有利于阳泉转型发展大局出发思考和谋划工作，打破故步自封的思想藩篱，大胆尝试，大胆改革，拓展思路，积极发挥税收职能作用，瞄准七个方面做文章，为阳泉经济社会发展做出应有的贡献。

（一）瞄准转型发展做文章

近年来，国家出台了一系列促进转型发展的政策，特别是山西作为国

务院批准设立的综改试验区，制定了很多适合山西特点的税收政策。对此，一方面，我们要不折不扣落实到位，让上级的各项政策成为企业发展的"红利"；另一方面，要积极向上级反映税收工作中遇到的符合转型导向的税收优惠政策，推动上级部门制定政策。同时，要进一步解放思想，放远眼光，把阳泉放在更大的坐标上、更广的领域中，融入全省、全国乃至全球发展大势，不纠结于短期利益和短期成效，通过促进转型来换取将来"蛋糕"更强更大。

（二）瞄准壮大地方可用财力做文章

地方可用财力是地方经济发展可用的"真金白银"，是地方真正可用的"钱袋子"。我们一定要认真分析当前税种特点和税费结构，以壮大地方可用财力为目标，认真研究提高一般财政预算收入占比的具体措施，如加强小税种管理，加强新开征税种如环保税、水资源税管理等措施，在规模适度增长的基础上为地方经济发展提供更多更稳定的财力。

（三）瞄准总部经济做文章

阳煤集团作为阳泉市经济的龙头企业，也是我市的重点税源户。我们要紧紧抓住阳煤集团总部经济特点，积极与阳煤集团对接，做好"一对一"的沟通与服务，特别是做好针对性的政策服务，深入研究使阳煤集团"投资倾向阳泉、税收留在阳泉、发展促进阳泉"的政策措施，发挥好阳煤总部经济对整个阳泉经济的带动作用。

（四）瞄准优化营商环境做文章

要进一步在创优发展环境、优化营商环境上加大力度。2017年，省局出台了28条措施，并制定了实施细则，为转型发展提供了实实在在的政策支持。2019年，国家又出台了一系列减税降费以及优化营商环境的政策措施。我们要认真抓好这些政策的落实，特别是对落实中的"堵点""痛点""难点"，要第一时间反馈，最快时间解决，及时落实到位，打通政策执行的"最后一公里"。要认真落实税收优惠政策，该减则减，该免则免，积极涵养税源，把经济"蛋糕"做强做大，支持地方转型发展。

（五）瞄准经济短板做文章

近几年，我市的民营经济和新兴产业发展较快，但在总体经济占比、税收贡献占比等方面仍是经济的短板。对此，要紧紧围绕国家扶持战略性新型产业和第三产业发展的政策导向，落实好各项优惠政策，大力促进这些产业加速发展，在总体规模、发展速度上有大的变化。要依托盂县、平定两个开发区，认真落实关于开发区的税收优惠政策，为开发区开展精准招商引资、大力发展战略新兴产业提供政策支持。

（六）瞄准经济扶持做文章

建议市委、市政府在坚定不移推动煤炭电力等传统产业转型升级，大力培育大数据物联网、煤机装备制造、新材料、文旅康养、有机旱作农业等支柱性的战略新兴产业等方面，研究出台扶持财政政策，为转型崛起打开新的空间。对每年税收的增量，确定适当的比例，专项用于对战略新兴产业、民营经济、国家鼓励类产业的支持，为朝阳产业"输血"，促进这些企业快速发展壮大。

（七）瞄准综合治税做文章

认真落实《山西省税收保障办法》，依靠党委政府，强化部门协调，形成多方参与、数据共享的社会综合治税新机制。重点抓好水资源税和环保税的改革管理，积极主动与水利、环境部门协作，确保"两税"改革顺利推进，进一步发挥水资源税和环保税两项"绿色税制"改革在促进我市生态文明建设中的重要作用。

执笔人：陈友福

落实减税降费政策
推动我省制造业高质量发展

● 制造业税负明显降低
● 减税政策让企业扩大经营规模、增强科研动力、发展信心十足
● 有力举措推动制造业减税政策落地落细

制造业是经济社会持续健康发展的"压舱石",是推动山西经济高质量转型发展的新动能。2019年以来,山西省税务系统深入贯彻年初省委经济工作会议精神,把加快制造业高质量发展放在更加突出位置,积极落实国家实施更大规模减税降费政策,持续加大对制造业的税收支持力度,切实为制造业企业降低税负,助推全省制造业企业转型升级。

一、我省制造业减税降费政策落实情况

近年来,制造业持续引领全省工业增长,2018年规模以上工业中,采矿业增加值下降0.2%,制造业增长9.2%,制造业对全省工业增长的贡献率为76.4%,对经济的支撑作用愈发显现。2015—2018年,制造业税收收入由268.55亿元增长到437.26亿元,年均增长17.92%,高于整体税收收入增幅2个百分点,行业发展较好地转化为税收贡献。2019年前三季度,全省制造业完成税收390.29亿元,同比增长10.83%,比全部税收收入增幅高4.05个百分点;制造业以占据4.38%的纳税主体,提供了15.12%的税收收

入、13.86%的地方级税收以及 23.28%的税收增量，对全省税收的支撑作用持续增强。

（一）政策涵盖范围广，行业税负有效降低

随着 2019 年更大规模减税降费政策措施实施，1—8 月，减税降费新政为全省制造业减免 53.59 亿元，在所有行业中位居第二，占全部减免额的 20.64%，高于制造业税收收入占比 5.47 个百分点，获益显著。在税务部门统计的 47 项减税降费新政中，23 项惠及制造业，涵盖面达 48.94%。作为 2019 年减税降费"主菜"的深化增值税改革政策，将制造业税率大幅下调 3 个百分点，1—8 月，该政策为制造业减税 29.47 亿元，占行业减税额的 54.99%，优惠力度最大。另外，小微企业普惠性优惠政策为制造业减税 1.16 亿元，个人所得税两步改革减税 5.85 亿元，提高研发费用加计扣除比例政策减税 7.03 亿元，城镇土地使用税税额下调 25%政策减税 2.54 亿元。随着减税降费政策的持续深入落实，全省制造业纳税人税负大幅回落，9 月，全省 2.56 万户制造业纳税人申报增值税，税负 1.7%，较一季度下降 0.89 个百分点。

（二）重点企业减税集中度高，增值税改革减免力度加大

从 2019 年前 8 个月减免情况看，获益最大的前 30 户企业中的 10 户制造业企业减免税额为 10.17 亿元，占比 38.94%，占全行业减免额的 18.98%，体现出较高的集中度。其中，太钢不锈获得减免 3.29 亿元，遥遥领先于其他制造业企业，其次为建龙实业、杏花村汾酒集团、晋城福盛钢铁、立恒钢铁、杏花村汾酒厂、中阳钢铁、高义钢铁、首钢长治钢铁、信发化工，共计减免 6.88 亿元。按减免税政策分，这 10 户制造企业享受深化增值税改革政策共减免 6.09 亿元，户均 6089.73 万元，优惠力度最大；享受提高研发费用加计扣除比例政策，减税 2.09 亿元；享受城镇土地使用税税额下调 25%政策，减税 0.14 亿元；2018 年增值税调率涉及 0.83 亿元翘尾因素；其余政策共计减税 1.02 亿元。

（三）发展战略引领，先进制造业转型蹄疾步稳

在 2018 年底召开的中央经济工作会议上，把"推动先进制造业和现代服务业深度融合，坚定不移建设制造业强国"作为 2019 年的一项重要工作任务。推动制造业高质量发展，尤需营造与其相适应的产业生态。其中，降低制造业企业成本、促进公平竞争尤其重要。产业转型升级过程中，各级税务部门积极落实减税降费政策，缓解企业经营压力，助力企业轻装上阵。深化增值税改革实施以来，全省先进制造业新增减税 5.02 亿元，占制造业减税额的 17.02%，引领作用不断显现，同时，加计抵减、允许不动产一次性抵扣等配套措施实施，现代服务业、生活服务业纳税人实现减税 3.01 亿元。为进一步推动先进制造业发展，2019 年 8 月 31 日，财政部、税务总局联合发布退还部分先进制造业纳税人增量留抵税额的公告，全省税务部门积极开展针对该类纳税人的宣传辅导，确保企业懂政策、会申报。

（四）鼓励科技创新政策发力，企业创新动力稳步提升

创新驱动是制造业高质量发展的必由之路，税务部门大力落实各项鼓励创新优惠政策，鼓励引导企业增加研发投入、开展研发活动，为企业发展注活力。2019 年 1—8 月，实行"提高企业研发费用税前扣除比例"政策，全省 1009 户制造业纳税人获得 7.03 亿元减免，户均 69.67 万元；3 户制造业企业委托境外机构研发，获得加计扣除减免 124.47 万元，户均 41.49 万元；实行"高新技术企业和科技型中小企业亏损结转年限延长"政策，30 户制造业企业享受减免 7026.5 万元，户均 234.22 万元。科技创新政策的落地落实，推动一批高新技术制造企业将资金用于技术研发，1—7 月，全省规模以上工业企业研发费用大幅增长 66.6%，有力增强了企业核心竞争力。

二、减税降费政策实施效应

大规模减税降费政策的实施，为企业创造了良好的发展环境，对于企业扩大再经营、激发科创动能、增强发展信心具有重大推动作用。

（一）减税后，企业扩大再经营

山西贝特瑞新能源科技有限公司主要从事高端人造负极材料、人造石墨和碳材料的生产、销售、研发，是一家致力于锂离子二次电池用负极材料的专业化生产厂家。2018 年度，企业实现销售收入 25588 万元，缴纳各类税费 987 万元。据公司董事长耿林华介绍："2019 年以来，国家支持高新技术企业发展的力度越来越大，享受研发费用 75% 加计扣除和企业所得税 15% 低税率优惠，预计全年能减免所得税 291.98 万元。仅深化增值税改革这一项，就已为我们节税 50.43 万元，预计全年节税 149.46 万元。"优惠政策的实施大大增加了企业现金流，有力缓解了企业资金紧张状况，耿林华表示："我们将把节省下来的资金用于支持公司新建 3 万吨高端人造项目。"

（二）减税后，科创动能更加强劲

平定莹玉陶瓷有限公司是一家陶瓷生产企业，生产的高档陶瓷有 100 多个品种，产品远销美国、日本、英国等国家，是我省规模较大的外向型陶瓷生产企业。自从被认定为高新技术企业后，该公司一直享受 15% 的企业所得税低税率优惠，特别是研发费用加计扣除比例提高至 75%、增值税税率下调为 13% 等一批优惠政策的出台，该公司全年可节税 336 万元。在调研中，总经理高秋祥说："这次增值税改革，我们受益颇丰，节省下来的资金，不仅减轻了我们的负担，更增强了我们做大做强的信心。我们将进一步加大自主设计、创意开发力度，以普细瓷、高档骨质瓷、工艺美术瓷、锂质瓷砂锅四大系列为主导，加快产品更新步伐，积极打造中国中高端日用品牌形象，提升中国陶瓷在国际市场的竞争力。"

（三）减税后，企业发展信心十足

宏安焦化成立于 2004 年，在经济转型发展浪潮中，公司成功实现产品升级，目前可年产优质冶金焦 110 万吨，并对焦油、粗苯、硫铵、硫膏等焦化副产品进行回收。据企业财务负责人测算：增值税税率由 16% 下调到 13%，企业每年可少交增值税约 1418 万元；土地使用税由每平方米 6 元调整为每平方米 4.5 元，每年可少交 29.35 万元；个人所得税专项费用扣除后，每年可少交约 10 万元。综合起来，企业全年将少交税金 1460.28 万元。说起近年来企业的发展之路，总经理杨锦龙说："我们企业目前看来经营状况还算不错，却也时刻面临着生死存亡的考验。技术水平上不去，产品缺乏竞争力，产业链不延伸，转型升级无从谈起。环保设备不更新，可能面临停产整顿，资金的问题不解决，谈发展无异于纸上谈兵。好在自2017 年以来，国家陆续出台了许多税收优惠政策，尤其是 2019 年更大规模减税降费政策实施，大大减轻了企业负担，这让我深深感受到国家对民营企业发展的支持，更坚定了我们不断发展壮大的信心。再者，也希望税务部门及时更新《环境保护专用设备企业所得税优惠目录》，让企业更好地享受减税降费红利。"

三、我省推进减税降费工作亮点

在落实减税降费政策措施过程中，全省税务部门多措并举、亮点频现，纳税人满意度和获得感大大提升。一是宣传辅导精准全覆盖。实施各级领导分片包户的精准全覆盖工作机制，推行"网格化"管理和"清单式"服务，实现宣传辅导无缝隙、无死角、无遗漏 100%全覆盖。二是积极推动"法人知税"。举办大企业税企高层对话会，与大企业高层签订税收共治合作协议；开展"一对一"为纳税人送政策、送服务活动，为全省 1100 多户大企业送出《致大企业纳税人和缴费人的一封信》，同时集中精力推进"法人知税"，提振企业家、法人投资发展信心。三是算出红利打造"铁账本"。对全省正常纳税的企业纳税人，逐户建立"铁账本"档案，算好纳税人"收益账"；通过全省推广"减税降费成效测算表"，"一表集成"各项优惠政策，以算促感，算出减税降费"真金白银"，提高企业获得感。四是开展"一对一"税负调查。定期提取增值税有少量增加企业的清册，深入剖析原因，"一对一"定位问题、"面对面"沟通解决，同时结合税负专项调查工作及时分类确定辅导对象，对增税企业进行再辅导，确保对所有增税纳税人辅导面 100%。

四、建议

企业享受环保专用设备抵免企业所得税的优惠政策，购置的设备需符合企业所得税优惠目录中所列示设备要求的类别、设备名称、性能参数、应用领域和执行标准等条件。国家为了促进环保产业的优化和升级，对环保设施设备更新和技术改造迅速，加之各地对企业的环保检测和要求越来越高，企业进一步加大对环保设施的投入、更新和扩大技术改造规模，而目前税务总局公布全国适用的是 2017 年 1 月 1 日起执行的《环境保护专用设备企业所得税优惠目录（2017 版）》，对于 2017 年 1 月 1 日后新研制出的环保设备并未囊括在内。由于部分企业购入的新型环保专用设备可能没有及时列示在企业所得税优惠目录中，会导致企业无法享受专用设备抵免10%的优惠政策。

因此，针对《环境保护专用设备企业所得税优惠目录》更新不及时，导致企业无法抵免应纳税额的情况，建议国家对《环境保护专用设备企业所得税优惠目录（2017 版）》进行及时更新，或者让企业自行判断是否符合享受优惠政策的条件，自行申报享受，税务机关在后续管理中会同专业部门进行核实。

审稿人：王江霞
执笔人：张竹君　王诗朝

运行篇

太原市研发费用加计扣除
优惠政策效应分析

● 太原市享受研发费用加计扣除税收优惠的企业数量和金额大幅增长
● 对企业科技创新、产业结构升级、创新型国家建设等发挥了引导作用
● 推进科技创新需部门联动施策、缩小负面清单行业限制、提高加计扣除率

我国现行企业所得税研发费用加计扣除优惠政策，是指企业为开发新技术、新产品、新工艺发生的研究开发费用，未形成无形资产计入当期损益的，在按照规定据实扣除的基础上，再按照实际发生额的75%在税前加计扣除，形成无形资产的，按照无形资产成本的175%在税前摊销，以使其少缴纳企业所得税。政策的目的导向是鼓励企业加大科技研发投入、增强自主创新能力，促进企业高质量发展。为客观评价政策实施效果，以2018年研发费用加计扣除比例由50%统一提高到75%的第一年数据为依据，对太原市政策实施的基本情况和政策效应情况进行了剖析和探讨，并对政策进一步完善提出意见和建议。

一、研发费用加计扣除优惠政策执行情况

（一）申请享受优惠企业户数和金额快速增长

2018年以来，国家减税降费政策力度空前，其中申报享受研发费用加

计扣除税收优惠的企业户数剧增。2018 年度，太原市共 1262 户企业（不含综改区，下同）申报享受研发费用加计扣除税收优惠，同比增加 685 户，增长 118.72%；研发费用加计扣除金额为 53.6 亿元，同比增加 15.89 亿元，增长 42.14%（见图 1）。

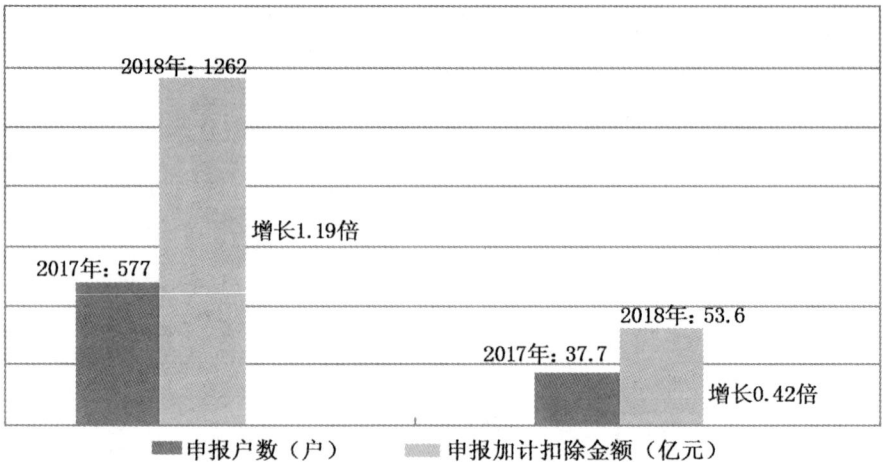

图 1　2017 年、2018 年两年研发费用加计扣除优惠变化情况图

数据来源：金税三期税收管理系统。

（二）　申报享受研发费用加计扣除优惠的企业类型情况

从 2018 年度太原市申报享受研发费用加计扣除的企业类型来看，高新技术企业、科技型中小企业、其他企业申报享受研发费用加计扣除的户数分别为 355 户、579 户、467 户（高新企业中有 139 户同时也是科技型中小企业），申报享受研发费用加计扣除金额分别为 42.15 亿元、1.93 亿元、10.6 亿元。高新技术企业享受研发费用加计扣除优惠金额占比高达 78.64%（见图 2）。

（三）　申报享受研发费用加计扣除优惠的行业情况

从 2018 年度太原市申报享受研发费用加计扣除的行业来看，建筑业、制造业、采矿业、科学研究和技术服务业、信息传输、软件和信息技术服务业这五大行业申报享受研发费用加计扣除政策的比重较大，所占比重分别为 45.39%、44.98%、4.24%、2.52%、1.7%。其中，制造业和建筑业加计扣除额占到扣除总额的 90% 以上（见图 3）.

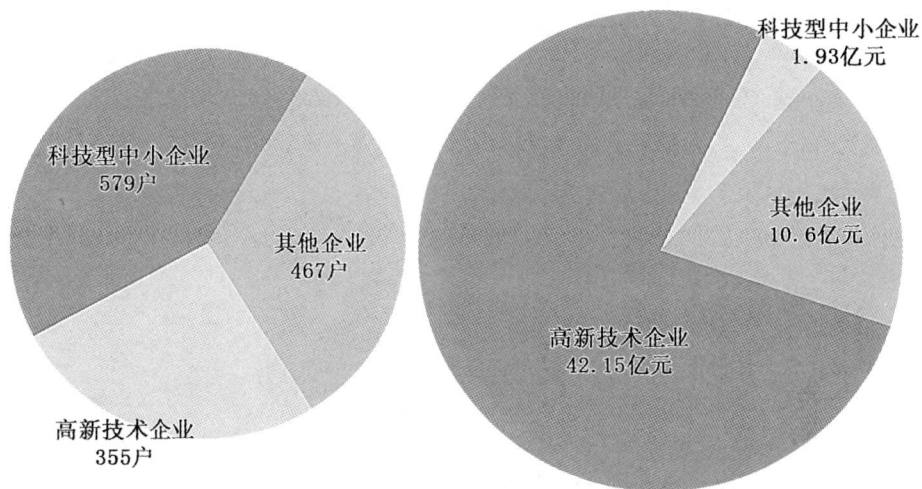

图 2　2018 年研发费用加计扣除优惠企业类型分布情况图

数据来源：金税三期税收管理系统。

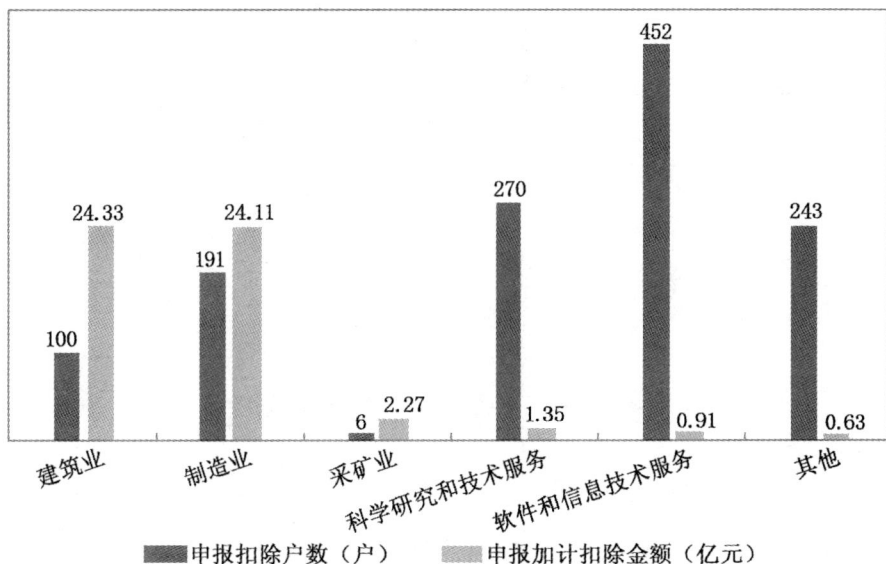

图 3　2018 年研发费用加计扣除优惠行业分布情况图

数据来源：金税三期税收管理系统。

（四）申报享受研发费用加计扣除优惠的费用结构情况

从 2018 年度太原市申报享受研发费用加计扣除的费用支出结构来看，以直接投入费用和人工费用为主要支出内容，其中，直接投入费用加计扣除额 37.59 亿元，占比 70.13%，比重最大；人员人工费用加计扣除额 10.29 亿元，占比 19.20%；新产品设计费 0.34 亿元，占比 0.63%，其他 5.38 亿元，占比 10.04%。（见图 4）

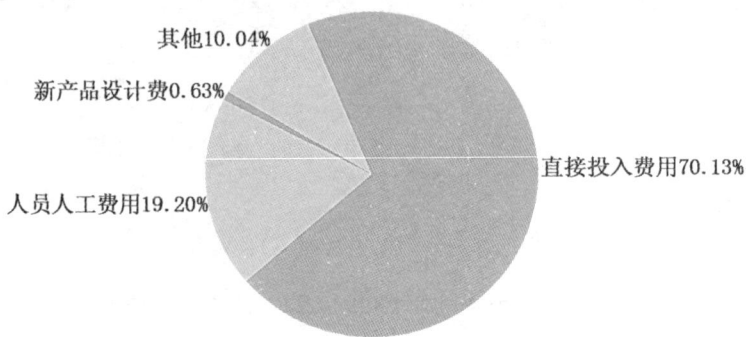

图 4　2018 年研发费用加计扣除额费用结构情况图

数据来源：金税三期税收管理系统。

（五）申报享受研发费用加计优惠扣除额前十名企业情况

从 2018 年度太原市申报享受研发费用加计扣除金额排名前十的企业来看，制造业 1 户，采矿业 1 户，建筑业 8 户，共计申报研发费用加计扣除额 31.35 亿元，不到 1% 的企业的加计扣除额占全市加计扣除总额的比例高达 58.49%，高度集中。

二、研发费用加计扣除优惠政策执行效应

企业的科技创新、研发能力直接决定了企业的竞争能力和发展前景。研发费用税前加计扣除优惠政策施行以来，在促进企业科技创新、推动产业结构升级、建设创新型国家等方面发挥了积极的引导作用。研发费用税前加计扣除政策在有效降低税负、增加企业现金流的同时，激励企业加大

研发投入、科技创新，提升核心竞争力。随着研发费用加计扣除优惠力度不断加大和扩围，为企业研发创新提供了强大动力。

（一）加计扣除减税效应持续放大

2018年，研发费用加计扣除政策再次释放红利，在以前年度简化申报审核程序、扩大扣除范围的基础上，将研发费用加计扣除比例由50%统一提高到75%，加上研发费用加计扣除可以与其他企业所得税优惠叠加享受，且不受企业盈利、亏损的限制，使得企业更大程度地享受到研发费用加计扣除带来的税收优惠，进一步增强了企业在减税降费中的获得感。按25%税率计算，2018年太原市企业申报享受研发费用加计扣除优惠政策合计减免企业所得税13.4亿元，同比增加3.97亿元，增长42.1%，其中，因加计扣除率由50%提高至75%新增减免企业所得税4.47亿元，2018年太原市研发费用加计扣除减免企业所得税占到全部企业所得税减税的16.23%。

（二）助推全市研发费用投入增长

2018年，太原市共投入研究与试验发展（R&D）经费89.5亿元，占到全省的50.91%，比上年增加17.3亿元，增长23.96%；研究与试验发展（R&D）经费投入强度（与地区生产总值之比）为2.3%，比上年提高0.17个百分点，远远高于全省平均水平（见图5、图6）。

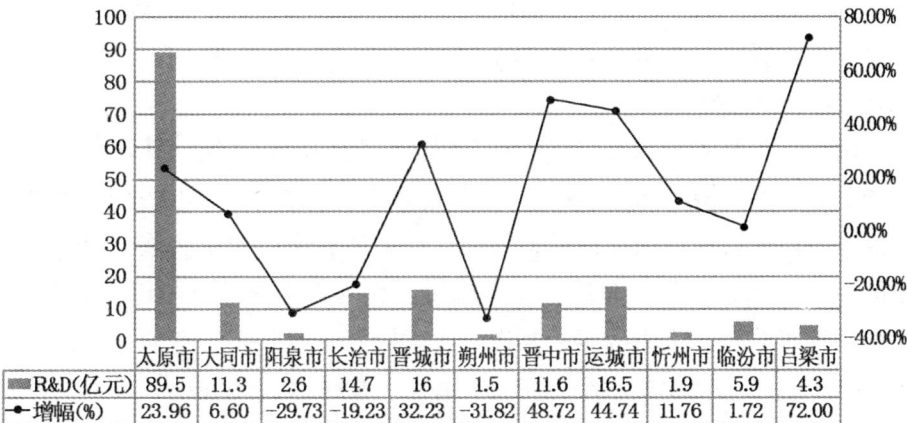

	太原市	大同市	阳泉市	长治市	晋城市	朔州市	晋中市	运城市	忻州市	临汾市	吕梁市
R&D(亿元)	89.5	11.3	2.6	14.7	16	1.5	11.6	16.5	1.9	5.9	4.3
增幅(%)	23.96	6.60	-29.73	-19.23	32.23	-31.82	48.72	44.74	11.76	1.72	72.00

图5　2018年山西省各市R&D经费投入情况图

数据来源：山西省统计局。

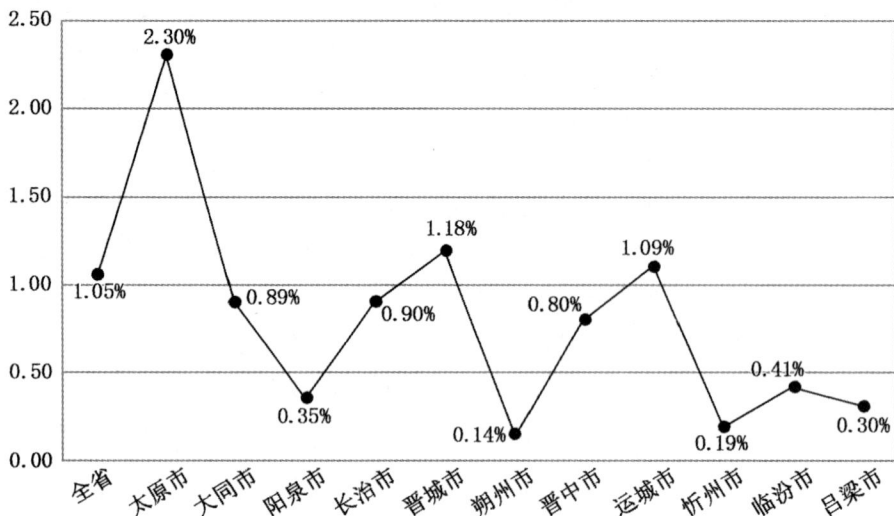

图6　2018 年山西省各市 R&D 经费投入强度图

数据来源：山西省统计局。

（三）装备制造业升级步伐加快

装备制造业是太原市的传统优势产业，也是实施创新驱动、转型升级的重点领域。太原制造向着成为全国有地位、有影响力、举足轻重的先进制造业基地和新材料合成加工基地的目标迈进。2018 年太原市装备制造业增加值增长 19.8%，占全市规模以上工业增加值的比重为 31.8%。2018 年太原市研发费用加计扣除企业中制造业企业有 191 户，加计扣除金额 24.11 亿元，占比 44.98%。

例如，山西太原钢铁（集团）有限公司坚持创新发展，其软态不锈钢精密箔材（手撕钢）、笔尖钢、高锰高氮不锈钢、第三代核电用挤压不锈钢 C 型钢等新产品为我国关键材料的国产化发挥着重要作用。该公司研发费用的大量投入，首先，解决了生产规模扩大与人力资源有限供给的矛盾，大大节约了公司的人力成本；其次，大大提升了该公司生产的智能化，公司部分车间已实现无人生产，完全代替人工操作且误差性小，极大地提升了产品的合格率；再次，研发费用的投入增加了产值，2016—2018 年三年间，该公司产值剧增百亿元，增速迅猛。

(四) 促进新兴产业规模发展

近年来，太原市大力发展高端装备制造、新材料、信息技术、新能源、节能环保等战略性新兴产业，培育新的经济增长点。研发费用税前加计扣除政策的实施，一方面，激励企业加大研发投入，提高企业自主创新的能力；另一方面，促进企业提升管理能力，加计扣除政策要求企业对研发项目进行立项、编制预算，并准确归集研发费用，要求每个项目都有独立的立项计划、研发技术报告、研发工作报告、验收结果及应用效果等，从而使企业的研发活动更加清晰明确、有的放矢，促进新兴产业规模发展。

例如，山西钢科碳材料有限公司，自 2014 年以来，相继承担了国家航空航天领域、省重大科技专项等系列高性能碳纤维产品开发及应用的研发任务，随着研发新产品应用需求持续快速增长，该公司高新产品营业收入逐步迈入增长通道，2018 年营业收入 2634 万元，预计 2019 年将突破亿元大关。

(五) 加快了中小型企业研发创新活动的发展

在国家税收政策强有力的支持下，提升了中小型企业扩大研究开发投入意愿，不断提高自主创新能力，促进企业做大做强。2018 年，太原市营业收入 1 亿元以下的申报享受研发费用加计扣除企业 1153 户，占总户数的 91.36%；营业收入 5000 万元以下的研发费用加计扣除企业 1118 户，占总户数的 88.59%；营业收入 2000 万元以下的研发费用加计扣除企业 1044 户，占总户数的 82.73%；营业收入 1000 万元以下的研发费用加计扣除企业 963 户，占总户数的 76.31%。

三、研发费用加计扣除优惠政策执行中存在的主要问题

(一) 研发费用归集不准确

准确核算和归集研发费用是享受加计扣除政策的前提，但在实际执行中，部分企业不重视研发费用归集工作，加上企业财务人员素质参差不齐，

企业研发费用的归集划分不尽合理准确，导致不能准确享受研发费用税前加计扣除税收优惠。

（二）研发成果转化较少

2018 年太原市申报享受研发费用加计扣除的企业当年形成无形资产摊销的 6 户，加计扣除金额 0.03 亿元，以前年度形成无形资产摊销的有 7 户，加计扣除金额 0.54 亿元，其余均为费用类加计扣除。形成无形资产的加计摊销户数及金额较少，一定程度反映企业研究成果转化为知识产权的较少。

（三）企业受惠面较低

2018 年度太原市汇算清缴企业户数 142267 户，申报享受研发费用加计扣除的企业户数 1262 户，申报享受研发费用加计扣除的企业户数占汇算清缴企业户数比例为 0.89%，说明每百户企业中享受政策的才 1 户左右，研发创新企业较少。

（四）享受行业集中度过高

2018 年太原市申报享受研发费用加计扣除的行业主要集中在建筑业、制造业、采矿业、科学研究和技术服务业、信息传输、软件和信息技术服务业等五大行业，加计额占到加计扣除总额的 98.83%，特别是制造业和建筑业加计扣除额占到扣除总额 90.37%，其他行业研发投入较少，产业结构调整任重道远。

四、进一步完善研发费用加计扣除优惠政策的建议

（一）部门联动精准施策，全面落实研发费用加计扣除政策

研发费用加计扣除优惠政策涉及面广，操作难度大，要联合科技和工信部门，依托各自的业务优势，结合加计扣除优惠政策，重点解析研发项目立项、研发费用加计扣除、高新技术企业、软件企业税收优惠政策，税

会差异调整，确保各项税收优惠政策落实到位。

（二）缩小负面清单行业的限制

根据现行政策规定，烟草制造业、住宿和餐饮业、批发和零售业、房地产业、租赁和商务服务业、娱乐业等六个行业研发费用不得加计扣除。在实际工作中，随着企业创新转型发展和市场多元化的需要，越来越多的被列入负面清单的行业，为了创新经营模式和转型发展，也加大了研发投入，但是受负面清单行业规定限制不能享受研发费用加计扣除政策，一定程度上不利于企业创新发展。建议缩小负面清单行业企业范围，鼓励万众创新，扩大优惠政策的覆盖面。

（三）提高加计扣除比例

创新是引领发展的第一动力，为了全面实施创新驱动战略，鼓励科技创新，建议将高新技术企业和科技型中小企业享受研发费用加计扣除比例由75%提高到100%，进一步激励企业加大研发投入，提升科技创新能力，增强核心竞争力。

审稿人：吴素贤　赵和成
执笔人：杨小利　王俊美　朱　伦

税收促进大同市经济转型研究

- ●从建市以来，转型发展始终是大同市经济发展的主基调
- ●围绕转型发展目标，充分发挥税收调节经济的职能
- ●以税促转，经济转型发展成效渐显

大同市拥有得天独厚的资源和区位优势，有较好的产业基础和人力资源，是以煤炭采掘、装备制造和能源输出为主要产业的重工业城市。2019年，大同市提出了"紧紧围绕'136'发展战略和打造转型发展先行区、当好两个尖兵'三大目标'，继续打好'三大攻坚战'，持续推进'三大振兴'"的经济转型目标。税收作为调节经济发展的重要工具，理应在全市经济转型发展过程中发挥其积极作用。

一、历程与目标——大同市经济转型发展概况

（一）起步（1994—2007 年）

1994—2007 年期间，大同市经济发展迎来快速增长期，国内生产总值（GDP）从 1994 年 106.63 亿元，一举跃升到 2007 年的 490.85 亿元，翻了两番有余。经济的快速增长得益于市场经济体制改革释放的红利，得益于煤炭价格形成机制的调整，得益于经济发展带来的巨大能源需求，但与此

同时，"一煤独大"的产业结构弊病致使大同市经济的抗风险能力极低，受 1998 年东南亚金融危机影响，1999 年 GDP 增速仅为 0.43%，远低于同期的全国增速。

为此，大同市提出，要着力开发非煤产业，全面推进工业产业结构调整，帮扶非煤企业做大做强，冶金、建材、化工、轻工、医药等行业被列为重点扶持对象。彼时，乡镇企业发展方兴未艾，民间资本走向前台，煤炭市场丰厚的预期受益，进一步刺激了煤炭资源的粗放式开采，政府的经济结构调控效应被严重的稀释。从三类产业结构来看，1994—2007 年之间，三产占比由 13:59:28 调整至 6:52:42，虽有改观，但并不彰显。从行业发展状况来看，煤炭产销业仍是绝对主力，全市财政总收入 75% 以上来源于煤炭及其相关行业。如果把依附在煤炭行业的运输业、电力生产、装备制造业和下游的服务业都算在一起，大同市的"一煤独大"的经济版图并没有发生实质性转变。当然，其中也不乏亮点，比如医药制造业，在依托药材产地优势的基础上，得到了长足发展，成为全国知名的药品原材料供应、加工和成品生产基地。

（二）探索（2008—2018 年）

2008 年以来，大同市按照稳增长、促改革、调结构、惠民生、防风险的思路，专注发展、主动作为，经济保持了平稳增长，地区生产总值跨越千亿大关，三次产业结构占比由 2007 年的 6:52:42 进一步调整至 2018 年的 5:37:58。十余年来，大同市立足资源型城市转型的实际，逐步推动产业重点转移，既坚持优势，致力于做强做优煤炭，又加快调整，把非煤产业作为主攻方向，双管齐下推动经济结构向好趋优。

在煤炭产业方面：加快煤炭资源整合和煤矿兼并重组，一改小煤窑遍布的粗放式开采局面，不断提高煤炭生产的现代化和集约化程度，先后建成并投产中国煤炭企业现代化装备水平最高、产能最大的同煤塔山 2000 万吨/年和同忻、东周窑、马道头 1000 万吨/年矿井，全市煤炭产量突破并稳定在 1 亿吨以上。坚持"同煤同用"的思路，延长煤炭产业链，致力煤炭深加工，活性炭、煤化工等新产业趁势崛起，电力装机容量持续增加。

在非煤产业方面：一方面，聚焦新兴工业和高科技工业，重点打造工业园区，大力发展实体经济。装备制造、新医药、新材料、清洁能源、光伏产业、循环经济、煤化工、冶金管材等八大园区占地160平方千米，空间集中开发，资源集约利用，产业集群发展，服务集聚配套，成为转型发展的基本平台。与此同时，大同市还致力于打造新能源基地，风力发电、光伏发电装机规模分别占到全省的30%和40%，新能源装备制造初具规模。另一方面，古都引领的产业构架基本形成，以文化旅游为重点的现代服务业蓬勃发展。以中国大古都为龙头，以中国历史文化名城为主体，以世界遗产云冈石窟、国家风景名胜区北岳恒山为两翼，打造名都、名城、名窟、名山四大品牌。云冈大景区、古城墙、护城河、代王府、明堂遗址公园等工程先后保护复兴并对外开放；关帝庙、观音堂、浑源文庙、圆觉寺、律吕神祠等被列为新的国保单位；方特欢乐世界、煤气工业遗址文化创意、晋华宫矿井文化体验等加快开发建设。十余年来，大同市文化体制改革取得初步成效，成功举办国际太阳能十项全能大赛、世界养生大会、全省旅游发展大会、中国国际雕塑双年展等重大赛事和节庆活动，创新开展云冈旅游文化节、大同国际艺术社区项目和古城灯会等文化旅游活动。2018年，旅游总收入620.9亿元，接待国内游客6911.2万人次。

（三）目标（2019年以来）

2019年，大同市提出，要坚持稳中求进工作总基调，坚持新发展理念，坚持推动高质量发展，坚持把供给侧结构性改革和转型综改试验区建设相结合作为经济工作主线，坚持深化市场化改革、扩大高水平开放，紧紧围绕"136"发展战略和打造转型发展先行区、当好两个尖兵"三大目标"，继续打好"三大攻坚战"，持续推进"三大振兴"，统筹做好稳增长、促改革、调结构、惠民生、防风险工作。全年经济主要预期性指标确定为：地区生产总值增长7%，第三产业增加值增长7.5%，规模以上工业增加值增长6.5%，固定资产投资增长10%，社会消费品零售总额增长7%，公共财政预算收入增长7.5%，城乡常住居民可支配收入分别增长7%以上和7.5%，对外贸易进出口总额增长5%，居民消费价格指数控制在3%左右，城镇登记失业率控制在4.2%以内。全市经济转型发展的核心内容是加快构建现代产业体系，具体举措包括：以能源革命"尖兵"突破行动为主抓手，继续高举能源革命大旗，推动工业结构升级反转；积极参与"一带一路"建设，主动融入京津冀协同发展，搭好平台、加深合作、创新招商，勇闯对外开放新路，推动合作格局延伸拓展；加快古城复兴步伐，推动文旅振兴提质提速；用足用好政策，鼓励支持民营企业发展，激发民营经济活力，推动实体经济做大做强。

二、定位与举措——围绕目标发挥税收职能作用

2019 年以来，大同市税务部门围绕全市经济转型发展目标，以改革创新的精神、奋发有为的姿态，持续优化税收营商环境，大力推进减税降费政策落地，充分发挥税收职能作用，为全市经济转型发展提供了充足的"税收动力"。

（一）挖潜力，做工业振兴的"助燃剂"

大同市税务部门在"落下来、用到位、有创新"上下足功夫，积极发挥税收政策的"助燃剂"作用，多措并举促进全市工业经济的"二次腾飞"。

1. 在税企共治上下功夫

与同煤集团等 9 家大型工业企业召开税企高层对话座谈会，并签订了《税收遵从合作协议》，从涉税事项及风险防控，到开辟高信用等级工业企业办税绿色通道，为大型工业企业发展振兴提供了更便捷的纳税服务支持，推进了共商、共建、共治、共享的良好税企合作局面的形成。

2. 在减税降费上下功夫

编制《税收优惠新篇——税到渠成》（工业部分），分行业、分企业整理了 662 项政策，向工业企业推送减税降费政策；与市发改委对全市绿色转型 76 个重大项目联合开展税收测算，推出《落实鼓励投资政策招商引资重点产业税收优惠指引》。同时，紧紧抓住制造业增值税税率由 16% 下调至 13% 的契机，通过各种形式，开展培训、辅导和宣讲，促使相关税收优惠政策宣传到位、解读到位、落实到位，2019 年 4 月税率转换后，仅上半年即为全市工业企业减免增值税 3.3 亿元。

3. 在推动企业"走出去"上下功夫

税务部门牵头，与大同海关等 5 个职能部门共同举办了大同市"一带一路"政策服务对接会，共同建立了大同市"一带一路"政策服务机制，组建了全省首支服务"一带一路"的 10 人双语政策服务团队，帮助中车大同电力机车有限公司等 23 家"走出去""引进来"工业企业更好、更快发展。

（二）添动力，做高技术企业的"催化剂"

为进一步提升纳税服务的精准度，让新能源企业在第一时间尽享减税降费的政策红利，进而促进大同实现从"传统能源之都"向"新能源之都"的转变，大同市税务部门做了大量的工作。一是开展"联创性"的调查研究。与大同全科盟新能源产业技术研究院、大同市国际能源革命科技创新产业园积极对接，按照"联合创新、联手创造"的思路，对已入驻园区企业、正在建设企业和有意向企业进行精细分析，全面掌握企业的新能源项目类型、孵化进展、建设和投产进度，并依据调查情况建立了专门的数据库。二是制定"一对一式"的税收政策建议书。依据前期的调查研究，依托已建立的数据库，与全科盟建立税企共治税收服务机制，并以全科盟为平台，按照每家企业的经营特点，量身定制"一对一式"的税收政策建议书。建议书分税种政策、减税降费、办理流程等几个方面，为每家企业梳理出了具体的政策依据和政策要点，对可能出现的涉税风险进行了提示，并提供了相应的管理建议。与此同时，还在建议书中做出三项承诺，明确市、县（区）两级税务部门的具体责任，建立税企快速沟通机制，及时回应企业诉求。与全科盟、能源革命科技创新产业园联手举办"新税务·新能源"能源革命税收助力会，与全科盟签订了《税企"直通车"服务备忘录》，向参会企业递送了税收政策建议书，并就减税降费政策和"便民办税春风行动"52 条服务举措进行了宣讲。个性化"政策套餐"和"保姆式"税收服务，像"催化剂"一样促进了新能源技术的研发、孵化、转化，不仅帮助园内企业落地生根、稳定发展，还加速了新项目的集聚。

（三）激活力，做民营经济的"活性剂"

习近平总书记在民营企业座谈会上发表重要讲话以来，大同市税务部门结合全市民营企业发展实际，用实实在在的具体行动换来民营企业满满当当的发展信心，在税企之间架起了"连心桥"，织就了"同心结"。

1. 通过优化税收环境，让民营企业"快"起来

对准全市民营企业发展的实际需要，出台进一步支持和服务民营经济发展的 30 条措施。这些措施围绕民营企业自主创新发展、转型升级、优化重组、"小升规"、科技创新等需要进行"靶向施策"；围绕提高政策服务透明度、深化税干入企服务、推行"一网一门一次一窗"便捷办税、拓展"就近"办税、推进"社会化"办税、压缩办税时间、简化清税注销程序、精简办税资料、健全纳税信用评价机制和提升宣传咨询服务水平等方面"持续提速"。同时，配套建立了领导干部联系民营企业工作制度和税务秘书入企服务制度，采取线上线下相结合的方式，以实现政策精准落实，服务及时跟进，诉求马上解决，让民营企业感受新税务、新速度。

2. 通过落实减税降费政策，让民营企业"活"起来

创新思路，把落实小微企业普惠性税收减免政策作为激发民营企业活力的重点来抓。通过深入挖掘"金税三期"数据"金矿"，掌握民营企业的不同特点，进行走访宣传，实施"一对一"辅导和手把手教学，累计收集小微企业涉税诉求和意见 95 条；录制政策培训视频，通过"大同税务"公众号进行对外发布，并要求税源管理部门将培训视频转发至纳税人，点击量突破 3000 次。持续的政策利好和不断升级的服务，为全市民营企业快速发展创造了良好的条件。

三、成效与趋势——税收的"减法"换来经济转型发展的"加法"

2019 年上半年，全市税收收入完成 178.6 亿元，同比增长 21.4%，增收 31.48 亿元，实施减税降费累计减免各类税收 11.2 亿元。同期，全市

地区生产总值完成 615.7 亿元，同比增长 7.5%；第三产业增加值完成 374.3 亿元，同比增长 8.1%；规模以上工业增加值完成 176.3 亿元，同比增长 8.6%。

（一）工业生产振兴可期

2019 年上半年，在小微企业普惠性减税政策、增值税改革等税收政策的推动下，大同市工业企业累计减税 3.57 亿元。同期，全市工业现价产值完成 580.6 亿元，同比增长 11.9%；6 月完成 105.6 亿元，同比增长 7.6%，创单月产值历史新高。工业增加值累计完成 176.3 亿元，同比增长 8.6%。五大行业全部正增长，其中，增长较快的行业有其他工业、消费品工业、装备制造业，增速分别为 97.6%、25.3% 和 16.6%。上半年，煤炭行业减免税收 1.51 亿元，非煤行业减免税收 2.06 亿元。同期，全市煤炭行业增加值完成 87.3 亿元，同比增长 8.6%，占全市比重 49.5%。非煤行业增加值完成 89.0 亿元，同比增长 8.6%，占全市比重 50.5%。煤与非煤行业各拉动工业增长 4.3 个百分点。制造业减免税收 5355 万元，实现税收 14.7 亿元，同比下降 4.3%，减收 0.7 亿元。在减税利好的驱动下，全市装备制造业增加值完成 19.7 亿元，同比增长 16.6%，占全市规模以上工业的比重为 11.2%，拉动全市增长 1.7 个百分点。其中，新能源装备制造业比上年同期增长了近 16 倍。

（二）新兴产业加速发育

随着税收营商环境的进一步优化，高技术产业投资快速增长。高技术产业投资完成 20.8 亿元，同比增长 559.0%，较上年同期提高了 642.0 个百分点，拉动全市固定资产投资增长 7.7 个百分点。高技术产业投资力度加大，促进全市战略性新兴产业快速发展，增加值完成 27.38 亿元，同比增长 11.5%，占全市规模以上工业的比重为 15.5%，拉动全市增长 1.7 个百分点。高技术行业增长较快。2019 年上半年，全市高技术行业增加值完成 13.1 亿元，同比增长 18.6%，占全市规模以上工业的比重为 7.4%，拉动全市工业增长 1.2 个百分点。

（三）民营经济蓬勃发展

2019 年上半年，大同市民营经济税收总额实现 60.86 亿元，占到全部税收总额的三分之一强；享受税收减免 2.42 亿元，占到全市税收减免总额的一半以上。减税"礼包"的持续发力，使全市民营企业数量、效益呈现向上向好态势。大同市民营经济企业数达到 35694 个，较 2018 年末增加逾 5000 户。民营规模以上企业 833 个，占到全部规模以上企业 1044 个的 79.8%。同时，民营经营领域不断拓宽，其经营领域由传统的冶金、化工、能源等领域逐步向新能源、电子商务、文化旅游等新兴业态拓展，为全市产业结构注入了新的活力；科技含量有所提高，相继引进了一批具有较高科技含量和国内领先的先进技术和生产装备设施。

审稿人：房建殊

执笔人：胡志鹏

税收服务"法兰之都"的思考与观察

- ● 定襄法兰锻造行业正在呈现强劲的增长动力
- ● 推动定襄法兰锻造业实现转型升级，必须精准施策
- ● 优化服务效能，以税收"大服务"推动产业"大整合"

山西定襄是亚洲最大的法兰生产基地、世界最大的法兰（盘）出口基地。法兰作为定襄的传统产业、特色产业、支柱产业，对于县域经济发展起到了重要支撑作用。

一、定襄法兰锻造业具有良好的发展基础、发展优势

（一）总体发展实力越来越强

定襄锻件产品占全国锻造行业总产量的 30%（汽车锻件除外），其中风电法兰全国市场占有率 60%。法兰为县域经济贡献了 70% 的地区生产总值、50% 以上的税收收入和 60% 的技术创新，吸纳了 20% 的县域人口直接参与生产。目前，全县有法兰锻造企业 324 户，总资产 50 亿元，年生产能力近百万吨，2018 年锻造业完成产量 86 万吨，总产值 87 亿元，占全县工业总产值的 82%，行业销售收入实现 85.77 亿元，同比增长 70.61%。实现利润 4.1 亿元，从业人员 4.3 万人。2018 年 6 月，中国出口法兰锻件产品质量技术促

进委员会落户定襄，为定襄县锻造业标准化生产打出了"先手牌"。

（二）参与"一带一路"份额越来越大

包括锻钢法兰、不锈钢法兰、风电法兰等 2000 多个品种的定襄法兰，出口遍布欧美、中东、韩国、俄罗斯及"一带一路"沿线 40 多个国家和地区，出口量约占全国 30% 的海外市场份额，风电法兰出口量占全国份额三分之二以上。目前，有 7 家企业在沿线 12 个国家设立了 16 个公司、办事处、仓库；16 家企业在沿线国家注册了 23 个商标，并拟在非洲和中东设立两个合作区。2018 年，具有自营出口权的法兰生产企业 165 户，有 72 户法兰企业有外贸出口业务，对外贸易出口总额 1.76 亿美元，占忻州市当年外贸出口总额 15.81 亿元（按 2018 年底人民币汇率 6.9431 换算）的 77.24%。

（三）创新驱动势头越来越足

2016—2018 年，定襄法兰行业销售收入呈现快速增长势头，主要是受法兰企业整合、技术改造升级、整体市场回暖等多重因素影响。2018 年，销售收入 1 亿元以上的企业 14 户，较上年增加 9 户，山西天宝集团有限公司整合 5 户法兰企业，成为全县龙头法兰企业。全县规模以上法兰企业推行六西格玛（6σ）管理，规模以下法兰企业全面推行 6S 管理，企业的管理水平大幅提升。山西管家营法兰锻造集团实施 6σ 管理，企业实现动能再生，2018 年销售收入 3.07 亿元，较上年增长 61.96%，税收实现 1098 万元，增长 134.35%，8 个项目年节约资金 265 万元。下一步，定襄法兰锻造企业市场将要扩大到军工、核电、船舶、航天航空等重要领域。

（四）税收贡献占比越来越高

随着法兰行业销售、利润的快速增加，2018 年定襄税收收入完成 4.56 亿元，占当年财政总收入的 92.15%，占比较上年提升 6.44 个百分点，其中，法兰锻造业税收完成 2.32 亿元，同比增长 69.91%，占税收总量的 50.91%，较上年提升 6.9 个百分点。增长主要集中在增值税和企业所得税，分别完成 2.02 亿元和 1790 万元，分别增长 72.8% 和 54.31%。税收大幅增长，从一个侧面反映出定襄法兰锻造行业正在呈现强劲的增长动力（见图 1）。

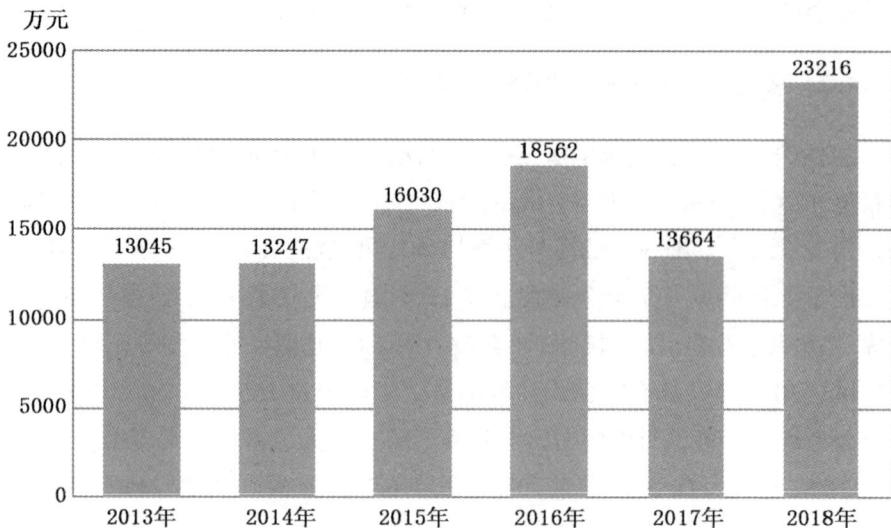

图1　定襄法兰行业近六年税收收入变动情况

数据来源：忻州市税务局收入月报。

基于上述分析，定襄法兰锻造行业经过多年发展，已经成为区域内的重要支柱产业，在拉动区域经济增长、实现地方利税、创造就业岗位等方面都起到了无可替代的作用，且随着部分企业的重组整合和科技创新，法兰行业整体发展态势将不断向好，有着广阔的发展空间。总体来看，定襄法兰实现规模化经营、集群化发展已经具备了良好基础，做大做强法兰产业对整个县域经济发展都将产生积极影响。

二、在全国制造业转型升级大背景下，定襄法兰锻造业的发展凸显眼界不宽、步伐不快

山西定襄、山东章丘、河北孟村、江苏江阴是全国四大锻造产业集聚地。有关资料显示，四大基地的年产能富余40%左右，相互竞争压力不断加大，定襄法兰锻造行业受到一定冲击。尤其是《中国制造2025》出台之后，面对经济高质量发展和新一轮制造业转型升级的紧迫要求，定襄法兰如果继续走各自为战、竞相压价、恶性竞争的"老路"，必然是火中取栗、难以为继。

（一）法兰锻造业"小、短、散、弱"问题依然突出，离集约、高效目标还有很大差距

目前，定襄法兰行业缺乏有力的组织管理，虽已成立了法兰锻造行业协会，但对促进整个行业的有序发展作用十分有限。众多企业依然是独门独户进行生产、加工和销售，同业竞争、恶性压价的情况普遍存在，加上企业资金回流慢、产业链条短等不利因素，造成了即使手握行业标准，定襄锻造产业仍然缺乏话语权和定价权。为解决长期困扰定襄法兰行业做大做强的问题，近些年，当地党委政府提出实施"12427"的改革方案，组建22个集团公司。但目前仍有近八成以上企业各自为战、单打独斗，有一半以上是规模以下企业，许多小企业仍然以生产低端粗质的来料加工为主，"小作坊""黑厂子"等"游击战"法兰生产方式依然存在。

（二）法兰锻造业进销价格被动，新技术投入不足，离智慧、创新目标还有很大差距

定襄法兰以钢坯为主要原材料，2017 年下半年以来价格不断上涨，从每吨均价 3300 元涨至最高 4500 元，涨幅达 36%，但销售价格却增长有限，企业利润受到严重挤压。原材料与产成品之间的价格差，导致依靠粗放加工、低价获利模式已经难以为继，迫使法兰产业必须向高端化、集约化、精细化转型。但就目前情况而言，多数法兰生产企业对高新技术的认知、引进和应用还只停留在粗浅层面。截至目前，仅有 2 户企业被认定为国家高新技术企业，除管家营集团、金瑞高压环件、天宝风电、冠力法兰等少数规模较大的企业外，其余在积极引进锻造新技术、完善电子化设备、摆脱人工操作、运用电脑云端大数据保障产品精细度等方面动力不足、能力有限、差距明显。

（三）法兰锻造业能耗较高，发展理念滞后，离绿色、环保目标还有很大差距

2016—2017 年，定襄县全面落实国家环保政策，对全县锻造企业的燃煤加热炉实施淘汰取缔，全县锻造企业全部使用天然气和电等清洁能源进行加热，有效改变了以往的重污染局面。改造完成之后，山东章丘、河北孟村两个法兰生产基地加大环保治理力度，大量法兰企业关停整改，同时随着国家对石油、化工、风电等基础性行业大型项目的投资增长，导致订单大量涌入定襄县法兰企业。定襄在"绿色发展"之路上的先行一步短期内缓解了企业生存压力，但仅仅处于起步阶段，核心的清洁生产技术应用、采用无害或低害生产工艺、降低原材料和能源消耗等环节并未实现突破，低投入、高产出、低污染的"绿色法兰"发展之路依然任重道远。

三、推动定襄法兰锻造业实现转型升级，必须精准施策、对症下药

（一）建设集约法兰，精准评估企业资产价值是当务之急

企业资产价值是实现企业整合重组的基础。企业只有明确清楚自身在整合重组中的价值，同时知晓同行企业的价值，才可能平等协商，才可能在重组、整合、联营过程中以资定股、以股确权、以股分利，在不失各自利益的前提下共同发展。当前，众多法兰企业迟迟无法迈出整合重组实质性步伐的主要原因，就在于对产权价值尚未形成共识，兼并主体与被兼并企业为确保自身利益最大化，刻意压低或拉高企业整体价格，且部分企业主有"小富即安"思想且不愿整合，增大了重组整合工作难度。要使各企业达成共识，必须保证产权价值的清晰透明、公正公开，可以结合第三方资产评估机构意见，由具备公信力的"中间人"对整个区域内的法兰企业进行产权界定。同时，也要发挥政府职能作用，建立法兰企业市场准入制度，依法有序淘汰落后产能，为先进产能腾出发展空间。

（二）建设标准法兰，发挥龙头企业引领作用是关键所在

目前，定襄县已成功创建出口法兰锻件产品质量安全示范区，金瑞、管家营和冠力等企业曾参与起草了多项法兰锻件的国家标准制定，对于制定法兰行业标准、强化区域产品质量管理，多数企业已有了共同认识。但

是，从企业标准到行业标准再到经济效益的转化程度明显不够，掌握标准的企业尚不能将绝大部分订单吃进，反映出定襄法兰在话语权、主导权上存在缺失。得标准者得天下，在国际贸易中牢牢掌握技术标准、占据行业利润制高点的，无一不是有关领域的"巨头"。因此，要实现整个行业更高质量发展，必须进一步推进产业整合，彻底摆脱"小、短、散、弱"的窘境，着力打造以"大""强""精"为代表的关键少数龙头企业，真正把"定襄标准"转变为"世界标准"。

（三）建设智慧法兰，大力实施人才培育工程是根本之举

科技是第一生产力。没有人才，企业、产业发展便不会长久，企业设备的升级和产品结构的调整也无从谈起。定襄法兰人才不足的短板已经越来越明显。一是高端人才的智力支持作用没有得到有效发挥。现有的专家人才库、院士工作站等高端"智库"在攻克技术难关、实现产学研转化上的平台和机制还需要进一步建立和完善。二是技能型人才储备十分薄弱。优质的产品离不开一批有着精湛技能的"工匠"，当前，金属材料学、锻造、热处理、机械加工等专业技术人才供给不足的问题已经影响到了企业技改和产品升级。三是对专业型管理人才的认同和运用需要强化。企业管理层的思路决定了企业的发展导向。目前，定襄锻造企业粗放管理、家族管理、经验管理的特征已经严重阻碍了整个行业的做大做强，要利用好第二代与第一代企业管理层交接过渡的有利契机，在产业转型前首先进行思维转型。在人才培育方面，应当建立政府主导、企业主体的运行机制，一方面要深入持久地开展"走出去、请进来"的学习考察、高层论坛和专家讲座，为企业家们洗脑换脑，促进他们解放思想、与时俱进、改革创新；另一方面要大力培育高技能人才队伍，开展校企合作，建设人才实践基地，实行持证上岗。同时要建立激励机制，重奖科技人才、管理人才。

（四）建设标杆法兰，大力吸引社会资本投入是必由之路

定襄要建设成为世界"法兰之都"，首先必须建设成为代表世界先进水平的产业集群，意味着定襄法兰在技术水平、产品质量、管理模式、营销理念等方面都要做到最强、最优、最精，成为世界范围内的标杆品牌。但

就目前而言，单纯依靠政府支持引导、企业自身发展，几乎不可能完成这一发展目标。高端产业集群的背后是强大的社会资本支撑，要实现法兰锻造行业的整体转型，无法绕开社会资本力量。现实来看，定襄法兰企业的融资方式主要还停留在熟人借贷、人情往来的低水平层次，社会性资本投入、专业性金融支持配套严重不足，难以从根本上解决问题。创新法兰行业金融支持方式已经刻不容缓，应在财税与银行金融对接、金融激励约束机制建立、企业信用体系建设等方面开展探索，不断简化贷款审批手续、优化业务办理流程，并专设中小企业基金、商业贷款基金或投资基金等为企业注资，同时加强与各类投资机构的资本对接，建立专业高效的中介服务体系，为优秀企业挂牌上市铺平道路，拉动整个产业集群快速发展。

四、税务部门在支持和服务定襄"法兰之都"建设过程中作用突出、空间广阔

打造"法兰之都"，税务部门的跟进程度将影响这一重大战略目标的推进程度。进一步推进"放管服效"改革，优化法兰行业的营商环境，税务部门的作用不可替代，大有可为。当前，一定要从体制机制、纳税服务、政策支持等手段措施上全面发力，为支持法兰锻造行业转型升级、做大做强提供助力。

（一）优化体制机制，以税收"大服务"推动产业"大整合"

要站在打造支持民营经济发展样板、打造企业转型升级样板、打造高新技术产业集群样板"三大样板"的高度，构建起专业化的税收服务和管理体系，推动法兰产业结构优化升级。一是要在"专业化"程度上不断深耕，针对法兰锻造行业特点，结合当地法兰企业实际，推出个性化、定制化的管理服务。如通过设立法兰行业专用的"锻造行业服务专厅"，为企业提供从政策宣传、办税服务到风险提示、权益保护的全程专业服务；组建专业化的法兰行业管理团队，更好地提供对口政策支持。二是要在"共治化"力度上不断加码，从优化地区财税体制角度出发，加强税务部门与政

府间有关部门的协作联动，以税收共治带动社会共治，实现各部门既紧扣法兰产业升级这一核心目标、又充分发挥引导企业重组整合的本职作用，各司其职、形成合力，共同推动整个锻造行业加速变革。

（二）优化服务效能，以税收"好政策"激发企业"源动力"

2019 年以来，党中央、国务院做出了减税降费重大决策部署。对于整个法兰锻造行业而言，这不仅仅是一次实实在在的减负体验，更是加深政策理解的一次重大机遇。一方面，税务部门要认真落实减税降费政策，持续不断做好普惠性政策的宣讲辅导工作，采取"分片包户"等形式帮助企业真正享受到政策红利，帮助企业有效降低成本、减轻负担，为企业主体营造出良好发展环境，增强广大企业发展信心。另一方面，要透过减税降费落实工作，促使企业扭转长期以来被动接受政策的"先天不足"，变"等政策"为"争政策"。以享受高新技术企业所得税优惠政策为例，其前提条件是成为符合国家认定标准的高新技术企业，要促使企业去主动争取政策、运用政策，税务部门在政策解读、政策帮扶上不能局限于税收政策本身，而要拓宽思路、深度参与，真正把政策优势转化为经济优势、竞争优势。

（三）优化管理手段，以税收"硬杠杆"撬动行业"新发展"

推动定襄法兰锻造行业做大做强、实现产业转型升级的关键在于通过企业重组整合，打造一批关键性的龙头企业，从而走出"小、散、短、弱"困境。但在市场规律的影响下，众多小企业往往不会自然消亡，一遇市场行情向好便会盲目上马，同行之间压低售价，产能过剩导致行业整体利润下滑。因此，加强宏观调控是推进产业整合的必要条件。应当以风险管理为手段，实施分级分类管理，发挥出税收杠杆对市场经济主体的调节作用。针对大型企业，要推行"无风险不打扰"，将管理重点放在加强企业的内控体系建设上，及时通过风险提醒、政策推送、疑点告知等措施，帮助企业降低风险；针对小微企业，在落实好国家支持政策的同时，必须高度警惕违法违规经营的"黑户""散户"，采取税收强制措施等高压手段压缩其生存空间，防止"劣币"驱逐"良币"。

（四）优化信息互享，以税收"大数据"破解发展"肠梗阻"

税收数据是企业生产经营活动产生的重要数据，加强税收大数据的分析应用将对锻造行业发展起到积极推动作用。一是要加强与银保监部门、银行业金融机构的合作，更好实现"以税授信"。对法兰企业资金需求进行摸底，及时将纳税信用等级较高的纳税人数据信息推送至银保监局，为具有良好纳税信誉等级的企业搭建融资桥梁，实现税务与银行之间以信换贷、以税增信、信用互认、信用联动，破解企业融资难题。二是要深化税务部门与法兰协会的协作成效，为行业做大做强献计献策。要利用好行业协会的专业优势和税务部门的数据优势，加强税务部门与法兰锻造行业协会的交流合作，联合开展专项课题研究，专业化、精准化地找准法兰企业的病症并开出"药方"，为党委政府决策提供有益借鉴参考。

执笔人：葛忠明

阳泉市采矿业减税降费受益分析

● 减税降费政策实施以来，各行业税负有所降低，阳泉市采矿业受益明显

● 以采矿业两户典型企业为例，剖析减税降费政策对企业的效应分析和积极影响

● 对减税降费的建议和需要改进的方向

2019 年以来，一项项减税降费政策"组合拳"在阳泉山城集中发力，一个个减税降费政策"大礼包"在阳泉山城精准落袋，带来的是企业盈利水平的不断提升，拉动的是企业创新能力的持续增强，激发的是企业新旧动能转化的必胜信心，为企业提升核心竞争力注入了新动能，为企业转型求变提供了新助力。本文以全市采矿业典型企业为代表，展开实施减税降费政策对其效应分析，并提出相关建议。

一、减税降费总体情况

全市 2019 年 1—8 月（税款属期）累计新增减税 7.94 亿元，我省出台的城镇土地使用税税额标准按现行标准的 75% 调整，减税 5054 万元，提高出口退税率减税 312 万元。新增减税主要包括增值税改革新增减税 4.98 亿元，占新增减税规模的 58.93%（其中，2018 年 5 月 1 日调整增值税税率翘尾减税 0.96 亿元，2019 年深化增值税改革减税 4.02 亿元）；小微企业普惠

性政策新增减税 6453 万元；个人所得税两步改革叠加新增减税 1.85 亿元。

（一）从行业的角度看，各行业增值税税负均有下降

2019 年 1—8 月（税款属期）全市采矿业减税 3.40 亿元，占减税总额的 42.83%，增值税一般纳税人税负由 8.3% 降至 4.78%，下降 3.52 个百分点；制造业减税 1.22 亿元，占比 15.36%。增值税一般纳税人税负由 3.28% 降至 2.83%；零售业减税 1.39 亿元，占比 17.54%，增值税一般纳税人税负由 0.54% 降至 0.41%；其他行业增值税一般纳税人税负也实现了 0.08—1.95 个百分点不同程度的降低，实现了李克强总理要求"三个确保"的目标（见表 1）。

表 1　2019 年 1—8 月全市行业减税额及税负同期变化

	减免税额（亿元）	占比（%）	税负（%）	税负变化（%）
采矿业	3.40	42.8	4.78	3.52
制造业	1.22	15.36	2.83	0.45
零售业	1.39	17.54	0.41	0.13

（二）从税种的角度看，增值税是新增减税的主要来源，制造业、采矿业受惠较大

2019 年 1—8 月（税款属期）增值税新增减税 4.98 亿元，占累计新增减税额的 62.72%，是新增减税的"主力军"。个人所得税减税 1.85 亿元，占比 23.30%；企业所得税减税 0.36 亿元，占比 4.53%（见图 1）。其中，制造业享受减免户 2258 户，占制造业总户数的 86%，企业受惠面最大；采矿业减税 234 户，减税面达到 83.6%，增值税一般纳税人税负下降 3.52 个百分点，降幅居各行业之首，受惠程度较深。

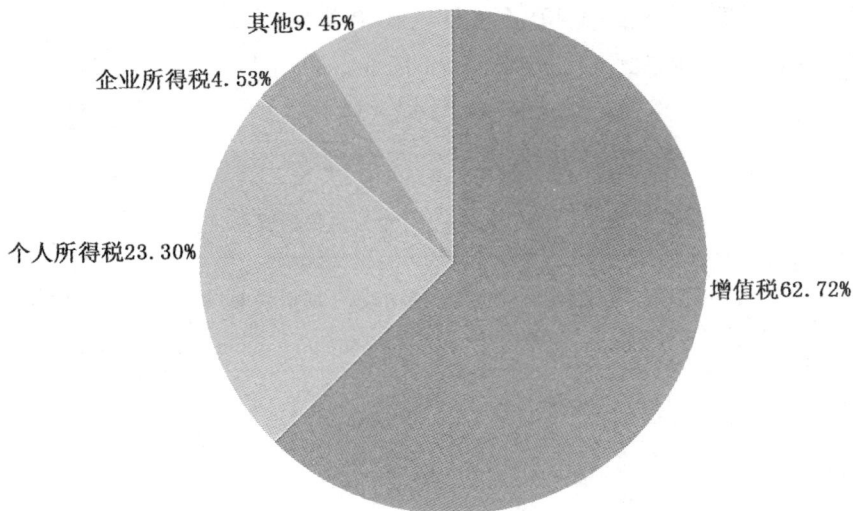

图1　2019年1—8月不同税种占比份额图

二、采矿业典型企业实例

纵观全市减税降费总体情况，采矿业减税金额大，税负变化明显，受政策优惠影响度较高，本文选取采矿业两家典型企业为例，进行减税降费效应的相关分析和阐述。

阳泉煤业（集团）股份有限公司（以下简称阳煤股份），作为国家首批确认的特大型国有企业、最大的无烟煤生产和出口基地，是阳泉市主要税源，列全国煤炭企业前十强。阳煤股份以煤炭生产加工为基础，以电力、铝业、磁材、化工为四大主导产业，在全市大型企业中最具代表性。

山西新景矿煤业有限公司（以下简称新景矿）为阳煤股份下属企业，靠近石太铁路和太旧高速公路，采用国内最大的鼓风机，是重要的出口煤基地，拥有一座较大规模的全重介选煤厂，年设计入选原煤360万吨，是全市采矿企业中的佼佼者。

（一）纳税情况

企业缴纳增值税减少，利润增长较多。从实缴税额的数据统计分析，2019年1—8月（税款属期），阳煤股份缴纳税款15.45亿元，同比减收

0.74 亿元，增值税减收 1.17 亿元，减收幅度为 18.27%，税负由 5.34% 下降为5.02%。新景矿缴纳税款 5.88 亿元，同比增收 0.24 亿元，增值税减收 0.49 亿元，减税幅度 20.23%，税负由 11.31% 下降为 7.69%（见表 2）。

表 2　2019 年 1—9 月企业纳税情况

	入库税款（亿元）	同比增减（亿元）	资源税增减（亿元）	增值税增减（亿元）	增值税增减幅度（%）
阳煤股份	15.45	−0.74	0.31	−1.17	−18.27
新景矿	5.88	0.24	0.47	−0.49	−20.23

从企业实现利润看，2019 年前三季度，阳煤股份净利润 10.73 亿元，比上年同期增长 56.19%；新景矿营业利润 5.52 亿元，比上年同期增长 31.43%。

可以看出，以上企业缴税额下降、增值税税负明显降低，说明受本年实施更大规模减税降费政策利好影响，企业利润增加，获得感明显。

（二）新增减税情况

1. 受深化增值税改革影响深，减税金额大

2019 年 1—8 月（税款属期），阳煤股份新增减税 9637 万元，占全市采矿业减税总额 3.40 亿元的 28.3%，居减税企业之首。其中，增值税新增减税 7747 万元，占企业新增减税额的 80.3%，城市维护建设税新增减税 542 万元，占比 5.6%；新景矿新增减税 4765 万元，其中，增值税减税 3680 万元，占比77.2%（见图 2）。

可见，增值税是企业享受新增减税降费政策的最大受惠税种。受益于《财政部、税务总局、海关总署关于深化增值税改革有关政策的公告》（财政部、税务总局、海关总署公告 2019 年第 39 号）政策，阳煤股份受该政策影响减税 6714 万元，占新增减税总额的 69.7%，新景矿减税 3412 万元，占比71.6%，均超过一半以上。

万元

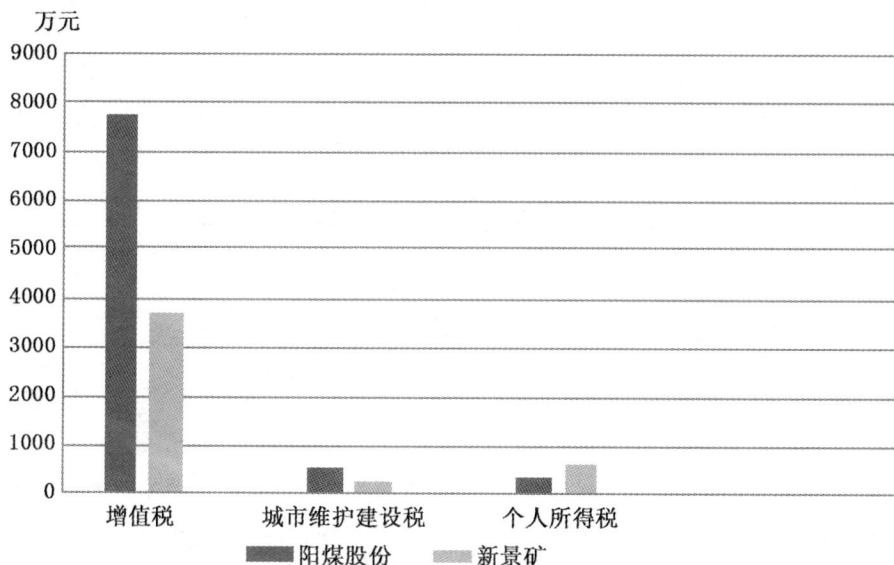

图 2　企业税种减免示意图

2. 享受减税政策种类多，企业、职工双双受益

从享受新增减税降费政策看，前三季度，阳煤股份享受优惠政策涉及
4 个文件，分别是《财政部、税务总局、海关总署关于深化增值税改革有
关政策的公告》（财政部、税务总局、海关总署公告 2019 年第 39 号）减
税 6714 万元、《关于调整增值税税率的通知》（财税〔2018〕32 号）减
税 1963 万元、《关于提高研究开发费用税前加计扣除比例的通知》（财
税〔2018〕99 号）减税 496 万元、《山西省财政厅、国家税务总局山西省
税务局关于调整城镇土地使用税税额标准的通知》（晋财税〔2019〕2
号）减税 86 万元；新景矿涉及 3 个文件，其中，《财政部、税务总局、
海关总署关于深化增值税改革有关政策的公告》减税 3412 万元、《关于
调整增值税税率的通知》减税 709 万元、《山西省财政厅、国家税务总局
山西省税务局关于调整城镇土地使用税税额标准的通知》减税 21 万元。
此外，受《国务院关于印发个人所得税专项附加扣除暂行办法的通知》
（国发〔2018〕41 号）和《关于 2018 年第四季度个人所得税减除费用和
税率适用问题的通知》（财税〔2018〕98 号）影响，两户企业职工分别
减税 379 万元和 623 万元。

减税降费政策直接有效惠及纳税人，对稳定经济发展预期，用更多的资金用于研发创新、从而增强企业竞争力、直接增加职工收入，提升消费能力，增强消费意愿都起到了积极作用。

三、落实减税降费优惠政策的措施

（一）专家团队讲解，做好政策辅导宣传

减税降费新政实施以来，阳煤股份、新景矿的主管税务机关安排由业务能手组成的专家团队到企业专门讲解政策，为企业会计人员解读新政策、用好新红利。企业的主管股室所在党小组在组长带头下，进企业了解生产经营情况、利润变动情况以及红利落地情况，解答企业办税难题。减税降费工作开展以来，专家团队入企业 3 次，党小组入企调研 2 次，解决企业困难 2 个。

（二）快速送达红利数据，做实政策稳步落地

为营造出内外通畅、上下通达的全方位减税降费氛围，在深化增值税改革落地首月，基层税务干部在第一时间为企业领导送出"减税降费明白卡"。阳煤股份负责人在 5 月征期结束的第一时间就接到主管税务部门税务干部送来的"法人知税明白卡"，上面显示出 3000 余万元的新增减税降费总额、分税种减税额及本企业享受的减税政策依据，让企业明明白白缴税，清清楚楚减税，提高了纳税人，尤其是法人纵享减税降费红利的便捷度。

9 月份，市局将"减税降费直通车"加载至"阳泉税务"微信平台，企业输入社会信用代码，就能快速获悉已经享受的新增减税数额及其相关政策，企业财务人员还能通过微信平台快速查询到企业享受优惠的明细，体验更直观，感受减税降费政策效果也更直接。

（三）领导包片全覆盖，做细政策效能提升

结合线下宣传发放"明白卡"，线上主管税务机关依托"金三"系统数

据，逐户建立"铁账本"档案，按月对政策落实前后的数据进行比对分析，及时掌握企业应享未享税收优惠政策情况，做好纳税人适用政策申报提醒。省市局领导调研走访了阳煤股份，详细了解公司 2019 年上半年的产销情况、纳税状况，并向阳煤集团送去了减税降费"铁账本"。"铁账本"是落实精准减税全覆盖的重要举措，不仅能掌握企业情况的第一手资料，更是落实减税降费的重要抓手。通过税务人员、企业财务人员配合一致，以算促减、以算促知、以算促学、以算促管、以算促感，确保减税降费精准全覆盖，从而利用数字为企业把好脉、算准账，切实让纳税人感受到减税降费政策红利，全力推动减税降费政策落地生根。

四、减税降费仍需提质增效空间

（一）减税降费对组织税收收入提出较大考验

2019 年前三季度，阳泉市税务局组织税收收入 81.35 亿元，同比减少 4.88 亿元，下降 5.66%，受新增减税 7.94 亿元和减按 75% 征收土地使用税 5054 万元等减税因素影响，下拉税收增幅 9.80 个百分点。

作为阳煤股份、新景矿母公司的阳煤集团，是我市的主要税源，前三季度，监控的阳泉辖区范围内企业纳税 38.57 亿元，占全市税收收入总额的 47.47%，受煤炭价格下行影响，同比下降 10.89%。由于其新增投资项目大都不在我市，在减税降费的大环境下，按既定目标完成组织收入任务，是一个非常大的挑战。因此，在严格落实各项减税降费政策的同时，税务部门将继续提高征管水平，持续关注重点税种、重点行业、重点企业、重点环节，进一步提高风险防控水平，在确保减税降费精准全面落地的情况下，严格做到"三个坚决、三个务必"。

（二）让好政策在助推经济高质量发展中发挥更大作用

减税降费政策的逆周期调节作用一定要充分发挥到位，对于亏损企业来说，减税降费能有效盘活企业资金，省下的税费可以加速企业资金周转，改善企业债务状况，帮助企业渡过难关；对于经营状况较好的企业来说，减税降费新政策可有效降低税收负担，降低经营成本，直接提升利润率，还可以利用减税红利，用更充裕的资金进行研发创新和扩大再生产，从而推动企业转型升级和提升竞争力；对个人来说，税负减少，获得感和可支配收入都会上升，就可带动消费热情和潜力的释放。下一步，随着减税降费政策在阳泉市的进一步落实，减税降费的空间还会进一步释放，能促进阳泉企业效益向好，阳泉转型发展必将得到更有力支撑！

审稿人：陈友福

执笔人：张小英　任婧瑶

税收视角下长治外向型经济
发展研究报告

●打造内陆地区对外开放新高地，加快对接国家"一带一路"发展战略是长治扩大经济开放度的必然选择

●长治外向型经济发展明显低于整体经济发展水平，优势产品国际市场参与度不高等问题亟须解决

●发挥各方合力、税收政策引导，加快长治外向型经济发展

经济全球化是经济发展到一定阶段的必然选择。面对日益加深的国际合作，中国提出了共建"一带一路"倡议。"一带一路"既是中国扩大和深化对外开放的需要，也是加强和亚欧非及世界各国互利合作的需要。2017年，习近平总书记视察山西时，对山西提出"打造内陆地区对外开放新高地"的期望；2019年，山西把"以培育外贸主体、完善提升开放平台为抓手，大力发展开放型经济，加快构建对外开放新高地"写进政府工作报告中。在这种大背景下，长治如何抓住历史机遇，加快对接国家"一带一路"发展战略，值得我们思考。为此，我们从出口退税数据入手，研究探讨长治外向型经济发展存在的问题及原因，并提出政策建议。

一、当前长治市外向型经济发展现状

（一）近十年外向型经济总体呈倒"V"形走势

2009—2012 年，全市进出口贸易总额逐年上升，由 2.79 亿美元增加至 11.49 亿美元。在 2012 年达到顶峰后开始逐年回落，至 2017 年为近十年来的最低点，当年进出口贸易总额为 0.77 亿美元，比最高峰的 2012 年下降 93.27 个百分点。2018 年，全市进出口贸易总额有所回升，为 1.12 亿美元，同比增长 46.09%，增加 0.35 亿美元（见图 1）。

万美元

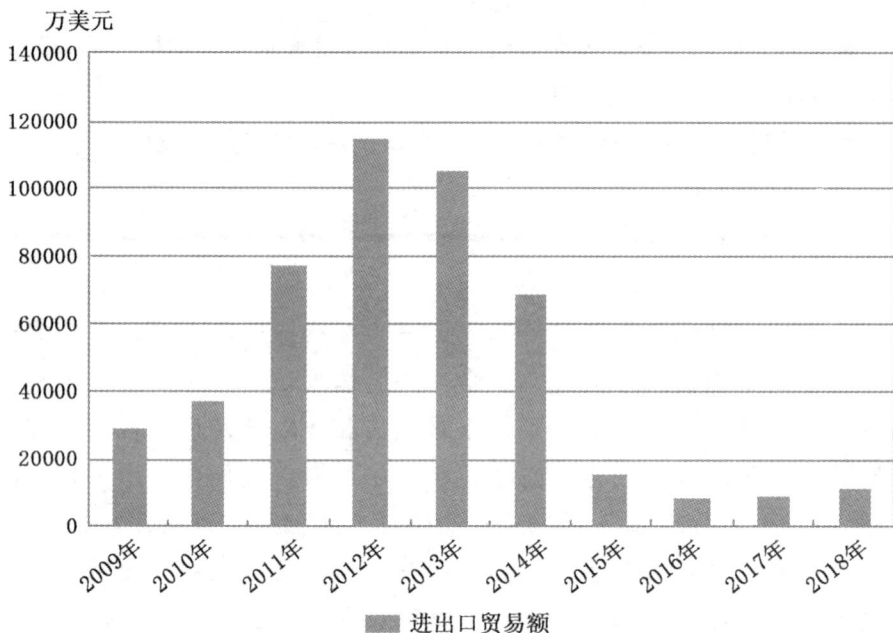

图 1 近十年长治市进出口贸易额完成图

数据来源：《长治统计年鉴》。

（二）外贸出口方式中一般贸易占绝对优势

长治市的贸易出口方式始终以一般贸易为主。近十年的数据显示，出口贸易额中，一般贸易占比高达 98% 以上，甚至有些年度出口贸易额全部为一般贸易。加工贸易数额小、占比低的状况，反映出长治市利用外资推动企业发展的作用明显落后于其他省市（见图2）。

万美元

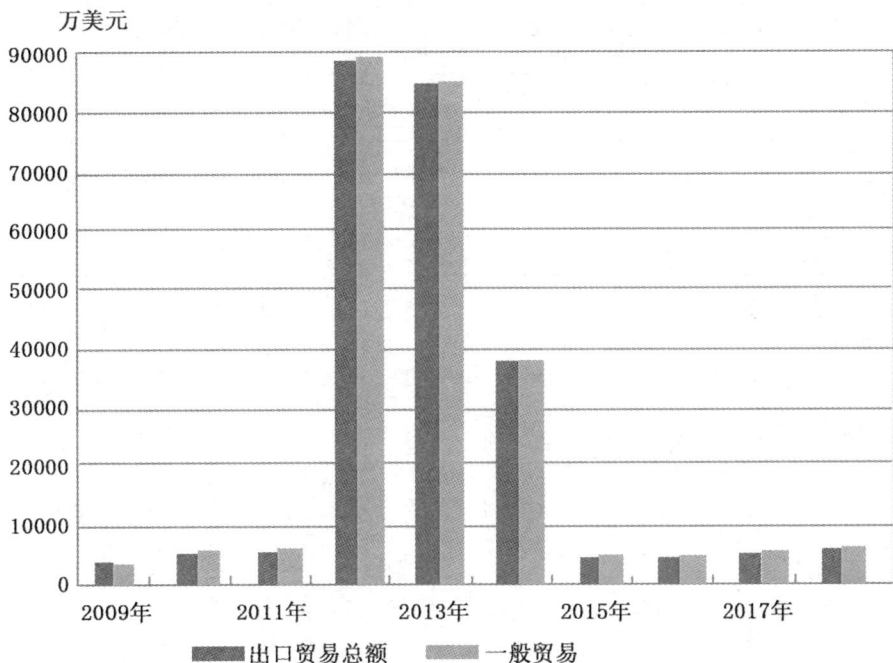

图2　近十年长治市外贸出口方式比较图

数据来源：《长治统计年鉴》。

（三）出口退税集中于传统制造业且企业地域分布不平衡

据统计，近十年长治市出口退税（含免抵调）平均规模为1862万元，其中，2009年退税额最少，为660万元；2018年退税额最高，为3572万元。享受退税企业主要集中在传统制造业，但是，近几年以光电产品为主的先进制造业发展迅速，正在逐渐成为长治市外贸经济的重点行业。从出口企业看，主城区周围出口企业数量多，退税规模相对较大，地域分布存在不平衡现象（见表1）。

表 1　2016—2018 年长治市出口退税情况表

单位：万元

		2016 年				2017 年				2018 年			
		户数	占比（%）	退税额	占比（%）	户数	占比（%）	退税额	占比（%）	户数	占比（%）	退税额	占比（%）
合计		18		1227		21		883		32		3572	
主要行业	传统制造业	12	66.67	584	47.60	14	66.67	611	69.20	22	68.75	2159	60.44
	先进制造业	1	5.56	522	42.54	2	9.52	132	14.95	3	9.38	1134	31.75
分布县区	城区	6	33.33	96	7.82	6	28.57	135	15.29	7	21.88	1266	35.44
	上党区	2	11.11	213	17.36	4	19.05	358	40.54	4	12.50	387	10.83
	潞城区	1	5.56	97	7.91	1	4.76						
	屯留区	2	11.11	11	0.90	1	4.76	47	5.32	3	9.38	338	9.46
	长子县									1	3.13	5	0.14
	壶关					1	4.76	31	3.51				
	黎城									1	3.13	5	0.14
	襄垣县	2	11.11	169	13.77	2	9.52	168	19.03	2	6.25	224	6.27
	开发区	5	27.78	641	52.24	6	28.57	144	16.31	14	43.75	1347	37.71

二、当前长治市外向型经济发展存在的问题

（一）外向型经济发展水平明显低于整体经济发展水平

纵向来看，长治市地区生产总值 2009 年为 775.3 亿元，2018 年为 1645.6 亿元，按现价计算十年间经济总量翻了 1 倍多；而进出口贸易总额 2009 年为 2.79 亿美元，2018 年为 1.12 亿美元，十年间下降近 60%。

横向来看，2018 年，长治市地区生产总值占全省份额为 9.78%，在全省排名第 2 位；而进出口总额仅占全省份额的 0.37%，在全省排名第 9 位，其中，出口总额为 0.45 亿美元，在全省排名最末。

从外贸依存度来看，2018 年长治仅为 0.46%，在全省排名最后，低于全省平均水平 7.69 个百分点；与全省外贸依存度最高的太原相比，相差 27.51 个百分点。

相应的税收情况亦如此。2018 年，全市税收总量为 308.37 亿元，占全省的 10.6%，在全省排名第 3 位，而出口退税（含免抵调库）2035 万元，仅占全省的 0.41%，在全省排名最末。

（二）优势产品国际市场参与度偏低

目前，除煤焦铁等国家不予退税的产品以外，在实行出口退税政策的产品中，长治市现有的机械、电子、医药、农产品等产品在全国或全省均占有一席之地。如 LED 产值占到全省的 95%，龙头企业生产规模在全国同行业中排名前三；光伏产业产值占到全省的 57%，光伏玻璃规模占到华北地区的 26%。这是长治市紧扣省委提出的"三大目标"，通过壮大优势产业集群、打造优势区域产业链、进一步构建新型产业体系、全面推进经济高质量增长的决策成果。但是，据不完全统计，长治市这些产品主要面向国内市场，仅有 5% 左右销往海外。因此，在当前我国构建全方位开放新格局、深度融入世界经济体系、共创"一带一路"经贸合作的时代背景下，如何更好地利用优势产品占领更多的国际市场，在这方面我们存在明显差距。

（三）过度依赖外埠出口影响产品利润率

企业的出口方式有自营出口和代理出口两种，而代理出口又按照受托出口企业所在地划分为本埠代理和外埠代理。自营出口企业和代理出口企业不仅可以在国际市场通过购买双方价格谈判获取利润最大化，而且还可以获得出口退税款。但是从长治市出口情况看，一是出口企业数量少。全市办理进出口经营手续的企业只有 400 多户，其中有出口业务的企业不到 50 户，而全市现有各类企业 7.4 万户。二是外贸企业开展代理业务少。长治市外贸企业基本没有收购本市产品的出口业务，很多出口产品均销往外省外贸企业，再由外省外贸企业出口。据43户生产企业的统计数据显示，销往外省市外贸企业的出口产品涉及六大类多个品种，2016—2018年金额分别为5450万元、12274万元、26219万元。三是企业无法获得出口退税。由于自营出口和外贸企业代理本地出口业务少，从而影响了出口退税的归属地。经测算，上述企业这三年通过外埠企业出口的43943万元的货物，如果采取企业自营或由外贸代理出口的方式出口，则企业可获得出口退税6000余万元，而2018年，全市出口退（免）税额才2000多万元。

（四）外贸经营方式中加工贸易存在缺位

在资金缺乏、技术落后的情况下，发展加工贸易，一方面可以充分利用外方资金和技术，另一方面可以开拓国际市场，促进企业发展，提升企业竞争力。但是，在长治市现有出口贸易格局中，一般贸易占主导地位，加工贸易微乎其微。2018年，长治市出口贸易额为0.45亿美元，其中，一般贸易0.44亿美元，占比98.47%；加工贸易仅为0.01亿美元，占比1.53%。加工贸易规模远远落后于加工贸易发达的东部省份，而且仅有的加工贸易产品也品种单一、技术含量低、附加值不高、产业链条短。而我国出口贸易发展较好的苏州市，2018年出口贸易额2410亿美元，其中，加工贸易1573亿美元，占比达65.3%。

三、加快长治外向型经济发展的建议

（一）树立外向型经济的发展理念

思想是行动的先导。2017年，国务院印发了《关于支持山西省进一步深化改革促进资源型经济转型发展的意见》，为山西建设综改示范区、加快资源型经济转型发展、深度融入国家重大战略、构建连接"一带一路"大通道给予了政策支持。为此，各级政府和职能部门必须大力提高开放意识、开放素质和开放能力，要树立全球视野，倡议、引导和服务企业立足国际国内两个市场、两种资源，坚持"引进来"和"走出去"，引资、引技和引智并举，把长治经济纳入国际国内市场大循环，从全市整体利益和长远发展出发，思考长治外向型经济发展的根本出路。

（二）积极引导企业家转变经营理念

企业决策者的政策理解深度和经营理念从主观上影响企业开放经营的发展。很多企业对现行国家政策了解不全面，对国家出口退税政策给企业发展带来的效益认识不足，企业发展没有跟上国家经济产业政策、国家税收优惠政策的发展和调整步伐，缺少考虑出口创汇对当地经济、城市品牌的积极影响。因此，各级党委政府要积极引导企业家转变发展理念，把帮助企业家提升素质摆在更重要的位置上，引导支持企业适应当前经济形势的发展，积极"走出去"，主动融入"一带一路"建设，共享"一带一路"红利。

（三）优化外向型经济发展营商环境

一是健全相关职能部门联系机制，强化部门协调配合，成立由商务局牵头，发改、财政、税务、海关、外管等多部门参与组成的长治外向型经济发展部门服务协调小组，建立部门定期协调会议制度，负责解决企业发展出口业务中出现的各种业务问题。二是搭建适应外向型经济发展的公共信息服务平台，建立对外投资和经济合作门户网站与项目信息库，为企业提供准确、及时的境外投资环境等市场信息服务；大力引进信息分析研究中介机构，加强对企业信息咨询服务。三是加大外向型经济发展的财政扶持，积极帮助企业争取国家对外经济技术合作专项资金以及各类政策资金，对参加国内外重点展会、博览会，按一定的标准给予补贴。四是落实各项税收优惠政策，加大政策辅导力度，加快出口退税进度，支持外贸企业发展。

（四）有选择地承接东部地区加工贸易产业转移

随着经济全球化的不断深入，加工贸易在世界经济发展中发挥着越来越重要的作用。近年来，国家为推动加工贸易在地区间的平衡发展，出台多项政策，支持东部加工贸易产业向中西部地区转移。长治作为中部地区的老工业聚集区，具有深厚的工业基础以及航空、铁路、公路便利的交通设施，拥有承接东部地区加工贸易产业转移的良好条件。为此，我们要在增强本土加工贸易企业的竞争优势、推动自主品牌出口增长的基础上，出台"最惠"政策，有选择地积极承接东部地区产业转移，逐步加大加工贸易在进出口贸易中的比例，在更大范围、更广领域参与国际分工，融入跨国公司的全球生产体系。

（五）加快设立"保税物流中心"

保税物流中心是指具备口岸功能的封闭的海关监管区域。目前，山西中部有武宿保税区，北部大同正在申请保税物流中心，晋南侯马的保税物流中心基本停运，整个山西南部海关监管区域基本属于空白状态。长治有航空、铁路（长邯与中南可以东进、太焦可以南上北下）、四通八达的高速公路，便利的交通符合保税区建立的条件，在长治海关设立的基础上，通过改造高新区等处现有的物流园区，尽快将申请设立长治保税物流中心列入政府议事日程。长治是山西打造内陆地区对外开放新高地的重要组成部分，在长治设立综合保税物流中心（B型），可以改善山西东南部地区长期不能进行保税加工、保税仓储、保税物流等与国际贸易有关经济活动的局面，改变山西南部没有陆地口岸的地理劣势局面，也有利于山西省资源产品和重工产品高效率走向全国和全世界。同时也是长治积极参加"一带一路"发展倡议、建立省域副中心、融入"中原城市经济圈"的重要举措。对于长治市改善营商环境，扩大对外贸易，发展外向型经济具有重大意义。

（六）帮助企业用好用足税收政策

出口退税是国家按照世贸规则制定的鼓励出口的一种措施。企业在缴纳增值税时，其中50%上缴中央，50%留存地方，而在出口退税时，100%由中央财政进行支付。做大做强出口贸易，一是引进一达通等国内著名专业外贸公司，代理本地产品的出口业务，为企业出口产品提供专业化退税服务，企业由此可以便捷地获得出口退税。二是鼓励生产企业开拓国际市场，更多地采用自营出口方式，更大地提高企业的产品利润率。

当前，长治对外开放已经站在新的历史起点上，我们要坚定信心、乘势而上，紧紧把握住宏观环境、国家政策的良好外部环境。机不可失、时不我待，我们要积极对标一流，加快补齐短板，采取有效措施发展，攻坚克难、奋发进取，全力开创长治市外向型经济发展的新局面。

审稿人：张晋强
执笔人：乔 黎 刘胜利

晋城市制造业减税降费
政策效应分析

● 晋城市税务系统扎实推进减税降费落实落细，推动政策红利有效释放，减税降费效应持续显现

● 制造业作为国民经济的主体，成为减税降费的主要受益者，2019年上半年，全市制造业行业税负明显降低

● 实体经济发展仍面临较多困难，全社会对进一步加大减税降费力度还有很多期盼。税务部门将与财政和其他政府部门共同努力，以更优扶持帮助企业解困，推动制造业企业高质量发展

2019年以来，在市委、市政府的领导下，晋城市税务系统扎实推进减税降费落实落细，推动政策红利有效释放。税收数据显示，制造业作为国民经济的主体，减税降费效应持续显现，企业税费负担有效减轻，市场信心逐步提振，主体活力充分激发，创新能力不断增强，经济发展内生动力得到提高。

一、 制造业减税降费亮点纷呈

2019年上半年，全市制造业累计新增减税①18854.15万元，占全部新

---

① 全文累计新增减税数不包含个人所得税部分。

增减税规模的 16.77%。

新出台政策减税规模大。上半年，全市制造业企业享受 2019 年新出台减税政策 13078 万元，占制造业全部新增减税总额的 69.36%，2018 年实施 2019 年翘尾减税政策新增减税 5776 万元，占比 30.64%。

"增企"两税减降占主导。上半年，全市制造业企业新增增值税减税 12390.53 万元，减税力度最大，占全部累计新增减税的 65.72%；企业所得税次之，累计新增减税 5446.82 万元，占比 28.89%。其他地方税费占比均不足 2%，两税减免规模远高于其他税种。

民营企业受益面广。上半年，全市制造业民营企业累计新增减税 17183.76 万元，占比 91.14%，分别高于制造业国有企业、外资企业 90.68 个、82.74 个百分点，享受减免规模领先。

先进制造业[①]企业减税占比过半。上半年，先进制造业企业新增减税 10622.11 万元，占全部制造业的 56.34%，引领作用不断显现。计算机、通信和其他电子设备制造业、专用设备制造业、金属制品业排列前三，合计占比 36.46%。

二、 减税降费效应持续显现，助力企业轻装前行

2019 年以来，力度空前的深化增值税改革、小微企业普惠性税收减免等减税降费政策措施均已稳定实施了一段时间，制造业企业成为减税降费的主要受益者。

（一）降本增利，制造企业税负明显下降

据重点税源数据统计，上半年，制造企业营业成本率[②]同比下降0.11 个百分点，其中，非金属矿物制品业下降 9.91 个百分点，纺织业下降 3.89 个百分点，橡胶和塑料制品业下降 2.21 个百分点，专用设备制造业下降 0.5

---

①文中先进制造业具体包括：计算机、通信和其他电子设备制造业，专用设备制造业，金属制品业，非金属矿物制品业，医药制造业，化学原料和化学制品制造业，通用设备制造业，仪器仪表制造业，电气机械和器材制造业，汽车制造业。

②营业成本率=营业成本/营业收入。

个百分点。制造企业财务费用总额同比下降 32.95%，财务费用率下降 1 个百分点。负债类项目金额减少，长期借款同比下降 19%。存货同比下降 23%。现金流增大，企业货币资金同比增长 11.46%，流动资产同比增长 7.35%。企业收益大大增加，利润率同比增长 2.11%。例如，晋城福盛钢铁有限公司财务费用率下降 0.43 个百分点，利润率较上年同期提高 2.7 个百分点；晋城鸿刃科技有限公司营业成本率下降 2.14 个百分点，利润较上年同期增长 39.27%。

上半年，全市制造业行业税负明显降低，增值税一般纳税人上半年平均税负 1.99%①，同比下降 0.14 个百分点，低于全省平均税负 0.41 个百分点。

从行业看，汽车行业下降 4.23 个百分点，通用设备下降 3.31 个百分点，医药行业和金属制品业分别下降 2.81 个、1.08 个百分点。

从企业减税规模来看，全市制造业企业累计新增减税超 1000 万元企业 4 户，累计减税 10164.9 万元；减税超 100 万元企业 23 户，累计减税 14866.34 万元；减税超 10 万元企业 113 户，累计减税 17611.65 万元；减税超 1 万元企业 423 户，累计减税 18673.65 万元。

先进制造业中，晋城富泰华精密电子有限公司上半年减税 2908.09 万元，减税幅度②23.63%；富晋精密工业（晋城）有限公司减税 1201.7 万元，减税幅度 8.31%；晋城海斯制药有限公司减税 579.54 万元，减税幅度 12.67%。制造业上半年减税排名前二十位累计新增减税 14549.65 万元，占全部制造业减税规模的 77.17%，具体名单见表 1。

（二）提振信心，实体经济活力激发就业增加

2019 年以来，全市税务系统深入开展"送政入企""法人知税、算出红利"等活动，以多种方式将"一本通"送至纳税人手中，并帮助纳税人打造减税降费"铁账本"，确保企业应知尽知、应享尽享制造业减税降费优惠政策，有效提升纳税人获得感。经重点税源景气指数调查统计，减税降

---

① 数据来源：金税三期系统"增值税一般纳税人分行业税负查询"模块。
② 减税幅度 = 减税额 /（减税额 + 纳税额）。

费政策受到全市企业家拥护，超过八成企业家认为其在企业的生存和发展中作用凸显，景气指数保持乐观，市场预期基本稳定。

表1　制造业上半年减税排名前二十位企业名单

单位：万元

序号	纳税人名称	行业大类	减税额
1	晋城福盛钢铁有限公司	黑色金属冶炼和压延加工业	4542.61
2	晋城富泰华精密电子有限公司	计算机、通信和其他电子设备制造业	2908.09
3	晋城市煜盛废旧物资回收有限公司	其他制造业	1512.51
4	富晋精密工业（晋城）有限公司	专用设备制造业	1201.70
5	山西晋煤集团金鼎煤机矿业有限责任公司	专用设备制造业	922.57
6	晋城海斯制药有限公司	医药制造业	579.54
7	三营超精密光电（晋城）有限公司	仪器仪表制造业	298.05
8	晋城鸿刃科技有限公司	金属制品业	292.17
9	山西晋丰煤化工有限责任公司	化学原料和化学制品制造业	267.92
10	山西皇城相府药业股份有限公司	医药制造业	236.79
11	山西泫氏实业集团有限公司	其他制造业	228.25
12	晋城宏圣科威矿用材料有限公司	其他制造业	219.12
13	高平市福鑫铸管有限责任公司	金属制品业	205.58
14	晋城山水合聚水泥有限公司	其他制造业	199.40
15	山西大通铸业有限公司	黑色金属冶炼和压延加工业	189.13
16	山西江淮重工有限责任公司	化学原料和化学制品制造业	174.36
17	山西兴高能源股份有限公司	石油、煤炭及其他燃料加工业	168.37
18	陵川金隅水泥有限公司	非金属矿物制品业	165.37
19	泽州县金秋铸造有限责任公司	金属制品业	121.58
20	晋城市春晨兴汇实业有限公司	金属制品业	116.54

2019 年 4 月 1 日起，制造业等行业 16% 的增值税税率下调至 13%，是对制造业最直接的利好，推动了制造业市场主体活力迸发。上半年，全市制造业企业新增纳税户 153 户，月均新增 25.5 户，较上年同期增长 5.52%。新登记企业数量快速增长，增加市场就业岗位，全市规模以上企业制造业从业人员上半年末达 79297 人，同比增长 9.8%。其中，计算机、通信和其他电子设备制造业同比增长 23.7%。

（三）创新能力提升，经济发展内生动力增强

可支配资金增加，企业愿意加大创新研发投入，改善和增强产品市场竞争力。2019 年上半年，制造业企业落实企业研发费用税前扣除比例提高政策减税 3471.92 万元，户均减免 69.44 万元。其中，减税金额超 10 万元企业 30 户。山西金鼎高宝钻探有限责任公司受政策利好推动，投资 1 亿元设立山西省智能化钻探装备创新中心，重点建设智能化钻探装备。也有企业将资金用于扩大再生产，提升企业经济韧性。比如晋钢智造产业园不断扩大投资，由 106 亿元扩大到 136 亿元，经济发展后劲增强。

市统计局数据显示，上半年，全市规模以上工业增加值增长 6.3%，较上年同期加快 4.8 个百分点，冶铸、化工和装备制造等三大主导制造业均不同程度带动了工业增长，经济溢出效益不断显现。上半年，全市全社会用电量增长 10.3%，其中，制造业用电量增长 16.8%；工业生产者出厂价格指数累计上涨 17.9%，用电量保持较快增长，价格指数高位运行。先行指标走势良好，经济发展动力增强，加快推动新时代美丽晋城高质量转型发展取得新成果。

三、难点尚存，减税降费仍需加力

客观讲，减税降费对我国经济发展起到积极的作用。无论是在宏观（国家层面）、中观（行业与产业层面）和微观（个人与企业层面），减税降费政策的效果正在显现。但在具体实施过程中，还存在一些问题和难点。

（一）加大减税降费力度仍有空间

随着人口红利消失、人力成本增高，企业低劳动成本的优势逐步丧失，直接影响减税降费获得感。以富士康为例，园区就业员工超过32000人，2018年该公司薪资及缴纳的"五险一金"20多亿元，占营业收入的20%，公司和个人社保费缴纳比率高达37%。针对劳动密集型企业，为提高用人用工的积极性，社保费率有待进一步降低。同时，我国经济下行压力加大，特别是实体经济发展仍面临较多困难，全社会对进一步加大减税降费力度还有很多期盼。

（二）政策操作便利程度仍有不足

2019年以来，减税降费政策陆续出台，涉及类别多，不够系统，较为繁杂，特别是还有部分政策操作不够便利。比如，针对生产、生活性服务业纳税人按照当期可抵扣进项税额加计抵减应纳税额，企业需先通过四项服务的增值税应税销售额来确定是否可以加计，然后再分出哪些是可抵扣进项票种；再如，旅客运输发票允许按照不同扣除率计算进项税额，企业需计算可抵扣票面金额，再根据抵扣率计算可抵扣税额，最后计算加计抵扣额，程序较为繁杂，致使抵扣意愿不强。

（三）财政收支平衡难度加大

受国家减税降费政策影响，2019年上半年，全市一般公共预算收入81.2亿元，增长15.5%，增速同比下降1.8个百分点。财政收入增速不断放缓，各级财政"三保"支出、三大攻坚、供给侧结构性改革等资金需求必须足额保障到位，财政收支平衡难度不断加大。

（四）少数企业普惠红包获得难

少数企业产品竞争力差、议价权较低，进销税率倒挂（销项税率低、进项税率高），盈利下降，税负上升。比如山西宇光电缆有限公司，从上游主要购进期货铜，因不掌握议价权，购买价不变，税率降低的实质优惠转移到上游企业。对下游销售电缆，因税率下调，消费者呼声较大，销售价格降低，上半年企业营业收入同比下降 41.27%，利润总额同比下降 78.58%。再如，山西燕山鑫源防护设备有限公司深化增值税改革后两月销项税额 260550.5 元，进项税额 236557.37 元，应纳税额 23993.13 元，税负 1.15%，相比税率下调前上升 0.92 个百分点。

四、助力制造业企业腾飞的对策及建议

为推动制造业企业高质量发展，我们要以夯实产业基础能力为根本，以企业和企业家为主体，以政策协同为保障，坚持应用牵引、问题导向，打好产业基础高级化、产业链现代化的攻坚战。

（一）在政策落地上下功夫，用更优服务跑出落实优惠政策"新速度"

沉下身子服务企业，雷厉风行、务求实效，切实打通落实的"最后一公里"，让确实符合税收优惠条件的制造业企业享受到实实在在的税收优惠，助力企业前行，更大程度简化办税程序和涉税资料的提供；给予希望从事制造行业的企业以信心，吸引更多的资本加入。

（二）整合出台更为便利更大范围的减税降费政策，塑造更优税制优势

更大程度简化政策，针对性地降低劳动密集型企业的社保费率，继续深化税制改革，将现有的减税降费政策与鼓励制造业发展、激发科技研发创新、促进消费持续增长的税收优惠政策进行系统性整合，确保税收优惠政策的长期稳定，提高政策的针对性和可操作性。

（三）税务、财政和其他政府部门共同努力，以更优合作挖潜能、渡困境

税务部门要大力挖潜、堵漏、增收，财政部门要加强非税收入征收，政府部门要尽力压减支出，共同想办法增流节支，将以减税降费为代表的财税体制改革与"放管服"为代表的政府行政管理改革有机结合起来，弥补税收下降对地方财政收入形成的短收缺口，用减税降费推动"放管服"改革，综合施效，保证全市经济稳中求进、行稳致远。

（四）政府部门利用减税降费契机，以更优扶持帮助企业解困

在减税降费政策背景下，相关政府部门应抓住难得的机遇，打造具有战略性和全局性的产业链，发挥各区县的比较优势，促进各类要素合理流动和高效集聚，着力推动制造业与服务业深度融合，努力帮助企业增强创新发展动力，提升自身议价权，加快构建高质量发展的动力系统，推动形成优势互补的区域经济布局。

审稿人：张锁林
执笔人：张欣义　常普光

减税降费助力临汾市小微企业发展

●小微企业占据临汾经济税收的半壁江山，近七成属第三产业，是驱动经济发展的主力军

●税收政策助力小微企业健康发展，小微企业发展面临的机遇与挑战

●创新举措，提供智力支持，构建评价体系，搭建融资平台，扶持小微企业发展壮大

小微企业是国民经济和社会发展的重要基础，近年来，党中央、国务院高度重视小微企业的发展，持续出台系列优惠政策，减轻企业负担，助力小微企业。本文勾勒出临汾小微企业概貌，分析小微企业税收减免政策执行情况，结合调研结果，归纳小微企业发展过程中的主要瓶颈和难点，提出相关意见和建议，为了解及支持小微企业发展提供参考。

一、小微企业是驱动临汾经济发展的主力军

截至 2018 年底，全市处于正常开业状态的企业（不含个体工商户及临时登记户）41439 户。按照最新划型标准[①]，其中，大型企业 71 户，占全

[①]最新大中小微企业划型标准：国家统计局关于印发《统计上大中小微型企业划分办法(2017)》的通知，详见附表。

部企业的 0.2%；中型企业 436 户，占全部企业的 1.1%；小微企业 40932 户，占全部企业的 98.7%。

（一）经济地位：小微企业占据我市经济税收的半壁江山

从销售收入来看，2018 年临汾市小微企业实现销售收入 2164 亿元，占全市企业销售收入（3900 亿元）的 55.5%。从税收收入来看，2018 年临汾市小微企业实现税收收入 98.2 亿元，占全市税收收入的 42.8%，其中，小微企业贡献地方级收入 61.2 亿元，占地方级收入的 46.9%。临汾市小微企业经济与税收贡献均在 50% 左右，经济地位重要。

（二）产业集聚：从事第三产业的小微企业主导地位明显

从小微企业分产业户数分布来看，第一产业 5658 户，占比 13.8%；第二产业 7201 户，占比 17.6%；第三产业 28073 户，占比 68.6%（见图 1）。从分产业销售收入来看，第一产业共实现销售收入 10 亿元，占小微企业全部销售收入的 0.4%；第二产业共实现销售收入 751 亿元，占小微企业全部销售收入的 34.7%；第三产业共实现销售收入 1403 亿元，占小微企业全部销售收入的 64.9%。第三产业的小微企业数量及销售收入均占比近七成，主导地位明显。

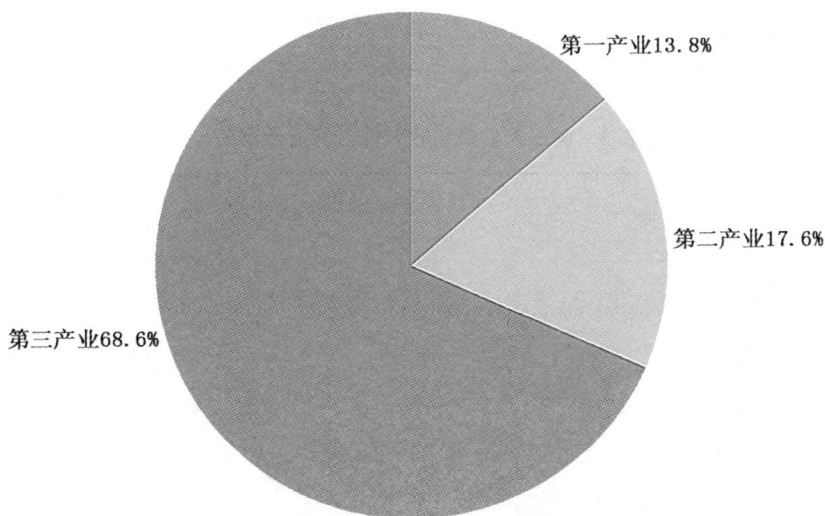

图 1 小微企业分产业户数占比图

（三）行业比重：涉煤采选和批发零售等十大行业小微企业占比逾 80%

从小微企业第二产业与第三产业中的主要行业销售收入所占比重来看，第二产业销售收入排名前五的行业依次是煤炭开采与洗选业（占比44.2%），石油、煤炭及其他燃料加工业（13.3%），电力、热力生产和供应业（9.7%），非金属矿物制品业（3.8%），燃气生产和供应业（3.7%）；第三产业销售收入排名前五的行业依次是批发业（占比38.6%）、房地产业（12.9%）、技术服务业（12.8%）、道路运输业（10.7%）、零售业（10.6%）（见表1、表2）。这十个行业的销售收入占全市小微企业总销售收入的80.6%。

表 1　第二产业销售收入前五行业示意表

排名	行业	销售额（亿元）	销售额占二产比重（%）	户数（户）	户数占比（%）
1	煤炭开采和洗选业	316	44.2	396	5.5
2	石油、煤炭及其他燃料加工业	100	13.3	40	0.6
3	电力、热力生产和供应业	73	9.7	770	10.7
4	非金属矿物制品业	28	3.7	421	5.8
5	燃气生产和供应业	27	3.8	83	1.2

表 2　第三产业销售收入前五行业示意表

排名	行业	销售额（亿元）	销售额占三产比重（%）	户数（户）	户数占比（%）
1	批发业	541	38.6	7069	25.2
2	房地产业	181	12.9	1340	4.8
3	技术服务业	180	12.8	525	1.9
4	道路运输业	150	10.7	1101	3.9
5	零售业	149	10.6	7384	26.3

（四）企业规模：八成小微企业年销售规模在百万元以下

按销售收入规模对小微企业进行划分，销售收入超过 1 亿元的共有 36 户，占所有小微企业的 0.1%，实现销售收入 1353 亿元，占小微企业全部销售收入的 62.5%，由于划型标准是需要员工数和销售收入同时满足相应标准，所以部分企业虽然销售收入过亿，但由于员工人数未达相应标准，被划为小型或微型企业；销售收入在 1000 万元至 1 亿元之间的共有 1742 户，占所有小微企业的 4.3%，实现销售收入 522 亿元，占小微企业全部销售收入的 24.1%；销售收入在 100 万元至 1000 万元的共有 5745 户，占所有小微企业的 14%，实现销售收入 184 亿元，占小微企业全部销售收入的 8.5%；销售收入小于 100 万元的有 33409 户，占所有小微企业的 81.6%，实现销售收入 105 亿元，占小微企业全部销售收入的 4.9%（见图 2）。

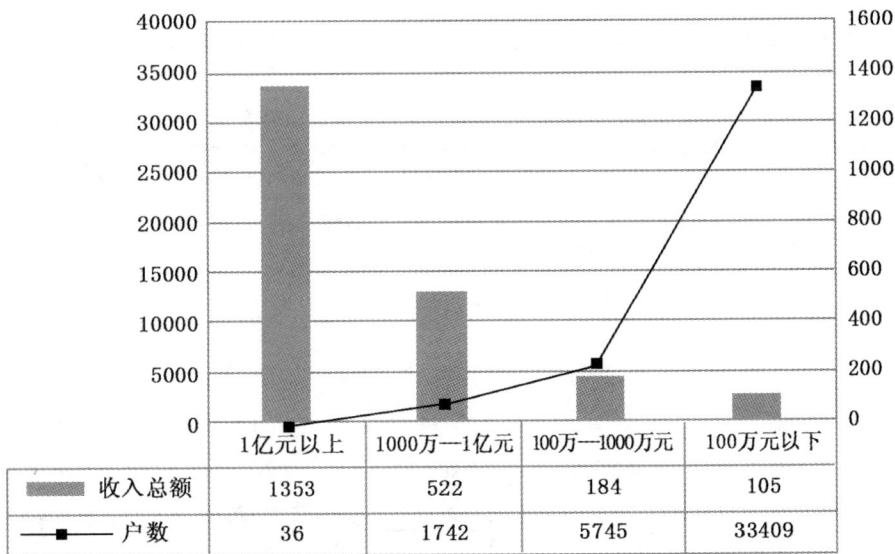

	1亿元以上	1000万—1亿元	100万—1000万元	100万元以下
收入总额	1353	522	184	105
户数	36	1742	5745	33409

图 2 小微企业分规模户数收入情况图

（五）区域分布：小微企业主要集中在平川经济较发达县市，尧都区占比超三成

从各单位小微企业户数规模来看，上万户的仅有尧都区，户数占比超

三成；超千户的有 10 个征收单位，户数占比 52.7%；千户以下的有 8 个征收单位，户数占比 14.2%。排名前五的征收单位分别为：尧都区 13544 户，占全部小微企业 33.1%；侯马 4016 户，占比 9.8%；洪洞 3979 户，占比 9.7%；襄汾 2897 户，占比 7.1%；霍州 2106 户，占比 5.1%（见图 3）。

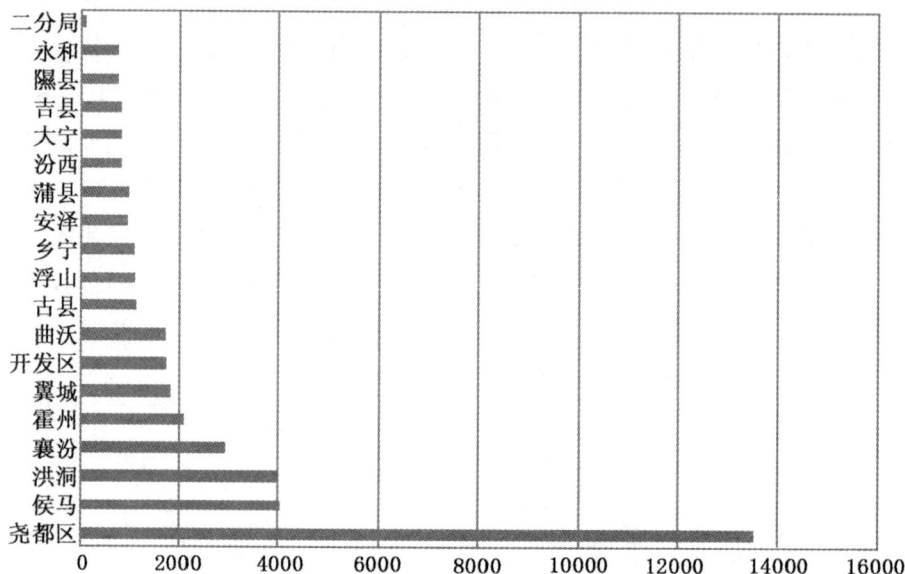

图 3　小微企业分单位户数情况图

（六）发展趋势：小微企业经营质量逐步提高

从近三年小微企业注销率和零申报率来看，2018 年全市小微企业注销率为 16.3%，较 2017 年降低了 3.5 个百分点，与 2016 年持平；2018 年全市小微企业零申报率为 82.0%，较 2017 年下降了 9.2 个百分点，较 2016 年下降了 13.6 个百分点。数据表明，我市小微企业存活率与有税率明显提高，企业质量明显增强。

二、税收政策红利助力小微企业健康发展

近年来，国家出台小微企业税收优惠政策，扶持小微企业发展壮大，特别是 2019 年实施的更大规模减税降费政策，如放宽小型微利企业标准、

加大企业所得税优惠力度、提高增值税小规模纳税人免税标准、减征小规模纳税人"六税两费"等普惠性税收减免等，彰显了国家维系经济平稳运行和就业稳定，激发市场活力的决心。

（一）优惠力度大，减税政策效应明显

此次普惠性减税降费政策的出台，惠及全市 48802 户企业纳税人。每月普惠性减免税预计达到 3200 万元，全年预计普惠性减免规模 38800 万元，约占全市税收收入总量的 1.52%。2019 年上半年，全市小微企业普惠性政策新增减税 13458.4 万元。其中，放宽小型微利企业标准加大企业所得税优惠力度减免税额 3211.2 万元，涉及 2771 户纳税人；提高增值税小规模纳税人起征点减免税额 6339 万元，涉及 6042 户纳税人；增值税小规模纳税人"六税两费"减免税额 3908.1 万元，涉及 42260 户纳税人。

（二）普惠效果好，小微企业税负总体下降

此次普惠性的税收政策，对小规模纳税人产生明显减负效应，降低了创业成本，对鼓励自主创业、减轻社会负担起到积极作用。2019 年上半年，全市小微企业综合税负为 2.99%（预估测算），较 2018 年综合税负 4.54% 低 1.55 个百分点，减税降费政策效应逐渐显现。同时，受减税降费政策影响，全市小微企业税收贡献度呈现下降趋势。截至 2019 年 6 月底，全市小微企业实现税收收入 38.3 亿元，占比 23.9%，比重较 2018 年下降 18.9 个百分点。

（三）影响范围广，减税社会效应显著提高

一是通过减税降费还富于民，有利于实现"扩内需、保增长"的目的。此次普惠性税收优惠政策，为企业增加了可支配收入，可以改善职工福利，再加上个人所得税政策调整，进一步增加居民可支配收入，提升居民购买力。2019 年上半年，全市城镇居民人均可支配收入同比增长 7.0%，增速较上年增加 0.7 个百分点。二是促进就业人口的增加。国家出台的减税政策有助于小微企业创造更多社会就业岗位，从而带动劳动力市场的繁荣，增加就业人口数量。2019 年上半年，全市城镇新增就业

3.46 万人，完成全年目标 73.5%；农村劳动力转移就业 3.2 万人，完成全年目标 71.1%。

（四）激发作用强，小微企业活力进一步增强

随着大规模减税降费政策的落地实施，小微企业活力逐步增强，有力地推动了全市产业结构优化，培育了经济增长的新动能。2019 年上半年，全市新注册市场主体 2.45 万户，同比增长 34.3%，其中，新登记企业 7363 户，注册资本金 349.3 亿元，分别增长 53.3% 和 130.0%。

总体来看，普惠性减税政策的实施短期内会减少财政收入，但从长远来看，减税政策涵养了税源，提高了小微企业自主创新能力，带动了居民消费的扩大和小微企业的发展，为实现经济长期增长提供原动力，使经济增长更具潜力，为未来经济税收增长培育了内在动力。

三、小微企业发展机遇与困难并存

为深入了解我市小微企业发展现状，在考虑到行业及企业规模的前提下，从国家税务总局组织的 2018 年税收调查中提取了 880 户小微企业生产经营数据，共涉及企业基本情况、经营状况、政策受益情况、创新能力、资金需求等方面的内容，并对其中的部分企业进行了实地走访调研，进一步反映了临汾市小微企业发展状况。

（一）小微企业发展信心十足

从税收调查数据分析结果看，职工人数、营业收入等可以反映小微企业发展情况的指标均较为乐观。其中，2019 年年初企业职工人数较同期增加的为 276 户（31.4%），持平的有 416 户（47.3%），减少的仅为 188 户（21.4%）；营业收入方面，301 户（34.3%）企业认为 2019 年营业收入增长，290 户（32.9%）企业认为会持平，289 户（32.8%）企业认为会出现下降。综合来看，大多数小微企业呈现出平稳前行的发展态势，在减税降费政策大环境下，市场主体满意度、获得感不断攀升。

（二）小微企业盈利水平仍需提高

从企业盈亏状况看，由于能源、原材料及劳动力价格上涨较快，传统行业的小微企业生产经营成本、费用较高，利润空间缩小，部分企业生产经营处于微利状况。调查数据显示，2018 年仅有 313 户（35.2%）企业实现盈利，从影响企业盈利的因素来看，主要是劳动力成本与原材料成本的增加，42.6%的小微企业原材料较同期增长 10%以上，82.6%的小微企业人工成本较同期增长 20%以上。

（三）资金成为小微企业发展的主要瓶颈

小微企业的资金问题是此次分析的重点问题之一，从数据来看，现有的正规融资渠道不能很好地满足小微企业的发展需求，资金成为制约小微企业发展的重要因素。由于固定资产较少、担保抵押物不达标，以及财务制度不透明、整体信用不高等，小微企业很难得到金融机构的信贷支持。调查数据显示，665 户（75.6）企业存在其他金融机构贷款以及民间借款，用高于银行利息的借贷来解决创业和经营的资金需求，企业经营风险进一步扩大。

（四）小微企业技术创新难度较大

技术创新能力是小微企业发展壮大的关键，通过调查发现，小微企业技术创新能力仍需不断加强。880 户调查企业中，仅有 20 户企业享受过技术创新方面的政策优惠，仅占全部调查企业的 2.3%。虽然大部分小微企业都能意识到技术创新的重要性，但缺少科研经费、缺乏研发能力、管理层创新意识不强等因素制约了小微企业的创新发展。

（五）小微企业政策遵从成本加大

近期优惠政策出台频率较快，呈现出明显的临时性和集中性特征。大部分小微企业缺乏健全的财务制度以及专业的财务人员，财务核算与纳税申报方面仅限于简单的报表填报，对于学习新政策意愿不强，对政策的理解和运用是当前税收工作的难点。调查中发现，在 2019 年减税降费新政陆续出台后，代理记账公司的业务较同期明显增长，调查中近七成企业倾向于借助代理记账公司完成涉税事项申报，无形中加大了遵从成本。

四、创新举措扶持小微企业发展壮大

尽管小微企业在发展壮大的过程中困难较多，在当前减税降费政策支持下仍有潜力可挖，相关部门应借改革东风，鼓小微士气。建议从以下方面入手，为小微企业的发展提供更为切实、有效的支持，促进小微企业的全面发展与繁荣。

（一）智力支持：政府利用自身优势，为企业做好政策解读、市场研判

由于小微企业的规模相对较小，人员较少，不会像大型企业一样有专门从事战略管理和企业发展规划的专门人才，因此小微企业需要政府对其提供全方位的智力支持。政府可以多渠道收集相关经济信息，进行行业发展引导，为小微企业发展提供智力与信息支持。一方面，政府应当收集相关信息，集合各单位的力量，分行业或产业定期编制市场信息简报，对近期出台的国家与地方相关政策进行较权威的解读，供小微企业决策参考；另一方面，应当积极组建帮扶各类行业协会，督导行业协会开展内部的相关交流，督促行业协会真正发挥相关职能，摒弃狭隘的竞争观，共同分享、合理整合相关资源。

（二）构建体系：建立科学的小微企业评价体系，对小微企业进行全面、准确的评估

收集涉税、经营、管理、信用等信息，建立科学的小微企业评价体系。根据这样的评价体系，政府部门可以对小微企业的发展做出科学判断，进行精准政策支持；金融机构则可以对小微企业进行融资，扶优限劣，促进优质小微企业的快速发展；企业本身则可以通过这样的评价体系，全面了解企业自身发展状况与竞争优势，判断本企业在整个行业中的位置，帮助企业强化管理，提高经济效益。

(三) 搭建平台：建立切实有效的融资平台，缓解小微企业融资困难

从调查问卷和实地走访情况来看，融资难已经成为目前困扰小微企业良性发展的重要问题，直接影响到了小微企业的生产经营和可持续发展。政府应构建切实有效的融资平台，从多角度出发，使优质小微企业的融资需求可以得到基本满足。应当充分利用小微企业评价体系，利用税务信用评价信息，构建切实有效的银企服务平台，对小微企业做出客观的评价，协调银行、信用社等金融机构认同这一评价结果，结合银行固有的信用记录等评价手段，加大小微企业贷款力度，切实解决小微企业融资难题。同时构建多平台的融资方式，积极推动优质小微企业上市，积极推动专业小微企业融资机构的建设。

(四) 政策扶持：用足用好税收优惠政策，扶持小微企业发展

减税降费是2019年积极财政政策"加力提效"的主要内容之一，是深化改革的重要举措。税务部门要确保现行税收优惠，如降低税率、税收减免、提高税收起征点等政策落地生根，切实减轻企业负担，助力小微企业提高盈利水平。根据调查走访中的问题，应当在落实好现有税收优惠政策基础上，一是尽快统一税务与统计部门小微企业标准，确保现行税收优惠政策可以更大范围覆盖、实行；二是对现行税收优惠政策进行法定化、长期化研究，完善税收优惠政策，更好地为小微企业服务；三是进一步优化办税流程，简化业务操作，使小微企业办税更加便捷高效，降低企业遵从成本。

附表　统计上大中小微型企业划分标准

行业名称	指标名称	计量单位	大型	中型	小型	微型
农、林、牧、渔业	营业收入(Y)	万元	Y≥20000	500≤Y<20000	50≤Y<500	Y<50
工业 *	从业人员(X)	人	X≥1000	300≤X<1000	20≤X<300	X<20
	营业收入(Y)	万元	Y≥40000	2000≤Y<40000	300≤Y<2000	Y<300
建筑业	营业收入(Y)	万元	Y≥80000	6000≤Y<80000	300≤Y<6000	Y<300
	资产总额(Z)	万元	Z≥80000	5000≤Z<80000	300≤Z<5000	Z<300
批发业	从业人员(X)	人	X≥200	20≤X<200	5≤X<20	X<5
	营业收入(Y)	万元	Y≥40000	5000≤Y<40000	1000≤Y<5000	Y<1000
零售业	从业人员(X)	人	X≥300	50≤X<300	10≤X<50	X<10
	营业收入(Y)	万元	Y≥20000	500≤Y<20000	100≤Y<500	Y<100
交通运输业 *	从业人员(X)	人	X≥1000	300≤X<1000	20≤X<300	X<20
	营业收入(Y)	万元	Y≥30000	3000≤Y<30000	200≤Y<3000	Y<200
仓储业 *	从业人员(X)	人	X≥200	100≤X<200	20≤X<100	X<20
	营业收入(Y)	万元	Y≥30000	1000≤Y<30000	100≤Y<1000	Y<100
邮政业	从业人员(X)	人	X≥1000	300≤X<1000	20≤X<300	X<20
	营业收入(Y)	万元	Y≥30000	2000≤Y<30000	100≤Y<2000	Y<100
住宿业	从业人员(X)	人	X≥300	100≤X<300	10≤X<100	X<10
	营业收入(Y)	万元	Y≥10000	2000≤Y<10000	100≤Y<2000	Y<100
餐饮业	从业人员(X)	人	X≥300	100≤X<300	10≤X<100	X<10
	营业收入(Y)	万元	Y≥10000	2000≤Y<10000	100≤Y<2000	Y<100
信息传输业 *	从业人员(X)	人	X≥2000	100≤X<2000	10≤X<100	X<10
	营业收入(Y)	万元	Y≥100000	1000≤Y<100000	100≤Y<1000	Y<100
软件和信息技术服务业	从业人员(X)	人	X≥300	100≤X<300	10≤X<100	X<10
	营业收入(Y)	万元	Y≥10000	1000≤Y<10000	50≤Y<1000	Y<50
房地产开发经营	营业收入(Y)	万元	Y≥200000	1000≤Y<200000	100≤Y<1000	Y<100
	资产总额(Z)	万元	Z≥10000	5000≤Z<10000	2000≤Z<5000	Z<2000
物业管理	从业人员(X)	人	X≥1000	300≤X<1000	100≤X<300	X<100
	营业收入(Y)	万元	Y≥5000	1000≤Y<5000	500≤Y<1000	Y<500
租赁和商务服务业	从业人员(X)	人	X≥300	100≤X<300	10≤X<100	X<10
	资产总额(Z)	万元	Z≥120000	8000≤Z<120000	100≤Z<8000	Z<100
其他未列明行业 *	从业人员(X)	人	X≥300	100≤X<300	10≤X<100	X<10

说明：

1. 大型、中型和小型企业须同时满足所列指标的下限，否则下划一档；微型企业只需满足所列指标中的一项即可。

2. 附表中各行业的范围以《国民经济行业分类》（GB/T4754-2017）为准。带 * 的项为行业组合类别，其中，工业包括采矿业，制造业，电力、热力、燃气及水生产和供应业；交通运输业包括道路运输业，水上运输业，航空运输业，管道运输业，多式联运和运输代理业、装卸搬运，不包括铁路运输业；仓储业包括通用仓储，低温仓储，危险品仓储，谷物、棉花等农产品仓储，中药材仓储和其他仓储业；信息传输业包括电信、广播电视和卫星传输服务，互联网和相关服务；其他未列明行业包括科学研究和技术服务业，水利、环境和公共设施管理业，居民服务、修理和其他服务业，社会工作，文化、体育和娱乐业，以及房地产中介服务，其他房地产业等，不包括自有房地产经营活动。

3. 企业划分指标以现行统计制度为准。（1）从业人员，是指期末从业人员数，没有期末从业人员数的，采用全年平均人员数代替。（2）营业收入，工业、建筑业、限额以上批发和零售业、限额以上住宿和餐饮业以及其他设置主营业务收入指标的行业，采用主营业务收入；限额以下批发与零售业企业采用商品销售额代替；限额以下住宿与餐饮业企业采用营业额代替；农、林、牧、渔业企业采用营业总收入代替；其他未设置主营业务收入的行业，采用营业收入指标。（3）资产总额，采用资产总计代替。

审稿人：段昌辉
执笔人：吴惠民　王靖文

运城市民营企业减税降费
效应分析

●在山西省工商联主办的"2019山西省民营企业100强"中，运城16家企业入围，位居全省第一，民营企业已成为运城经济发展的主要力量

●减税降费政策的落实有效激发了运城市民营企业的活力

●民营企业高质量发展需政府优化环境、税务部门释放减税红利、企业做优做强、加快转型步伐

习近平总书记在民营企业座谈会上的讲话中指出，民营企业①是我国发展不可或缺的力量，已成为创业就业的主要领域、技术创新的主要主体、国家税收的重要来源。2018年，运城市民营企业税收收入118.47亿元②，占全市税收收入总额的81.3%，成为推动经济增长的主要动力。更大规模减税降费政策实施以来，运城市税务局深入贯彻党中央、国务院更大规模减税降费重大决策部署，以"实打实""硬碰硬"的举措确保减税降费各项措施落地生根，有力助推民营经济高质量发展。

---

①民营企业是指集体企业、私营企业、其他企业、股份合作企业、非国有控股的股份公司。

②民营企业税收口径：来源于税收会计统计月报表《企业类型表》中集体企业、股份合作企业、国有与集体联营企业、其他联营企业、有限责任公司、股份有限公司、其他企业的税收收入。

一、运城市民营企业发展的基本现状

（一）民营企业已成为税收的主力军

民营企业是运城市税收的主力。2016 年，民营企业税收收入占税收总收入的比重为 67.7%，2017 年为 73.16%，2018 年为 81.3%，民营企业税收占比不断攀升。2018 年，在税务部门监控的百户重点税源企业中，民营企业有 86 户，占据绝对优势，重点税源民营企业税收入库数占全部重点税源企业税收入库数的比重为 85.04%，同比增长 53.83%。民营企业成为经济发展的中坚力量，为当地经济发展提供了强有力的税收支撑。

（二）民营企业引领作用增强

民营企业茁壮成长，引领作用日益增强。2017 年，运城市民营经济增加值 900.9 亿元，总量超出 2016 年 60.27 亿元；占全市地区生产总值比重达 67.4%，高于全省平均水平 18.7 个百分点，全省排名第一。近日，山西省工商联主办的"2019 山西省民营企业 100 强"发布，运城市 16 家企业入围，位居全省第一，民营企业已成为运城经济发展的"金名片"，民营经济总量不断壮大，已然成为运城市经济发展的生力军。

（三）民营企业在减税降费中受惠程度高

截至 2019 年 6 月，运城市新增减税累计 13.58 亿元，民营企业新增减税累计 10.33 亿元，占到全市减税总额的 76.07%，民营企业减税降费"三高一升"的成效持续显现。民营企业受惠程度高。民营企业户均享受减免金额 17959.62 元，是全市企业减税户均金额的 6.27 倍。民营小微企业普惠面高。民营企业享受小微企业普惠性优惠政策共计 28135 户，占全市小微企业户数（57530 户）的比重为 48.9%。民营企业享受增值税减税政策占比最高。民营企业深化增值税改革累计减税 5.27 亿元，占全市深化增值税改革累计减税额的 90.33%。民营企业减税规模逐月提升。1—6 月，民营企业累计减税金额为 10.3 亿元，1—7 月为 11.8 亿元，1—8 月为 13.09 亿元，民营企业纳税人获得感不断增强。民营企业成为受惠程度最高的经济主体，减税降费为其高质量发展按下了"快进键"。

二、民营企业减税降费政策效应分析

（一）降本增利，企业效应直接体现

减税降费政策降低了企业成本，减少资金占用，激发起民营企业发展的"最大公约数"。一是税收减少，盈利能力提升。截至 2019 年 6 月，全市深化增值税改革累计减税金额 7.37 亿元，减少的税收具有最直观的减税效应。上半年，全市重点税源盈利企业户中，民营企业同比增加 160 户，增长 74.42%。二是成本降低，杠杆结构优化。对金融机构的减免税政策有效鼓励资金向中小微企业倾斜，截至 7 月，我市金融机构共向小微企业发放贷款 1.03 亿元，缓解了民营企业资金困局。以运城 723 户民营企业重点税源为例，1—6 月，资产负债率从上年的 83.97% 降为 81.17%，下降了 2.8 个百分点。减税降费政策有效地降低了民营企业融资成本，缓解了企业的债务压力。三是税负下降，税源质量提升。增值税降率以来，全市民营企业增值税平均税负由 2.7% 降低到 2.01%，降低 0.69 个百分点。如山西建龙实业有限公司在增值税降率后，增值税税负由上年的 3.36% 下降到 1.92%。减费降税使企业内生活力释放，2019 年上半年该企业实现销售收入 123.97 亿元，同比增长 23.78%，税源质量不断提升。

（二）激发活力，经济效应持续发力

减税降费政策的实施，增加了企业的可支配利润，增强了企业的投资能力、创新能力，为发展新经济、培育新动能打下了基础。一是增加投资，加快转型步伐。2019 年 1—6 月，全市固定资产投资增长 5.4%，其中，民间投资中制造业增长 4.3%，计算机、通信和其他电子设备制造业同比增长了 837.7%。减税降费红利的释放无疑给设备制造业、新兴企业扩大投资增加了底气和筹码。重点税源中的 723 户民营企业在建工程实现 127.32 亿

元，同比增长 12.73%；山西高义钢铁有限公司上半年固定资产投资 42443 万元，为企业的发展"提速换挡"。二是政策叠加，提升产业链水平。当前的减税降费政策，以统一、普惠的整体设计，"1+3+N"的多重政策叠加更是给民营企业带来福利。特别增值税降率改革的"黄金搭档"——留抵退税政策，直接给企业带来了充足的现金流。山西阳煤丰喜泉稷能源有限公司运用 1.5 亿元留抵退税资金，实施"互联网+大物流"，新上生产线，拉长拉深产业链条，有效地提升了产业链水平。

（三）信心增强，宏观效应初步显现

在减税降费政策的作用下，民营企业活力进一步增强，转型发展力度进一步加大，有力地带动了运城市宏观预期向好。一是带动了消费。个人所得税六项专项扣除实施后，2019 年前半年个税减税金额达 1.5 亿元，直接增加居民收入，根据边际消费倾向理论，全市估计可增加消费 0.99 亿—1.2 亿元，有力地带动了批零、餐饮、旅游等行业，1—6 月，全市社会消费品零售总额高达 420.3 亿元，增速 8.7%。1—6 月，全市民营企业中批发零售业减税达 3.12 亿元，这一利润空间可有效转化为降价空间，通过抵扣链条的传导，最终反映到商品价格上，使消费者受益，刺激市场需求，扩大市场规模。二是市场主体增长。1—6 月，全市新增市场主体 1.58 万户，同比增长 46.68%，其中，单位纳税人同比增长 58.27%，新增市场主体纳税人贡献各类税费 1.27 亿元。三是稳定了就业。在当前经济形势不确定的情况下，减税降费政策对冲经济下行压力，稳定民营企业发展，1—6 月，全市新增市场主体纳税人提供了 6.91 万人次的就业岗位，繁荣了劳动力市场，稳定了就业。

三、对民营企业减税降费中发现问题的思考

（一）痛点：税负转嫁致使个别企业减税获得感缺失

由于产业结构的原因，企业在产业链的地位决定了其获得税收红利的多少。增值税每一次的调整，都会引发企业在市场中的博弈，形成强

势垄断企业对弱小的中小微企业利润挤压。处在供应链中间环节的中小微企业，其上游企业如果是议价能力强、拥有垄断性资源的企业，这些企业供货价格不会因为减税而降低。但面对强势的下游企业，中小微企业的销售价格却在降低，这就意味着，减税带来的企业税收博弈现象，会导致一些企业的税收红利被"蚕食"。运城市的个别的民营制造企业由于自身原因，就处于这种环节，减税红利被"蚕食"，企业税负"痛感"难消。

（二）难点：减税降费需各方协同配合

减税降费不仅是税务部门的一项工作，更是供给侧结构改革的重要组成部分。要让纳税人深刻感受到减税降费的政策红利，需要打造法治化、高标准、低负担的营商环境。但是从目前情况来看，在各方面的协同配合上还需更加努力。一是财政因素。减税降费直接减少地方财政收入，给财政带来一定的压力，尤其是在产业化程度不高的地区，投资增长快，留抵退税还需地方财政承担更多的退还支出，如何解决当地的财政收支问题值得关注。二是市场因素。在企业调研过程中，了解到目前企业间签订合同是按含税价格进行，而含税价不变，下游企业得不到税率下降的好处，导致税负不降反升。三是税务因素。在实践层面，诸如留抵退税的流程需优化，减税降费政策前后衔接需理顺等问题还有待改进。

（三）盲点：民营企业自身素质有待提升

减税降费政策给企业进行税收筹划提供了一定的空间，但由于企业自身因素，税收红利获得也有多有少。在企业调研中，发现企业运用税收筹划进行节税的意识不够。如本次增值税减税政策中的购进固定资产进项税额允许一次性抵扣与留抵退税现金项政策，如果配合使用，相当于企业多拥有了一半的税收流动资金，用好这个政策，企业资金成本会大幅度地降低，收益是相当明显的，企业可以运用这一政策进行设备改造升级，实现转型升级。但相当一部分企业财务对该项政策的理解仅止步于税款的延期缴纳，不能很好地运用减税降费的政策进行筹划。

四、几点建议

（一）政府层面，搭建舞台，优化环境，提振发展信心

要坚决按照李克强总理的要求，算好减税降费的当前账和长远账，把减税降费政策红利转化为优化结构、扩大需求的动力。一是政府要加快推动涉企减负"全方位、无死角"。清理规范物流、能源等收费，降低电价，进一步减轻涉企费用负担。二是加快部门联动。统筹各部门深化实质性减税降费协同共治，更加优化营商环境，激发企业活力，促进经济增长，提振发展信心。

（二）企业层面，抓住机遇，做优做强，加快转型步伐

这次减税措施涉及税种面广，政策精准性强，将助力实体经济实现高质量发展。全市企业要充分利用此次减税降费的机会，反求诸己，发现短板，抓住机遇，转型发展；在新技术、新业态、新商业模式上找思路，找发展；要大力引进人才，强化创新，提升企业素质；要引进技术资金，发展规模产业，不断做优做强。

（三）税务部门，提升站位，助企发展，释放减税红利

税务部门要提升站位，释放减税红利，扶助企业发展。一要送政策到企业，并为企业的转型发展建言献策。二是发挥税收经济分析优势，运用减免税数据分析企业问题，提出有效建议。三是为了保障企业切实获得减税降费红利，建议企业间按照不含税价格签订合同。四是税务部门做到精准宣传、精准施策、精准统计、精准考核，力保减税降费措施实打实、硬碰硬落地。

审稿人：郭开立
执笔人：刘亚斌

关于朔州市陶瓷产业的税收思考

● 朔州市日用陶瓷业发展迅猛并带来良好的社会效益
● 朔州市陶瓷业在自身发展和税收管理上还存在一些亟待解决的问题
● 多部门联合，多管齐下促进朔州市陶瓷业高质量发展

近年来，随着国内外日用陶瓷市场的升温以及国有陶瓷生产企业的改制，朔州市陶瓷产业迅猛发展，一大批民营陶瓷企业迅速崛起。朔州市已经成为国内重要的日用陶瓷生产基地和出口基地。本文在对全市陶瓷生产企业现状、陶瓷业社会效应等调研的基础上，从税收角度对其作为重要的经济税源进行一些分析和思考。

一、朔州市陶瓷企业基本情况

据统计，截至 2019 年 2 月底，全市共有陶瓷企业 88 家，陶瓷生产线 155 条，注册资本达 9.9 亿元。从产品类型及产能来看，有日用陶瓷生产线 135 条，建筑陶瓷生产线 6 条，特种陶瓷生产线 5 条，工艺美术瓷生产线 9 条，形成了年产日用陶瓷 25 亿件、建筑陶瓷 7200 万平方米、特种陶瓷 5 万吨、工艺美术瓷 2 亿件的产能，2018 年全市陶瓷企业共计生产各类陶瓷 9.69 亿件。从区域分布来看，陶瓷企业集中在怀仁市、应县、山阴县、右玉县等 4 个县市。其中，怀仁市共有陶瓷生产企业 56 户，生产线 103 条；

应县共有陶瓷生产企业 28 户，生产线 48 条；山阴县共有陶瓷生产企业 3 户，生产线 3 条；右玉县共有陶瓷生产企业 1 户，生产线 1 条。从经营状态来看，截至 2019 年 2 月底，全市 88 户陶瓷企业有 56 户属于正常陶瓷经营企业，共 83 条生产线；有 5 户属于陶瓷烤花企业；有 2 户只办理税务登记，未开展经营；有 1 户属于在建状态；有 24 户属于停产状态。

二、陶瓷产业发展的带动效应

陶瓷产业是朔州市重要的战略性支柱产业，特别是高端陶瓷产业更是朔州市 "2+7+N" 现代产业体系的重要组成部分，是全市实施 "稳煤促新" 战略 "促新" 的龙头产业。因此，发展陶瓷产业对带动全市经济社会发展具有重要作用。

（一）促进当地就业

陶瓷产业属于劳动密集型产业，每条陶瓷生产线大约需要 200 名左右生产工人，其蓬勃发展有力地促进了当地劳动力就近、稳定就业。根据走访调查了解，2018 年度全市 56 户陶瓷正常生产企业共有在职职工近 2 万人，以一家三口计算，有 2 万多个家庭，超过 6 万多人与陶瓷产业直接关联。陶瓷企业的工资薪酬多为计件工资，按每条生产线 200 人估算，2018 年全市陶瓷企业实际发放的工资劳务报酬总额达 7 亿多元，人均劳务年收入 3.5 万多元。陶瓷企业用工主要是周边村镇的农民工，本地用工比例达到 75%，有力地推进了农村富余劳动力转移就业，为乡村振兴战略的实施奠定了坚实的基础。

（二）打造城市名片

城市名片不仅可以提升城市的知名度，还能够演变为经济转型升级的重要推手。近年来，朔州市陶瓷产业蓬勃发展，拥有 "怀仁陶瓷" "应县陶瓷" 两个国家地理标志证明商标，建成了怀仁、应县两个重点陶瓷产业园区，已成为除煤炭产业外的第二产业大军，"陶瓷" 已经成为朔州的又一城市名片。"朔州陶瓷" 的知名度逐渐提升，进一步推动了朔州城市品牌的提升。2018 年 4 月,山西朔州陶瓷产品进出口交易会成功举办,朔州陶瓷走向全国、走向世界,千年瓷都焕发了勃勃生机和活力。

(三)产品出口创汇

随着全市陶瓷产业的迅猛发展,部分陶瓷企业瞄准国外市场,把产品优化升级和实施品牌战略作为突破口,革新生产技术,生产高端日用瓷,出口欧美等市场。截至 2018 年底,全市共有 4 户生产性陶瓷出口企业,产品销往美国、英国、澳大利亚、墨西哥、加拿大、日本、韩国、巴基斯坦、挪威等国家。据统计,"十三五"以来,全市陶瓷企业出口创汇累计达 1634.15 万美元,并保持持续增长的态势,陶瓷已成为朔州市出口创汇的主要产品之一。陶瓷产品出口的不断增长,为企业带来了丰厚的利润,为国家储备了更多的外汇。

三、 我市陶瓷产业发展存在的不足

陶瓷业一方面发展势头越来越好,带来了良好的社会效益;另一方面也存在着发展质量不高、财务管理和税收贡献度不够等问题。需要认真分析,正确面对,积极解决。

(一)产品结构单一,附加值偏低

朔州市陶瓷企业多数产品定位偏低,行业投资门槛较低,虽然产能较大,但多数陶瓷企业生产的产品主要为价格相对低廉的中低端产品,产品单一化、同质化现象比较严重。大多数企业的扩大再生产只是一种规模扩大,是一种简单的扩大再生产,没有在技术、工艺上的革新。通过调研了解,白瓷产品占全市陶瓷产品总量达 70%多。

(二)创新不足,品牌意识不强

大部分陶瓷企业没有长期规划,小富即安的思想比较严重,在技术创新、产品研发等方面的投入较少,多为贴牌生产,不擅长培育品牌和打造品牌,模仿设计的较多,产品创新和原创设计的较少,虽然有的企业也想做品牌，但考虑到投资，往往是望而却步。

（三）行业竞争激烈，价格战比较严重

朔州市现有的陶瓷企业中，大多数企业都属于"包圆儿"式生产，即从原料购进环节开始，到中间的成型加工，再到最后成品，都在各家陶瓷企业独立完成，陶瓷产业上下游的产业链条和专业化分工几乎不存在，没有形成原料、制泥、成型、烧制、包装等专业化的配套体系，特别是包装设计、印刷等配套环节，几乎完全外购，严重制约了陶瓷企业集约化经营和陶瓷产业集群化发展。再加上产品同质化严重，工艺相似，致使企业间竞争无序，价格战愈演愈烈，利润率越来越低，企业发展后劲不足。

（四）发展理念落后，企业管理粗放

一是企业法人治理结构不够完善，家族式管理现象普遍，企业股东既是老板，又是经营者，经营管理随意性较大。二是中高层管理人员亲属化，企业内部晋升激励机制不健全，人才流失现象普遍。三是营销模式落后，大多数企业营销观念不强，依靠传统渠道拓展销售，依靠低价增加销售额，缺乏互联网思维，几乎没有陶瓷企业网络销售。

（五）账务核算不健全，管理水平有待提高

一是"白条"入账现象比较严重。多数企业外购的高岭土、长石、石英等材料成本大多数未取得发票，基本上以自制的过磅单等凭据入账，既影响其业务真实性的确认，又为上游企业偷税漏税带来方便。二是陶瓷产品的单位成本核算不到位。由于多数日用陶瓷企业生产的陶瓷产品类型主要有盘、碗、勺、盆、杯等，而每个类型又有不同的规格型号，大部分企业在产品成本核算时未按照会计制度规定核算到具体的某种类型的某个型号，而是将本月发生的生产成本以当月生产的所有产品数量平均化，形成同一时期所生产的盘、碗、勺、盆、杯等账面成本都一样，从而导致企业会计利润失真。三是账务数据不匹配。从部分陶瓷企业账面核算的天然气、电、收入、人工费用以及其他成本费用来看，存在账务

数据不匹配的问题。由于外购天然气、电基本上都能取得发票并且真实性较高，因此账面数据不匹配的原因可能是部分企业人为调节，存在收入及部分成本、费用未入账的问题。四是账面核算的利润情况与行业投资发展现状不符。从会计利润来看，2018 年度 56 户正常陶瓷生产企业仅有 12 户企业有会计利润，利润额为 767.89 万元，其余 44 户正常陶瓷生产企业会计核算全部亏损，亏损面为 78.57%，亏损额达 1.9 亿元，而近几年陶瓷企业的投资数量不断增加、投资规模不断扩大，账面核算的亏损情况与行业发展的现状不符。

（六）税收贡献较低，与发展态势不符

据统计，2018 年全市陶瓷企业实现入库税款 3201.01 万元，其中，增值税 2093.78 万元，企业所得税 8.44 万元，其他税费 1098.79 万元。陶瓷企业的纳税情况与陶瓷业所占的市场份额不相符，陶瓷行业存在税收征收率偏低的问题。近年来，税务部门尝试了多种征管措施，如建立陶瓷行业纳税评估模型、采取多部门联合执法等，但收效甚微，未形成长效科学管理机制。

四、原因分析

（一）陶瓷行业的特殊性和朔州市经济的特别性形成的客观原因

朔州市陶瓷行业近年来迅猛发展，主要得益于朔州市突出的资源禀赋优势。一是丰富的原料资源。朔州市陶瓷矿物原材料储量丰富、分布广泛、品质优良、价格低廉，特别是煤系高岭土，适宜大规模开采利用，为陶瓷产业的发展提供了重要的物质基础。二是充裕的廉价人力资源。一方面，劳动力成本比其他陶瓷生产基地如广东的潮州、佛山，江西的景德镇低 30% 左右。另一方面，朔州城市周边农村的剩余劳动力充裕，可以满足陶瓷企业大量用工的需求。三是宽松的非煤产业发展环境。长期以来，煤电是朔州的主导产业和支柱产业，财政收入对煤电行业依赖度较高，其他非煤产业环保压力和税收压力小，在资源禀赋带动下，陶

瓷产业得以迅猛发展。

（二）下游客户索票率不高

朔州市生产的陶瓷产品主要为日用陶瓷，日用陶瓷的终端客户群体多为个人消费者，除了超市、外贸企业等下游客户外要求开具发票不多，陶瓷企业不主动提供发票、不记或少计销售收入的情况普遍存在，甚至采用"体外循环"方式将部分销售收入转入其他往来账户核算，各种逃避监管的方式层出不穷，税务部门难以准确核实其真实的收入和成本，"以票管税"措施效果不够明显。

（三）陶瓷业成品率难以核实

陶瓷企业的产值、收入与陶瓷企业的产品成品率有直接的关系，产品成品率越高，产值就越高，企业当期及后期可实现的销售收入就越高，税收贡献就越多。影响陶瓷产品成品率的因素较多，如产品工艺要求、职工技能、原材料质量等，且查证难度大，这为陶瓷企业少申报产值、销售收入提供了可操作空间，也增加了税务部门监管的难度。

（四）依法纳税意识不强

一方面，陶瓷企业在"销售难、利润低"的压力下，主动纳税的意识不强，普遍存在少核算账面产值、收入能瞒则瞒、税款能少交就少交的心理。另一方面，由于历史原因，税企双方都停留在"完成任务"标准上，企业依法纳税意识有待增强，税务部门依法治税水平有待提高。

五、推动陶瓷行业发展建议

（一）政府层面

一是正确处理政府与市场的关系，在优化营商环境、扩大市场效应、鼓励高精尖上做"加法"。二是正确处理涵养税源与依法经营的关系，加大政府扶持力度，对企业缴纳的税款给予大比例的财政奖励式返还，鼓励和引导企业合法经营。

（二）部门层面

强化协作构建共治新格局，由市政府牵头，建立工商、税务、经信、统计以及银行、电力、燃气等部门信息协作机制，建设信息交换平台，定期进行陶瓷企业信息的交换和比对，形成共治的良好局面。

（三）税务层面

坚持管理与服务并重的理念，一是优化税收营商环境，提升纳税服务水平。继续深入开展万名税务干部入企活动，宣传减税降费相关税收政策，辅导陶瓷企业规范财务核算，不断提高企业的纳税遵从度。二是树立风险管理理念，实施精细化管理。依托金税三期税收管理系统及税收大数据平台，积极开展陶瓷行业税收风险分析，按照风险等级分类分级采取纳税评估、税务稽查等征管措施，不断强化税收征管，确保税收应收尽收。

（四）企业层面

增强法制意识，健全账务，规范财务核算，提高数据上报质量。增强发展意识，优化产业结构，加大技术创新力度，提质增效，推动行业高质量发展。增强凝聚意识，形成合力，提升市场定位，做精做强日用陶瓷产业。

执笔人：安　儒

"互联网+云平台"在忻州市
税收实践中的应用研究

●忻州税务利用"互联网+"打造出阳光税务、阳光稽查、风险管理平台

●"互联网+云平台"与当前税务实践的交互整合需要进一步深化

●利用"互联网+云平台"建设税收征、管、查、服等模块，提高工作效能

一、"互联网+云平台"在忻州税务实践中的应用

"互联网+云平台"在税收领域的应用主要是指利用互联网对税收信息和数据的处理及运用。从山西税务来看，"互联网+云平台"主要应用于网上服务平台，主要包括纳税人网上申报、网络发票查询、"电子税务局"等各类涉税系统。从忻州税务来看，"互联网+云平台"在全省运用的基础上形成了忻州特点。

（一）利用"互联网+"打造阳光税务平台

阳光税务平台，是通过安装可呼叫对讲、分区广播、监听实况的 IP 网络寻呼话筒将忻州税务 12366 服务中心与全市所有办税服务厅连接起来，实现了现场办公远程指导、现场问题远程处理、现场疑问远程解答、现场

工作远程监督和各办税服务厅间的互动。该平台进一步拉近了市、县局之间的距离，使市局对办税服务厅的巡查变得简单易行，只要登录平台，各办税服务厅现场情况一目了然。市局可以通过"阳光税务"服务监控平台对办税服务厅领导值班、人员在岗、人员着装、导税服务等情况进行巡查和定期通报，有效促进办税服务厅整体工作提升。

（二）利用"互联网+"创建阳光稽查平台

阳光稽查平台是利用移动稽查与执法终端一体机，通过多途径、多手段，实时传递数据、图像和语音，利用 GPS 全球定位系统、4G 网络传输技术、音视频处理技术对一线稽查执法人员执法过程进行实时监控、管理、调度、远程指挥，从而实现取证方式"电子化"、稽查执法"移动化"的执法过程"痕迹化"管理。这是忻州税务主动对接"互联网+"，率先构建起的新平台，将易于发生违法违纪行为的稽查实施环节作为重点监督对象，使稽查实施环节执法过程全过程做到流程控制和痕迹管理。

（三）将爬虫软件、e税客等软件应用于税收风险管理

忻州市税务局在大量实践的基础上，研发爬虫软件，主要是通过互联网抓取纳税人的土地交易信息，然后作为风险任务推送至主管税务机关，有效地降低执法风险。e税客是指以移动互联技术为支撑点，分析提炼税务人员的工作需求和纳税人的办税需求，着力打造移动网络和固定网络相融合的"移动互联办税平台"，并可实现第三方数据共享查看功能。

二、当前实践中"互联网+云平台"应用存在的困难和不足

（一）基层税务干部对"互联网+云平台"概念理解不深，运用不足

一方面，基层税务机关由于信息技术不过硬、信息基础设施不完善，以及对互联网知识、技能、意识缺乏，特别是缺乏既熟练掌握税收专业知识、又熟练掌握互联网先进技术的跨界型复合人才，对于如何把互联网技术融入纳税服务工作中，存在理解不深、畏难抵触、应用不足等问题。另

一方面，基层税务干部老化严重，信息化人才更是缺乏，税务干部操作、应用信息技术和设备的能力较弱，个别基层办税服务厅配置的一些信息化软件、硬件成为摆设。

（二）"互联网+云平台"与当前税务实践难以实现完全的交互整合

目前，全国、全省统一推广的应用软件加上各单位自行开发的软件，到基层一线运行的涉税软件达到十多个。回顾税收信息化的过程不难发现，税务机关在建立信息系统时大都采取分步实施的方法，针对不同的应用需求建立不同的业务子系统。这种方法的好处是分期投资、针对性强、见效快。但随着信息化的深入，这些原有系统已经逐渐暴露出弊端，由此带来的问题是各子系统都针对特定应用设计，过分强调专业化管理，不同子系统之间存在着功能设计重复、数据接口不统一、数据口径不一致、信息存储冗余等问题，导致信息孤岛现象普遍存在，不同部门、不同系统之间难以实现信息共享。

（三）信息化人才严重匮乏导致信息技术支持服务水平尚处于较低层次

"互联网+云平台"发展的核心在于专业人才。基层税务机关的信息化专业技术人员虽然有所补充但仍旧缺乏。对内，一些信息化软件、硬件出现故障后，不能及时解决；对外，由于各类涉税软件本身的复杂性，以及涉税资料又有较强逻辑性的要求，加之纳税人文化程度、计算机应用水平客观上存在差异，存在涉税软件操作不熟练甚至不会用的情况，再加上税务机关对外包软件公司提供咨询、维护服务监管力度不够，对纳税人的技术支持不到位，种种因素影响了纳税人的"互联网+"的办税体验，增加了纳税人的办税成本。此外，根据12366纳税服务热线的话务统计，45%的纳税人咨询集中在各类软件操作上，对专业人才需求较为强烈。

（四）"互联网+云平台"这一新兴信息技术与征管和纳税服务融合不够紧密

信息技术的关键作用在于对服务主体功能的全方位运行架构和对服务水平的整体提高。从税务机关的实际现状看，纳税服务机制还不够健全，数据信息安全仍存在一定风险。从税收大数据应用来看，税务系统占有的数据比较"碎片"而不够整体，大数据进一步优化的道路依然很长。

三、税务部门应用"互联网+云平台"的发展建议

（一）在征收管理方面，利用"互联网+云平台"建设网上受理、网报缴税、电子征管档案等模块，促进便捷征管

在网报缴税方面，拓展互联网税款缴纳渠道，支持第三方支付、网上银行、手机银行、银行转账、POS 机等多种税款缴纳方式，保障纳税人支付环境安全。在电子征管档案方面，积极探索电子签名、二维码应用、语音识别、图文转化等新技术与税务管理的创新，依托云服务资源，逐步实现征管"一户式"电子档案云信息获取。为税收业务创新、"互联网+涉税服务"提升提供技术支持。

（二）在纳税服务方面，利用"互联网+云平台"建设移动办税、智能咨询、信息服务、在线学堂等模块，优化纳税服务

在移动办税方面，借助移动互联网功能，建设移动涉税服务平台，建成在任何时间、任何地点都可以办理涉税事项、获取涉税信息的移动办税平台，着力打造高效便捷的"掌上税务局"。在智能咨询方面，通过互联网站、手机 App、三方智能平台等渠道，实现互联互通和信息共享。在信息服务方面，依托多元化的手机智能应用，通过微信、微博、手机 App、QQ、企业邮箱、网上税务学堂等渠道，拓展 12366 咨询服务热线应用，为纳税人提供多元的涉税信息服务。

（三）在税收分析方面，利用"互联网+云平台"建设分析决策、数据集成、数据开放等模块，强化分析应用

在分析决策方面，借助互联网等新技术、三方共享信息和利用新技术采集的数据，开展大数据分析，提高对税收运行情况的分析掌控能力。开展宏观经济运行分析、经济税收分析，为管理决策提供信息支持。在数据

集成方面，搭建涉税大数据集中应用平台，通过整合税务系统内部分散存储的税收数据"碎片"，建设统一数据标准、统一数据存储、统一数据应用的征管信息数据平台。同时，依托地方"智慧城市""数据城市"建设，努力拓展涉税数据获取渠道。在数据开放方面，积极参与国家信用体系建设，推进跨界数据共享，形成有效的社会信用促进机制。

（四）在风险管控方面，利用"互联网+云平台"建设风险管理、大企业风控等模块，降低工作风险

在风险管理方面，依托互联网集中内外部涉税信息数据，并通过大数据分析，按照"数据分析、风险排查、任务派送、风险应对、信息反馈"的风险管理链条，进一步提高税收风险防控和应对能力。在大企业风控方面，借助互联网、云数据平台优势，抓取和挖掘大型企业集团、上市公司对外公开的财务数据，建立大企业信息数据库，搭建针对大型企业集团的跨区域、跨层级的企业信息共享服务平台，引导和帮助企业强化内部控制，提升大企业纳税遵从度。在智能监控方面，依托互联网、物联网技术优势，进一步拓展"阳光税务"工程，将办税服务智能化、绩效管理、税务查账软件、执法过程监控等内容纳入，实现税务服务、执法全过程监控管理。

执笔人：张艺凡

关于临汾市旅游业的税收分析与发展对策

● 旅游产业的发展拉动第三产业税收强劲增长，提高了第三产业在经济中的比重，旅游产业成为临汾转型发展的新动能

● 与位置相邻的晋中、运城市比较，临汾旅游业发展仍然存有差距

● 构建文旅发展大格局，化解企业融资难题，加快旅游产业升级

旅游业的发展对第三产业具有强劲的拉动作用，对调整经济结构、促进经济转型具有重要意义。临汾自 2018 年举办山西旅游发展大会以来，旅游业取得长足发展。本文从税收视角，分析临汾旅游业发展取得的变化和成效，通过与邻近地域比较和重点景区调研，探寻临汾文旅产业发展的不足和差距，为临汾旅游发展建言献策。

一、旅游业对临汾经济税收的影响

（一）旅游带动第三产业税收强劲增长

第三产业税收高速增长。旅游业作为第三产业中的支柱产业，影响广泛，拉动力强。2018 年，全市第三产业税收累计完成 69.40 亿元，同比增长 28.09%，增收 15.22 亿元，增速快于第二产业 7.57 个百分点，贡献了全部税收 35.85% 的税收增量，是当前税收不可忽视的增长动能。其中，批发

零售业税收累计完成 24.81 亿元,同比增长 39.59%;服务业税收累计完成 6.96 亿元,同比增长 57.92%;住宿业税收累计完成 1861 万元,同比增长 24.65%。2019 年 1—6 月,全市第三产业税收累计完成 43.3 亿元,同比增长 11.3%,增收 4.4 亿元。

旅游县市第三产业税收增长提速。从全市分县(市、区)的第三产业税收情况来看,旅游资源丰富的县市第三产业税收增速与整体税收增速相比明显较快。2018 年,乡宁县的第三产业税收增速最快,达到 97.39%,与该县税收 27.01% 的增速相比,快 70.38 个百分点。洪洞县与尧都区的第三产业税收增速也分别快 20.86 个百分点和 9.76 个百分点。

重点景区税收发展迅速。全市重点景区发展迅猛,前景可期。2018 年,壶口景区旅游收入 8200 万元,同比增长 9.33%,增收 700 万元;实现税收 316 万元,同比增长 33.33%,增收 79 万元。大槐树景区实现税收 268 万元,同比增长 10.77%,增收 26 万元。云丘山景区实现旅游收入 7035 万元,同比增长近 1.5 倍,增收 4178 万元,增值税留抵税金抵扣 422 万元,发展势头十分迅猛。2019 年 1—6 月,壶口景区实现旅游收入 3649 万元,同比增长 68%;实现税收 268 万元,同比增长 103%。大槐树景区实现旅游收入 3251 万元,同比增长 78.46%;税收 131 万元,同比增长 17%。云丘山景区实现旅游收入 4664 万元,同比增长 48%。

旅游相关行业纳税户快速增长。截至 2018 年底,全市住宿业税务登记户数为 1505 户,较 2017 年底增加 176 户,增长 13.24%。餐饮业税务登记户数为 11637 户,较 2017 年底增加 2858 户,增长 32.55%。其他旅游服务业税务登记户数为 202 户,较 2017 年底增加 64 户,增长 46.38%,其中,旅行社及相关服务增加 61 户,增长 45.52%。截至 2019 年 6 月底,其他旅游服务业税务登记户数为 315 户,较 2018 年底增加 113 户,增长 55.9%,其中,旅行社及相关服务达到 276 户,较 2018 年底增加 81 户,增长 41.54%。

(二)旅游经济迅猛发展为税收增长奠定基础

旅游收入增速全省领先。2018 年旅游发展大会实施"百项文旅活动"和"百项提升工程",17 个县(市、区)一县一节,成功举办全国性十大体育赛事，推出一大批文旅融合项目，助推了旅游业发展，带动了旅游产业的增速。2018 年，全市累计接待国内外游客 6876 万人次，同比增长31.00%。临汾市旅游总收入 634.05 亿元，同比增长 31.00%，增速超周边晋中市 7.9 个百分点、运城市 4.1 个百分点，超全省平均增速 5.5 个百分点，高居全省第一（见图 1），旅游产业经济规模跻身全省中上游水平。2019 年1—6 月，临汾市实现旅游总收入 389.7 亿元，同比增长 25.5%。

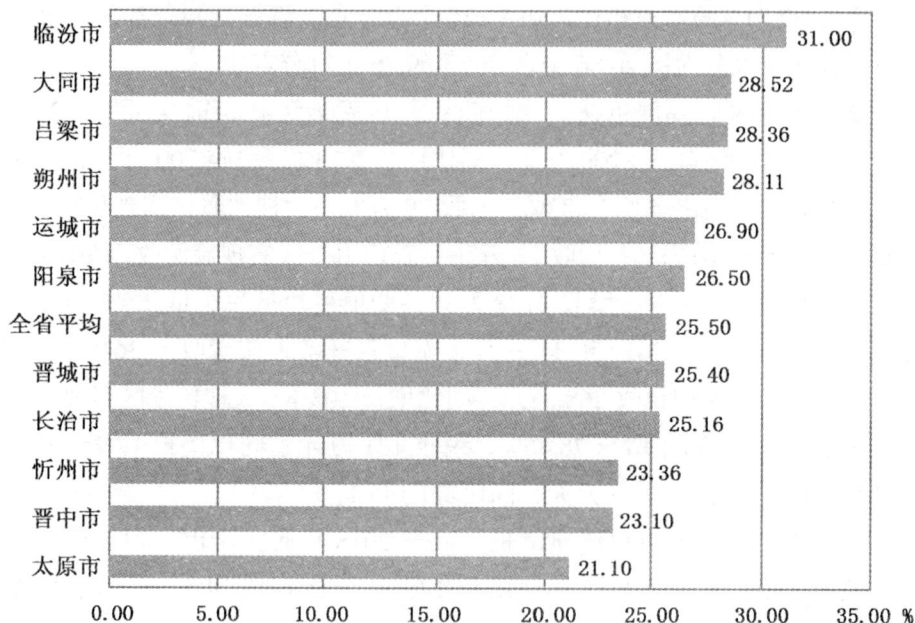

图 1　全省旅游收入增速情况

第三产业成为经济增长引擎。旅游业是第三产业中的支柱行业，旅游业的快速增长带动服务业以及第三产业的增长。2018 年，第三产业累计完成增加值 685.4 亿元，按可比价计算，同比增长 8.8%，增速位居全省第四，比重提升了 1.1 个百分点，在一产与二产实现负增长的情况下，对全市经济增长的贡献率达 1.38 倍，成为全市经济增长的强大引擎（见图 2）。第三产业中与旅游相关行业均实现较快增长，住宿餐饮业增加值增长 3.4%，批发零售业增加值增长 6.6%，营利性服务增加值增长22.4%。

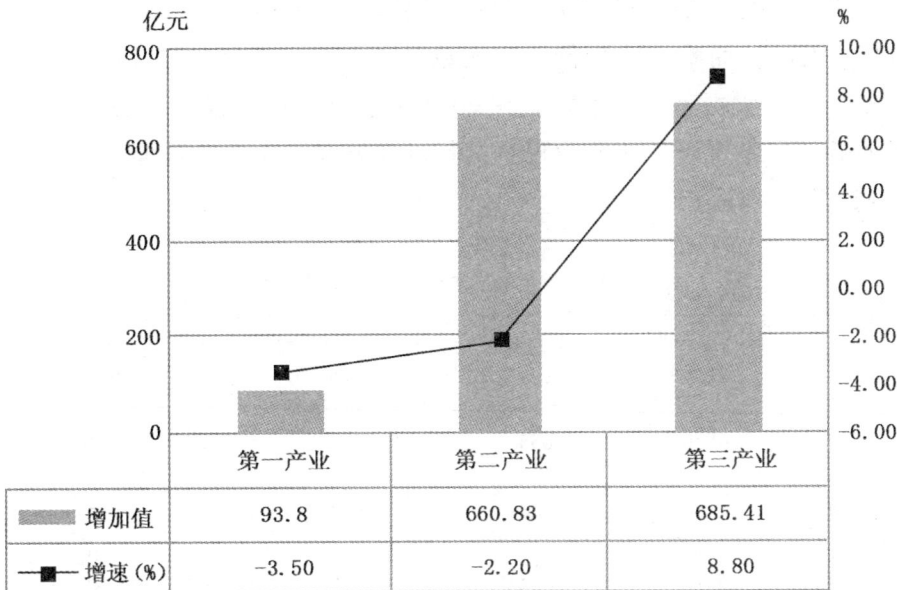

	第一产业	第二产业	第三产业
增加值	93.8	660.83	685.41
增速(%)	-3.50	-2.20	8.80

图2 全市三次产业增速情况

综上所述，旅游产业的发展拉动第三产业税收强劲增长，提高了第三产业在整个经济中的比重，加快产业结构调整步伐，旅游产业成为临汾转型发展的新动能。

二、当前临汾市旅游业发展中存在的问题

通过与位置相邻的晋中、运城市比较和对重点景区的调研，临汾市旅游业发展仍然存有差距，主要有以下几方面。

(一) 旅游产业规模与邻近市相比仍有差距

一是旅游经济规模存在差距。从表1可以看出2018年全市的旅游收入与接待游客人数，与周边的晋中、运城等旅游发达市相比仍有较大差距，接待游客规模为晋中的70%,旅游总收入规模为晋中的63%。二是旅游龙头景区存在差距。从表2可知，临汾的重点景区壶口、云丘山与晋中的平遥古城、乔家大院、绵山相比，接待游客、旅游收入与税收贡献

均有明显差距。晋中的平遥古城和乔家大院 2018 年接待游客数已突破 200 万人次，而临汾市接待游客人数最多的壶口景区仅有 135 万人次。三是旅游税收贡献存在差距。在 2018 年临汾的 GDP 总量与晋中、运城基本相当的情况下，旅游业税收贡献以及税收贡献率均明显低于晋中与运城，旅游发展仍有空间。

表 1   2018 年三市旅游业情况对比表

	接待游客数（万人）	旅游总收入（亿元）	旅游业税收贡献（亿元）	旅游业税收贡献率（%）
临汾	6876	634	2.39	1.19
运城	8359	706	2.79	2.29
晋中	9816	1014	2.79	1.32

表 2   2018 年临汾与晋中部分重点景区旅游数据对比表

	旅游收入（万元）	接待游客人数（万人）	实现税收（万元）
壶口	8200	135	316
云丘山	7035	49	29
绵山	8729	61	232
平遥古城	15997	209	144
乔家大院	12300	230	1200

（二）融资困难影响旅游景区快速发展

从对临汾市重点景区的调研情况来看，各大景区普遍存在"融资难"的问题。以云丘山景区为例，景区 95% 的投资都是民营企业家自有资金，仅有的贷款银行还是本地农商行，利息较高，企业财务费用居高不下，难以实现盈利。目前紧缺资金近 1 亿元，成为发展难题。同样的问题临汾市其他景区也存在，人祖山在投资 3.6 亿元后举步维艰，大槐树景区民间借贷 1.54 亿元，七里峪、师家沟等景区也存在投资持续性不足、景区开发停滞的现象。

（三）旅游宣传方式单一，景区影响需再提升

临汾市的旅游资源宣传，主要还是通过传统的电视、广告牌等宣传方式，缺乏对新媒体（微信自媒体、抖音短视频）的利用，宣传效果不够理想。对外影响中，还是以吉县壶口瀑布和洪洞大槐树景区为主，其他的景点景区影响力没有充分展现。景区接待的游客主要还是来自陕西、内蒙古、河南等周边省份，重点景区在全国宣传影响力不足，知名度较低。

三、促进临汾市旅游业发展的建议

（一）加快旅游产业升级，构建文旅发展大格局

一是做好长期统筹规划。建议政府广泛征求专家、学者意见，借鉴旅游业发达城市发展经验，结合临汾实际，引进国内高级旅游运营团队，整合全市现有旅游资源，进行统筹规划发展。二是打造龙头景区，以点带面发展。在发展全域旅游的同时，集中投入提升几个重点景区的规模和影响力，以点带面助推产业健康发展。三是加大宣传力度。要充分利用政府资源和渠道，加大宣传费用投入，用好互联网新媒体，精准营销，提升临汾市景区的知名度和影响力。四是规划推介经典旅游线路，逐渐培育形成成熟的"一日游""二日游"或者"三日游"线路。

（二）加大旅游产业引资力度，化解企业融资难题

一是建立旅游业发展基金。筹集财政、民间资金，通过"以煤哺旅""以财助旅""以奖代补"的方式，帮助成长型旅游企业迈坎过关，对民营旅游景区给予适当奖励，增强本地企业家投资旅游业的积极性和主动性。二是创新拓宽旅游融资渠道。政策引导金融企业向重点旅游项目倾斜，鼓励传统行业投资培育旅游业，帮助企业资本市场融资，通过

税收优惠、贴息、担保等财税政策的杠杆作用，吸引民营资本和外资对旅游业的投资。

（三）加强支持服务力度，扶持产业健康发展

一是加大公共服务财政投入。主要对连接景区与干线的公路、交通要道、旅游标识牌、通往景区的公共交通和景区公共卫生、电力、医疗、通信等基础设施等重点投入。二是加大政策支持力度。政府各部门要对文化和旅游产业在规划、投资、土地、税收等方面予以大力支持。三是促进文旅产业融合。促进地方特色文化遗产走进景区，提升旅游的文化内涵和品质。四是落实税收优惠政策。税务部门充分利用税收优惠政策，扶持旅游企业发展壮大。

审稿人：吴惠民

执笔人：董　斌　王靖文

实证篇

减税降费助力新材料企业快速发展

按语：大同经济技术开发区税务部门大力落实减税降费政策，为区内经济转型发展创造最优税收环境，帮助以山西晋投玄武岩开发有限公司为代表的高新技术企业把税收政策"红利"转化为创新发展的"动力"，为促进我省新材料产业调整和振兴贡献了税收力量。

一、山西晋投玄武岩开发有限公司基本情况

山西晋投玄武岩开发有限公司（以下简称晋投玄武岩公司）位于大同市装备制造产业园区，是以研发、生产和销售高性能玄武岩连续纤维及后制品为主的高新技术企业。公司注册资本2亿元，由山西省经济建设投资集团有限公司与中国航天科技集团公司所属公司共同出资设立。

玄武岩连续纤维被誉为21世纪新型绿色环保的新材料，是以玄武岩作为单一组分原料，将其破碎加入熔炉中经1450℃—1500℃高温熔融后，通过铂铑合金拉丝漏板，快速拉制而成的连续纤维，是继碳纤维、芳纶纤维、超高分子量聚乙烯纤维之后的又一种高技术纤维。与其他高性能纤维相比，具有新资源、纯天然、高性能三大特性，可广泛应用于国防工程、军工防护、岛礁建设、航空航天、交通建筑、能源化工、装备制造、电子电气、公共设施等领域。玄武岩纤维产业属国家大力支持和鼓

励的战略性新兴产业，被国家发改委列入鼓励类产业目录，并列入国家"863"计划和"十三五"发展规划，明确纳入《中国制造2025——新材料专篇》。2017年8月31日，国家工信部、财政部、保监会联合下发了《关于开展重点新材料首批次应用保险补偿机制试点工作的通知》（工信部联原〔2017〕222号），将玄武岩纤维列入国家首批次应用保险补偿范围。2017年9月12日，国家工信部将玄武岩纤维列为"关键战略材料"。2018年5月31日，中国化学纤维工业协会首次发布了《军民融合深度发展纤维新材料与产品推荐目录（2018年度)》，该公司生产的玄武岩纤维型材产品入选。

2009年，山西省人民政府出台《山西省新型材料产业调整和振兴规划》，提出要重点支持玄武岩连续纤维项目。2013年、2014年，该公司年产10000吨玄武岩连续纤维及后制品项目被列为山西省重点工程和"512"工程，并被列入山西省新材料产业三年推进计划（2015—2017年）中前沿新材料——新型纤维材料重点发展方向，以及山西省纺织产业三年推进计划（2015—2017年）中化学纤维制造业的重点扶持对象，2016年，项目还被山西省政府列为全省30个重点推进项目之一，2017年，公司年产5万吨玄武岩岩棉项目被山西省政府列为省重点工程项目。公司一期项目为年产10000吨玄武岩连续纤维及后制品，占地20万平方米，计划投资7.3亿元。2013年9月试生产，项目建设得到了山西省和大同市领导及有关部门的大力支持和帮助。截至目前，项目累计完成投资5.3亿元，年产能达5000吨，是目前全球最大的玄武岩纤维生产企业。为加快推动企业多元化发展，2017年，公司投入3亿元，引进由意大利GMAMAM公司设计生产，目前全球单线产能最大、技术最先进的岩棉生产设备，年产能可达5万吨。2018年11月10日，岩棉项目正式试生产，已成功生产出1200×600×20-230K、1200×600×60-230K、1200×600×60-200K、1200×600×80-140K等规格产品，在第14届上海外墙装饰材料及粘结技术展览会上，通过对比，该公司岩棉品质可与樱花等国内顶级岩棉品牌相媲美，质量远优于其他厂家产品。

二、大同经济技术开发区税务局的主要做法

2019 年以来，大同经济技术开发区税务局立足开发区企业实际，全面落实减税降费政策，有针对性地开展纳税服务，确保了减税降费红利转化为企业的获得感。

（一）构建分级管理体制

为进一步加强对减税降费工作的领导，大同经济技术开发区税务局按照"扎口管理、分类实施、突出重点、落实清单"的要求，第一时间成立了由局长担任组长的实施减税降费工作领导组。领导组设办公室（以下简称减税办），并组建专班，负责全局减税降费的日常协调工作。减税办集中全局各相关职能部门的骨干，设立了"政策执行、征管核算、督察督办、服务宣传" 4 个专项工作组，细化分工，明确职责，形成合力。

（二）建立长效工作机制

建立局领导包户的精准全覆盖工作机制，主管局领导包科延伸到辖区内所有户的方式，为纳税人送政策、送服务，了解需求、反馈落实情况；建立任务清单管理机制，将减税降费落实过程中各项重点事项分类纳入任务清单，逐项明确责任部门、责任人，并由减税办根据工作推进进度，定期逐级向下推送、向上反馈；建立协同共治机制，主动向开发区党工委主要领导汇报减税降费工作情况，得到了区党工委的高度重视和大力支持，构建了"政府主导、税务组织、部门联动"的减税降费共治机制。

（三）发挥攻坚突击作用

在落实减税降费过程中，全面发挥党建引领作用，把落实减税降费作为锤炼党员党性、激励青年成长、展现妇女形象的重要平台，组建了"党员先锋突击队""青年先锋突击队"和"巾帼先锋突击队"三支突击力量，倡导冲锋在前、拼搏在前、吃苦在前，形成比学赶超合力攻坚，确保了减税降费政策在党的领导下落地生根。

（四）用好网络宣传载体

以打通小微企业普惠性减税降费政策落实的"最后一公里"为目标，充分利用微信朋友圈和公众号的信息分享和即时互动功能，以微信公众号和专门组建的微信群为平台，建立"微信服务站"，及时向纳税人推送最新的减税降费政策，同时纳税人又可针对自身的个性化需求，获取"点餐式"政策解读。

（五）精准施策惠及企业

开展"法人知税、算出红利"活动，以"算"为抓手，以算促减，以算促知，以算促感，为纳税人建立减税降费"铁账本"，让企业感受到减税降费政策红利。开展"一对一式的税收政策建议书"活动，在分税种政策、减税降费、办理流程等方面，为企业梳理具体的政策依据和政策要点，对可能出现的涉税风险进行提示，并提供了相应的管理建议。

三、取得的成效

税务部门急企业所急、想企业所想，始终履行着税务人服务纳税人的初心使命，在落实减税降费工作中，党员干部沉下去走访、服务式调研，在车间和税收一线把差距找准、把服务搞好。针对晋投玄武岩公司增值税留抵存量较大，影响资金运转和再投资，大同经济技术开发区税务部门第一时间落实先进制造业企业增值税期末留抵退税政策，积极辅导企业财务人员整理退税资料，及时为企业办理 2018 年、2019 年增值税留抵退税 2657.03 万元，让企业尽享税收红利，轻装上阵。

晋投玄武岩公司生产的玄武岩连续纤维、玄武岩纤维无捻粗纱等 9 个品种、40 余种规格的产品体系，经国家权威机构检测，各项指标均优于国家和行业标准，其中强度等主要指标性能高出国标值近 1 倍。目前，玄武岩系列产品已经成功应用到市政工程、航空航天、海洋生态修复、交通运输、铁路工程、城市地下综合管廊等诸多领域，并成功出口到美国、日本。为打造核心技术创新力、竞争力，成立了由中国工程院杨秀敏院士、任辉启院士、岳清瑞院士领衔的山西省玄武岩纤维技术应用院士工作站和北京研发中心，并与国际顶尖玄武岩纤维科研团队——乌克兰国家科学院玄武岩材料研究院合作，成立了"中国—乌克兰玄武岩新材料创新研究中心"，深入开展玄武岩纤维装备技术升级和产品在军民融合领域的应用研发。依托三驾科研马车，公司积极整合军地科研资源，先后与国内十余所大学和知名企业合作，实现了玄武岩纤维制品及复合材料在 20 多个领域的首次应用，有效推动了玄武岩纤维的产业化发展步伐。

审稿人：房建殊
执笔人：高中泽　姚永春

送出减税降费"大礼包"
激发企业发展"新动能"

按语：山西三元炭素有限责任公司是朔州市众多企业的一个缩影。2019 年以来，企业紧紧抓住减税降费机遇，科学安排生产经营，充分享受政策红利，将减税降费红利转化为发展动能。随着企业负担减轻、市场活力增强，财政收入增长的基础也进一步得到夯实。下一步，朔州市税务局将以务实精准的办法破解企业涉税难题，以制度机制的创新保障税收改革红利落地，更好地实现经济与税收的良性互动。

一、山西三元炭素有限责任公司基本情况

山西三元炭素有限责任公司（以下简称三元炭素）成立于 1988 年，是一家以炭素制品生产兼炭材料研发的科技型企业、国家高新技术企业、清洁生产先进企业，拥有省级企业技术中心、市级重点实验室。

2010—2012 年，公司实施整体搬迁改造，由朔州市区迁往新兴产业园区。公司注册资金 4400 万元，总资产 8.3 亿元，职工 700 余人，年产能 11 万吨炭素制品，是目前国内炭素行业单厂规模最大的企业。

三元炭素历来注重创新创造。多年来，企业深耕专一领域，敢于投入研发与技术改造。1996 年，国内首家研发生产矿热炉炭电极，填补国内空白，替代石墨电极，助推了国内金属硅行业的快速发展。

2000 年，国内首家攻克内串石墨化技术，打破美、日垄断。2009 年，《一种炭素电极工艺配方及炭素电极生产方法》发明专利的实施将全球炭素行业生产技术推向一个全新高度，专利产品 φ1020—1500mm 炭电极助推了国家矿热炉大型化产业政策的实施，专家鉴定意见为"达到国际领先水平"，产品不仅替代进口，而且畅销欧美发达国家。2010 年，《清洁生产立式内串石墨化炉》发明专利是全球行业第三代技术，节能减排效果显著，获国家级节能减排荣誉证书。

二、朔州市税务局的主要做法

朔州市税务局综合采取五项措施，持续助力企业轻装上阵。

（一）主动服务，搭建税企"连心桥"

朔州市税务局把聆听企业声音作为提升服务效能、优化营商环境的基础性工作，在工作中逐步形成了税企高层对话、定期走访税户等长效制度。税务人员深入三元炭素解难题、听意见，全面了解企业生产经营状况，主动帮助企业排忧解难、出谋划策。借助"干部入企进村服务"，有计划地深入企业，为企业发展提供税收政策精准辅导。在入企服务中，实行痕迹化管理，准确掌握入企服务工作内容，做好入企调研信息登记，记好工作底稿，把政策带下去，将问题带回来，及时解决企业遇到的现实问题，为三元炭素转型升级发展提供实实在在的税收服务。

（二）着力优化营商环境，服务企业转型发展

朔州市税务局充分发挥职能作用，积极采取措施，不断优化税收营商环境，助力和服务企业持续健康发展。修订出台《办税服务首问责任制》等 10 项办税服务基本制度和 1 项办税服务厅服务考评制度，构建起了"10+1"制度体系，为企业提供规范便捷的办税服务体验。修订《办税指南》和办税流程图，规范了办税服务厅涉税业务的报送资料、办理时限、办理流程及结果标准，通过规范、透明、公开的服务，提高企业的办税效率及对税务人员的监督效果。规范办税服务厅外部标识、内部标识、窗口

及各项功能区域，规范办税服务厅人员着装仪容、举止用语、服务纪律，为企业提供良好的办税环境。针对三元炭素经营规模大、业务范围广的特点，为企业提供多方位、个性化的纳税服务，并设立联络员，及时回应企业的涉税诉求；充分利用信息化手段，便利申报纳税；推行二维码自助办税地图，供纳税人自助选择、查询，以及时、方便地掌握办税流程；建立微信、QQ交流群，及时、准确进行税务事项通知、税法政策宣传，实现税企无障碍沟通。

（三）扎实推进减税降费，激发企业"新动能"

近年来，由于炭素市场长期供大于求，石油焦、煤沥青、煤、电等原材料、能源价格上涨，三元炭素的负担持续增大。2019年以来，随着个人所得税改革、小微企业普惠性减税政策、深化增值税改革等一系列减税降费政策的全面落地，给企业带了持续的利好。朔州市税务局主动作为，开展"税干入企下乡"和"法人知税、算出红利"活动，将"真金白银"的减税降费"大礼包"源源不断送到了纳税人、缴费人手中。企业税费"包袱"越来越小，"钱袋子"越来越大，企业发展动力更足了，市场主体活力更旺了。

（四）推行精准服务，助力企业不断创新

2012年，三元炭素实施整体搬迁改造后，借助政策红利，积极研发创新，增加投入，不断提升产能，年产量由原来的1万吨提升到10万吨，成为国内炭素行业单厂规模最大的企业。三元炭素主攻"煤系针状焦生产工艺技术""大型矿热炉专用炭电极"研究，在炭素制品生产工艺、装备、产品方面拥有25项专利技术、30多项专有技术。朔州市税务局针对企业特点，加强高新技术企业相关税收政策精准辅导，鼓励企业不断加大研发投入，引导企业用足用好税收优惠政策。三元炭素每年拿出销售收入4%以上的"真金白银"搞研发，形成了良性循环，在研发费用上投入越多，企业尝到的甜头就越多。

（五）实施精细化管理，帮助企业长远规划

为了对企业精准辅导，朔州市税务局建立高新技术企业税收优惠政策落实台账，准确掌握企业信息和优惠享受情况，将精细化管理贯穿到政策落实全过程。同时组织业务骨干深入开发园区，专门针对高新技术企业开展"一对一"精准辅导，扎实开展数据统计分析，持续进行问题数据核实，助力企业轻装上阵。

三、取得的成效

深化增值税改革后，企业原适用税率由 16% 调整至 13%，预计全年减免增值税、城市建设维护税两项合计 161 万元。2019 年 1 月 1 日起，山西省将城镇土地使用税税额标准普遍下调至原标准的 75%，2019 年 1—7 月，企业缴纳城镇土地使用税 14 万元，同比减少 4.7 万元，预计全年减少 9 万元左右。个税改革也让企业广大职工尝到了甜头，按年综合所得累计计算个人所得税并增加六项专项附加扣除后，2019 年 1—7 月，企业扣缴个税 2.31 万元，同比减少 19.26 万元，预计全年减少 30 万元左右。减税降费带来的"真金白银"，为企业持续注入"新动能"。2019 年 1—7 月，三元炭素销售炭电极数量 14333 吨，销售收入 14350 万元。

2018 年度享受国家重点扶持的高新技术企业减按 15% 税率征收企业所得税优惠，减征企业所得税 356.5 万元；2018 年度投入研发费用 2180 万元，税前按照 75% 加计扣除 1635 万元，减征企业所得税 408.75 万元。仅企业所得税一个税种，2018 年三元炭素就实现减税 765.25 万元，创新创造的劲头越来越足。近年来，随着三元炭素不断增加研发投入，企业实现了整个项目从规划设计、装备选型、环保绿化、机械化、自动化、数字控制等硬件到企业形象、文化、管理等软件的全面升级，可实现 30 年不落后，成为炭素行业不争的清洁生产典范。依靠技术创新，企业获批省级企业技术中心、市级重点实验室，生产工艺先进，技术力量雄厚。

减税降费稳预期、增信心，让企业发展动力更加强劲，发展信心更加充沛。三元炭素计划将这部分减下的税款投入"新材料之王"——煤基炭纤维的深度研发，帮助企业长久引领行业发展。

审稿人：安　儒
执笔人：刘瑞晓　谭宇欣

减税降费政策精准实施
让恒跃锻造尽享红利

按语：自减税降费政策实施以来，定襄县税务局精准对接定襄特色法兰企业的涉税需求，成立"锻造行业办税服务专厅"，对 848 户法兰企业进行全覆盖。在省市县委入企进村服务领导小组的统一领导下，入企户数 89 户，市、县两级 60 多名税干入企达 170 余人次，深入宣传减免税政策，有针对性地辅导纳税人充分享受国家减税降费红利。本文以锻造业的代表山西恒跃锻造有限公司为例，从企业角度对减税降费政策的效应进行实证分析。

一、山西恒跃锻造有限公司基本情况

山西恒跃锻造有限公司坐落于盛誉全国的"中国锻造之乡"定襄县，南邻省会太原市 100 千米，北距首都北京 500 千米，东距天津港 600 千米，铁路、公路交通便利，是一家专业生产精密环件的大型现代化企业。

公司创建于 1996 年，占地面积 6000 平方米，联合厂房 20000 平方米。公司坚持"品质第一""以人为本"的管理理念，奉行"树精品""创优品"的永恒宗旨，"给顾客提供零缺陷产品"的目标，"实行科学管理，追求一流品质"，被省安监局评定为安全生产标准化二级企业，是山西省唯一的一家省级民营安全示范企业，在 2018 年入选全国安全文化示范企业，并在同年入选山西省百强制造业，被工信部评审为国家级两化融合贯标试点企业。

公司具有从原材料进厂、材料复检、下料、锻造、热处理、机加工、钻孔、表面处理和包装发运为一体化的生产规模。现有职工 374 名，其中，高级工程师 10 名，中级工程师 23 名，助工技术人员 18 名。主要产品为精密异型环件，年生产能力 8 万吨，产品出口美国、加拿大、德国、英国、法国、俄罗斯、日本、印度、印尼、韩国、泰国等 16 个国家，是全球工程机械配套件及海上航母优秀供应商。公司的管理和质量水平在同行业中处于领先地位，被省、市、县级政府授予"优秀民营企业""最具社会责任单位"等荣誉称号，多年来被当地政府评为"纳税大户"。

二、定襄县税务局的主要做法

减税降费是以习近平同志为核心的党中央做出的重大决策部署，是深化供给侧结构性改革、推进经济高质量发展的重要举措。2019 年近 2 万亿元规模的减税降费"大餐"中，深化增值税改革无疑是最受关注的"主菜"。数据显示，2018 年，我国逾 15 万亿元税收中，增值税贡献近 4 成。从 2019 年 4 月 1 日起，将原适用 16%增值税率的项目改按 13%税率征税，主要涉及制造业等行业。根据中国锻压协会的统计和推算，定襄锻件产品占全国锻造行业总产量的 30%（汽车锻件除外）。法兰锻造是定襄的支柱产业，此次实施大规模减税降费政策对激发法兰市场活力、促进定襄民营经济发展、增强法兰锻造企业国际竞争力，具有十分重要的现实意义。从税收收入占比上来说，2018 年，定襄锻造业完成税收收入 2.3 亿元，占总税收的 50.43%，其中增值税 2.02 亿元，占据主导地位。因此，减税降费政策的实施，特别是深化增值税改革对处于转型升级和创新发展关键期的定襄法兰制造业来说，是一场酣畅淋漓的"及时雨"。

自减税降费政策实施以来，定襄县税务局精准对接定襄特色法兰企业的涉税需求，成立"锻造行业办税服务专厅"，对 848 户法兰企业进行全覆盖。在省市县委入企进村服务领导小组的统一领导下，入企户数 89 户，市、县两级 60 多名税干入企达 170 余人次，深入宣传减免税政策，有针对性地辅导纳税人充分享受国家减税降费红利。其中，定襄县税务局领导和基层税干第一时间就奔赴山西恒跃锻造有限公司，对公司情况进行了详细调研，编发《法兰锻造行业适用税收政策》一本通，对公司应享受的减税降费政策进行了认真梳理，并结合公司实际情况，积极辅导公司财务人员对减税降费政策进行逐条逐项解读，使公司及时对减税降费政策做到了应知尽知、应享尽享。

一是成立税收专业化服务联合领导组。忻州市税务局与定襄县人民政府联合召开由主要领导参加的法兰行业入企服务税收专题研讨会，成立定襄县法兰行业税收专业化服务联合领导组，出台《定襄县法兰行业税收专业化服务实施方案》，下设综合、政策宣传、纳税服务、出口退税、风险管理、银税合作、整合重组和督导联络8个专项小组持续跟进做好服务管理，大力推动法兰企业减税降负、转型升级，实现法兰行业高质量可持续发展。

二是举办法兰锻造行业减税降负暨企业涉税财务培训。邀请全国著名财税讲师、高级财税顾问，紧密围绕4月1日增值税改革后税率变化带来的开票、填表、申报的疑点、难点、重点，结合法兰行业高频率使用的不动产抵扣、申请增量留抵退税等新政，对"一带一路"沿线国家税收体制和国家最新减税降费政策进行"面对面"解答，为全县400余名法兰行业的企业家及财会人员送上实实在在的红利。

三是组建"锻造行业办税服务专厅"。打造专业化服务平台，切实为定襄法兰锻造企业提供专业化、定制化、团队化的精准服务。具体提供从发售发票到进出口（退）税等"一站式"服务，从申报到退税不超过5个工作日，大大提升了企业办税效率，减轻了企业税费负担，并实现由最初的324户升级到所有848户法兰企业全覆盖，极大便利了法兰企业涉税事项办理。

四是优化企业办税服务。办税服务大厅分设窗口入驻政务大厅，优化了办税营商环境。办税服务厅提供办税自助机全程优质服务，全部实现免填单服务，推行3分钟办税承诺、税务"一窗式"办理，大幅减少了审批程序，切实减轻了企业财务人员的负担。

五是提升出口退税效率。出口退税全部实行无纸化审批流程，每月限时退税，极大便利了纳税企业。同时针对山西恒跃锻造有限公司提出的在出口过程中遇到的所得税、出口退税等问题，市、县两级税务局主动上门服务、答疑解惑。

六是入企精准辅导。定襄县税务局及基层税务所工作人员不定期到公司主动提供减税降费新政策的传达、解读、辅导等服务，使公司及时了解并享受到新的减税降费政策。

三、取得的成效

制造业是国民经济的主体，是科技创新的主战场，是立国之本、兴国之器、强国之基。制造业增值税税率下调 3 个百分点，是下降幅度最大的行业。对于企业来讲，减税是实实在在的"真金白银"，企业获得减税资金后，将拥有更多的资源用于设备更新、技术创新和升级改造，有利于增强企业的活力和竞争力，推动定襄锻造业从中低端迈向中高档，加快新旧动能接续转换，促进经济高质量发展。另外，由于我国商品或服务价格多为"含税价格"，降税之后产品或服务价格是否下调，要看企业定价机制、企业价格博弈能力等。若企业能以更低的价格获取原料，但自身产品价格尽量维持不降，则企业利润就能随之增长。而且增值税税负也会根据企业毛利情况不同，毛利率越高的企业增值税降幅越明显。

一系列减税降费政策全面落地，使企业以流转税为主体的相关税收负担显著降低，这为山西恒跃锻造有限公司轻装上阵、转型发展带来了显著成效。

按照《财政部、税务总局、海关总署关于深化增值税改革有关政策的公告》（财政部、税务总局、海关总署公告 2019 年第 39 号）的有关规定，山西恒跃锻造有限公司 2019 年 1—9 月享受增值税、城市维护建设税和教育费附加、地方教育附加减免金额合计 74.93 万元。

按照《财政部、税务总局关于调整增值税税率的通知》（财税〔2018〕32 号）的有关规定，山西恒跃锻造有限公司 2019 年 1—9 月、享受增值税、城市维护建设税和教育费附加、地方教育附加减免金额合计 14.39 万元。

按照《财政部、税务总局关于调整部分产品出口退税率的通知》（财税〔2018〕123 号）的有关规定，山西恒跃锻造有限公司 2019 年 1—9 月享受增值税出口退税减免金额 26.88 万元。

按照《财政部、税务总局关于企业职工教育经费税前扣除政策的通知》（财税〔2018〕51 号）的有关规定，山西恒跃锻造有限公司 2019 年 1—9 月企业所得税申报享受减免金额 2.60 万元。

享受地方性政策减免金额 0.21 万元。

综上所述，山西恒跃锻造有限公司 2019 年 1—9 月享受各项减税金额共计 119.01 万元。这对企业来说减下来的就是"真金白银"，真正助力锻造企业轻装上阵，驶入"快车道"。

减税降费政策的精准实施、落地生根，一方面有效改善了法兰锻造企业的生产经营环境，进一步激发了企业活力，增强了企业抗风险能力，为法兰锻造产业转型升级起到了积极的促进作用。根据统计局最新数据显示，2019 年 1—8 月，定襄县生产总值达 28.7 亿元，同比增长 11.2%，位居忻州市第三；规模以上工业增加值同比增长 22.1%，增速比上年同期快 21.7 个百分点，居忻州市第一。另一方面，企业效益的持续改善，也为推动当地经济平稳向好运行提供了有力的财力保障。据税务部门测算，2019 年 1—9 月，法兰锻造行业入库税收 25543 万元，占到税收总收入的 65.57%，同比增长 31.31%，增收 6091 万元。法兰锻造行业和重点企业依然是拉动经济增长的主要因素，这无疑是当前国家实施的大规模减税降费政策效应持续显现的一个缩影。

执笔人：刘　涛

香菇结硕果　减税惠万家

按语：素有"天然氧吧"美誉的晋西革命老区交口县，立足自身生态气候优势，大力发展以夏季香菇为主的食用菌产业。目前，全县食用菌规模已突破3000万棒，占全省的三分之一以上，实现产值2.5亿元，覆盖全县7个乡镇和60%的行政村，带动4200多户贫困户实现增收。作为最直接、最有效、最公平的惠企措施，减税降费政策红利的加速释放，更为交口食用菌产业赢得了"吕梁态势、交口速度"的美誉。

一、交口县韦禾农业发展有限公司基本情况

位于吕梁市交口县石口乡下蒿城村的交口县韦禾农业发展有限公司,是交口县食用菌产业高速发展的缩影。该公司是由交口县天马能源实业有限公司落实脱贫攻坚"一企帮扶一对"政策，于2017年9月筹建的集食用菌菌种研发、菌棒生产、香菇种植、产品加工、销售于一体的现代食用菌企业。公司占地460亩，建筑面积8万平方米，固定资产1.5亿元，有职工280人，其中一线工人240人。2018年6月被认定为吕梁市农业产业化市级骨干龙头企业，2018年10月被认定为山西省省级扶贫龙头企业。截至2019年6月30日，公司已经生产香菇521.25吨，菌棒280万棒，其中，出口4万棒，出口创收26.88万元。

二、交口县税务局的主要做法

2019 年以来，减税降费政策接踵而至，交口县税务局从实际情况出发，积极开辟个性化服务渠道，着力构建精细化管理服务体系，努力打造零死角服务机构，助力企业充分释放发展活力。

（一）入企服务变驻企指导

由于交口县韦禾农业发展有限公司地处大山深处，税务干部每一次入企服务时间都很紧张，导致很多政策的宣讲不够深入。为确保调查辅导精准开展，交口县税务局将入企服务变为驻企指导，成立了驻企帮扶小组，建立"专职管理员+减税办政策宣讲员+公司财税人员"的三级专项调查和政策辅导工作机制。在政策出台期和实际执行期，全程入驻公司手把手辅导相关部门精准把脉问题，全面追踪帮助落实，想方设法让纳税人应享尽享。根据《中华人民共和国增值税暂行条例》第十五条第一款第（一）项"农业生产者销售的自产农产品"属于免征增值税项目，《中华人民共和国企业所得税法》第二十七条第（一）项"从事农、林、牧、渔业项目的所得"可以免征、减征企业所得税，增值税的附税城市建设维护税（税率 1%）、教育费附加（税率 3%）、地方教育费附加（税率 2%）也因增值税的免征而全部免征等相关规定，税务干部帮助公司及时准确享受增值税、企业所得税等免征优惠，极大减轻了公司的税收负担。据统计，从 2018 年开年到 2019 年 6 月，公司已享受减免增值税259192 元，城市建设维护税 21037.6 元、教育费附加 12622.56 元、地方教育费附加 8415.04 元。此外，公司免纳城镇土地使用税，享受企业所得税免税收入 95.47 万元。公司进项留抵 131 万元，按照增值税期末留抵退税政策，于 2019 年 10 月已申请退还留抵增值税税额 11 万元。考虑到公司有出口业务，为帮助公司走出国门，交口县税务局还专门为公司开辟了绿色退税通道，极大的方便了香菇出口。

(二) 疑点难点变新减税点

交口县税务局密切关注企业涉税需求和政策难点，通过官方网站、办税服务厅电子屏等多种途径，利用减税降费动漫视频、网络直播，及时为企业答疑解惑，把原理简单化，能当场回复解决的立即回复解决，难以解决的带回去请示上级解决，努力将疑点难点问题转化为企业新的减税点。作为身兼扶贫重任的龙头企业，交口县韦禾农业发展有限公司在成立以来就积极开展产业扶贫项目，对贫困户大力开展食用菌实用技术普及培训活动，累计共培训 2000 人次，其中培训贫困户达 1500 人次，现场指导近5000 人次。面对公司对免费培训贫困户是否征税的疑问，驻企帮扶小组通过认真研究《营业税改征增值税试点过渡政策的规定》（财税〔2016〕36号附件3）第一条第（十）项关于"农业机耕、排灌、病虫害防治、植物保护、农牧保险以及相关技术培训业务，家禽、牲畜、水生动物的配种和疾病防治"免征增值税的规定，最终确定纳税人在为农户开展技术培训时，完全符合上述条件，享受免征增值税优惠，进一步为公司节省了开支。

另外，交口县韦禾农业发展有限公司通过土地流转资产收益模式来开展扶贫活动。公司按 500 元/亩统一流转农户土地，用于基地建设统一经营，目前共流转土地 240 亩，涉及农户 49 户，其中贫困户 15 户，年带动增收 4.38 万元，户均增收 1000—5000 元。其中土地流转环节涉及土地使用权的转让，也属于营改增的增值税应税项目。公司对该项目的增值税优惠政策把握不准，为此，驻企帮扶小组根据《财政部、税务总局关于建筑服务等营改增试点政策的通知》（财税〔2017〕58 号）第四条关于"纳税人采取转包、出租、互换、转让、入股等方式将承包地流转给农业生产者用于农业生产，免征增值税"的规定，为公司办理了免税手续。

三、取得的成效

目前，交口县税务局已经成为交口县韦禾农业发展有限公司不断发展壮大的助推器，为公司源源不断提供财税政策分析和支持。公司也按照"政府+龙头企业+税务局+村委+合作社+基地+贫困户"七个参与主体，形成有税务部门支持，公司带动，村委、合作社组织、基地支撑，贫困户参与的"七位一体"产业脱贫体系，实现产业主体、保障主体与贫困户的无缝对接。通过劳务就业增收、入股分红、融合发展、金融合作、承包菇棚经营、农户自主发展企业提供服务、土地流转资产收益七种模式与贫困户形成利益联接，带动成效明显，共带动农户1930户，其中贫困户1735户。

2019年，交口县韦禾农业发展有限公司将继续做强做大食用菌产业扶贫项目，预计完成菌棒生产1000万棒，带动贫困户2000户以上，实现产值1亿元，拉动贫困户增收3000万元以上。在此基础上，根据农田田园化、产业融合化、城乡一体化、循环农业、乡村旅游、观光休闲、度假体验一体化的理念，打造食用菌产业、有机农业、速生林及林下经济、废弃物利用、康养休闲、美丽宜居为一体的田园综合体，推动下蒿城村及周边村实现乡村振兴，共建小康农村。而交口县税务局也将不遗余力，继续发挥落实减税降费政策主力军的作用。

审稿人：王小军

执笔人：任计东　张彩虹

减税降费为"吕梁山护工"撑腰

按语：近年来，以"吕梁山护工"品牌为代表的社区家庭服务业在吕梁蓬勃发展，截至目前，已实现就业 25266 人，2018 年 12 月入选全国人社领域精准扶贫 20 个典型案例。新一轮更大规模减税降费政策实施以来，为帮助广大护工和社区家庭服务企业足额享受政策红利，吕梁市离石区税务局选取一户典型企业进行了减税降费效应分析，并应用于同行业其他企业，以减税降费的落实为"吕梁山护工"撑腰，助力脱贫攻坚事业发展。

一、吕梁市曹操到家政服务有限公司基本情况

社区家庭服务，是指进入家庭成员住所或医疗机构为孕产妇、婴幼儿、老人、病人、残疾人提供的照护服务，以及进入家庭成员住所提供的保洁、烹饪等服务。离石区是吕梁市政府所在地，社区家庭服务业较为发达，也是"吕梁山护工"的主要培训基地和重要就业市场。

吕梁市曹操到家政服务有限公司是依托"吕梁山护工"成长起来的一家典型企业。该公司于 2013 年注册成立，起初业务以保洁、家电清洗为主，2016 年投资 200 多万元成立吕梁市远航职业培训学校，业务范围扩大到日常保洁、家电清洗、保姆、月嫂、育儿嫂、催乳师、房嫂、护工、钟点工、酒店服务员、高空外墙、幕墙清洗等，成功转型为吕梁山护工培训

就业基地之一，并被中国母婴创新联盟指定为家庭服务业协会培训中心、北京母婴服务职业技能提升班指定培训单位。截至目前，该公司已完成"吕梁山护工"实训 1000 余人，安置就业 832 人，服务范围遍及全市 6 个县（市、区）以及北京、太原、临汾等城市，其中本地就业 569 人，平均年收入 3 万余元，外地就业 263 人，平均年收入 5 万余元，带动 300 余户建档立卡贫困家庭实现了脱贫。

二、吕梁市离石区税务局的主要做法

当前，随着我国加速进入老龄化社会，以及全面二孩政策的实施，养老和托幼已不仅仅是一家一户的私事，而是政府和社会必须面对的公共问题。在这一时代背景下，以养老、托育、家政服务为代表的社区家庭服务业，正在逐渐成为我国新的产业高地。同时，社区家庭服务业属于劳动密集型行业，吸纳了大量剩余劳动力和贫困人口就业，其中不乏一些从业者凭借着过硬的知识技能和优质的服务，获得了较高的薪酬待遇。

目前，我国对社区家庭服务业主要有两方面的税费优惠政策：企业方面，根据《财政部、税务总局、发展改革委、民政部、商务部、卫生健康委关于养老、托育、家政等社区家庭服务业税费优惠政策的公告》（财政部公告 2019 年第 76 号）的有关规定，自 2019 年 6 月 1 日起至 2025 年 12 月 31 日，对社区家庭服务业实行免征增值税、契税、房产税、城镇土地使用税，免征不动产登记费、耕地开垦费、土地复垦费、土地闲置费、城市基础设施配套费、防空地下室易地建设费，计算应纳税所得额时减按 90%计入收入总额等一系列税费优惠；个人方面，从 2018 年 10 月 1 日起，工资、薪金所得个人所得税费用减除标准由之前的 3500 元/月提高到了 5000元/月，并从 2019 年 1 月 1 日起，可享受子女教育、继续教育、大病医疗、住房贷款利息或者住房租金、赡养老人等六项专项附加扣除。

随着"吕梁山护工"品牌的逐渐打响，近年来，吕梁市离石区社区家庭服务业发展迅速，2016 年全区社区家庭服务企业 8 户，2017 年 17 户，2018 年 24 户，2019 年 30 户，4 年增长 2.75 倍。减税降费新政出台后，为帮助社区家庭服务企业和广大护工充分享受税费优惠，吕梁市离石区税务局选派业务骨干组成工作小组，赴吕梁市曹操到家政服务有限公司开展了为期 2 周的减税降费效应分析。分析显示，该公司 2018 年度营业收入 65.53 万元，政府专项补贴收入 10 万元，支出 66.43 万元，缴纳各项税费 2.97 万元。公司现有护工 632 人，其中男性 30 人、女性 602 人，平均年龄 48.2 岁，人均月收入 4307 元，2018 年人均每月缴纳个人所得税 36.8 元。分析发现，该公司存在部分记账错误、从高适用税率、未充分享受税费优惠等情况。根据《企业会计准则》和最新的减税降费政策，吕梁市离石区税务局纠正了该公司账务处理中的问题，并辅导财务人员为可享受的各项税费减免进行了测算，预计 2019 年下半年可减免各项税费 1.2 万元，80% 以上的护工不再需要缴纳个人所得税，人均月收入可增加 29.2 元。随后，举办了针对社区家庭服务业的专题培训会，以吕梁市"曹操到"家政服务有限公司为例，向企业宣传了行业相关的减税降费政策、讲解了行业常见的会计核算和税务处理知识，帮助企业算好减税降费明白账，现场解决税收实务问题。

目前，"吕梁山护工"已与 50 多户企业建立了劳务合作关系，吕梁市离石区 30 户社区家庭服务企业中，有 23 户为合作企业。为掌握这些企业的具体情况，吕梁市离石区税务局组织人员对 30 户企业进行了调研走访，发现包括吕梁市"曹操到"家政服务有限公司在内的这些企业有一个普遍现状，就是采用中介制而非员工制管理，即企业作为中间人联系客户，收取中介费用，由接受家政服务的客户直接向护工发放劳动报酬。这也导致了税务方面的一些问题：一是不符合财政部公告 2019 年第 76 号的有关规定，不能享受免征增值税等优惠；二是个人所得税不能统一管理和扣缴，宣传辅导难度较大；三是许多护工既没有签订劳动合同由企业按月缴纳城镇职工社会保险费，也没有签订服务协议作为灵活就业人员参加城镇职工社会保险或城乡居民社会保险。而从眼前利益来看，采用员工制的企业可直接免征增值税等，享受的税费优惠力度大于中介制；从长远发展来看，员工制符合《国务院办公厅关于促进家政服务业提质扩容的意见》（国办发〔2019〕30 号)，更有利于维护护工利益，也更有利于"吕梁山护工"品牌的塑造。针对这一问题，吕梁市离石区税务局与吕梁山护工（护理）就业服务中心进行了沟通，并通过举办培训、入户宣传、政策辅导等方式，对

30 户企业进行税收政策"体检",建议他们尝试向员工制管理方式转变,更好地享受减税降费政策红利。

三、取得的成效

根据对吕梁市曹操到家政服务有限公司的减税降费效应分析,以及对其他社区家庭服务企业的调研走访情况,吕梁市离石区税务局编制了《社区家庭服务业税费优惠手册》(以下简称《手册》)。《手册》分为企业和个人两部分,分别对现行各类税费优惠政策的文件内容、享受条件、办理流程等做了详细说明。随后,该局组织入企服务小组,通过入企宣传、上门辅导、专题培训等方式,帮助企业及时足额享受优惠。同时,通过短信提醒、微信群通知、视频教学等方式,辅导广大护工通过国家税务总局"个人所得税"App正确填报个人情况,足额享受个人所得税专项附加扣除。截至目前,该局已上门服务企业 30 户 90 余次,发放《手册》及其他宣传资料 140 余份。据统计,吕梁市离石区 30 户社区家庭服务企业 2019 年上半年减免收入 143.05 万元,减免税额 4.58 万元,减免比例 95.49%,2100 余名护工通过手机完成了个人所得税六项专项附加扣除的填报。

同时,在吕梁市离石区税务局的建议下,有 5 户社区家庭服务企业正在探索推行员工制管理,包括:与护工依法签订劳动合同或服务协议并缴纳社会保险费,与护工、接受护工服务的客户签订三方协议、建立业务管理系统对护工进行登记管理等。吕梁市离石区税务局正在积极与吕梁山护工(护理)就业服务中心对接,并与民政、卫生健康、商务等部门探索建立信息共享和工作配合机制,确保广大护工和社区家庭服务企业充分足额享受减税降费红利。

审稿人:杨忠河

执笔人:吴瑞琪

减税降费激活新能源汽车
"发展引擎"

按语：2019 年以来，受国家对新能源汽车补贴政策消退等因素影响，山西新能源汽车工业有限公司的发展进入一个瓶颈期。而国家相继出台的一系列减税降费政策的全面实施，大大降低了公司的税收负担，进一步激发了公司持续创新发展的潜力和动力。

一、山西新能源汽车工业有限公司基本情况

山西新能源汽车工业有限公司隶属于浙江吉利控股集团，是山西省唯一的乘用车生产公司。2018 年，生产整车 102686 辆，产值 131.05 亿元，纳税 11.6 亿元，入选 "2018 年山西省民营公司 10 强"，位列 "2018 年山西省民营公司纳税第 6 名"。

山西新能源汽车工业有限公司自 2011 年 5 月成立以来，经过数年的开工建设、项目投产、运营模式筹建等阶段，于 2017 年取得整车销售资质后开始全面量产。2018 年前，主要生产车型为帝豪 GS 汽油车、帝豪 EV 纯电、帝豪 GSE 纯电、帝豪 PHEV 插电混动和帝豪 GL 甲醇车。2019 年，公司全面进入 "新能源汽车元年"，持续研发、扩展新能源汽车新品，投资 5.77 亿元打造了吉利全新产品——几何 A。2019 年 1—9 月，公司累计生产整车 5.14 万辆，产值 85.20 亿元，实现税收 8.1 亿元。

万元

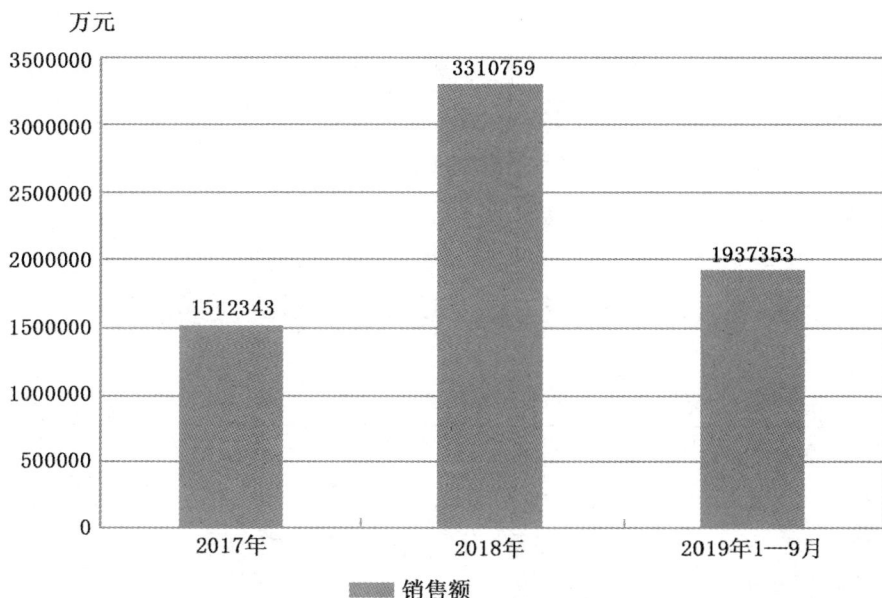

图 1　近三年销售额走势图

万元

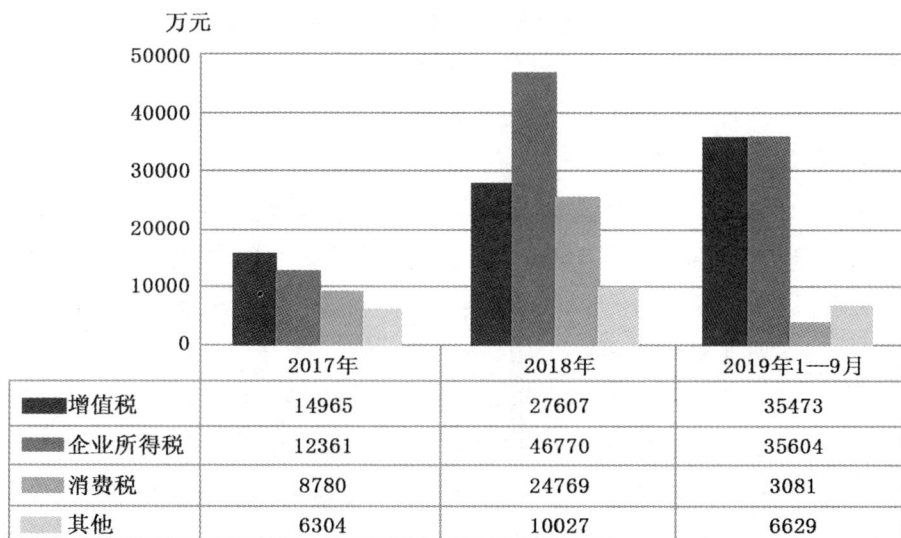

	2017年	2018年	2019年1—9月
增值税	14965	27607	35473
企业所得税	12361	46770	35604
消费税	8780	24769	3081
其他	6304	10027	6629

图 2　近三年税收收入入库情况

　　山西新能源汽车工业有限公司自 2011 年成立后，经过数年的基础建设、生产线上马和设备配套，巨大的投入形成了巨额的留抵进项。截至 2017 年 4 月底，期末留抵税额仍达 5869 万元。而自 2017 年 5 月公司从工信部取得整车销售资质后,公司便正式驶入了发展快车道,仅当年便实现销售额 151.23 亿元。2018 年,公司发展势头更加迅猛,全年销售额达到 331.08 亿元,同比增长 119%,同期税收也实现了井喷式增长。进入 2019 年,受国家对新能源汽车补贴政策调整的影响,公司产品所享受的政策补贴大幅下降,公司发展进入瓶颈期(见图 1、图 2)。

二、晋中经济技术开发区税务局的主要做法

在山西新能源汽车工业有限公司落地、建设、投产的全过程中,晋中经济技术开发区税务局始终对其实行"点对点"的精准税收服务,定期开展多种形式的政策培训与辅导,确保公司全面及时知悉各项惠企税收政策,及时帮助公司解决经营发展过程中面临的诸多涉税问题,主动建言献策,及时跟踪反馈。2018 年,经过省、市、区三级税务部门的共同努力,公司被正式认定为高新技术企业;2019 年,公司与晋中市税务局正式签署《税收遵从合作备忘录》,纳入税企共治合作体系范畴,税务部门对公司诉求及时回应,并开展个性化、差异化、团队化和集成化的专家式纳税服务,在日常涉税业务办理上开通"VIP 绿色通道",实现办税主动引导、业务优先办理,享受无障碍式服务。

2019 年以来,受核心技术未能取得突破、基础设施配置有待完善以及国家补贴政策逐渐消退等因素影响,公司的资金压力也在逐渐增大。目前,支持新能源汽车发展的优惠政策主要是利用直接补贴鼓励发展,2016 年国家对新能源汽车的补贴办法是中央财政按 4.4 万元/台、山西省财政按 2.2 万元/台对生产企业给予补助,新能源汽车生产企业按扣除补贴后的价格将汽车销售给消费者,销售给个人消费者的汽车在个人上户后公司可凭上户手续申领补贴,销售给法人等单位的汽车则要在行驶够 30000 千米后公司方能申请补贴。2018 年 2 月,财政部、工信部、科技部、发改委四部委发布了《关于调整完善新能源汽车推广应用财政补贴政策的通知》,从提高技术门槛要求、完善补贴标准、分类调整运营里程要求等方面进一步调整了新能源汽车补贴政策,虽然补贴价格已让渡给消费者,但补贴资金一时还不能完全到账,在一定程度上也加剧了公司的资金压力。特别是 2019 年 3

月，财政部、工信部、科技部、发改委四部委《关于进一步完善新能源汽车推广应用财政补贴政策的通知》下发后，新能源汽车制造和销售市场均受到非常大的影响，国家对新能源汽车的高额政策补贴迎来首个断崖式的退坡，各种新能源车型补贴额的下调幅度均超过了 50%，叠加地方补贴的逐步退出，单车补贴金额下降幅度已经达到了 80% 以上，这无疑进一步加剧了公司的资金压力，也是公司发展进入瓶颈期的主要原因。

为了帮助公司尽快走出瓶颈期，2019 年减税降费政策相继出台后，晋中经济技术开发区税务局第一时间组织业务骨干对该公司开展了入企活动，为公司提供全方位的涉税辅导服务，举办了多种形式的政策培训与辅导，确保公司全面及时知悉各项惠企税收政策，及时帮助公司解决经营发展过程中面临的诸多涉税问题。经过入企服务团队"面对面"的政策宣传和"手把手"的办税辅导，深化增值税改革、小微企业普惠性减税、个税改革等一系列减税降费政策在该公司全面见效，极大地降低了公司税收负担。2019 年 1—9 月，公司共享受增值税、企业所得税、个人所得税、房产税、城镇土地使用税等税收优惠 4.65 亿元。其中，增值税税率原适用 16% 调整为 13%，增值税及附加节税 2.48 亿元；高新技术企业享受所得税减免 2.02 亿元；研发费用加计扣除 75%，享受所得税减免 1252 万元；房产税减免 44 万元；城镇土地使用税减免 37 万元（见图 3）。

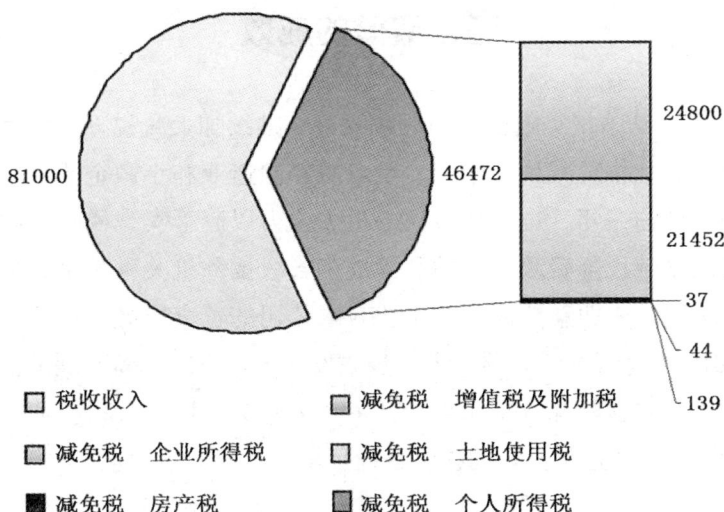

图 3　2019 年减税降费成效（单位：万元）

在个税改革新政推行过程中，晋中经济技术开发区税务局组织专人先后多次上门宣讲政策、培训指导，提醒符合条件的员工及时足额享受政策，确保个税新政在公司得到全面精准贯彻实施，确保每位员工都充分享受到税收政策红利。在个税改革新政实施的2019年1—9月，该公司员工完税129.62万元，较上年同期减少139.53万元。

"政策落地，服务先行。"好的政策还需要精准的落地举措。晋中经济技术开发区税务局在落实减税降费政策过程中，始终注重围绕纳税人所需、所想去开展工作，着力打造税收营商环境的"最佳体验区"。2019年3月以来，受新能源汽车行业国家补贴政策的调整和销量锐减影响，公司进项留抵额逐步增加，截至2019年9月，期末留抵税额已达6.5亿元，其中增量留抵3.91亿元。国家关于增值税增量留抵退税政策公布后，晋中经济技术开发区税务局在前期宣传培训的基础上，及时组织了政策落实情况回访，"点对点"解决公司在享受政策过程中的问题，第一时间对公司的资格、行业、纳税信用等级、进项税额、留抵税额等信息进行了审核，并组织专人对增值税增量留抵退税政策进行了详细的讲解和辅导，确定公司3.91亿元的增量留抵税额可申请退还2.34亿元，使公司将更多的资金投入生产经营中，进一步缓解了公司的困难。

三、取得的成效

2019年，是国家实施积极的财政政策、继续加大减税降费力度、坚持普惠性减税和结构性减税相结合、重点减轻制造业和小微企业负担、支持实体经济发展的一年，也是各级税务机关全力以赴落实减税降费政策的一年。正是国家减税降费政策的顺利落地和各级税务机关税收服务的及时跟进，有效缓解了山西新能源汽车工业有限公司的资金压力，帮扶公司顺利走出了2019年经营发展瓶颈，进一步激发了公司持续创新发展的潜力和动力，为公司的"新能源汽车元年"开了一个好头，也为公司打造吉利新能源发展标杆基地营造了良好的税收营商环境。

审稿人：史龙俊

执笔人：李常云　邓　欢

临汾税务全力服务华翔集团上市

按语：山西华翔集团股份有限公司作为山西省一家本土民营企业，不仅是地方民营企业发展的优秀代表，也是中国铸造行业综合百强企业。近两年，公司全面实施转型发展，积极筹备在上海证券交易所主板上市。为促进公司顺利上市，临汾市税务局以落实减税降费新政为着力点，成立专家服务团队，积极靠前服务，建立税企高效联络机制，为公司上市量身定制全方位个性化服务。

一、山西华翔集团股份有限公司基本情况

山西华翔集团股份有限公司（以下简称华翔集团）成立于 1999 年，是一家集装备制造、加工、贸易于一体的大型民营股份制企业，集团总部位于山西省临汾市，在临汾、武汉、佛山、中山等地建有生产及研发基地。产品主要包括空调、冰箱压缩机零部件，工程机械类装备零部件，汽车制动系统装备、转向系统装备、离合器系统的零部件。其中，压缩机 5个核心零部件生产规模占国内市场的 17%；工程机械领域，已发展为铸造界单一工厂、单一产品销售规模最大的企业。连续 8 年获得中国国际铸造博览会"优质铸件金奖"；连续三届（四年一届）被中国铸造协会评为"中国铸造行业综合百强企业"；先后获得国家工信部颁发的"制造业

单项冠军示范企业""国家级两化融合管理体系贯标试点企业";获得国家人力资源和社会保障部、中国机械工业联合会颁发的"全国机械工业先进集体";被山西省发展和改革委员会认定为"省级双创示范基地";拥有2项发明专利、45项实用新型专利。2017年9月，李克强总理视察华翔集团，对华翔集团的"专注、工匠、双创"精神给予极高评价，寄语华翔集团成为"世界华翔"。

二、临汾市税务局的主要做法

为促进华翔集团顺利上市，临汾市税务局主动提升站位，以落实减税降费新政为着力点，市县联动，成立专家服务团队，积极靠前服务，为公司上市提供全方位个性化服务，当好公司的税务"娘家人"。

一是成立专家服务团队，建立涉税事项快速响应机制。临汾市税务局第一税务分局与临汾开发区税务局抽调业务骨干，专门组成华翔集团上市税收服务专家团队，对公司上市过程中遇到的税收问题专项解决，并通过微信工作群案例解析、法人知税、税费计算、智能搜索等小程序，实时为公司提供咨询、提醒、预约、辅导等贴心服务。开通绿色渠道，缩短办税时间，两次为公司1天内办理出口税2400余万元；依法下调印花税核定征收比例标准，为公司节税40余万元，极大地缓解了公司资金压力，增强了公司发展信心。

二是开展全方位税务体检，提供风险排查与容错机制。针对公司特点，专门建立大企业税务风险内控调查服务机制，对公司的财务制度、税收管理及纳税情况详细摸底，对公司增值税、企业所得税进行专业税务"体检"，提醒公司潜在的税务风险，帮助健全完善涉税内控管理制度，防止上市进程走弯路。创新推出办税服务容缺容错"双十条"，允许由于特殊原因未能完整提供所需资料的，可先办理业务，后补交资料，对可纠正的操作失误，予以容错免责，极大地减轻了公司办税成本。

三是开展大走访大服务，落实好各类减税降费政策措施。临汾市税务局领导亲自带队，优化税收政策服务，深入开展"送政入企""法人知税、算出红利"等活动，帮助公司应知尽知、应享尽享制造业减税降费政策。

临汾市局党委书记、局长陈明泽几次率领服务团队到华翔集团调查研究，督导落实增值税税率调整、城镇土地使用税单位税额下调、出口退税率调整、固定资产加速折旧、研发费用加计扣除等税收优惠政策，在服务上加筹加码。2019 年 1—7 月，该公司享受减税降费 1424.22 万元，实现了轻装上阵。

四是建立税企高效联络机制，实施全天候精准服务。为了实施精准服务，税务局与华翔集团建立每月例会制度，畅通上市涉税事项服务沟通通道，税企双方分层级保持全天候沟通和互动，按照上市进程的不同阶段，持续跟进，及时开展个性化辅导，解决公司上市过程中遇到的实际问题。2019 年 9 月，临汾市税务局风险管理分局通过大数据分析，发现公司应享未享城镇土地使用税单位税额下调的税收优惠政策，税务机关立即通知公司财务人员，帮助公司及时享受到 19.38 万元的税收减免。临汾开发区税务局还专门搭建了专业远程可视化办公系统，将区政务大厅办税前台与后台各业务股室互联互通，即时解答纳税人的业务咨询，处理税务文书签批，建立电子档案文件传递系统，为税企高效互通架起"连心桥"。

三、取得的成效

临汾市税务局的全方位个性化服务，为促进华翔集团顺利上市贡献了税务力量。2017 年 9 月 28 日，华翔集团完成了股份改制，当年 10 月 27 日向山西省证监局提交了辅导备案申请，公司进入辅导阶段。2019 年 5 月完成辅导验收，2019 年 6 月 14 日，中国证监会正式出具《中国证监会行政许可申请受理单》。

审稿人：陈明泽

执笔人：景　洵　冯勋功

减税降费让综改区企业获得感倍增

按语：减税降费是党中央、国务院做出的重大战略决策部署，是深化供给侧结构性改革的重要举措，对减轻企业负担、激发市场活力、促进经济增长具有重要作用。2019 年 4 月 23 日，李克强总理在国务院第二次廉政工作会议上提出，实施好更大规模减税，确保制造业税负明显降低，确保建筑业、交通运输业等行业税负有所降低，确保其他行业税负只减不增。

一、综改示范区税务局减税降费工作的主要举措

（一）加强组织领导，层层压实主体责任

综改示范区税务局先后多次召开减税降费专题工作会议，认真学习，反复研究，切实把思想和行动统一到党中央、国务院的决策部署上来。成立了 13 个专项工作组，建立减税降费政策落实汇报沟通联络机制和"周报""日报"制度，相关业务科室均确定了 1 名减税降费联络员，以确保减税降费工作的顺利开展，确保减税降费政策措施实施前的各项准备紧而又紧、运行中的管理服务细而又细、落实后的效应分析实而又实。

（二）积极主动作为，紧紧依靠政府支持

积极向地方党委、政府和有关部门汇报减税降费工作进展情况和政策落实情况，综改示范区管委会成立了减税降费工作协调小组，研究解决全区减税降费工作中的问题。区局积极组织广大党员干部参与"万名干部入企进村服务"活动，推动减税降费工作落地落实。共入企 858 户，及时解决收集问题及建议 692 个，确保了减税降费问题精准解决。

（三）组织税务干部认真学习政策，更好服务纳税人

坚持做到对新政策"了然于胸"，同时对老政策"心中有数"，确保政策落实工作无缺失、无漏项、无死角。组织全体干部开展"减税降费业务大比武"，营造"比学赶超"的良好氛围，增强服务纳税人和缴费人的本领。

（四）推动"法人知税"，实打实算出政策红利

与各企业法定代表人"面对面"交流，促进税收政策的宣传与落实，为企业减负增效，让法定代表人知道自己公司在减税降费中所享优惠政策，并算出红利，增强企业家的获得感。同时延伸服务，利用税企银合作机制，破解企业融资难题，进一步增强企业获得感。与中国建设银行、综改区科技创新孵化基地联合举办"法人知税、银企联税"主题沙龙，为区内中小微企业有效落实税收政策提供有力保障，助力企业高质量发展，营造良好的营商环境。

二、实施减税降费的整体效果

（一）深化增值税改革，所有行业均有受益

2019 年 1—9 月，新增政策性减免 10.63 亿元，占到全部税收收入 71.04 亿元（全口径）的 14.96%。其中，适用 13% 税率的制造业减税面为 96.45%，批发零售业为 98.23%；适用 9% 税率的建筑业减税面为 96.01%，

交通运输业为 89.52%。

（二）个人所得税改革，受益范围持续放大

所有工薪阶层纳税人均不同程度实现减税。2019 年 1—9 月，人均减税达到 1000.68 元，个别工资薪金所得纳税人税改后不用再缴个税了，这对"上有老、下有小"，负担最重的中年人可以说是雪中送炭。

（三）小微企业普惠性减免政策，受益群体进一步扩大

增值税免税标准由每月销售额 3 万元提高至 10 万元后，免税户数新增了 1568 户，与原 3 万元以下免税政策叠加受益群体进一步扩大，户均新增减税 8944 元。

（四）减税降费的认同度逐渐提高

各级政府高度重视减税降费工作，相应成立减税降费办公室，协调此项工作，加强了组织领导。税务部门认真贯彻落实减税降费政策，加大宣传力度，广大纳税人获得感明显增强。

三、实施减税降费的具体案例

太原重工轨道交通设备有限公司是我区的企业，公司专业化的生产线使其具备了年产车轮 60 万片、车轴 16 万根、轮对 3 万付、齿轮箱 1 万套的生产能力，是综改示范区重要的制造业代表，属于先进制造业。实施减税降费政策以来，公司共计减税 2754 万元，综合税负由 2018 年的 2.57% 下降到 1.65%，实实在在地享受到了减税降费的政策红利，内生动力大大增强。

（一）增值税优惠

该公司一直以来都非常重视国际市场的开拓，国外市场不断拓展，产品覆盖北美、欧洲、印度、独联体、东南亚、南美等各大洲，出口业务逐年增加，到 2018 年出口占比达到 50%。2019 年平均每月有 900 万元的退

税，网上申报方便快捷，7个工作日即可到账，加快了公司的现金流。除了享受出口退税政策，增值税留抵退税政策也惠及该公司，2018年增值税留抵退税金额412万元及时到账，2019年留抵退金额900万元符合部分先进制造业增值税期末留抵退税政策，可提前到7月申请办理，进一步缩短了申报征期。

（二）企业所得税优惠

该公司是高新技术企业，可享受企业所得税减按15%税率征收和研发费用加计扣除（从2018年开始加计扣除比例由50%调高到75%）两项优惠。公司享受企业所得税减按15%税率征收优惠，2018年减税1500万元，2019年1—6月减税950万元。公司享受研发费用加计扣除优惠，因加计扣除比例上浮25个百分点，2018年减税200万元，2019年1—8月减税60万元。

（三）个人所得税优惠

新个税办法的实施，对职工来说是最大的利好。一是费用减除标准从3500元/月提高到5000元/月（2018年10月份起执行）。二是增加了六项专项附加扣除（2019年1月1日起执行）。该公司在岗职工平均工资6000元，所有员工直接受益，2018年因费用减除标准提高，个税减少了10万元。2019年个税六项专项附加扣除政策的实施，个人所得税大幅下降，可减少210万元。

（四）其他税收收益（含六税两费）

2019年4月，母公司以土地使用权、房屋建筑物及设备的评估价作为出资，向子公司增资8亿元。此增资行为，该公司享受到了以下政策红利：一是不动产进项税不再分2年抵扣，当年进项税可多抵扣2652万元；二是增资资本金账簿按照万分之五减半征收印花税，减税20万元；三是城镇土地使用税税额标准普遍下调，按现行标准的75%征收，全年减税24万元。

（五）社保费减免

企业基本养老保险单位缴费比例由 19% 降至 16%，2019 年 5—12 月可以降费 203 万元，每月降低约 25 万元。

表 1　近三年太原重工轨道交通设备有限公司主营业务收入情况表

单位：万元

	2016 年	2017 年	2018 年	2019 年 1—8 月	合计
国内	74324	100886	90364	66671	332245
国外	16762	26791	48408	59561	151522
合计	91086	127677	138772	126233	483767
出口占比	18%	21%	35%	47%	31%

表 2　近两年太原重工轨道交通设备有限公司减税降费汇总表

单位：万元

序号	税种	2018 年享受政策金额	2019 年 1—8 月享受政策金额	2019 全年预计
1	出口退税	7276	7204	10800
	增值税留抵退税返还企业	412		900
2	企业所得税税率 15%	1500	950	1600
	研发费加计扣除 75%	200	60	197
3	个人所得税费用减除标准提高、增加六项专项附加扣除	10	142	210
4	进项税不再分两年抵扣		1594	2652
	城镇土地使用税减按 75% 计征		6	24
	增资印花税万分之五减半		20	20
5	企业基本养老保险单位缴费比例由 19% 降至 16%		102	203
	合计	9398	10078	16606

（六）总体税负分析

减税降费政策实施后，公司资金流和净利润增加了，使公司有更多的资金投入到产品研发当中，进一步提高了公司的核心竞争力（见表1、表2）。

审稿人：崔　军
执笔人：白云峰　张　伟

加计抵减新政对山西皇城相府文化旅游有限公司的激励效应

按语：此次深化增值税改革在对大部分行业降低增值税税率的同时，对四大服务业常用的 6%一档税率保持不变，只是通过采取加计抵减等配套措施来确保行业税负只减不增。具体效果如何，我们选取了以生活服务业为主的山西皇城相府文化旅游有限公司进行分析，以其 2018 年进销项为基数进行加计抵减政策效应的分析。经测算，享受加计抵减政策预计全年可减免增值税 14.78 万元以上，税负下降 0.17 个百分点。

2019 年的两会政府工作报告提出深化增值税改革，将制造业等行业现行 16%的税率降至 13%，将交通运输业、建筑业等行业现行 10%的税率降至 9%，确保主要行业税负明显降低。但对于四大服务业常用的 6%一档税率保持不变，只是通过采取对生产、生活性服务业增加税收抵扣等配套措施，确保所有行业税负只减不增。对生产、生活性服务业采取增值税加计抵减等配套政策激励效应究竟如何，我们就以山西皇城相府文化旅游有限公司为例进行分析。

一、山西皇城相府文化旅游有限公司基本情况

"皇城相府"（又名"陈廷敬故居"）景区是阳城县唯一的国家 AAAAA

级景区，位于阳城县北留镇皇城村。山西皇城相府文化旅游有限公司成立于 2016 年 1 月 5 日，注册资本 1 亿元人民币，为阳城县皇城相府集团（实业）有限公司旗下全资子公司。公司主要负责景区的建设和管理，下设相府景区管理处、生态农业区、相府宾馆、相府贵宾楼、相府庄园酒店，目前在职职工人数 860 人。公司经营范围包括：文化旅游项目建设，酒店项目建设，景区管理，住宿服务，洗浴服务，娱乐场所经营，生态农业开发，农作物种植等。同时，公司不断开发旅游周边业务，是集景区管理、文化旅游、餐饮住宿、酒店、生态农业等项目于一体的综合化旅游公司。

公司主要税目包括：文化服务、餐饮和住宿服务以及不动产租赁。行业类别登记为其他综合管理服务业。

二、加计抵减政策解析

（一）加计抵减政策适用的主体

根据《财政部、税务总局、海关总署关于深化增值税改革有关政策的公告》（财政部、税务总局、海关总署公告 2019 年第 39 号，以下简称 39 号公告）规定，自 2019 年 4 月 1 日至 2021 年 12 月 31 日，允许生产、生活性服务业纳税人按照当期可抵扣进项税额的 10% 计算出一个抵减额，专用于抵减纳税人一般计税方法计算的应纳税额。

按照 39 号公告的规定，加计抵减政策只适用于增值税一般纳税人，且具体标准还要看以邮政、电信、现代和生活服务四项服务的销售额占纳税人全部销售额的比重是否超过 50% 来确定，如果四项服务销售额占比超过 50%，则可以适用加计抵减政策。

（二）适用加计抵减政策判断

山西皇城相府文化旅游有限公司主要从事文化旅游、餐饮住宿等综合文化旅游业务，属于生活服务业，且 2016 年 5 月登记为增值税一般纳税人。

2018 年 4 月—2019 年 3 月，公司总销售额 8157 万元，其中，货物劳务销售收入 87 万元，生活服务业销售额 8070 万元，生活服务业销售额占全部销售额的 98.9%，远远超过 50%（见图 1）。公司符合加计抵减政策规定，可享受增值税加计抵减政策。

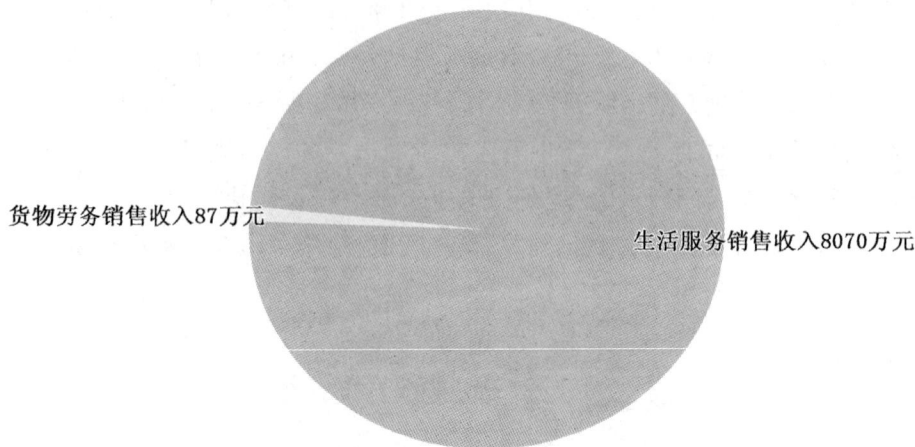

货物劳务销售收入87万元

生活服务销售收入8070万元

图 1　生活服务业销售额占比图

三、加计抵减政策减税效应分析

（一）2018 年生产经营情况

2018 年，公司实现收入 8651 万元，利润 32.8 万元，预缴企业所得税 8.2 万元。其中，适用一般计税方法的销售收入为 2655 万元，适用简易计税方法的销售收入为 5978 万元，免税销售收入为 18 万元。全年抵扣进项税额 148 万元，享受应纳税额减征 0.3 万元，缴纳增值税 203 万元，增值税税负为 2.34%。

2016 年 5 月"营改增"以来，公司顺应税制改革的要求，认真准备谋划，合理配置资源，优化供应商选择，规范发票的使用和取得，用足增值税抵扣政策。2018 年全年共取得专用发票 547 张，金额 2392 万元，抵扣进项税额 148 万元，2018 年末留抵税额 24 万元。

（二）加计抵减政策减税测算

2018 年全年抵扣进项税额 148 万元，2019 年 4 月 1 日至 2021 年 12 月 31 日可享受加计抵减政策。由于公司经营发展比较稳定，成立后收入呈现逐年上升趋势，若按 2018 年进项税额情况进行测算，预计每年可加计抵减增值税 14.78 万元以上，相应地少缴增值税 14.78 万元以上，仅加计抵减一项预计全年减免的税额就可占应纳税额的 7.28%，税负下降至 2.17% 左右，下降 0.17 个百分点。

经测算，2019 年 4 月至 2021 年 12 月可加计抵减增值税 40.65 万元。在 2 年零 9 个月内，可为纳税人直接减税 40.65 万元以上（见图 2）。

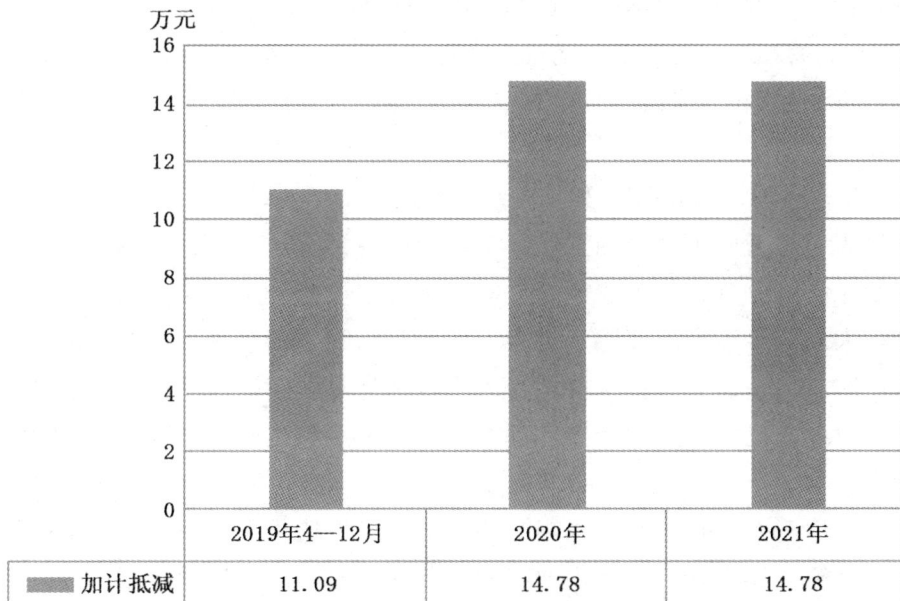

图 2　2019 年 4 月—2021 年 12 月加计抵减测算情况

此外，公司还可享受不动产一次性抵扣与旅客运输服务抵扣新政。仅旅客运输服务抵扣一项，预计每年可增加抵扣进项税额 1.2 万元。另外，公司主要从事旅游服务业，景区建设会有持续的新增不动产，不动产一次性抵扣对于企业短期财务资金的占用减少，一定程度上缓解了资金方面的压力。

综上测算，在此次深化增值税改革中，公司每年可减税 15.98 万元以上，占应纳税额的 7.87%以上。

四、问题及建议

一方面，加计抵减是为配合增值税税率下调而出台的一项全新优惠政策，是为了公平税收环境对生产、生活性服务业采取的直接抵减税款的优惠政策。由于生活服务业有的业务实行的是简易征收，有的是差额征税，对于这部分是不允许享受加计抵减政策的。另外，只有四项收入大于 50% 的纳税人方可享受，将相当一部分纳税人排除在外。以我省晋城市为例，符合行业条件的一般纳税人近 800 户，四项收入大于 50% 的纳税人仅为 400 户，将相当大的一部分纳税人排除在政策享受范围之外。未达到减税的目的，有可能在利益的驱动下滋生一些骗税行为，后续管理需加大防范、查处力度。

另一方面，加计抵减政策属于一个动态的执行政策，需要纳税人在执行过程中把握两个关键因素：一是四项服务销售额占比的计算。这就需要纳税人能分开核算销售额，并对进项发票进行分类。但实际上有部分纳税人划分不清时间范围、销售应税产品等问题，导致胡乱提交加计抵减申明。二是每一会计年度纳税人需重新计算上年度四项服务销售额占比，以此来确定该年度能否适用加计抵减政策。这些关键因素全部由企业自行判断、自主申报、自行享受，在方便企业的同时也把风险转给了企业。由于企业财务人员水平参差不齐，可能造成一些不知情的情况下的误计算、误享受。这就需要我们税务部门对生产、生活性服务业进行有效的辅导与服务。

总之，对生产、生活性服务业通过采取增值税加计抵减等配套政策，对增强企业活力、完善会计核算、提升经济效益均产生了积极的激励作用，更有利于企业的良性发展。

审稿人：张雪峰

执笔人：乔雄亮 吉振云

附录

2018 年以来山西省出台的主要涉税（费）政策措施

山西省财政厅　国家税务总局山西省税务局关于调整城镇土地使用税税额标准的通知

晋财税〔2019〕1 号

各市、县（市、区）财政局，国家税务总局各市、县（市、区）税务局、山西转型综改示范区税务局：

为了贯彻落实中央和省委经济工作会议精神，实施更大规模的减税降费，助力全省实体经济发展，经省委、省政府同意，自 2019 年 1 月 1 日至 2021 年 12 月 31 日，在国家规定的税额幅度内，将我省城镇土地使用税税额标准普遍下调，统一按现行税额标准的 75% 调整。各市、县（市）城镇土地使用税具体适用税额的调整将由省财政厅、国家税务总局山西省税务局另行下文通知。

山西省财政厅　国家税务总局山西省税务局

2019 年 1 月 23 日

山西省财政厅 国家税务总局
山西省税务局关于转发《财政部 税务总局
关于实施小微企业普惠性税收
减免政策的通知》的通知

晋财税〔2019〕2 号

各市、县（市、区）财政局，国家税务总局各市、县（市、区）税务局、山西转型综改示范区税务局：

现将《财政部 税务总局关于实施小微企业普惠性税收减免政策的通知》（财税〔2019〕13 号，以下简称《通知》）转发给你们。同时，经省委、省政府同意，对《通知》第三条明确如下，请一并贯彻执行。

自 2019 年 1 月 1 日至 2021 年 12 月 31 日，对我省增值税小规模纳税人减按 50%征收资源税（不含水资源税）、城市维护建设税、房产税、城镇土地使用税、印花税（不含证券交易印花税）、耕地占用税和教育费附加、地方教育附加。

附件：财政部 税务总局关于实施小微企业普惠性税收减免政策的通知（略）

山西省财政厅 国家税务总局山西省税务局

2019 年 1 月 23 日

山西省财政厅　国家税务总局

山西省税务局　山西省退役军人事务厅

关于转发《财政部　税务总局　退役军人部

关于进一步扶持自主就业退役士兵创业就业

有关税收政策的通知》的通知

晋财税〔2019〕9号

各市、县（市、区）财政局、退役军人事务局、国家税务总局山西省各市、县（市、区）税务局、山西转型综合改革示范区税务局：

现将《财政部　税务总局　退役军人部关于进一步扶持自主就业退役士兵创业就业有关税收政策的通知》（财税〔2019〕21号，以下简称通知）转发给你们。经省政府同意，对通知第一条、第二条的内容明确如下，请一并贯彻执行。

一、自主就业退役士兵从事个体经营的，自办理个体工商户登记当月起，在3年（36个月，下同）内按每户每年14400元（12000元上浮20%）为限额依次扣减其当年实际应缴纳的增值税、城市维护建设税、教育费附加、地方教育附加和个人所得税。

二、企业招用自主就业退役士兵，与其签订1年以上期限劳动合同并依法缴纳社会保险费的，自签订劳动合同并缴纳社会保险当月起，在 3 年内按实际招用人数予以定额依次扣减增值税、城市维护建设税、教育费附加、地方教育附加和企业所得税优惠。定额标准为按每人每年 9000 元（6000 元上浮 50%）。

三、《山西省财政厅　山西省国家税务局　山西省地方税务局　山西省民政厅关于转发〈财政部　税务总局　民政部关于继续实施扶持自主就业退役士兵创业就业有关税收政策的通知〉的通知》（晋财税〔2017〕18 号）自 2019 年 1 月 1 日起停止执行。

附件：财政部　税务总局　退役军人部关于进一步扶持自主就业退役士兵创业就业有关税收政策的通知（略）

山西省财政厅　国家税务总局山西省税务局

山西省退役军人事务厅

2019 年 4 月 8 日

关于转发《财政部　税务总局
人力资源社会保障部　国务院扶贫办
关于进一步支持和促进重点群体创业就业
有关税收政策的通知》的通知

晋财税〔2019〕10 号

各市、县（市、区）财政局、人力资源和社会保障局、扶贫开发办公室、国家税务总局山西省各市、县（市、区）税务局、山西转型综合改革示范区税务局：

现将《财政部　税务总局　人力资源社会保障部　国务院扶贫办关于进一步支持和促进重点群体创业就业有关税收政策的通知》（财税〔2019〕22 号，以下简称通知）转发给你们。经省政府同意，对通知第一条、第二条的内容明确如下，请一并贯彻执行。

一、建档立卡贫困人口、持《就业创业证》（注明"自主创业税收政策"或"毕业年度内自主创业税收政策"）或《就业失业登记证》（注明"自主创业税收政策"）的人员，从事个体经营的，自办理个体工商户登记当月起，在 3 年（36 个月，下同）内按每户每年 14400 元（12000 元上浮 20%）为限额依次扣减其当年实际应缴纳的增值税、城市维护建设税、教育费附加、地方教育附加和个人所得税。

二、企业招用建档立卡贫困人口，以及在人力资源社会保障部门公共就业服务机构登记失业半年以上且持《就业创业证》或《就业失业登记证》（注明"企业吸纳税收政策"）的人员，与其签订 1 年以上期限劳动合同并依法缴纳社会保险费的，自签订劳动合同并缴纳社会保险当月起，在 3 年内按实际招用人数予以定额依次扣减增值税、城市护建设税、教育费附加、地方教育附加和企业所得税优惠。定额标准为每人每年 7800 元（6000 元上浮 30%）。

三、《山西省财政厅　山西省国家税务局　山西省地方税务局　山西省人力资源和社会保障厅关于转发〈财政部　税务总局　人力资源社会保障部关于继续实施支持和促进重点群体创业就业有关税收政策的通知〉的通知》（晋财税〔2017〕19 号〕自 2019 年 1 月 1 日起停止执行。

附件：财政部　税务总局　人力资源社会保障部　国务院扶贫办关于进一步支持和促进重点群体创业就业有关税收政策的通知（略）

山西省财政厅　国家税务总局山西省税务局
山西省人力资源和社会保障厅　山西省扶贫开发办公室
2019 年 4 月 8 日

山西省人民政府办公厅
关于印发山西省降低社会保险费率
实施方案的通知

晋政办发〔2019〕26 号

各市、县人民政府、省人民政府各委、办、厅、局：

《山西省降低社会保险费率实施方案》已经省人民政府同意，现印发给你们，请认真贯彻执行。

山西省人民政府办公厅

2019 年 4 月 22 日

山西省降低社会保险费率实施方案

为贯彻落实《国务院办公厅关于印发降低社会保险费率综合方案的通知》（国办发〔2019〕13号）精神，降低社会保险（以下简称社保）费率，完善社会保险制度，制定本方案。

一、降低养老保险单位缴费比例

自2019年5月1日起，全省企业和机关事业单位基本养老保险单位缴费比例由20%降至16%。

二、继续阶段性降低失业保险、工伤保险费率

自2019年5月1日起，继续执行失业保险总费率1%，其中，单位部分0.7%，个人部分0.3%。延长阶段性降低费率的期限至2020年4月30日。

自2019年5月1日起，在保持工伤保险八类行业费率总体稳定的基础上，朔州市各类用人单位的现行费率保持不变，继续执行费率下调20%的规定；吕梁市、晋城市两个统筹地区各类用人单位的现行费率由执行下调50%的规定改为下调20%；太原市、临汾市两个统筹地区各类用人单位的现行费率保持不变，执行费率下调50%的规定。降低费率的期限执行至2020年4月30日。下调费率期间，统筹地区工伤保险基金累计结余可支付月数降到12个月及以下的，停止下调费率。

三、调整社保缴费基数政策

调整就业人员平均工资计算口径。从2019年1月1日起，以省统计局公告的上年全省城镇非私营单位就业人员平均工资和城镇私营单位就业人员平均工资加权计算的全口径城镇单位就业人员平均工资，核定社保个人缴费基数上下限，每年由省人力资源社会保障厅、省财政厅、省税务局和省医保局公布。

完善个体工商户和灵活就业人员缴费基数政策。从 2019 年 1 月 1 日起，个体工商户和灵活就业人员参加企业职工基本养老保险，可以在我省全口径城镇单位就业人员平均工资的 60% 至 300% 之间选择适当的缴费基数。以前规定与本方案规定不一致的，按本方案规定执行。

平均工资计算口径调整后，基本养老金计发以确保退休人员待遇水平平稳衔接为原则，另行制定过渡办法。

四、完善养老保险省级统筹

认真贯彻落实《山西省人民政府关于完善企业职工基本养老保险省级统筹制度的通知》精神，结合降低养老保险单位缴费比例、调整社保缴费基数政策等措施，规范养老保险参保缴费、单位及个人缴费基数核定办法等政策，加快推进企业职工基本养老保险省级统筹，确保 2020 年 1 月 1 日企业职工基本养老保险基金省级统收统支启动运行。

五、健全确保发放措施

各地、各部门要高度重视，统筹考虑降低费率工作的落实，在确保企业社保费负担有实质性下降的前提下，采取有力措施，确保退休人员养老金按时足额发放。完善省级统筹，实行基金省级统收统支，增强基金抵御风险能力。加强基金预算管理，强化基金预算的严肃性和约束性，确保应收尽收，杜绝违规支出。建立基金缺口责任分担机制，合理确定省、市、县三级政府对基金缺口的分担办法。最大程度实现基金的保值增值，按照国家有关规定开展基金投资运营，增加基金收入，提高基金供给能力。同时，要加强基金监管监测，防控风险，维护基金安全。

六、稳步推进社保费征收体制改革

企业职工基本养老保险和企业职工其他险种缴费，原则上暂按现行征收体制继续征收，稳定缴费方式，按照省政府统一部署，成熟后实施划转；机关事业单位社保费和城乡居民社保费征管职责如期划转。人力资源社会保障、财政、税务、医保部门要抓紧推进信息共享平台建设等各项工作，切实加强信息共享，确保征收工作有序衔接。要妥善处理好企业历史欠费问题，在征收体制改革过程中不得自行对企业历史欠费进行集中清缴，不得采取任何增加小微企业实际缴费负担的做法，避免造成企业生产经营困难。要建立工作协调机制，统筹协调降低社保费率和社保费征收体制改革相关工作。

七、建立工作协调机制

省政府建立工作协调机制，统筹协调降低社保费率和社保费征收体制改革相关工作。市、县政府要建立由政府负责人牵头，人力资源社会保障、财政、税务、医保等部门参加的工作协调机制，统筹协调降低社保费率以及征收体制改革过渡期间的工作衔接，提出具体安排，确保各项工作顺利进行。

八、抓好组织实施

降低社会保险费率是减轻企业负担、优化营商环境、完善社会保险制度的重要举措。各地、各部门要统一思想，提高认识，加强领导，密切协同配合，加强宣传解读，正确引导舆论，精心组织实施。省人力资源社会保障厅、省财政厅、省税务局、省医保局要加强指导和监督检查，及时研究解决工作中遇到的问题，确保各项政策措施落到实处。

国家税务总局山西省税务局
关于印发《全省税务系统全面支持民营企业
发展若干措施》的通知

晋税发〔2018〕105 号

国家税务总局山西省各市税务局、国家税务总局山西转型综合改革示范区税务局，省局各处室、单位：

现将《全省税务系统全面支持民营企业发展若干措施》印发给你们，请结合实际认真抓好贯彻落实。工作中的经验做法和意见建议，请及时向国家税务总局山西省税务局（政策法规处）报告。

国家税务总局山西省税务局

2018 年 12 月 13 日

全省税务系统全面支持民营企业发展
若干措施

为深入贯彻习近平总书记在民营企业座谈会上的重要讲话精神，认真落实《国家税务总局关于实施进一步支持和服务民营经济发展若干措施的通知》（税总发〔2018〕174号）和《中共山西省委、山西省人民政府关于支持民营经济发展的若干意见》（晋发〔2018〕37号）有关工作部署，充分发挥税务部门职能作用，进一步支持和服务民营经济发展，现提出如下措施：

一、精准落实扶持政策，促进民营企业减税降负

（一）加强税收政策宣传辅导

通过门户网站、微信公众号、12366纳税服务热线、电子税务局、办税服务厅、纳税人学堂和上门辅导等途径，及时推送增值税等实质性减税，小微企业、科技型初创企业普惠性税收免除等税费优惠政策，开通民营企业税收优惠政策专线，为民营企业提供权威、规范、统一的政策口径，帮助民营企业用足用好用活各项税费优惠政策。依托税收征管信息系统，加强动态监测，对应享未享相关税费优惠的企业，及时提示、专人辅导，帮助民营企业对相关税费优惠政策应知尽知、应享尽享，推动国家出台的各项减税降费政策落地、落细、落实。

（二）不折不扣落实税收优惠政策

全省各级税务机关坚决贯彻组织收入原则，坚持依法征税，坚决不收"过头税"，坚决落实各项税收优惠政策，切实减轻民营企业税收负担。运用内控监督平台，杜绝延缓征收、提前征收等行为。依托数据分析及信息化手段，查找政策落实短板和薄弱环节，不断加强政策管理，做到应减尽减快减、应免尽免快免、应退尽退快退。民营企业所得税优惠事项采取"自行判别、申报享受、相关资料留存备查"办理方式，企业在季（月）度或年度纳税申报时享受。开展事中跟踪调查，民营企业在同等条件下，与其他纳税人一样享受税收优惠政策。

（三）稳定社会保险费缴费方式

各级税务机关要积极稳妥有序做好社保费征管职责划转前后各项工作，在社保费征管机制改革过程中，要确保缴费方式稳定。认真配合有关部门研究提出降低社保费率等建议，严格落实阶段性降低费率等相关政策，确保总体上不增加企业负担，确保企业社保缴费实际负担有实质性下降。各级税务机关一律不得自行组织开展对缴费人以前年度欠费的集中清缴。

（四）加强税收政策调研分析

深入开展"万名税干入企服务"活动，广泛收集、及时解决政策执行、征收管理不当而造成民营企业生产经营过程中的困难和问题。围绕进一步加大减税力度，深入组织开展调查研究，做好政策效应分析，积极提出有针对性、切实可行的意见建议。

（五）适时降低城镇土地使用税适用税额

组织开展全省城镇土地使用税税额等级标准全面摸底和针对性调研。对比周边经济发展相近地区，统筹考虑企业负担、政府财力等因素，对于标准偏高、企业负担较重的，提出调整方案，使土地使用税标准与经济发展程度更相适应，切实减轻民营企业税收负担。

（六）支持民营企业科技创新

加快民营高新技术企业的培育和认定。与科技部门互通信息，协同落实研发费用税前加计扣除等扶持科技创新的相关税收优惠政策。依托税收征管信息系统，筛选科技型中小企业入库登记编号第 11 位为"0"，在企业所得税汇算清缴未享受研发费用税前加计扣除优惠的企业名单，对符合条件的企业"点对点"进行辅导，允许在 2019 年 12 月 31 日前更正年度纳税申报追溯享受研发费用税前加计扣除优惠。

（七）支持新经济、新业态、新模式发展

按照省政府统一部署，积极配合有关部门争取在我省设立跨境电子商务综合试验区，落实好跨境电商零售出口"无票免税"政策；摸清我省外贸综合服务企业底数，认真落实鼓励外贸综合服务企业发展的措施，积极支持市场采购贸易方式发展。

（八）培育民营企业上规模

充分发挥税收职能作用，扶持小微企业转型升级，促进民营企业做大做强。自2018年起给予"小升规"企业3年的适应调整期，3年内保持税收负担总体不增，可继续享受相关税收优惠政策。依托税收征管信息系统，筛选"小升规"企业名单，开展针对性辅导，提升纳税服务质效，推进"小升规"企业稳步增长。

二、深入推进简政放权，激发民营企业发展活力

（九）推行容缺办理

在实体办税厅提供"承诺制"容缺办理服务，将承诺履约情况与纳税信用紧密结合，实现守信激励和失信惩戒。在税务注销、一般纳税人登记、申报纳税、优惠办理等环节，凡符合条件的民营企业等纳税人，如相关资料不全，由首次接待的工作人员根据纳税人实际情况，一次性告知办理流程、事项、资料和时限，可在其做出承诺后，即时办理相关业务。

（十）精简办税资料

2019年对民营企业等纳税人向税务机关报送的资料精简25%以上，省及省以下税务局规范性文件设定的证明资料一律取消。对法定代表人已采集实名信息的A级、B级纳税人办理涉税事项时不再提供证明资料，由纳税人留存备查。实行涉税资料清单管理，清单之外原则上不得要求纳税人报送。

（十一）简化注销流程

全面梳理民营企业注销各环节办理事项，进一步优化民营企业税务注销程序，公布统一的企业注销操作指南，破解民营企业注销难题。

（十二）加快出口退税进度

实现出口退（免）税管理类别为一类、二类的出口企业全面推行无纸化退税申报。将所有企业审核办理出口退税的平均时间压缩至7个工作日。

（十三）优化发票管理

推进发票领用分类分级管理，全面推行发票网上申领。优化电子税务

局发票领用开具功能，实现网上代开增值税电子普通发票。严格执行关于走逃（失联）企业开具增值税专用发票认定处理有关规定，不得随意扩大异常凭证采集范围。严格停供发票管理，除《税收征收管理法》第七十二条规定外，不得停止向民营企业等纳税人发放发票。纳税人依法接受税务机关处理，并依法履行义务后，主动对纳税人提供发票。根据纳税人实际经营情况，合理确定增值税发票领用数量和最高开票限额，切实保障民营企业正常生产经营所需发票，严禁在发票领用中对民营企业设置不合理限制。

（十四）整合税收信息系统

加强税收信息系统整合优化工作，将原系统进行整合，完成数据库合并，对征管流程和岗责体系进行梳理和配置，实现统一岗位设置、统一工作流程和统一办理标准。全面整合现有税收业务系统，消除系统数据壁垒，进一步提高信息系统的稳定性和办税服务质效，实现跨信息系统流程整合、数据自动传递，一处录入多处使用。

三、持续优化纳税服务，增进民营企业办税便利

（十五）推进电子税务局建设

建设集成融合法人税收、自然人税收、社保费和非税收入业务的电子税务局，实现纳税人登录身份唯一、状态一致；实现所有税（费）的申报、缴税（费）操作同一入口、同一平台；实现所有关联申报表的数据自动生成、自动推送。持续扩大"全程网上办"事项范围，2019年底前涉税服务事项90%实现全程网上办。推进"山西省电子税务局"与"山西政务服务平台"数据对接和单点登录，实现纳税人办理相关税务行政审批事项"一网通办"。结合山西省电子税务局做好"一表集成"推广应用。

（十六）推进"一次"办税

优化提升办税服务厅"一站式"功能，加快实现"前台综合受理、后台分类审批、综合窗口出件"，实现民营企业等纳税人必须到现场办理的事项"只进一扇门"。2018年底前即办类涉税事项全部由办税服务厅窗口办结，部分审核审批职能前移至办税服务厅，实现50%以上涉税事项一次办结。2019年底前进一步优化内部工作流程和岗责配置，将全部审核审批职

能前移至办税服务厅，实现 70%以上涉税事项一次办结，所有依申请事项"一站式"办结。

（十七）优化纳税申报

加快电子税务局与金税三期系统、增值税发票管理新系统等系统集成。探索推行纳税申报"提醒纠错制"，根据纳税人的基础信息和其他数据，自动生成申报表，推送纳税人，由纳税人确认、提交，完成纳税申报。根据各信息系统数据、各税种申报表逻辑关系，自动校验并推送提醒信息和纠错方法，便利民营企业等纳税人申报纳税。

（十八）推进多元化缴退库

将微信、支付宝等第三方支付平台纳入国库业务，丰富多元化缴库方式，为从事个体经营的民营纳税人办理缴款缴库提供便利。推进税收电子退库全联网、全覆盖，实现申报、证明办理、核准、退库等业务网上办理，提高资金退付和使用效率，增强民营企业等纳税人的资金流动性。

（十九）建立纳税信用修复机制

帮助受到国家、省委、省政府嘉奖的民营企业以及"小升规"、上市后备、科技创新、"专精特新"、新旧动能转换以及地方政府重点扶持的民营企业，完善财务制度、规范财务管理、修复纳税信用、提升信用级别，享受各项纳税信用激励服务措施，支持民营企业实现更好发展。

（二十）深化"银税互动"

深化"以信换贷、以税增信"的银税合作机制，与银保监部门共同建立银税合作制度，共同搭建银税企信用合作平台（银税合作服务平台），将合作覆盖面由诚信纳税小微企业拓展到大中型民营企业，扩大受惠范围，提高授信额度。推进"银税互动"由"线下"转"线上"，便利民营企业及时获得信贷产品信息，提高贷款成功率，加大对民营企业出口的支持力度。

（二十一）建立税企沟通机制

会同工商联和协会商会等部门，进一步扩展税企双方沟通渠道和平台。经常性通过召开座谈会等方式，面对面征询民营企业意见，及时回应关切。依托 12366 纳税服务热线、微信、微博等渠道，在全省范围组织开展民营企业需求专项调查。

(二十二) 建立涉税诉求受理和解决机制

明确专门部门,组织专门力量,集中受理和协调解决中小企业在生产经营过程中遇到的跨区域税收执法标准不统一、政策执行口径不一致等问题。

(二十三) 主动帮扶经营困难企业

对确有特殊困难而不能按期缴纳税款的民营企业,依法办理税款延期缴纳,在缓缴期限内不加收滞纳金,缓解企业资金压力。

(二十四) 支持民营企业"走出去"

适应民营企业"走出去"需要,落实企业境外所得税综合抵免政策。根据每个企业的不同情况,逐户辅导"走出去"企业在"分国(地区)不分项"或"不分国(地区)不分项"两者间进行最优选择,计算其可抵免境外所得税税额和抵免限额。针对我省"走出去"企业所在国家(地区),开展针对性辅导,送协定上门,帮助企业了解掌握投资目的地国家(地区)税收政策,避免双重征税,维护自身合法权益。

四、严格规范税收执法,营造公平公正税收环境

(二十五) 加强公平竞争审查

加强税收规范性文件管理,严格落实合法性审查和公平竞争审查制度。制定税收规范性文件,不得随意增加民营企业的办税事项、业务流程、表证单书等,不得变相增加已取消的行政审批项目。建立税收规范性文件清理长效机制,根据立法变化及经济社会发展变化,及时对税收规范性文件中不利于民营经济发展的内容进行修订、清理。

(二十六) 规范税务检查

除涉税举报、违法线索明显等情形外,一律运用税收大数据开展风险分析。坚持无风险不检查。对正常生产经营的企业,要少打扰乃至不打扰;对低风险纳税人,采取提醒服务、电话或当面约谈等措施,督促纳税人自我纠错自行消除风险;对中高风险纳税人,采取实地核查、纳税评估、税务审计、反避税调查等措施,帮助纳税人控制税务风险。

(二十七) 规范税务行政处罚

优化税务行政处罚流程,简化办理环节,规范执法行为。严格执行《山西省税务行政处罚裁量基准(试行)》,对民营企业等纳税人首次违反税收日常管理且情节轻微的行为,并在税务机关发现前主动改正的或者在税务机关责令限期改正的期限内改正的，不予行政处罚。

（二十八）完善守信激励和失信惩戒机制

对进入"红名单"（A级纳税人）的民营企业提供不安排税务检查、发票按需供应、优先办理退税、融资增信等激励措施。对进入"黑名单"（重大税收违法案件纳税人）的民营企业，一律将纳税信用级别降为D级，对达到公布标准的重大税收违法失信案件信息，及时通过省局门户网站予以公布，并将失信案件信息推送管理部门和实施联合惩戒的相关单位，共同实施监管和联合惩戒。

（二十九）保障法律救济权利

建立税收调解机制。落实纳税人诉求和意见受理快速反应机制，及时处理民营企业纳税人的诉求和意见。对民营企业反映的执法问题、提出的行政复议申请要积极依法受理并在法定的期限内办理。对民营企业因经营困难一时无力缴清税款、滞纳金或无法提供担保等原因，不符合行政复议受理条件的，复议机关在依法处理的同时，要甄别情况，发现主管税务机关税收执法行为确有错误的，及时督促其依法纠正。

（三十）加强税收执法监督

积极推行税务行政执法公示制度、税收执法全过程记录制度、重大税收执法决定法制审核制度。开展执法风险数据推送。加强内控监督平台税收执法考评与过错责任追究子系统运用，严格开展税收执法过错责任追究。畅通举报渠道，扩大线索来源，对反映税务干部简单粗暴执法、任性任意执法、选择执法、情绪执法、吃拿卡要等行为的问题线索，加大督办力度，坚持严查快处，坚决纠正损害民营企业等纳税人利益的不正之风。

支持和服务民营经济发展是一项长期任务。全省各级税务机关党委要高度重视支持和服务民营经济发展工作，党委书记是第一责任人，要亲自组织、亲自部署、亲自过问，统筹研究工作安排并认真抓好督导落实。各级税务机关党委在年度工作报告中，要专门就支持和服务民营经济发展工作情况进行报告。省局已将支持民营经济发展的各项政策措施落实情况列入2019年度督查计划，对督查中发现的问题实行台账管理、清零销号，并纳入绩效考评，确保各项政策措施落实到位，精准助力我省民营企业健康发展，为服务我省经济高质量转型发展做出更大贡献。

国家税务总局山西省税务局
关于实施便民办税缴费
新举措(第一批)的通知

晋税函〔2019〕194 号

国家税务总局山西省各市税务局、山西转型综合改革示范区税务局,省局各处室、单位:

"不忘初心、牢记使命"主题教育开展以来,省税务局紧扣"守初心、担使命、找差距、抓落实"总要求,聚焦办税缴费服务中的"堵点、痛点、难点"问题,充分运用互联网技术和大数据优势,以打造"便民税务、效能税务、智慧税务"为目标,检视并整改推出第一批便民办税缴费举措,以更好地服务纳税人、缴费人。

一、推行办税服务厅导税预审服务。全省各办税服务厅进行现代化改造,合理设置功能区、调整窗口设置、增加现代化设备,打造温馨、舒适的现代化办税环境。各办税服务厅设置导税预审服务区,配备熟悉业务、掌握各类业务办理渠道、素质较高的干部通过固定或流动方式,为纳税人提供导税咨询和资料预审服务。资料预审与人工窗口一次叫号,经预审资料齐备的纳税人到窗口一次性快速办理业务。

二、推广电子化办税模式。全省各办税服务厅窗口推广应用电子税务局为纳税人办理业务，并通过双屏展示向纳税人示范电子税务局操作。各办税服务厅要合理设置电子办税区，配备高性能电脑设备，并安排办税辅导员，"一对一"辅导纳税人操作电子税务局办理涉税业务，通过示范、辅导带动纳税人熟悉电子税务局操作，引导更多纳税人"少跑马路、多走网路"。

三、试点取消纸质资料报送。试点开展对增值税一般纳税人，凡通过网上办理的业务，所需报送资料通过电子税务局、自助办税终端等采集上传，税务机关不再要求纳税人报送纸质资料，改由纳税人留存备查。

四、大幅拓展网上办理事项。进一步完善电子税务局功能，将"全程网上办"事项由 6 大类 117 项大幅拓展到 218 项，实现纳税人自主办理的报告、发票、申报、缴税费、退税等各类业务"足不出户网上办"，让纳税人、缴费人"一次都不用跑"。

五、推行智能填表免填单服务。进一步推进电子税务局智能化升级，通过建立税费种联动，实现业务关联的申报数据自动清分、报表智能生成、关联税费申报"一表集成"，加快推行"智能填表＋推送确认"办税新模式，为纳税人提供"免填单"服务，让办税缴费更智能、更便捷。

六、推行发票智能动态供应服务。取消增值税发票增版增量人工办理。通过优化征管信息系统，实行发票"蓄水池"式智能动态供应管理。征管信息系统将根据纳税人历史用票情况、用票习惯等因素，对发票版面和份数进行动态调整，当发票版面和份数不能满足纳税人实际需求，系统将自动向纳税人推送发票版面和用量调整提醒；当纳税人发票存量低于预警值，系统自动启动发票供应，提高发票供应效率。

七、大幅压缩新办纳税人首次办税时间。电子税务局推出"新办纳税人套餐升级版"，对已领取营业执照的纳税人，电子税务局自动处理纳税人申报缴税前的 9 项前置业务，实现首次办理涉税前置事项"一体化"智能联办，将新办纳税人首次办理时间从目前最短 1 个工作日压缩至 3—10 分钟。

八、推行"出口退税直通车"服务。在电子税务局推出"出口退税直通车"套餐，出口退税分类管理类别为一类的出口企业，可通过电子税务局办理出口退税申报，电子税务局自动比对，校验通过后自动生成收入退还书，实现出口退税从申报到核准全程自动办理、快速退税。

九、推行"一站式"注销模式。税务部门与市场监管部门共同建立企业注销网上服务专区，通过部门"信息共享、同步指引"，实现税务部门信息系统与市场监管部门企业登记注销系统数据实时共享，税务注销监控信息、清税申报信息实时传递，企业注销网上"一站式"联合办理服务，为企业退出市场提供更加便利快捷服务。

十、推行涉税违法网上自主办结。推出涉税违法处置纳税人网上受领、自助缴纳办理模式。对纳税人发生逾期办理纳税申报等涉税违法行为的，电子税务局将自动识别并向纳税人推送提示信息。主管税务机关对纳税人涉税违法行为做出税务行政处罚后，电子税务局将同步产生应缴罚款信息，并及时向纳税人推送，纳税人可选择在电子税务局上自行受领、自助办理。

各级税务机关要坚持"为民情怀、互联网思维、大数据关联、治理体系思考"的要求，进一步转变作风，突出问题导向，推进自我革新，认真落实减税降费各项政策规定，切实抓好便民办税缴费新举措的落地生效，真正为纳税人和缴费人办实事、解难题，确保主题教育工作取得实效，确保减税降费政策落地生根。

国家税务总局山西省税务局

2019 年 9 月 6 日

1994—2018 年税收收入统计数据

1994—2018 年税收收入完成情况表

单位：万元

年度	税收收入	比同期 ±%	其中：中央级	比同期 ±%	其中：地方级	比同期 ±%
1994 年	1028935		502440		526495	
1995 年	1262568	22.71	620370	23.47	642198	21.98
1996 年	1447049	14.61	707819	14.10	739230	15.11
1997 年	1609855	11.25	771560	9.01	838295	13.40
1998 年	1767107	9.77	858460	11.26	908647	8.39
1999 年	1712302	−3.10	780690	−9.06	931612	2.53
2000 年	1893303	10.57	910228	16.59	983075	5.52
2001 年	2271714	19.99	1121039	23.16	1150675	17.05
2002 年	2687377	18.30	1446527	29.03	1240850	7.84
2003 年	3432645	27.73	1960713	35.55	1471932	18.62
2004 年	4804831	39.97	2826958	44.18	1977873	34.37
2005 年	6998164	45.65	4278994	51.36	2719170	37.48
2006 年	8410964	20.19	5119586	19.64	3291378	21.04
2007 年	10951480	30.20	6661393	30.12	4290087	30.34
2008 年	14147254	29.18	8489999	27.45	5657255	31.87
2009 年	13764509	−2.71	7981974	−5.98	5782535	2.21
2010 年	16118773	17.10	9230090	15.64	6888683	19.13
2011 年	20178572	25.19	11440397	23.95	8738175	26.85
2012 年	22740099	12.69	12437725	8.72	10302374	17.90
2013 年	22231080	−2.24	10989426	−11.64	11241654	9.12
2014 年	20753489	−6.65	9536553	−13.22	11216936	−0.22
2015 年	18545383	−10.64	8101919	−15.04	10443464	−6.90
2016 年	17885081	−3.56	7753190	−4.30	10131891	−2.98
2017 年	24755835	38.42	10856773	40.03	13899062	37.18
2018 年	28886387	16.69	12523669	15.35	16362718	17.73

2019 年上半年税收收入统计数据

各项收入分税（费）完成情况表

报表所属期：2019 年 6 月

单位：万元

项目	年度预期	累计	比同期±额	比同期±%	为年度预期(%)
各项收入总计	—	21213308	2125308	11.13	—
其中：一般预算收入	—	11163548	1303401	13.22	—
一、税收收入合计	32480000	19158262	2190455	12.91	58.98
其中：中央级	14160000	8502530	920327	12.14	60.05
地方级	18320000	10655732	1270128	13.53	58.16
其中：省级	5590000	3369477	461317	15.86	60.28
1.国内增值税	15420000	8891254	911696	11.43	57.66
2.国内消费税	820000	588054	115693	24.49	71.71
3.企业所得税	6525000	4515778	807666	21.78	69.21
4.个人所得税	1498000	506245	−299027	−37.13	33.79
5.资源税	3780000	2198169	404905	22.58	58.15
其中：煤炭资源税	3280000	1931416	318437	19.74	58.88
水资源税	340000	188910	79596	72.81	55.56
6.城镇土地使用税	358000	190902	−37199	−16.31	53.32
7.城市维护建设税	874000	435269	15846	3.78	49.80
8.印花税	305000	162294	23230	16.70	53.21
9.土地增值税	625000	311085	1616	0.52	49.77
10.房产税	440000	243031	−13795	−5.37	55.23
11.车船税	230000	125361	7827	6.66	54.50
12.车辆购置税	816000	451336	59171	15.09	55.31
13.烟叶税	2000	1003	−664	−39.83	50.15
14.耕地占用税	116000	56823	370	0.66	48.99
15.契税	521000	396538	173272	77.61	76.11
16.环境保护税	150000	74389	38740	108.67	49.59
17.其他税收收入	—	10731	−18892	−63.77	—
二、非税收入合计	—	895589	67500	8.15	—
三、社会保险费收入合计	—	1159457	−132647	−10.27	—
四、海关代征	—	88101	−18239	−17.15	—
五、出口退税(含免抵调)	—	245639	−718	−0.29	—

说明：各项收入合计包括税收收入合计、非税收入合计和社会保险费收入合计。

税收收入分单位完成情况表

报表所属期：2019 年 6 月

单位：万元

单位	税收收入					其中:地方级税收				
	年度预期	收入额	累计收入 比同期±额	比同期±%	为年度预期(%)	年度预期	收入额	累计收入 比同期±额	比同期±%	为年度预期(%)
全省合计	32480000	19158262	2190455	1291	5898	18320000	10655732	1270128	1353	5816
太原市	7275700	3677499	140493	397	5054	3862500	2008159	127207	676	5199
大同市	2549785	1785969	318666	2172	7004	1410520	950623	175299	2261	6740
阳泉市	1120000	609765	-7513	-122	5444	672500	366404	-240	-007	5448
长治市	3470000	2034348	205296	1122	5863	2024000	1174942	146265	1422	5805
晋城市	2593603	1426874	62999	462	5502	1543069	833223	41725	527	5400
朔州市	2000000	1152417	164289	1663	5762	1238200	670762	91052	1571	5417
忻州市	1534000	977396	178382	2233	6372	859000	541221	94953	2128	6301
晋中市	2720000	1726193	239196	1609	6346	1561400	985669	150662	1804	6313
吕梁市	4194500	2618079	400654	1807	6242	2346100	1406035	180328	1471	5993
临汾市	2560000	1604675	230464	1677	6268	1460000	910406	130943	1680	6236
运城市	1600000	998514	160430	1914	6241	830000	510699	77862	1799	6153
示范区	850000	546533	97099	2160	6430	460000	297589	54072	2220	6469

税收收入分级次分单位完成情况表

报表所属期：2019年6月

单位：万元

单位	中央级税收			省级税收			市县级税收		
	收入额	累计收入比同期±额	比同期±%	收入额	累计收入比同期±额	比同期±%	收入额	累计收入比同期±额	比同期±%
全省合计	8502530	920327	12.14	3369477	461317	15.86	7286255	808811	12.49
太原市	1669340	13286	0.80	508066	52545	11.54	1500093	74662	5.24
大同市	835346	143367	20.72	288670	56507	24.34	661953	118792	21.87
阳泉市	243361	-7273	-2.90	125358	-766	-0.61	241046	526	0.22
长治市	859406	59031	7.38	428080	57252	15.44	746862	89013	13.53
晋城市	593651	21274	3.72	300578	15005	5.25	532645	26720	5.28
朔州市	481655	73237	17.93	233572	31730	15.72	437190	59322	15.70
忻州市	436175	83429	23.65	179478	31803	21.54	361743	63150	21.15
晋中市	740524	88534	13.58	315820	63685	25.26	669849	86977	14.92
吕梁市	1212044	220326	22.22	493775	67885	15.94	912260	112443	14.06
临汾市	694269	99521	16.73	301962	52626	21.11	608444	78317	14.77
运城市	487815	82568	20.37	129523	21825	20.27	381176	56037	17.23
示范区	248944	43027	20.90	64595	11220	21.02	232994	42852	22.54

2019 年新出台的减税政策情况表

2019 年新出台的减税政策情况表

序号	文件名称	文号	发布日期	执行期限	政策要点
1	《财政部　税务总局关于实施小微企业普惠性税收减免政策的通知》	财税〔2019〕13 号	2019 年 1 月 17 日	2019 年 1 月 1 日至 2021 年 12 月 31 日	（一）对月销售额 10 万元以下（含本数）的增值税小规模纳税人，免征增值税。 （二）对小型微利企业年应纳税所得额不超过 100 万元的部分，减按 25%计入应纳税所得额，按 20%的税率缴纳企业所得税；对年应纳税所得额超过 100 万元但不超过 300 万元的部分，减按 50%计入应纳税所得额，按 20%的税率缴纳企业所得税。 （三）由省、自治区、直辖市人民政府根据本地区实际情况，以及宏观调控需要确定，对增值税小规模纳税人可以在 50%的税额幅度内减征资源税、城市维护建设税、房产税、城镇土地使用税、印花税（不含证券交易印花税）、耕地占用税和教育费附加、地方教育附加。 （四）《财政部 税务总局关于创业投资企业和天使投资个人有关税收政策的通知》（财税〔2018〕55 号）第二条第（一）项关于初创科技型企业条件中的"从业人数不超过 200 人"调整为"从业人数不超过 300 人"，"资产总额和年销售收入均不超过 3000 万元"调整为"资产总额和年销售收入均不超过 5000 万元"。
2	《国务院关于印发个人所得税专项附加扣除暂行办法的通知》	国发〔2018〕41 号	2018 年 12 月 13 日	自 2019 年 1 月 1 日起施行	政策规定子女教育、继续教育、大病医疗、住房贷款利息或者住房租金、赡养老人等 6 项专项附加扣除办法。

序号	文件名称	文号	发布日期	执行期限	政策要点
3	《财政部 税务总局 海关总署关于深化增值税改革有关政策的公告》	财政部 税务总局 海关总署公告 2019 年第 39 号	2019 年 3 月 20 日	自 2019 年 4 月 1 日起执行	(一)增值税一般纳税人(以下称纳税人)发生增值税应税销售行为或者进口货物,原适用 16% 税率的,税率调整为 13%;原适用 10% 税率的,税率调整为 9%。纳税人购进农产品,原适用 10% 扣除率的,扣除率调整为 9%。同时,调整相应的扣除率和退税率。(二)自 2019 年 4 月 1 日起,纳税人取得不动产或者不动产在建工程的进项税额不再分 2 年抵扣。此前按照上述规定尚未抵扣完毕的待抵扣进项税额,可自 2019 年 4 月税款所属期起从销项税额中抵扣。(三)纳税人购进国内旅客运输服务,其进项税额允许从销项税额中抵扣。(四)自 2019 年 4 月 1 日至 2021 年 12 月 31 日,允许生产、生活性服务业纳税人按照当期可抵扣进项税额加计 10%,抵减应纳税额。(五)自 2019 年 4 月 1 日起,试行增值税期末留抵税额退税制度。
4	《财政部 海关总署 税务总局 药监局关于罕见病药品增值税政策的通知》	财税〔2019〕24 号	2019 年 2 月 20 日	自 2019 年 3 月 1 日起执行	(一)自 2019 年 3 月 1 日起,增值税一般纳税人生产销售和批发、零售罕见病药品,可选择按照简易办法依照 3% 征收率计算缴纳增值税。上述纳税人选择简易办法计算缴纳增值税后,36 个月内不得变更。(二)自 2019 年 3 月 1 日起,对进口罕见病药品,减按 3% 征收进口环节增值税。
5	《财政部 税务总局关于保险企业手续费及佣金支出税前扣除政策的公告》	财政部 税务总局公告 2019 年第 72 号	2019 年 5 月 28 日	自 2019 年 1 月 1 日起执行	保险企业发生与其经营活动有关的手续费及佣金支出,不超过当年全部保费收入扣除退保金等后余额的 18%(含本数)的部分,在计算应纳税所得额时准予扣除;超过部分,允许结转以后年度扣除。

序号	文件名称	文号	发布日期	执行期限	政策要点
6	《财政部 税务总局关于明确养老机构免征增值税等政策的通知》	财税〔2019〕20 号	2019 年 2 月 2 日	2019 年 2 月 1 日至 2020 年 12 月 31 日	（一）自 2019 年 2 月 1 日至 2020 年 12 月 31 日，医疗机构接受其他医疗机构委托，按照不高于地(市)级以上价格主管部门会同同级卫生主管部门及其他相关部门制定的医疗服务指导价格(包括政府指导价和按照规定由供需双方协商确定的价格等)，提供《全国医疗服务价格项目规范》所列的各项服务，可适用《营业税改征增值税试点过渡政策的规定》(财税〔2016〕36 号印发)第一条第(七)项规定的免征增值税政策。（二）自 2019 年 2 月 1 日至 2020 年 12 月 31 日，对企业集团内单位(含企业集团)之间的资金无偿借贷行为，免征增值税。
7	《财政部 税务总局 退役军人部关于进一步扶持自主就业退役士兵创业就业有关税收政策的通知》	财税〔2019〕21 号	2019 年 2 月 2 日	2019 年 1 月 1 日至 2021 年 12 月 31 日	（一）自主就业退役士兵从事个体经营的，自办理个体工商户登记当月起，在 3 年(36 个月，下同)内按每户每年 12000 元为限额依次扣减其当年实际应缴纳的增值税、城市维护建设税、教育费附加、地方教育附加和个人所得税。限额标准最高可上浮 20%，各省、自治区、直辖市人民政府可根据本地区实际情况在此幅度内确定具体限额标准。(二)企业招用自主就业退役士兵，与其签订 1 年以上期限劳动合同并依法缴纳社会保险费的，自签订劳动合同并缴纳社会保险当月起，在 3 年内按实际招用人数予以定额依次扣减增值税、城市维护建设税、教育费附加、地方教育附加和企业所得税优惠。定额标准为每人每年 6000 元，最高可上浮 50%，各省、自治区、直辖市人民政府可根据本地区实际情况在此幅度内确定具体定额标准。

序号	文件名称	文号	发布日期	执行期限	政策要点
8	《财政部 税务总局 人力资源社会保障部 国务院扶贫办关于进一步支持和促进重点群体创业就业有关税收政策的通知》	财税〔2019〕22号	2019年2月2日	2019年1月1日至2021年12月31日	(一)建档立卡贫困人口,持《就业创业证》(注明"自主创业税收政策"或"毕业年度内自主创业税收政策")或《就业失业登记证》(注明"自主创业税收政策")的人员,从事个体经营的,自办理个体工商户登记当月起,在3年(36个月,下同)内按每户每年12000元为限额依次扣减其当年实际应缴纳的增值税、城市维护建设税、教育费附加、地方教育附加和个人所得税。限额标准最高可上浮20%,各省、自治区、直辖市人民政府可根据本地区实际情况在此幅度内确定具体限额标准。(二)企业招用建档立卡贫困人口,以及在人力资源社会保障部门公共就业服务机构登记失业半年以上且持《就业创业证》或《就业失业登记证》(注明"企业吸纳税收政策")的人员,与其签订1年以上期限劳动合同并依法缴纳社会保险费的,自签订劳动合同并缴纳社会保险当月起,在3年内按实际招用人数予以定额依次扣减增值税、城市维护建设税、教育费附加、地方教育附加和企业所得税优惠。定额标准为每人每年6000元,最高可上浮30%,各省、自治区、直辖市人民政府可根据本地区实际情况在此幅度内确定具体定额标准。城市维护建设税、教育费附加、地方教育附加的计税依据是享受本项税收优惠政策前的增值税应纳税额。
9	《财政部 税务总局 国务院扶贫办关于扶贫货物捐赠免征增值税政策的公告》	财政部 税务总局 国务院扶贫办公告2019年第55号	2019年4月10日	2019年1月1日至2022年12月31日	(一)自2019年1月1日至2022年12月31日,对单位或者个体工商户将自产、委托加工或购买的货物通过公益性社会组织、县级及以上人民政府及其组成部门和直属机构,或直接无偿捐赠给目标脱贫地区的单位和个人,免征增值税。在政策执行期限内,目标脱贫地区实现脱贫的,可继续适用上述政策。"目标脱贫地区"包括832个国家扶贫开发工作重点县、集中连片特困地区县(新疆阿克苏地区6县1市享受片区政策)和建档立卡贫困村。(二)在2015年1月1日至2018年12月31日期间已发生的符合上述条件的扶贫货物捐赠,可追溯执行上述增值税政策。

续表

序号	文件名称	文号	发布日期	执行期限	政策要点
10	《财政部　税务总局　证监会关于创新企业境内发行存托凭证试点阶段有关税收政策的公告》	财政部税务总局证监会公告 2019 年第 52 号	2019 年 4 月 3 日		(一)个人所得税政策 1.自试点开始之日起,对个人投资者转让创新企业 CDR 取得的差价所得,三年(36 个月,下同)内暂免征收个人所得税。 2.自试点开始之日起,对个人投资者持有创新企业 CDR 取得的股息红利所得,三年内实施股息红利差别化个人所得税政策。 (二)企业所得税政策 1. 对企业投资者转让创新企业 CDR 取得的差价所得和持有创新企业 CDR 取得的股息红利所得,按转让股票差价所得和持有股票的股息红利所得政策规定征免企业所得税。 2.对公募证券投资基金(封闭式证券投资基金、开放式证券投资基金)转让创新企业 CDR 取得的差价所得和持有创新企业 CDR 取得的股息红利所得,按公募证券投资基金税收政策规定暂不征收企业所得税。 3.对合格境外机构投资者(QFII)、人民币合格境外机构投资者(RQFII)转让创新企业 CDR 取得的差价所得和持有创新企业 CDR 取得的股息红利所得,视同转让或持有据以发行创新企业 CDR 的基础股票取得的权益性资产转让所得和股息红利所得征免企业所得税。 (三)增值税政策 1. 对个人投资者转让创新企业 CDR 取得的差价收入,暂免征收增值税。 2. 对单位投资者转让创新企业 CDR 取得的差价收入, 按金融商品转让政策规定征免增值税。 3.自试点开始之日起,对公募证券投资基金(封闭式证券投资基金、开放式证券投资基金)管理人运营基金过程中转让创新企业 CDR 取得的差价收入,三年内暂免征收增值税。 4. 对合格境外机构投资者(QFII)、人民币合格境外机构投资者(RQFII)委托境内公司转让创新企业 CDR 取得的差价收入,暂免征收增值税。 (四)印花税政策 自试点开始之日起三年内,在上海证券交易所、深圳证券交易所转让创新企业 CDR,按照实际成交金额,由出让方按 1‰的税率缴纳证券交易印花税。

序号	文件名称	文号	发布日期	执行期限	政策要点
11	《财政部 税务总局 国家发展改革委 生态环境部关于从事污染防治的第三方企业所得税政策问题的公告》	财政部税务总局国家发展改革委生态环境部公告2019年第60号	2019年4月13日	2019年1月1日至2021年12月31日	对符合条件的从事污染防治的第三方企业减按15%的税率征收企业所得税。
12	《财政部 税务总局关于永续债企业所得税政策问题的公告》	财政部税务总局公告2019年第64号	2019年4月16日	自2019年1月1日起施行	(一)企业发行的永续债,可以适用股息、红利企业所得税政策,即:投资方取得的永续债利息收入属于股息、红利性质,按照现行企业所得税政策相关规定进行处理,其中,发行方和投资方均为居民企业的,永续债利息收入可以适用企业所得税法规定的居民企业之间的股息、红利等权益性投资收益免征企业所得税规定;同时发行方支付的永续债利息支出不得在企业所得税税前扣除。(二)企业发行符合规定条件的永续债,也可以按照债券利息适用企业所得税政策,即:发行方支付的永续债利息支出准予在其企业所得税税前扣除;投资方取得的永续债利息收入应当依法纳税。
13	《财政部 税务总局关于扩大固定资产加速折旧优惠政策适用范围的公告》	财政部税务总局公告2019年第66号	2019年4月23日	自2019年1月1日1起执行	自2019年1月1日起,适用《财政部 国家税务总局关于完善固定资产加速折旧企业所得税政策的通知》(财税〔2014〕75号)和《财政部 国家税务总局关于进一步完善固定资产加速折旧企业所得税政策的通知》(财税〔2015〕106号)规定固定资产加速折旧优惠的行业范围,扩大至全部制造业领域。

序号	文件名称	文号	发布日期	执行期限	政策要点
14	《财政部 税务总局 发展改革委 民政部 商务部 卫生健康委关于养老、托育、家政等社区家庭服务业税费优惠政策的公告》	财政部公告 2019 年第 76 号	2019 年 6 月 28 日	2019 年 6 月 1 日至 2025 年 12 月 31 日	(一)为社区提供养老、托育、家政等服务的机构,按照以下规定享受税费优惠政策: 1.提供社区养老、托育、家政服务取得的收入,免征增值税。 2.提供社区养老、托育、家政服务取得的收入,在计算应纳税所得额时,减按 90% 计入收入总额。 3.承受房屋、土地用于提供社区养老、托育、家政服务的,免征契税。 4.用于提供社区养老、托育、家政服务的房产、土地,免征不动产登记费、耕地开垦费、土地复垦费、土地闲置费;用于提供社区养老、托育、家政服务的建设项目,免征城市基础设施配套费;确因地质条件等原因无法修建防空地下室的,免征防空地下室易地建设费。 (二)为社区提供养老、托育、家政等服务的机构自有或其通过承租、无偿使用等方式取得并用于提供社区养老、托育、家政服务的房产、土地,免征房产税、城镇土地使用税。 (三)符合下列条件的家政服务企业提供家政服务取得的收入,比照《营业税改征增值税试点过渡政策的规定》(财税〔2016〕36 号附件)第一条第(三十一)项规定,免征增值税。 1.与家政服务员、接受家政服务的客户就提供家政服务行为签订三方协议; 2.向家政服务员发放劳动报酬,并对家政服务员进行培训管理; 3. 通过建立业务管理系统对家政服务员进行登记管理。

2018 年到期后在 2019 年延续的减税政策情况表

2018 年到期后在 2019 年延续的减税政策情况表

序号	文件名称	文号	发布日期	执行期限	政策要点
1	《财政部 税务总局关于继续对城市公交站场 道路客运站场 城市轨道交通系统减免城镇土地使用税优惠政策的通知》	财税〔2019〕11 号	2019 年 1 月 31 日	2019 年 1 月 1 日至 2021 年 12 月 31 日	对城市公交站场、道路客运站场、城市轨道交通系统运营用地，免征城镇土地使用税。
2	《财政部 税务总局关于继续实行农产品批发市场 农贸市场房产税 城镇土地使用税优惠政策的通知》	财税〔2019〕12 号	2019 年 1 月 9 日	2019 年 1 月 1 日至 2021 年 12 月 31 日	自 2019 年 1 月 1 日至 2021 年 12 月 31 日，对农产品批发市场、农贸市场（包括自有和承租，下同）专门用于经营农产品的房产、土地，暂免征收房产税和城镇土地使用税。对同时经营其他产品的农产品批发市场和农贸市场使用的房产、土地，按其他产品与农产品交易场地面积的比例确定征免房产税和城镇土地使用税。
3	《财政部 税务总局 中央宣传部关于继续实施文化体制改革中经营性文化事业单位转制为企业若干税收政策的通知》	财税〔2019〕16 号	2019 年 2 月 16 日	2019 年 1 月 1 日至 2023 年 12 月 31 日	（一）经营性文化事业单位转制为企业，自转制注册之日起五年内免征企业所得税。2018 年 12 月 31 日之前已完成转制的企业，自 2019 年 1 月 1 日起可继续免征五年企业所得税。（二）由财政部门拨付事业经费的文化单位转制为企业，自转制注册之日起五年内对其自用房产免征房产税。2018 年 12 月 31 日之前已完成转制的企业，自 2019 年 1 月 1 日起对其自用房产可继续免征五年房产税。（三）党报、党刊将其发行、印刷业务及相应的经营性资产剥离组建的文化企业，自注册之日起所取得的党报、党刊发行收入和印刷收入免征增值税。（四）对经营性文化事业单位转制中资产评估增值、资产转让或划转涉及的企业所得税、增值税、城市维护建设税、契税、印花税等，符合现行规定的享受相应税收优惠政策。

续表

序号	文件名称	文号	发布日期	执行期限	政策要点
4	《财政部 税务总局关于高校学生公寓房产税 印花税政策的通知》	财税〔2019〕14号	2019年1月31日	2019年1月1日至2021年12月31日	对高校学生公寓免征房产税。对与高校学生签订的高校学生公寓租赁合同,免征印花税。
5	《财政部 税务总局关于继续实施支持文化企业发展增值税政策的通知》	财税〔2019〕17号	2019年2月13日	2019年1月1日至2023年12月31日	(一)对电影主管部门(包括中央、省、地市及县级)按照各自职能权限批准从事电影制片、发行、放映的电影集团公司(含成员企业)、电影制片厂及其他电影企业取得的销售电影拷贝(含数字拷贝)收入、转让电影版权(包括转让和许可使用)收入、电影发行收入以及在农村取得的电影放映收入,免征增值税。一般纳税人提供的城市电影放映服务,可以按现行政策规定,选择按照简易计税办法计算缴纳增值税。 (二) 对广播电视运营服务企业收取的有线数字电视基本收视维护费和农村有线电视基本收视费,免征增值税。
6	《关于延续供热企业增值税 房产税 城镇土地使用税优惠政策的通知》	财税〔2019〕38号	2019年4月3日		(一) 自2019年1月1日至2020年供暖期结束,对供热企业向居民个人(以下称居民)供热取得的采暖费收入免征增值税。 (二) 自2019年1月1日至2020年12月31日,对向居民供热收取采暖费的供热企业,为居民供热所使用的厂房及土地免征房产税、城镇土地使用税;对供热企业其他厂房及土地,应当按照规定征收房产税、城镇土地使用税。

序号	文件名称	文号	发布日期	执行期限	政策要点
7	《财政部 税务总局关于公共租赁住房税收优惠政策的公告》	财政部税务总局公告2019年第61号	2019年4月15日	2019年1月1日至2020年12月31日	（一）对公租房建设期间用地及公租房建成后占地,免征城镇土地使用税。在其他住房项目中配套建设公租房,按公租房建筑面积占总建筑面积的比例免征建设、管理公租房涉及的城镇土地使用税。 （二）对公租房经营管理单位免征建设、管理公租房涉及的印花税。在其他住房项目中配套建设公租房,按公租房建筑面积占总建筑面积的比例免征建设、管理公租房涉及的印花税。 （三）对公租房经营管理单位购买住房作为公租房,免征契税、印花税;对公租房租赁双方免征签订租赁协议涉及的印花税。 （四）对企事业单位、社会团体以及其他组织转让旧房作为公租房房源,且增值额未超过扣除项目金额20%的,免征土地增值税。 （五）企事业单位、社会团体以及其他组织捐赠住房作为公租房,符合税收法律法规规定的,对其公益性捐赠支出在年度利润总额12%以内的部分,准予在计算应纳税所得额时扣除,超过年度利润总额12%的部分,准予结转以后三年内在计算应纳税所得额时扣除。个人捐赠住房作为公租房,符合税收法律法规规定的,对其公益性捐赠支出未超过其申报的应纳税所得额30%的部分,准予从其应纳税所得额中扣除。 （六）对符合地方政府规定条件的城镇住房保障家庭从地方政府领取的住房租赁补贴,免征个人所得税。 （七）对公租房免征房产税。对经营公租房所取得的租金收入,免征增值税。公租房经营管理单位应单独核算公租房租金收入,未单独核算的,不得享受免征增值税、房产税优惠政策。

序号	文件名称	文号	发布日期	执行期限	政策要点
8	《财政部 税务总局关于延续免征国产抗艾滋病病毒药品增值税政策的公告》	财政部税务总局公告 2019 年第 73 号	2019 年 6 月 5 日	2019 年 1 月 1 日至 2020 年 12 月 31 日	自 2019 年 1 月 1 日至 2020 年 12 月 31 日，继续对国产抗艾滋病病毒药品免征生产环节和流通环节增值税(国产抗艾滋病病毒药物品种清单见附件)。
9	《财政部 税务总局关于继续实行农村饮水安全工程税收优惠政策的公告》	财政部税务总局公告 2019 年第 67 号	2019 年 4 月 15 日	2019 年 1 月 1 日至 2020 年 12 月 31 日	(一)对饮水工程运营管理单位为建设饮水工程而承受土地使用权，免征契税。 (二)对饮水工程运营管理单位为建设饮水工程取得土地使用权而签订的产权转移书据，以及与施工单位签订的建设工程承包合同，免征印花税。 (三)对饮水工程运营管理单位自用的生产、办公用房产、土地，免征房产税、城镇土地使用税。 (四)对饮水工程运营管理单位向农村居民提供生活用水取得的自来水销售收入，免征增值税。 (五)对饮水工程运营管理单位从事《公共基础设施项目企业所得税优惠目录》规定的饮水工程新建项目投资经营的所得，自项目取得第一笔生产经营收入所属纳税年度起，第一年至第三年免征企业所得税，第四年至第六年减半征收企业所得税。
10	《财政部 税务总局关于部分国家储备商品有关税收政策的公告》	财政部税务总局公告 2019 年第 77 号	2019 年 6 月 28 日	2019 年 1 月 1 日至 2021 年 12 月 31 日	(一)对商品储备管理公司及其直属库资金账簿免征印花税；对其承担商品储备业务过程中书立的购销合同免征印花税，对合同其他各方当事人应缴纳的印花税照章征收。 (二)对商品储备管理公司及其直属库自用的承担商品储备业务的房产、土地，免征房产税、城镇土地使用税。
11	《财政部 税务总局关于继续执行边销茶增值税政策的公告》	财政部税务总局公告 2019 年第 83 号	2019 年 8 月 28 日	2019 年 1 月 1 日至 2020 年 12 月 31 日	自 2019 年 1 月 1 日起至 2020 年 12 月 31 日，对边销茶生产企业(企业名单见附件)销售自产的边销茶及经销企业销售的边销茶免征增值税。本公告所称边销茶，是指以黑毛茶、老青茶、红茶末、绿茶为主要原料，经过发酵、蒸制、加压或者压碎、炒制，专门销往边疆少数民族地区的紧压茶、方包茶(马茶)。

2018 年中出台在 2019 年翘尾的减税政策情况表

2018 年中出台在 2019 年翘尾的减税政策情况表

序号	文件名称	文号	发布日期	执行期限	政策要点
1	《财政部 税务总局关于调整增值税税率的通知》	财税〔2018〕32 号	2018 年 4 月 4 日	自 2018 年 5 月 1 日起执行	(一)纳税人发生增值税应税销售行为或者进口货物，原适用 17% 和 11% 税率的，税率分别调整为 16%、10%。 (二)纳税人购进农产品，原适用 11% 扣除率的，扣除率调整为 10%。 (三)纳税人购进用于生产销售或委托加工 16% 税率货物的农产品，按照 12% 的扣除率计算进项税额。 (四)原适用 17% 税率且出口退税率为 17% 的出口货物，出口退税率调整至 16%。原适用 11% 税率且出口退税率为 11% 的出口货物、跨境应税行为，出口退税率调整至 10%。
2	《财政部 税务总局关于 2018 年第四季度个人所得税减除费用和税率适用问题的通知》	财税〔2018〕98 号	2018 年 9 月 7 日		(一)关于工资、薪金所得适用减除费用和税率问题。对纳税人在 2018 年 10 月 1 日(含)后实际取得的工资、薪金所得,减除费用统一按照 5000 元/月执行,并按本通知所附个人所得税税率表一计算应纳税额。 (二)关于个体工商户业主、个人独资企业和合伙企业自然人投资者、企事业单位承包承租经营者的生产经营所得计税方法问题。 1.对个体工商户业主、个人独资企业和合伙企业自然人投资者、企事业单位承包承租经营者 2018 年第四季度取得的生产经营所得,减除费用按照 5000 元/月执行,前三季度减除费用按照 3500 元/月执行。 2.对个体工商户业主、个人独资企业和合伙企业自然人投资者、企事业单位承包承租经营者 2018 年取得的生产经营所得,用全年应纳税所得额分别计算应纳前三季度税额和应纳第四季度税额,其中应纳前三季度税额按照税法修改前规定的税率和前三季度实际经营月份的权重计算,应纳第四季度税额按照本通知所附个人所得税税率表二(以下称税法修改后规定的税率)和第四季度实际经营月份的权重计算。

序号	文件名称	文号	发布日期	执行期限	政策要点
3	《财政部 税务总局关于统一增值税小规模纳税人标准的通知》	财税〔2018〕33 号	2018 年 4 月 4 日	自 2018 年 5 月 1 日起执行	增值税小规模纳税人标准为年应征增值税销售额 500 万元及以下。
4	《财政部 税务总局关于金融机构小微企业贷款利息收入免征增值税政策的通知》	财税〔2018〕91 号	2018 年 9 月 5 日	2018 年 9 月 1 日至 2020 年 12 月 31 日	自 2018 年 9 月 1 日至 2020 年 12 月 31 日，对金融机构向小型企业、微型企业和个体工商户发放小额贷款取得的利息收入，免征增值税。金融机构可以选择以下两种方法之一适用免税： (一)对金融机构向小型企业、微型企业和个体工商户发放的，利率水平不高于人民银行同期贷款基准利率 150%(含本数)的单笔小额贷款取得的利息收入，免征增值税;高于人民银行同期贷款基准利率 150%的单笔小额贷款取得的利息收入，按照现行政策规定缴纳增值税。 (二)对金融机构向小型企业、微型企业和个体工商户发放单笔小额贷款取得的利息收入中，不高于该笔贷款按照人民银行同期贷款基准利率 150%(含本数)计算的利息收入部分，免征增值税;超过部分按照现行政策规定缴纳增值税。金融机构可按会计年度在以上两种方法之间选定其一作为该年的免税适用方法，一经选定，该会计年度内不得变更。
5	《财政部 税务总局 科技部关于提高研究开发费用税前加计扣除比例的通知》	财税〔2018〕99 号	2018 年 9 月 20 日		企业开展研发活动中实际发生的研发费用，未形成无形资产计入当期损益的，在按规定据实扣除的基础上，在 2018 年 1 月 1 日至 2020 年 12 月 31 日期间，再按照实际发生额的 75%在税前加计扣除;形成无形资产的，在上述期间按照无形资产成本的 175%在税前摊销。

续表

序号	文件名称	文号	发布日期	执行期限	政策要点
6	《财政部 税务总局 人力资源社会保障部 中国银行保险监督管理委员会 证监会关于开展个人税收递延型商业养老保险试点的通知》	财税〔2018〕22号	2018年4月2日	自2018年5月1日起执行	(一)试点地区及时间。自2018年5月1日起,在上海市、福建省(含厦门市)和苏州工业园区实施个人税收递延型商业养老保险试点。试点期限暂定一年。(二)试点政策内容。对试点地区个人通过个人商业养老资金账户购买符合规定的商业养老保险产品的支出,允许在一定标准内税前扣除;计入个人商业养老资金账户的投资收益,暂不征收个人所得税;个人领取商业养老金时再征收个人所得税。
7	《财政部 税务总局关于对页岩气减征资源税的通知》	财税〔2018〕26号	2018年3月29日	2018年4月1日至2021年3月31日	自2018年4月1日至2021年3月31日,对页岩气资源税(按6%的规定税率)减征30%。
8	《财政部 税务总局关于延续动漫产业增值税政策的通知》	财税〔2018〕38号	2018年4月19日		(一)自2018年1月1日至2018年4月30日,对动漫企业增值税一般纳税人销售其自主开发生产的动漫软件,按照17%的税率征收增值税后,对其增值税实际税负超过3%的部分,实行即征即退政策。(二)2018年5月1日至2020年12月31日,对动漫企业增值税一般纳税人销售其自主开发生产的动漫软件,按照16%的税率征收增值税后,对其增值税实际税负超过3%的部分,实行即征即退政策。(三)动漫软件出口免征增值税。
9	《财政部 税务总局关于对营业账簿减免印花税的通知》	财税〔2018〕50号	2018年5月3日	自2018年5月1日起执行	自2018年5月1日起,对按万分之五税率贴花的资金账簿减半征收印花税,对按件贴花五元的其他账簿免征印花税。
10	《财政部 税务总局关于企业职工教育经费税前扣除政策的通知》	财税〔2018〕51号	2018年5月7日	自2018年1月1日起执行	企业发生的职工教育经费支出,不超过工资薪金总额8%的部分,准予在计算企业所得税应纳税所得额时扣除;超过部分,准予在以后纳税年度结转扣除。

序号	文件名称	文号	发布日期	执行期限	政策要点
11	《财政部 税务总局关于创业投资企业和天使投资个人有关税收政策的通知》	财税〔2018〕55 号	2018 年 5 月 14 日	天使投资个人所得税政策自 2018 年 7 月 1 日起执行,其他各项政策自 2018 年 1 月 1 日起执行。	(一)公司制创业投资企业采取股权投资方式直接投资于种子期、初创期科技型企业(以下简称初创科技型企业)满 2 年(24 个月,下同)的,可以按照投资额的 70% 在股权持有满 2 年的当年抵扣该公司制创业投资企业的应纳税所得额;当年不足抵扣的,可以在以后纳税年度结转抵扣。 (二)有限合伙制创业投资企业(以下简称合伙创投企业)采取股权投资方式直接投资于初创科技型企业满 2 年的,该合伙创投企业的合伙人分别按以下方式处理: 1. 法人合伙人可以按照对初创科技型企业投资额的 70% 抵扣法人合伙人从合伙创投企业分得的所得;当年不足抵扣的,可以在以后纳税年度结转抵扣。 2. 个人合伙人可以按照对初创科技型企业投资额的 70% 抵扣个人合伙人从合伙创投企业分得的经营所得;当年不足抵扣的,可以在以后纳税年度结转抵扣。 (三)天使投资个人采取股权投资方式直接投资于初创科技型企业满 2 年的,可以按照投资额的 70% 抵扣转让该初创科技型企业股权取得的应纳税所得额;当期不足抵扣的,可以在以后取得转让该初创科技型企业股权的应纳税所得额时结转抵扣。天使投资个人投资多个初创科技型企业的,对其中办理注销清算的初创科技型企业,天使投资个人对其投资额的 70% 尚未抵扣完的,可自注销清算之日起 36 个月内抵扣天使投资个人转让其他初创科技型企业股权取得的应纳税所得额。

序号	文件名称	文号	发布日期	执行期限	政策要点
12	《关于科技人员取得职务科技成果转化现金奖励有关个人所得税政策的通知》	财税〔2018〕58号	2018年5月29日	自2018年7月1日起施行	依法批准设立的非营利性研究开发机构和高等学校(以下简称非营利性科研机构和高校)根据《中华人民共和国促进科技成果转化法》规定,从职务科技成果转化收入中给予科技人员的现金奖励,可减按50%计入科技人员当月"工资、薪金所得",依法缴纳个人所得税。
13	《财政部 税务总局关于物流企业承租用于大宗商品仓储设施的土地城镇土地使用税优惠政策的通知》	财税〔2018〕62号	2018年6月1日	2018年5月1日至2019年12月31日	自2018年5月1日起至2019年12月31日止,对物流企业承租用于大宗商品仓储设施的土地,减按所属土地等级适用税额标准的50%计征城镇土地使用税。
14	《财政部 税务总局 科技部关于企业委托境外研究开发费用税前加计扣除有关政策问题的通知》	财税〔2018〕64号	2018年6月25日	自2018年1月1日起执行	委托境外进行研发活动所发生的费用,按照费用实际发生额的80%计入委托方的委托境外研发费用。委托境外研发费用不超过境内符合条件的研发费用三分之二的部分,可以按规定在企业所得税前加计扣除。上述费用实际发生额应按照独立交易原则确定。委托方与受托方存在关联关系的,受托方应向委托方提供研发项目费用支出明细情况。
15	《财政部 税务总局 工业和信息化部关于对挂车减征车辆购置税的公告》	财政部 税务总局 工业和信息化部公告2018年第69号	2018年5月25日	2018年7月1日至2021年6月30日	自2018年7月1日至2021年6月30日,对购置挂车减半征收车辆购置税。购置日期按照《机动车销售统一发票》《海关关税专用缴款书》或者其他有效凭证的开具日期确定。
16	《财政部 税务总局关于延长高新技术企业和科技型中小企业亏损结转年限的通知》	财税〔2018〕76号	2018年7月11日	自2018年1月1日开始执行	自2018年1月1日起,当年具备高新技术企业或科技型中小企业资格(以下统称资格)的企业,其具备资格年度之前5个年度发生的尚未弥补完的亏损,准予结转以后年度弥补,最长结转年限由5年延长至10年。

续表

序号	文件名称	文号	发布日期	执行期限	政策要点
17	《财政部 税务总局关于全国社会保障基金有关投资业务税收政策的通知》	财税〔2018〕94号	2018年9月10日	自发布之日起执行	（一）对社保基金会、社保基金投资管理人在运用社保基金投资过程中，提供贷款服务取得的全部利息及利息性质的收入和金融商品转让收入，免征增值税。（二）对社保基金取得的直接股权投资收益、股权投资基金收益，作为企业所得税不征税收入。（三）对社保基金会、社保基金投资管理人管理的社保基金转让非上市公司股权，免征社保基金会、社保基金投资管理人应缴纳的印花税。
18	《财政部 税务总局关于基本养老保险基金有关投资业务税收政策的通知》	财税〔2018〕95号	2018年9月20日	自发布之日起执行	（一）对社保基金会及养老基金投资管理机构在国务院批准的投资范围内，运用养老基金投资过程中，提供贷款服务取得的全部利息及利息性质的收入和金融商品转让收入，免征增值税。（二）对社保基金会及养老基金投资管理机构在国务院批准的投资范围内，运用养老基金投资取得的归属于养老基金的投资收入，作为企业所得税不征税收入；对养老基金投资管理机构、养老基金托管机构从事养老基金管理活动取得的收入，依照税法规定征收企业所得税。（三）对社保基金会及养老基金投资管理机构运用养老基金买卖证券应缴纳的印花税实行先征后返；养老基金持有的证券，在养老基金证券账户之间的划拨过户，不属于印花税的征收范围，不征收印花税。对社保基金会及养老基金投资管理机构管理的养老基金转让非上市公司股权，免征社保基金会及养老基金投资管理机构应缴纳的印花税。
19	《财政部 税务总局关于去产能和调结构房产税城镇土地使用税政策的通知》	财税〔2018〕107号	2018年9月30日	2018年10月1日至2020年12月31日	对按照去产能和调结构政策要求停产停业、关闭的企业，自停产停业次月起，免征房产税、城镇土地使用税。企业享受免税政策的期限累计不得超过两年。

序号	文件名称	文号	发布日期	执行期限	政策要点
20	《财政部 税务总局关于境外机构投资境内债券市场企业所得税增值税政策的通知》	财税〔2018〕108号	2018年11月7日	2018年11月7日起至2021年11月6日	自2018年11月7日起至2021年11月6日止，对境外机构投资境内债券市场取得的债券利息收入暂免征收企业所得税和增值税。
21	《财政部 税务总局 海关总署关于第七届世界军人运动会税收政策的通知》	财税〔2018〕119号	2018年11月5日	自发布之日执行	(一)对参赛运动员因武汉军运会比赛获得的奖金和其他奖赏收入，按现行税收法律法规的有关规定征免应缴纳的个人所得税。 (二)对企事业单位、社会团体和其他组织以及个人通过公益性社会团体或者县级以上人民政府及其部门捐赠武汉军运会的资金、物资支出，在计算企业和个人应纳税所得额时按现行税收法律法规的有关规定予以税前扣除。 (三)对财产所有人将财产(物品)捐赠给执委会所书立的产权转移书据免征应缴纳的印花税。

2019 年地方性减税降费政策情况表

2019 年地方性减税降费政策情况表

序号	文件名称	文号	发布日期	执行期限	政策要点
1	《山西省财政厅国家税务总局山西省税务局关于调整城镇土地使用税税额标准的通知》	晋财税〔2019〕1 号	2019 年 1 月 23 日	2019 年 1 月 1 日至 2021 年 12 月 31 日	自 2019 年 1 月 1 日至 2021 年 12 月 31 日，在国家规定的税额幅度内，将我省城镇土地使用税税额标准普遍下调，统一按现行税额标准的 75% 调整。各市、县(市)城镇土地使用税具体适用税额的调整将由省财政厅、国家税务总局山西省税务局另行下文通知。
2	《山西省财政厅国家税务总局山西省税务局关于转发〈财政部税务总局关于实施小微企业普惠性税收减免政策的通知〉的通知》	晋财税〔2019〕2 号	2019 年 1 月 23 日	2019 年 1 月 1 日至 2021 年 12 月 31 日	自 2019 年 1 月 1 日至 2021 年 12 月 31 日，对我省增值税小规模纳税人减按 50% 征收资源税(不含水资源税)、城市维护建设税、房产税、城镇土地使用税、印花税(不含证券交易印花税)、耕地占用税和教育费附加、地方教育附加。

续表

序号	文件名称	文号	发布日期	执行期限	政策要点
3	《山西省财政厅国家税务总局山西省税务局山西省退役军人事务厅关于转发〈财政部 税务总局 退役军人部关于进一步扶持自主就业退役士兵创业就业有关税收政策的通知〉的通知》	晋财税〔2019〕9号	2019年4月4日	自公布之日起执行	（一）自主就业退役士兵从事个体经营的，自办理个体工商户登记当月起，在3年(36个月，下同)内按每户每年14400元(12000元上浮20%)为限额依次扣减其当年实际应缴纳的增值税，城市维护建设税，教育费附加，地方教育附加和个人所得税。（二）企业招用自主就业退役士兵，与其签订1年以上期限劳动合同并依法缴纳社会保险费的，自签订劳动合同并缴纳社会保险当月起，在3年内按实际招用人数予以定额依次扣减增值税，城市维护建设税，教育费附加，地方教育附加和企业所得税优惠。定额标准为按每人每年9000元（6000元上浮50%）。
4	《关于转发〈财政部 税务总局 人力资源社会保障部 国务院扶贫办关于进一步支持和促进重点群体创业就业有关税收政策的通知〉的通知》	晋财税〔2019〕10号	2019年4月8日	自公布之日起执行	（一）建档立卡贫困人口、持《就业创业证》(注明"自主创业税收政策"或"毕业年度内自主创业税收政策")或《就业业失业登记证》(注明"自主创业税收政策")的人员，从事个体经营的，自办理个体工商户登记当月起，在3年(36个月，下同)内按每户每年14400元(12000元上浮20%)为限额依次扣减其当年实际应缴纳的增值税、城市维护建设税、教育费附加、地方教育附加和个人所得税。（二）企业招用建档立卡贫困人口，以及在人力资源社会保障部门公共就业服务机构登记失业半年以上且持《就业创业证》或《就业失业登记证》(注明"企业吸纳税收政策")的人员，与其签订1年以上期限劳动合同并依法纳社会保险费的，自签订劳动合同并缴纳社会保险当月起，在3年内按实际招用人数予以定额依次扣减增值税、城市维护建设税、教育费附加、地方教育附加和企业所得税优惠。定额标准为每人每年7800元(6000元上浮30%)。

续表

序号	文件名称	文号	发布日期	执行期限	政策要点
5	《山西省人民政府办公厅关于印发山西省降低社会保险费率实施方案的通知》	晋政办发〔2019〕26号	2019 年 4 月 22 日		(一)降低养老保险单位缴费比例 自 2019 年 5 月 1 日起,全省企业和机关事业单位基本养老保险单位缴费比例由 20%降至 16%。 (二)继续阶段性降低失业保险、工伤保险费率 自 2019 年 5 月 1 日起,继续执行失业保险总费率 1%,其中,单位部分 0.7%、个人部分 0.3%。延长阶段性降低费率的期限至 2020 年 4 月 30 日。 自 2019 年 5 月 1 日起,在保持工伤保险八类行业费率总体稳定的基础上,朔州市各类用人单位的现行费率保持不变,继续执行费率下调 20%的规定;吕梁市、晋城市两个统筹地区各类用人单位的现行费率由执行下调 50%的规定改为下调 20%;太原市、临汾市两个统筹地区各类用人单位的现行费率保持不变,执行费率下调 50%的规定。降低费率的期限执行至 2020 年 4 月 30 日。下调费率期间,统筹地区工伤保险基金累计结余可支付月数降到 12 个月及以下的,停止下调费率。 (三)调整社保缴费基数政策 调整就业人员平均工资计算口径。从 2019 年 1 月 1 日起,以省统计局公告的上年全省城镇非私营单位就业人员平均工资和城镇私营单位就业人员平均工资加权计算的全口径城镇单位就业人员平均工资,核定社保个人缴费基数上下限,每年由省人力资源社会保障厅、省财政厅、省税务局和省医保局公布。 完善个体工商户和灵活就业人员缴费基数政策。从 2019 年 1 月 1 日起,个体工商户和灵活就业人员参加企业职工基本养老保险,可以在我省全口径城镇单位就业人员平均工资的 60%至 300%之间选择适当的缴费基数。以前规定与本方案规定不一致的,按本方案规定执行。 平均工资计算口径调整后,基本养老金计发以确保退休人员待遇水平平稳衔接为原则,另行制定过渡办法。
6	《山西省财政厅关于减征文化事业建设费有关事项的通知》	晋财综〔2019〕44号	2019 年 6 月 26 日	2019 年 7 月 1 日至 2024 年 12 月 31 日	自 2019 年 7 月 1 日至 2024 年 12 月 31 日,对归属于地方收入的文化事业建设费,按照缴纳义务人应缴费额的 50%减征。

后 记

  中国特色社会主义进入新时代，税收在国家治理中的基础性、支柱性、保障性作用不断增强，已经成为国家治理体系和治理能力现代化的重要组成部分。2018 年，国税地税征管体制改革以来，国家税务总局山西省税务局按照党中央、国务院的总体部署，紧密结合山西实际，深化改革，服务大局，在探索中不断创新，在创新中不断完善，积累了宝贵的经验，也得到许多重要启示，这些经验和启示来自于税收改革，植根于税收实践，对提升我省税收治理能力现代化水平、推进我省经济高质量发展有着非常重要的作用。

  为了总结国税地税征管体制改革发展成果，加强税收与经济发展关联性研究，探求税收促进我省经济发展的内在规律，为全省宏观经济决策、行业区域发展和企业发展提供有益参考，便于社会各界更好地了解我省税收与经济发展状况，国家税务总局山西省税务局与山西省社科院共同筹划编撰了这本《2020 山西税收与经济发展蓝皮书》。本书以"税收如何更好服务山西经济高质量发展"为主线，从改革篇、综合篇、专题篇、运行篇、实证篇五大方面汇集了山西税务的实践、思考和研究成果。改革篇重点阐述了我省税制改革和征管体制改革的进展与成效；综合篇多角度反映了税收保障和服务经济社会发展的现状及趋势；专题篇对我省税收与经济发展中的部分热点进行了分析与探讨；运行篇以区域经济特点为基础，总结了税收促进我省转型发展的努力和探索；实证篇从典型行业、典型区域、典型企业出发，以点带面，聚焦了税收发挥职能作用、落实减税降费、激发经济活力的措施和实效。

本书的编撰出版，得到有关部门的大力支持协作，在此表示衷心的感谢！本书编写人员在繁重的工作之余本着高度的责任感和事业心，加班加点，付出了辛勤的努力。全书由李菲、韩海金、任志杰、宋佩航、张文丽、张保华统稿。需要说明的是，本书内容涉及政策依据的，除特别注明外，均截至 2019 年 6 月底，文中引用数据除特别标明外，均截至 2019 年上半年。

由于时间紧张，水平有限，书中难免存在疏漏和不足，敬请各位专家和广大读者批评指正。

编　者

2019 年 11 月

图书在版编目（CIP）数据

2020 山西税收与经济发展蓝皮书 / 刘培平, 杨茂林
主编. —— 太原：山西经济出版社, 2019.12
ISBN 978-7-5577-0234-2

Ⅰ. ①2… Ⅱ. ①刘… ②杨… Ⅲ. ①地方税收–税收
管理–研究报告–山西–2020②区域经济发展–研究报告
–山西–2020 Ⅳ. ①F812.725.042②F127.25

中国版本图书馆 CIP 数据核字（2019）第 283241 号

2020 山西税收与经济发展蓝皮书

主　　编：	刘培平　杨茂林
责任编辑：	任　冰
封面设计：	赵　娜

出 版 者：	山西出版传媒集团·山西经济出版社
地　　址：	太原市建设南路 21 号
邮　　编：	030012
电　　话：	0351-4922133（发行中心）
	0351-4922085（综合办）
E – mail：	scb@sxjjcb.com（市场部）
	zbs@sxjjcb.com（总编室）
网　　址：	www.sxjjcb.com

经 销 者：	山西出版传媒集团·山西经济出版社
承 印 者：	山西科林印刷有限公司

开　　本：	787mm × 1092mm　1/16
印　　张：	31.25
字　　数：	450 千字
印　　数：	1—3000 册
版　　次：	2019 年 12 月　第 1 版
印　　次：	2019 年 12 月　第 1 次印刷
书　　号：	ISBN 978-7-5577-0234-2
定　　价：	68.00 元